# 公路工程测量实用技术与案例分析

鹿罡 著

吉林科学技术出版社

**图书在版编目（ＣＩＰ）数据**

公路工程测量实用技术与案例分析 / 鹿罡著. -- 长春 : 吉林科学技术出版社, 2022.9

ISBN 978-7-5578-9827-4

Ⅰ. ①公… Ⅱ. ①鹿… Ⅲ. ①道路测量 Ⅳ. ①U412.24

中国版本图书馆 CIP 数据核字(2022)第 183635 号

# 公路工程测量实用技术与案例分析

| | |
|---|---|
| 著 | 鹿　罡 |
| 出 版 人 | 宛　霞 |
| 责任编辑 | 赵　沫 |
| 封面设计 | 南昌德昭文化传媒有限公司 |
| 制　版 | 南昌德昭文化传媒有限公司 |
| 幅面尺寸 | 185mm×260mm |
| 字　数 | 520 千字 |
| 印　张 | 24 |
| 印　数 | 1–1500 册 |
| 版　次 | 2022年9月第1版 |
| 印　次 | 2023年4月第1次印刷 |

| | |
|---|---|
| 出　版 | 吉林科学技术出版社 |
| 发　行 | 吉林科学技术出版社 |
| 地　址 | 长春市福祉大路5788号 |
| 邮　编 | 130118 |
| 发行部电话/传真 | 0431-81629529 81629530 81629531 |
| | 81629532 81629533 81629534 |
| 储运部电话 | 0431-86059116 |
| 编辑部电话 | 0431-81629518 |
| 印　刷 | 三河市嵩川印刷有限公司 |

| | |
|---|---|
| 书　号 | ISBN 978-7-5578-9827-4 |
| 定　价 | 165.00元 |

# 序

公路既是社会发展的一项基础性产业，更是一项重要的公益事业，和百姓的日常生活息息相关，社会关注度高，因此在公路工程的建设与运营期，其设计理念、施工质量、人文景观、生态环境、行车安全等方面都面临着较高的公众要求。公路是典型的线状工程，沿线地表状况复杂，建设难度大。测绘地理信息技术服务于公路工程的规划、勘察、设计、施工、运营全生命周期，在测绘地理信息技术快速发展、高度融合、应用广泛的今天，有必要对公路建设中应用的工程测量技术进行系统的梳理与总结，让读者明晰该项技术在公路工程中的多方面运用。

时下的公路工程测量技术，是一种常规与现代、单一与多种、地表与空间、人工与智能并存的多技术时代。除了常规技术与3S技术外，无人机、三维激光扫描、倾斜摄影、INSAR、传感设备、智能识别、数据库、互联网、物联网、云计算等新兴技术也得到了交叉采用，测绘地理信息的数据与产品应用范围不断外延。打造天、空、地一体化的综合测绘技术体系，为公路工程的各个阶段提供高精度的三维时空信息服务，提升工程建设、运营的信息化服务和管理水平是公路工程测量的技术发展方向，也是公路测绘地理信息从业者的任务与使命。

作者长期从事公路工程测量工作，具有丰富的工作经验和扎实的专业理论功底。担任50多项重大公路工程项目测绘技术负责人，获得辽宁省优秀工程勘察一等奖3项，辽宁省测绘科技进步一等奖2项，实用型发明专利3项；发表论文20余篇，参与编写、审查技术标准10余部，著作2部。自辽宁省普通高等学校测绘地理信息之星比赛创办以来，一直担任竞赛裁判长；在多所高等院校担任客座教授，是一名理论与实践高度结合的技术专家。

本书对公路工程测量的主要工作内容控制测量、地形图测绘及路线测量做了详细阐述，并融入典型案例，内容与表现形式丰富，技术方法全面、实用，列举的案例示范性强，充分体现了传统与前沿、经典与现代、特殊与普适相结合的特点，是一部既适用于在校师生学习又适用于在职从业人员参考的工具图书。相信该书的出版，会使更多的读者了解和掌握现代公路工程测量技术，更好发挥测绘地理信息技术在公路工程建设与管理中的服务作用。

深圳大学党委书记 国际欧亚科学院院士 签名处

前言

当读者您刚一看到这本书的书名时，您或许把它读作'公路'"工程测量实用技术与案例分析"。可当您阅读了本书之后，您或许觉得应该将书名读成'公路工程'"测量实用技术与案例分析"，双引号内应读成重音，单引号内读成一个整体。不管书名如何去读，作者写这部本书的目的就是想把自己从事公路行业近20年的工作心得与诸位读者分享。

本书由公路的概念入手，首先介绍了公路的等级、编号规则及我国公路建设现状，使读者对公路行业有了初步了解。然后对公路工程测量工作内容、测量符号与图式、技术发展进程以及现状进行了介绍，接着对公路工程测量的三大主要工作内容控制测量、地形图测绘及路线测量做了详细阐述，在阐述过程中融入了示例与典型案例，并对案例进行了点评。在本书最后对技术设计书与技术总结的编写、施工测量与变形监测作了概略介绍，书中的部分章节中还加入了测绘产品质量检查与验收的一些常用方法。

本书追求的目标是能够彰显与突出"实用"二字，让不同的读者都能从本书中获得一些收益。对于在校学生和刚入职的年轻读者，希望通过阅读本书找到快速适应本岗位工作的捷径；对于有一定工作经验的测绘同仁，可从本书中寻求到更加高效、经济的作业方法。对于从事测绘产品质量检查的把关者，也能够得到些许启迪。

在本书的编写过程中，得到了辽宁经纬测绘规划建设有限股份公司、星际空间（天津）科技发展有限公司以及沈阳市政设计院有限公司刘俊林教授级高级工程师、中交第一公路勘察设计研究院有限公司黄文元教授级高级工程师、中交第二公路勘察设计研究院有限公司王守斌、余绍淮教授级高级工程师、上海瞰沃科技有限公司刘国辉总经理的大力支持。辽宁省自然资源厅李恩宝二级教授于百忙之中对本书做了通篇多次审阅并提出诸多宝贵意见。深圳大学党委书记、二级教授、国际欧亚科学院院士李清泉教授为本书作了序，在此一并表示衷心的感谢！

由于作者能力水平有限，书中难免存在一些疏漏以及不妥之处，敬请广大读者批评指正。

# 目录 CONTENTS

# 第一章 公路工程测量技术的发展进程

## 第一节 公路的概念与分级

长期以来，公路在国民经济建设中一直发挥着重要的作用，而干线公路则起主导作用。公路就象人体中的动脉静脉血管，干线公路属于动脉静脉，低等级公路和农村公路则类似静脉和毛细血管，人流和物流就是全身的血液。可见，要保证人体血液的畅通，首要的就是保证其血管畅通。经济建设也是如此：要保证各地区、各区域间的人流和物流运转畅通，充分发挥区域的资源优势、位置优势，提升地方经济和实施乡村振兴，作为连接区域交通纽带的各等级公路，需要保障其通畅无阻，根据此才能充分、高效地发挥其功效。

### 一、公路的定义

公路，其字面意思为公共交通之道路，而道路是供各种车辆（无轨）和行人通行的工程设施。按其使用特点分为城市道路、公路、厂矿道路、林区道路及乡村道路等。

按照公路管理相关法规及技术标准，公路是按照国家规定的技术标准修建，并经公路主管部门验收认定的城市间、城乡间、乡镇间可以供汽车行驶的公共道路，包括了桥梁、隧道和渡口。

《中华人民共和国公路管理条例》第三十九条规定：公路包括已经建成的由公路

1

主管部门认定的公路，也包括按照国家公路工程技术标准进行设计，并经国家有关行政管理部门批准立项，由公路主管部门组织正在建设中的公路。

本书所讲公路是指市区以外的可以通行各种车辆的宽阔平坦的道路。

## 二、公路的分级与编号

### （一）公路的行政与技术分级

公路按照行政等级可分为：国道、省道、县道及农村公路。

按技术等级可分为：高速公路、一级、二级、三级、四级公路以及等外路。技术规范中一般按照技术分级来表示公路的分级类别。

从设计和施工角度也可将公路划分为高等级公路（高速公路、一级公路）和普通公路（二级公路、三级公路、四级公路及等外公路）。

### （二）我国公路的编号方式

公路编号由一个字母和 3 个数字组成。

其中字母代表公路的行政区域等级：分为国道、省道、县公路、乡公路、其他公路；他们分别用 G、S、X、Y、Q 来表示。

第一个数字都为 1、2 或 3，其含义如下：

1 代表从这个行政区域的行政中心发出的公路；

2 代表从北向南的公路；

3 代表从东向西的公路。

例如：G101 是指从北京发出的国道，S210 是指从北向南的省道，X302 代表从东向西的县道，最后的两个数字就是代表具体的编号。

即公路的简称是由路线起讫点的地名以连接号连接，称为"XX—XX 公路"或"XX—XX 高速公路"，路线简称用起讫点地名的首位汉字或法定简称组合表示，称作"XX 线"或"XX 高速"。

### 1. 国道

包括放射线、纵线、横线（含并行线或联络线及远期展望线）、地区、绕城环线及其并行线或联络线。

放射线以北京为起点，路线另一端为讫点，依起讫点地名命名为"北京—XX 公路"，简称"京 X 线"（地名简称是其首位字或法定简称，下同）；编号为 G1XX，数字区间为 101—199，从 G101 开始升序编号；北京绕城环线 G112 纳入放射线的编号区间。

图 1.1-1 国道标志

　　纵线以路线北端为起点，南端为讫点，依起讫点地名命名为"XX—XX 公路"，简称"XX 线"；编号为 G2XX，数字区间为 201—299，从 G201 开始升序编号。

　　横线以路线东端为起点，西端为讫点，依起讫点地名命名为"XX—XX 公路"，简称"XX 线"；编号为 G3XX，数字区间为 301—399，从 G301 开始升序编号。

　　联络线依路线起讫点地名命名为"XX—XX 公路"，简称作"XX 线"；编号为 G5XX，数字区间为 501—599，从 G501 开始升序编号。

　　2. 省道

　　省道的命名规则与国道保持一致，省道与国道全称及简称不应重复。如出现重复，采用起讫点地名的第二或第三位汉字替换等方式加以区别。

　　放射线编号为 S1XX，数字区间为 101—199，从 S101 开始升序编号；

　　纵线编号为 S2XX，数字区间为 201—299，从 S201 开始升序编号；

　　横线编号为 S3XX，数字区间为 301—399，从 S301 开始升序编号；

　　省道编号应尽可能和相邻省级区域连接贯通的省道采用了同一编号。

图 1.1-2 省道标志

### 3. 县道

县道的命名规则与国、省道一致；

县道的编号结构为 XXXX，数字区间为 001—999，用地级行政区域为范围编制顺序号，亦可按省级行政区域为范围编制顺序号。

图 1.1-3 县道标志

### 4. 乡道

乡道的命名规则与国、省、县道一致；

乡道的编号结构为 YXXX，数字区间为 001—999，用县级行政区域为范围编制顺序号，亦可按省级行政区域为范围编制顺序号。

图 1.1-4 乡道标志

### 5. 村道

村道的命名规则与国、省、县及乡道一致；

村道的编号结构为 CXXX。

图 1.1-5 村道标志

### 6. 专用公路

专用公路的命名规则与国、省、县、乡道一致；

专用公路的编号结构为 ZXXX，数字区间为 001—999，用省级行政区域为范

图 1.1-6 专用公路标志

围编制顺序号。

### 7. 其他公路

其他公路的命名规则与国、省、县、乡道一致；

其他公路的编号结构为 QXXX，数字区间是 001—999。

## 三、我国公路建设现状

2015-2019 年，中国公路总里程及公路密度逐年上升。截至 2019 年末，全国公路总里程 501.25 万公里，比 2018 年增加 16.60 万公里，公路密度 52.21 公里／百平方公里，较 2018 年增加 1.73 公里／百平方公里，到 2020 年末，公路通车里程约为 510 万公里；到 2021 年，全国公路预计总里程为 520 万公里；至 2026 年，全国公路总里程预计为 574 万公里。随着投资规模的加大，国家政策的支持以及公路建设

技术以及工艺的不断革新与改进，可以预期，未来我国公路建设行业将保持平稳发展。

从高速公路来看，我国自 20 世纪 80 年代开始修建高速公路以来，全国高速公路规模发展迅速，到 2019 年底，全国高速公路总里程达到 14.96 万公里，较 2018 年同期新增高速公路 0.7 万公里。到 2020 年底，由 7 条首都放射线、11 条南北纵向线和 18 条东西横向线组成的我国"71118 网"国家高速公路网基本建成，高速公路总里程达到 15.5 万公里，高速公路通车里程居世界第一位。

从农村公路来看，2015-2019 年，我国农村公路建设里程大致呈现增长态势。截至 2019 年末，我国农村公路里程为 420.05 万公里，较 2015 年增长 21.99 万公里。其中，县道里程 58.03 万公里，乡道里程 119.82 万公里，村道里程 242.20 万公里。2021 年 3 月，交通运输部发布《农村公路中长期发展纲要》提出，至 2035 年，我国将形成"规模结构合理、设施品质优良、治理规范有效、运输服务优质"的农村公路交通运输体系，农村公路总里程将超 500 万公里。

此外，2015 年末至 2019 年末间，我国公路桥梁从 779159 座增加到 878279 座。我国设计建造的桥梁创下多个世界第一，毕都北盘江大桥是世界最高桥梁，杨泗港长江大桥是世界最大跨度双层公路悬索桥，沪苏通长江公铁大桥是世界首座跨度超千米公铁两用斜拉桥；正在建设的常泰长江大桥，是世界上首座集高速公路、城际铁路、一级公路为一体的过江通道，并将刷新斜拉桥跨度的世界纪录。

而 2018 年建成的港珠澳大桥集桥梁、隧道和人工岛于一体，是世界目前里程最长、投资最多、施工难度最大、设计寿命使用最长的跨海公路桥梁。截至目前，港珠澳大桥创新工法和装备各 31 项，获得专利 454 项，获得了 2020 年国际桥梁与结构工程协会杰出结构奖。

当下我国公路隧道已从建设期逐渐进入运营期，国内特长隧道的数量及里程均在不断增加。截至 2019 年，我国公路隧道数量为 19067 座，与上年度相比，同比增长 7.5%，隧道总长度达到 1896.66 万米，同比增长 10%。其中公路特长隧道数量增长至 1175 座，公路特长隧道长度达到 521.75 万米；公路长隧道数量达到 4784 座，隧道总长度为 826.31 万米。

从以上数据可以看出，我国的公路建设仍然有较大的空间，并且公路的改扩建工程体量也在逐渐增加，因此公路工程测量的未来依然是任重道远。

# 第二节　公路工程测量的工作内容

公路工程测量是为公路的勘察设计、建设施工及运营管理服务的，是为公路设计提供可靠、充足、准确的测量数据与测绘成果，包括下列工作内容。

## 一、控制测量

早期的公路控制测量技术指标主要是从满足地形图测绘与施工精度两个方面的需求。但随着公路建设全生命周期的管理理念的引进，需要在公路的建设期就要着手布设保证运营期公路安全运营的监测点与传感器，所以公路的控制测量从服务对象上大体可分为以下内容。

### （一）路线控制测量

路线控制网是公路控制测量的主控制网，除沿线的特大型桥梁、隧道外，其它各种工点控制点也应联系于该控制网上，路线控制网宜全线贯通，统一平差。

路线控制网分为平面控制网和高程控制网。平面控制网可采用全球导航定位系统GNSS静态网、导线网、边角网等方式布设。高程控制网可采用水准网、光电测距三角高程网等方式来布设。当公路路线较短，等级较低时，可考虑采用卫星运行参考站CORS网差分数据进行RTK测量的方式来布设平面控制网。

### （二）桥梁控制测量

桥梁控制网一般是为单体大桥或特大桥桥梁工程或是公路路线中存在的大桥或特大桥而布设的专用控制网（点）。

桥梁控制网通常与路线控制网一同布设，但其精度等级通常要求高于路线控制网，其内符合精度一般会根据相应桥梁工程的需要有专门的规定。

### （三）隧道控制测量

隧道控制网一般是为单体长隧道或者特长隧道工程或是公路路线中存在的长隧道或特长隧道而布设的专用控制网（点），通常和路线控制网一同布设，但其精度等级要求一般高于路线控制网。

建立隧道专用控制网时，其精度需求确定的方式与桥梁控制网相同。

### （四）施工控制测量

公路勘察设计阶段建立的控制网通常作为施工控制网，施工前应现场移交并核查控制点现状和成果，施工和监理单位应对控制点资料的完整性、测量成果的精度和可靠性进行检查并签署确认。

如因控制点密度不足或不便于施工，施工单位可在原控制网（点）基础上进行适当的加密测量，这时的测量亦为施工控制测量。

### （五）监测基准测量

路基、路面、桥梁、隧道、高边坡、沿线服务设施等在施工过程中和施工结束后一定时间内需要对发生变形的部位进行变形监测。为了满足上述要求而建立或开展的监测基准点（网）测量过程即为监测基准测量。

监测基准网宜采用独立坐标系和假定高程，但要与施工测量坐标系进行联测并保证其本身的精度。

变形监测基准网可采用边角网、三角网和 GNSS 网形式，受地形限制时，可布设成导线网形式。

## 二、地形图测绘

公路地形图主要反映公路带状区域内的地形地貌特征、地物的分布状况以及人文、地理等特征信息，可以为公路勘察设计在路线方案设计、大型交通枢纽、沿线服务设施、桥梁与隧道选址等方面提供重要依据，同时也是各类文件编制中不可缺少的重要内容。

公路地形图路线用图的常用比例尺为 1:2000，隧道洞口、服务设施场区用图比例尺一般为 1:500。

1:2000 地形图一般在初步设计阶段测绘，而 1:500 地形图大多是在施工图设计阶段测绘。

现今公路带状地形图成图的常用方法包括：全野外数字测图、航测成图、激光雷达扫描成图等。对于一些特殊地区，可采用卫星影像成图。

由于测绘科技发展和装备水平的提升，现今在绘制地形图的同时，还时常制作关联产品，如正射影像图 DOM、数字高程模型 DEM 等数字化产品用于辅助公路设计工作。

## 三、路线测量

公路勘测设计阶段对路线沿线进行的测量工作称为路线测量。该项工作是公路勘察设计的前期工作，是将设计线位标定到实地，通过实地纵、横断面测量以及对桥涵、隧道、路线交叉、沿线设施、防护工程、路基路面排水、环境保护等进行勘测，为设计提供基础资料。根据设计阶段划分，路线测量工作分为初测与定测。初步设计阶段的测绘工作称为初测，施工图设计阶段的测量工作称为定测。

路线测量不仅包括地表可见物的测绘，还包括地下如地下管线探测，水下如桥位水下地形测量，空中如悬空类管线测量等工作。

路线测量通常采用全站仪导线测量、极坐标测量、水准仪几何水准测量、GNSS 静态或动态测量及激光雷达扫描测量等技术方法进行平面和高程等测量工作。

## 四、公路测量的符号与图式

公路测量符号通常采用英文字母或汉语拼音字母两种形式。自从我国开展一带一路系统工程以来，道路联通成为基础设施建设中的重要内容，我国已参与多项国外的公路建设项目。当工程项目生发在国外或需引进外资或采用国际招标时，宜采用英文字母；项目为国内招标时，通常采用汉语拼音字母。一个公路项目宜使用同一种符号，公路测量符号可参见附录。

# 第二章 公路工程测量技术的现状

我国地域辽阔，各地的自然环境与经济发展状况不尽相同，所以也造成了公路工程测量水平不一的现象，但和以往相比，无论是在技术水平上还是仪器装备的方面都有了明显的进步和提升。

## 第一节 公路工程测量技术的发展进程

公路工程测量技术随着测量仪器和成图技术的发展而呈现上升发展态势，从传统测绘到目前的天空地一体化测绘。图2.1-1清晰地展示公路工程测量技术的发展进程。

**图2.1-1 公路工程测量发展进程**

测量仪器是公路勘测工具，它的功能的先进性直接关系到勘测的效率。测量仪器大体经历图 2.1-2 的发展阶段。

图 2.1-2 测量仪器发展进程

# 一、光学测量仪器

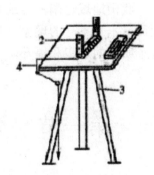

图 2.1-3 光学测量仪器展示

# 二、电子测量仪器

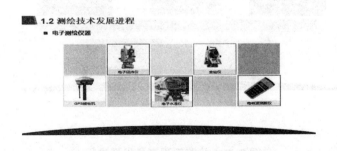

图 2.1-4 电子测量仪器展示

## 三、新型测绘仪器－空天地一体化测量设备

**图 2.1-5 新型测绘仪器展示**

## 四、测图技术的发展历程

公路工程使用的地形图大体经历了平板测图、模拟测图、数字化测图、智能化测图的发展历程。尤其是当下，获取地形图的方法多、速度快、精度高、要素全及用途广。

# 第二节 现代公路测量的技术特点

公路工程测量是为公路设计与施工服务的，测量技术方法的改进提高了公路勘测设计与施工的水平和效率。另一方面，公路建设规模的扩大及对质量要求的提升，又促进了公路工程测量技术的进步和发展。

最初由于测量技术手段落后，距离采用钢尺、皮尺或视距测量，角度采用经纬仪测量，测绘大比例尺地形图通常采用平板测图的方法，工作量大、工期长、成图精度较低，在成图时间和精度上均难以满足公路勘测设计的需求，更不可能大面积地测量大比例尺地形图以供选线之用，因此，公路选线和定线基本在现场进行，称之为现场选线或现场定线。选线和定线完成后，采用拉链法、支距法、偏角法等方法实地放出路线中桩，使用水准仪、经纬仪甚至花杆等测量设备进行公路纵、横断面测量。公路勘测水平的落后，致使公路设计的效率低、周期长、人员工作强度大，一条100km左右的公路勘测设计往往需要耗费几年的时间。

航空摄影测量技术的发展，尤其是小型无人机摄影测量技术使大比例尺地形图的获取更加快捷，设计人员可以在较大范围的大比例尺地形图上进行路线选线、定线，称之为纸上定线。纸上定线由于"视野"的扩大，提升公路选线、定线的水平，提高了公路设计质量。

随着计算机技术的迅速发展，摄影测量进一步发展成为数字摄影测量，设计人员

11

可通过计算机，利用公路数字地面模型 DTM、公路数字高程模型 DEM、正射影像地形图 DOM 以及数字线划地形图 DLG 等数字产品，结合遥感 RS 进行方案比选，勘测产品从原来以模拟纸质地形图为主体的形式，发展到以数字产品为主体的形式，进一步减小了设计人员的工作量、降低了劳动强度，加之考虑的因素更广、更全面，因此选线、定线的质量及公路设计的水平得到了显著的提高。

现今公路勘测正在从传统的"低效率、低精度、全野外"向"高效率、高精度、数字化、智能化、集成化"的方向迈进，公路设计也从全野外走向数字化，从单一技术应用走向多技术集成。当下的公路工程测量技术，不再是单一的"做控制、绘地图、测路线"这样简单的工作内容和相对单一的技术手段，而是多学科、多专业、多设备、多技术交织融合的高度集成的一项综合技术，获取的数据和制作的产品具有多种类、多维度、多时相、多尺度、多用途等特点，数据成果呈现多源、异构和海量的特征，所以公路工程测量目前是一个广义上的工程测量概念。

# 第三节　现代公路测绘技术与设备

现在的公路测量技术不再是一种或几种技术的简单应用，而是多种学科、专业、设备和技术集成应用的一种态势，因此公路测绘的技术和仪器设备也存在多种分类方法。

## 一、技术按照测绘专业划分

公路测绘技术从测绘专业角度可划分为大地测量、工程测量、控制测量、地图制图、航空摄影测量、卫星遥感测量、不动产测绘、海洋测绘、地下管线探测、地理信息等。上述专业中涉及到的学科包括测绘科学技术、计算机科学技术、航空航天科学技术、海洋科学技术等。

而计算机科学中的互联网、物联网、云计算、数据库、智能识别等技术与测绘技术融合使用的场景也逐渐增多。

目前使用的除了熟知的"3S"技术外，较为主流的技术包括：无人机、三维激光扫描、倾斜摄影测量、三维建模、INSAR 技术、智能识别与解译及计算机集群等技术。

## 二、设备按功能和应用对象划分

公路工程测量中使用的设备按功能和应用对象大体可划分为地面采集类、地下探测类、水下探测类以及航空航天类等。

### （一）地面采集类

1. 测距类仪器设备：皮尺、钢尺、测绳、基线尺、各类测距仪、全站仪、地面激光扫描仪及 GNSS 等。

2. 测角类仪器设备：各类光学、电子经纬仪以及全站仪等。

3. 测高类：水准仪、全站仪、GNSS 等。

4. 综合三维类：GNSS、全站仪、激光扫描仪及数码相机等。

### （二）地下探测类

各类地下管线探测仪、CCTC 地下管线探测机器人、地质雷达等。

### （三）水下探测类

测深锤、测深仪包括单波束及多波束测深仪、无人测量船等。

### （四）航空航天类

常用的搭载平台包括：无人机、有人机、气球（艇）、卫星等；

使用的设备包括：定姿系统 POS、定位系统 GNSS、激光扫描仪、CCD 数码相机、推扫式相机（ADS80，ADS100）、热红外相机以及多光谱成像仪等。

# 第四节　现代测绘基准

我国的测绘基准伴随着科技进步不断发展，从过去孤立的基准正向高精度、三维、动态、陆海统一的现代化测绘基准迈进。由于国家强制实行了 CGCS2000 坐标系统，从而统一了各行业的测绘基准，减少了很多不同坐标系间的计算转换工作，提高工作效率。

## 一、陆地平高基准

我国现行高程基准为 1985 国家高程基准，自 1985 年 1 月 1 日起实施，从严格意义上讲，1985 国家高程基准也是一种局部高程基准，它会随着平均海平面的变化而改变。该基准目前我国陆地测量唯一的高程基准，基于此基准开展的高程测量任务包括重点区域和主要干线的一、二等水准路线定期复测；实施基于一、二等水准路线的三等水准加密测量。

我国现行国家大地测绘基准是 CGCS2000 国家大地坐标系，是目前我国陆地唯一的平面测量基准。基于该坐标系下开展的测绘工作包括全国范围内的 A、B、C 级 GNSS 大地控制网测量以及卫星连续运行参考站 CORS 的建立和维护。

## 二、海地一体化基准

我国的海洋深度基准为理论最低潮面，但现实中仍然存在使用当地的测深基准的现象。因此通过建立高程／深度基准转换模型来形成海洋测深基准向陆地高程基准的转化，同时建立陆海统一的似大地水准面模型也是国家基础测绘的主要任务之一。

### 三、重力测绘基准

新中国成立以来，先后建立了 1957 重力系统、1985 国家重力基本网和 2000 国家重力基本网。2002 年我国完成了 2000 国家重力基本网的构建，它是我国目前采用的新重力基准和重力测量参考框架。2000 国家重力基本网由 259 点组成，其中重力基准点 21 个，重力基本点 126 个和重力引点 112 个。在 2000 国家重力基本网中还布设了由哈尔滨、北京、西安、昆明、南宁五个重力基准点和重力基本点组成的国家级重力仪标定基线和 8 条国家级重力仪格值标定场（短基线）。为将 1985 国家重力基本网系统的重力值换算为 2000 国家重力基本网系统的重力值，2000 国家重力基本网还联测了 66 个 1985 国家重力基本网点。

全国及省级重力控制网的重力测量，分为有重力观测墩基准站时进行绝对重力测量，无重力观测墩基准站时则进行相对重力测量；沿海地区设置重力航空测量观测点。

通过上述各类基准的建立以及相应工作的开展，实现大地、高程、重力和深度基准的深度融合，从而构建陆海一体、覆盖全域、服务高效、安全可以控的现代化测绘基准。

# 第五节　现代公路测绘技术的交融

当下，公路工程测量的任务范畴和传统相比已发生了巨大的变化，尤其在公路的安全运营监测与智慧、高效、动态、科学管理等方面表现明显，体现在数据采集手段、数据处理、数据管理以及数据应用等方面都发生了很大变化。

## 一、工程与信息类的交融

现如今公路工程测量技术与地理信息技术形成了相辅相成、交织融合的格局，工作中很难将二者完全分开，因为地理信息技术是位置服务相关业务基础平台的主要支撑技术，而位置服务对于公路行业又极为重要。可认为工程测量当下是地理信息数据采集阶段的组成部分，是构建地理信息基础数据库的重要环节和基础，而地理信息技术又将这些基础数据与其它行业专题信息数据相融合，形成了大数据下的多行业、多部门、多专业的智能与智慧应用局面。公路工程常用的大比例尺数据库向实体化、一体化时空数据库转变，新型测绘生产模式、技术体系和标准体系正逐步形成，全面提升公路工程测量与测绘地理信息自动化、精准化及智能化服务水平已成必然。

## 二、采集器与传感器的交融

当今工程测量的数据采集手段已由人工单点模式采集向面状采集模式发展，如水准测量、全站仪测角、测距、测坐标、立体测图内业数据采集等等都是单点采集模式，

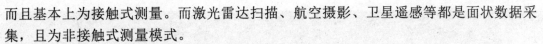

而且基本上为接触式测量。而激光雷达扫描、航空摄影、卫星遥感等都是面状数据采集，且为非接触式测量模式。

公路变形监测工作中，除了采用卫星遥感、航空摄影、GNSS 测量、激光雷达扫描测量等主动式方式对路面、边坡灾害以及桥梁、隧道健康监测外，还经常采用布设传感器的方式作为数据采集的手段，如在隧道中采用静力水准仪进行沉陷观测；采用分层沉降仪、沉降计等进行仰拱隆沉监测。在一些公路高边坡监测中，也设置一些测斜仪进行倾斜测量。这些监测方法采用的都是传感器采集法，所以在数据采集上，现今是主动式采集器与传感器的相互交融使用。

## 三、天空地一体化交融

目前一些技术先进的地区或单位都在构建天（卫星遥感）、空（无人机航测）、地（车载移动测量系统）一体化的，面向公路建设需求的地理空间信息采集、处理与服务的技术体系，为公路建设工程的勘察设计、施工、运营各阶段提供高精度的三维时空信息服务，提升公路工程建设的信息化服务和管理水平。

通过高分辨率遥感影像数据的获取、更新来完成公路或路网信息的获取与更新；基于无人机倾斜摄影或 LiDAR 扫描测量获取地表三维信息、构建实景三维；通过车载移动数据采集系统，实现路上有关信息的自动采集，通过用交互式处理来识别、判断、分析、统计经由路面的各种病害信息。

## 四、人工与智能的交融

在信息化时代背景下，移动互联网布局日益完善，云计算、物联网、人工智能和 5G 等技术飞速发展，测绘地理信息技术与这些高新技术在加速融合，应用领域不断拓展。数字化、自动化、网络化、智慧化已成为现代测绘地理信息技术的主流发展方向。

利用高分遥感影像数据来实现道路信息的半自动化提取更新，实现公路建设与运营期的动态监测。以移动车辆为载体，搭载 GNSS、全景相机、双目相机、激光扫描仪（LiDAR），实现公路沿线信息的全数字化采集，完成道路资产数据、公路实景三维、路面检评数据的高效采集与处理。定位监控服务实现了车、船定位、监控、动态监管和安全生产智能化管理。高精地图与自动驾驶深度融合，为无人驾驶提供了基础保障，这些都充分彰显了人工和智能深度结合的突出效果。

# 第三章 控制测量的前期准备

控制测量工作开展前需要收集许多基础资料，以便对后续的选点、埋石以及控制网的优化工作带来帮助，使控制点的选埋更加具有针对性，也可以用于辅助生产，便于指挥调度。

## 第一节 基础测绘资料的收集与整理

基础测绘资料是控制测量基础资料的重要组成部分，是进行控制测量的基石，关系到控制成果的可靠和准确。

### 一、收集地形图影像图资料

#### （一）收集地形图的途径

控制点的选点与埋设以及控制网的优化都离不开地形图的支撑，因此收集不同比例尺的地形图，是前期资料收集的重要工作之一。目前，对地形图的管理都是由省级自然资源部门负责，一般需要有任务书、合同或委托书等证明工程项目真实性材料，即可进行地形图资料的申领工作，通常申领的地形图为1:1万或1:5万地形图（审批流程见图3.1-1）。公路项目工可研阶段的整体路线一般布设在1:5万图上，较为细致的线位或工点一般布设在1:1万图上。所以收集到地形图资料后就可以将路线线位标定在地形图上。

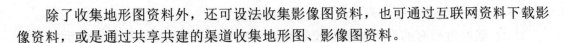

除了收集地形图资料外，还可设法收集影像图资料，也可通过互联网资料下载影像资料，或是通过共享共建的渠道收集地形图、影像图资料。

### （二）对收集到地形图影像资料的可用性分析

对地形图或影像资料的可用程度进行分析评判，主要包括了：

1. 地形图基准与路线基准是否一致。
2. 相邻图幅地形图能否进行接边。
3. 地形图内容的变化情况。
4. 影像图的清晰和变形程度。

## 二、收集国家控制点资料

### （一）收集控制点资料的途径

国家控制点资料的收集同样是控制测量准备工作必做的功课。国家级控制点资料也由省级自然资源部门负责管理分发。申领的过程同申领地形图资料大致相同，但一般需要网上浏览后，申领针对项目的控制点。目前，省级自然资源部门管理的控制点资料包括 B、C 级 GNSS 控制点，二、三等水准点及省级 CORS 站资料等，其流程大致如图 3.1-1 所示：

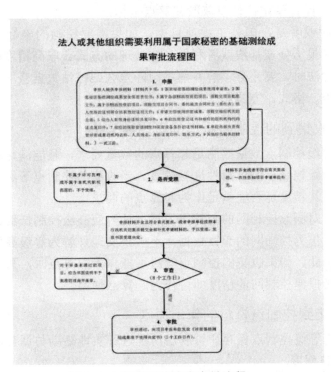

**图 3.1-1 基础测绘成果审批流程**

平面控制网起算数据可通过以下几种方法获取：

1. 收集附近已有的高等级平面控制点如 GNSS 点及三角点。我国于上世纪九十年代开始陆续在国内大部分地区布设了国家高精度 GNSS A 级网和 GNSS B 级网，各省又在其基础上布设了 GNSS C 级网，这些点在 1980 西安坐标系下进行了统一平差，近年来全国各省份又对这些 GNSS 网进行了点位的补充与加密，并完成了 2000 国家大地坐标系下的平差工作，因此这些点的精度高，相互之间的兼容性较好，可以作为公路平面坐标的起算教据。至于以前布设的三角点，由于当时技术水平的限制，造成控制点绝对精度不高，相互之间兼容性较差，可以利用价值较小，目前情况下已不适宜作为公路平面控制测量的起算点。

2. 从附近 CORS（Continuous Operational Reference System，缩写为 CORS）获取高精度、高可靠性、实时的控制点定位信息，作为起算资料。

3. 可采用长时间单点定位的方法获取起算点位置信息：

对于较小的公路工程，当不需要与国家坐标系统进行联测时，或者联测的精度要求较低，可以采用长时间单点定位的方法获取起算点位置信息，采用这种方法获取的坐标精度可以达到 2-5m 左右的精度。近年来发展的精密单点定位（Precise Point Positioning，简称 PPP），它利用卫星精密星历及精密卫星钟差，以单台 GNSS 接收机采集的非差数据作为观测值来进行单点定位计算，在全球范围内其精度可达 0.1m 级甚至 0.01m 级，相比传统单纯伪距定位动态结果精度上提高了至少一个数量级。

4. 利用永久跟踪站定位信息获取起算点坐标：

在偏远地区或者是在国外工程项目中，如果需要精确的坐标，可与永久跟踪站联测，利用精密星历处理基线或者利用在线处理的方式获取高精度的平面坐标起算数据。采用这种方法时，要充分了解并熟悉国际永久跟踪站数据获取方法与渠道、需要交换的数据种类、格式、方式和其它要求等。

### （二）对收集到的控制点资料的可用性分析

收集的高等级控制点数量要满足起算点的数量要求，且能满足相互检核的要求。要对收集的高等级控制点的可用性进行核查。当收集的控制点等级不能满足起算点要求时，需要检核其精度是否能满足作为起算点的要求。

长期以来，对测量控制网的起算点习惯上认为应高级控制低级，但从工程的实际需要出发考虑，作为控制网的起算数据，不应狭义地理解为等级高低，而是理解为其精度高低。基于此，如果收集的控制点等级不能作为起算点时，只要其相对精度优于或超过高一等级拟建控制网的精度即可作为起算点使用。

### （三）收集到控制点资料的使用原则

对收集的高等级控制点保存和可利用情况进行实地踏勘与调查，具体内容包括：

1. 标志完整程度。

2. 是否被移埋。

3. 控制点位置是否满足观测条件，包括是否满足仪器架设的要求、通视条件、

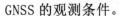

GNSS 的观测条件。

4. 对收集的高等级控制点的可靠性及精度进行检测，具体检测方法和过程可按下列方法进行：

（1）平面控制测量可结合具体施测过程进行，其检测的边长相对中误差要优于所施测的平面控制网高一级控制网的精度要求。

（2）高程控制测量除结合具体施测过程进行检核外，还可采用 GNSS 测量方法对其可靠性进行检验。

采用导线方法进行平面控制测量时，核查所利用的高等级控制点能否满足导线长度的要求。采用 GNSS 方法进行平面控制测量时，力求高等级控制点分布均匀，能够对施测的控制网进行有效的控制。高程控制测量重点核查所利用的高等级控制点能否满足高程路线长度的要求。

### 三、收集既有交叉公路的控制点资料

资料收集还需收集与计划建设的公路项目交叉或是相连接的公路、铁路等项目的控制点，特别是交叉、连接的项目也正处于施工或是拟建中，这时收集对方控制点尤为重要，涉及到日后两条路线能否顺利衔接或安全相交，平高控制点资料都要收集，相交或相接处的控制点至少要收集 3 个以上。

# 第二节　设计资料的收集

公路测量的主要服务对象是工程设计，因此在控制测量阶段要使控制测量的针对性和适用性强，就离不开设计资料的收集工作。

### 一、路线线位资料

需要向设计人员收集工可阶段确定的路线推荐线、重要的同等深度的比较线的路线中线资料，了解前期各个阶段对路线方案的研究情况，同时还要收集沿线的重要交叉位置资料，包括铁路、干线公路、拟建公路、河流、重要管线（地下、悬空）的位置资料，设置的互通式立交、分离式立交、人行天桥等的位置、规模和范围等，这些资料是控制测量选点和控制网布设的重要基础资料。

### 二、收集路线重大构造物的设置资料

控制测量的最高等级不是由路线来决定的，而是由沿线的大桥、特大桥、长隧道、特长隧道这些构造物来决定的，控制测量的等级首先要满足这些大型构造物的设计和施工要求，因此需要向设计人员收集这些大型构造物的位置设置表、工程规模及范围

等数据，便于日后确定控制点埋设规格和控制测量选用的等级等。

### 三、收集其它资料

需要收集的资料还包括一些辅助性资料，如交通、气象、地质、水文等资料。交通资料有利于了解测区的交通状况，有助于测绘生产；气象资料能够了解测区不同季节的气候与天气情况，有利于制定安全生产措施时更加具有针对性，在严寒地区还有利于控制点埋设的稳定性。地质、水文资料对控制点的选埋尤为重要，是控制点埋设稳定性最重要的参考资料。

### 四、资料的整理和利用

根据收集的上述资料，将路线方案位置和走向、构造物的位置展绘于地形图或影像图上，将构造物的规模、特殊地质路段或范围标示于图上，并对路线方案的位置和走向、构造物的规模和位置等进行核实后，着手去进行控制网的方案布设。

# 第三节　控制网的布设

控制网布设工作是控制测量非常重要的环节，包括现场踏勘、室内布点、网型优化、编制技术设计书初稿以及实地布点与埋设等工作。现场踏勘的主要目的是详细了解测区内的交通路线、地理实情以及各类环境因素，加深对整个项目的宏观把握，为项目的技术设计及后续工作奠定基础。现今的踏勘工作已充分利用电子地图与手持GNSS等辅助手段来提高踏勘工作的效率与质量。根据现场踏勘及资料收集情况，结合项目要求编制控制测量技术设计书初稿来指导控制点埋设等后续工作。控制点埋设后需要一定的稳定期方能进行观测，为此把控制点的选点和埋设纳入到控制测量的前期准备工作章节中。

### 一、控制点选点原则

公路工程控制点选点可按照"三满一顾"原则执行，具体地说就是：首先要满足用户使用要求，即满足设计阶段设计需求同时要满足施工阶段的施工需求。提倡设计选点理念，即根据设计资料如纵断面资料、大型桥梁、隧道等构造物设置位置等资料选择适宜的点位，这样可以避免做很多无用功，如根据隧道大致洞口位置进行选点，而没有必要将控制点选在隧道顶部等高处；据桥梁的位置，在两侧选点，没有必要把点位选在河谷、低洼等处。

其次要满足测量方法的要求。控制点选点时必须考虑观测采用的仪器和方法，如采用导线或导线网测量，则要求控制点需要两两相互间通视，且相邻边长比不宜超过

3:1。采用 GNSS 法进行观测，则需要考虑点位周边特别是点位上空需要通畅，即净空条件较好，另外受树木、电磁场、水面反射等不利因素干扰少或小。

第三，控制点选点的密度应根据不同设计阶段确定的线位的价值性来考虑。一般推荐线按照设计施工均满足的密度选设控制点，对同等深度的比较线宜首先满足设计需求选点。对于一些价值不大的比较线，可不考虑布设控制点，以此来达到节约成本的目的。

最后，控制点的选设也要兼顾未来发展要求，特别是那些大型的桥隧控制点和未来需要进行变形监测的特殊地质路段的控制点选设更加要注重兼顾原则。

## 二、控制网点布设方法

### （一）控制网点的布设流程

控制点的选点通常通常为先室内后室外，就是首先在地形图或影像图或电子地图上选点，进行控制网网型分析与优化，部分点位的调整，然后借助地形图、影像图或电子地图到现场选点。现场位置与图上位置的一致性往往出于选点者的判图能力，因此偶尔会出现因判图错误导致设计点位在实地标定时出现较大偏差乃至错误。为克服这一缺陷，现今不少选点都借助于互联网电子地图进行，可以将图上位置设定为导航目的地，这样在电子地图的引导下，可到达设计点位的实地位置或大致位置。

### （二）布设现场需要观察注意的事项

到达现场后，要查看点位周边环境是否满足仪器观测条件；其次从点位的保存稳定性、交通便利性、施工难易性等因素进行考虑。

这里特别强调，对于 GNSS 控制点而言，选点工作格外重要，不仅要关注可见的环境影响因素，还要留意控制点附近是否存在磁铁矿、地下高强输电线缆等不可见因素。GNSS 控制点的最终质量水平，点位因素约占 50%，可以认为如果选点成功，意味着控制测量质量合格的可能性达到五成，所以要提高对选点工作重要性的认识程度。

### （三）控制网布设的技术要求

#### 1. 总体要求

要根据现有技术条件和实际需要，选择适宜的控制网布设方案、测量方案，主要包括：

（1）根据实际需要确定适宜的控制网布设方案，可先布设首级平面、高程控制网，再根据需要分阶段布设路线平面、高程控制网，亦可一次性布设路线平高控制网。首级平面和高程控制网均需全线贯通、统一平差。

（2）根据需要和技术条件确定平面和高程测量方法，平面控制测量可采用静态GNSS、导线测量、GNSS RTK 测量等。高程控制测量可采用水准测量、三角高程测量、GNSS 高程测量等方法。

（3）根据工程需要确定适宜的平面和高程控制测量的等级和精度指标。

（4）根据实际需要确定布网范围，包括了布设控制点的路线走廊范围和布网方式。

2. 点位选设要求

（1）选取的控制点点位要与设计路线间具有良好的通视性，以利于路线测量或施工放样时使用，平面控制点和高程控制点尽可能共用。

（2）路线方案比较容易确定的公路项目中，可每 500m 左右布设一个测量控制点。其优点是所有的路线方案上都可以采用各种测量方法对路线进行中桩放样和高程测量，缺点是造成控制测量工作的大量浪费。

（3）要对可能性较大的路线方案可以按照每 500m 左右布设一个测量控制点，其余路线方案可采取每 3km～5km 布设一个或一对首级控制点，这一对控制点最好相互通视且与路线方向呈倾斜设置。控制点埋设的位置距线路设计中心线 100～300m 范围内为宜，对点之间的斜边距离最好在 400～600m 之间。该方案的优点是在可能性较大的路线方案上可以采用各种测量方法对路线进行中桩效样和高程测量，一定程度上节省了控制测量的工作量和作业时间。

（4）难以确定推荐方案时，可采取所有可能的路线方案每 3km～5km 布设一个或一对首级控制点的方法，待路线方案最终确定以后再进行控制加密测量。此方案的优点是减少了控制测量的浪费，缺点是在所有的路线方案上只能采用 GNSS RTK 的方法对路线进行中桩放样和高程测量，这种方案是现今较为经济、可行的方案，在路线方案极为复杂且方案非常难以确定的公路项目中的可行性较高。

（5）当设计、施工过程中测量的技术水平较高，可采取所有的路线方案均采取每 3km～5km 布设一个或者一对首级控制点的方法。如果作业区域具有满足需要的 CORS 时，可不布设平面测量控制网。这两种布设测量控制网的方法，现阶段对于有些地区的公路建设还是有些难以实现的，但随着技术的进步和建设单位技术水平的提高，该方案在公路控制测量中的可实施性会越来越高。

（6）必须在与其他公路连接处布设控制点，与已建公路相接处要在跨越原公路两侧布点，且每侧不得少于一对通视点。

（7）特大桥、互通式立交等位置附近必须至少有四个两两之间相互通视的平高控制点。

（8）有时也在距中心线 100～200m 范围内，每隔 3km 左右埋设一个等级水准点。这样的水准点尽量利用沿途如遇到的桥、涵、闸、高压线塔等永久性建构筑物的合适部位，对其加工处理后，作为等级水准点使用。布设水准点之时，需考虑联测的可行性及便捷性。

（9）布设加密控制点时，最好能够保证控制点间两两通视，当通视条件较差时，确保至少有一个通视方向。点位要尽可能沿线路两侧交叉布设，每侧最多不允许连续超过 3 个点。当受地形条件制约无法保证两侧交叉布点时，线路一侧的控制点可超过 3 个点，但要尽量保证这些点的点位有利于观测和日后使用，并在适当位置增加过渡点。

（10）改扩建公路控制网点宜在既有公路两侧布设，并相互联测形成整体的控制网。

（11）分期布网时，首级控制点间距需要满足作为加密控制网起算点的要求。

（12）平面控制点间距可参照表 3.3-1 执行，用路线测量的相邻平面控制点间距离不宜大于 800m。相邻高程控制点间的距离不宜大于 3km。

表 3.3-1 相邻控制点间距离

| 测量等级 | 首级控制网点对间距离（km） | 相邻控制点间距离（km） |
|---|---|---|
| 二等 | ≤ 15.0 | ≥ 0.5 |
| 三等 | ≤ 10.0 | ≥ 0.4 |
| 四等 | ≤ 5.0 | ≥ 0.3 |
| 一级 | ≤ 3.0 | ≥ 0.2 |
| 二级 | — | ≥ 0.1 |

## 三、控制点的埋设

控制点的埋设要根据测区所在的区域、地质、气象、交通、等级与用途等因素综合考虑，因地制宜，不可随意埋设。

（一）测量控制点的点位要求如下：

1. 控制点至路线中心的距离要大于 50m，宜小于 300m。

2. 点位宜选择在可长期保存且有利于路线测量的位置处，并尽可能使其不受施工的影响。

3. 点位的位置要易于架设仪器和观测、满足点位通视的要求。

4. 公路改扩建工程选取控制点时，要考虑已经有公路对通视条件的影响，尽可能在已有公路两侧分别布点。

（二）平面控制网采用 GNSS 方法进行施测时，控制点选点除了要满足上述要求外，还可参照以下要求：

1. 点位不要选在大功率发射台或高压线附近，距离高压线不要小于 100m，距离大功率发射台不宜小于 400m。

2. 点位宜避开由于地面或其它目标反射所引起的多路径干扰的位置。

3. 高度角为 15° 的上方应无妨碍通视的障碍物。

4. 要注意避开地下强磁场或附近磁矿石的干扰。

（三）平面控制网采用边角网或三边网方法测量时，控制点选点要尽量满足下列要求：

1. 三边网宜布设为近似等边三角形，各个三角形的内角不宜大于 100° 和小于 30°，受限制时不要小于 25°。

2. 测距边要选在地面覆盖物相同的地段，不宜选在烟囱、散热塔、散热池等发热体的上空。测线上不应有树枝、电线等障碍物，测线需要离开地面或障碍物 1.3m 以上。测线要避开高压线等强电磁场的干扰，并宜避开视线后方反射物体。

3. 当测距边的测线倾角采用对向三角高程测定，则高差需小于按式（3.3-1）计算的限值。

$$H \leq \frac{8D}{T} \times 10^3 \tag{3.3.-1}$$

式中：$H$ —测距边两端点的高差限值（m）；

$D$ —测距边边长（m）；

$T$ —测距边要求的相对中误差分母。

（四）平面控制网采用导线方法施测时，宜尽量布设成直伸形导线。

（五）相邻高程控制点间的间距可按照下列要求执行：

1. 采用三角高程方法施测测量高差时，间距不需要超过 600m。

2. 还需在此基础上进一步进行高程控制网加密时，间距不大于需加密高程控制测量容许线路长度的 0.7 倍，当加密高程路线绕行距离较大时，需要进一步缩短两点间的距离。

（六）构造物测量控制点选点还要参照以下要求：

1. 布设首级控制网时，大型构造物每一端埋设 1 个以上首级平面控制点和高程控制点。

2. 布设路线控制网和施工控制网时，大型构造物每一端埋设 2 个以上平面控制点和高程控制点。

3. 特大型构造物需要进行测量控制网设计，建立满足需要的构造物控制网。

（七）控制点埋设需符合能长期保存的原则，可按下列要求执行：

1. 控制点埋设位置要位于地面结实稳固处，控制点可以采用预制混凝土桩、现浇混凝土桩或其它可以长期保存并能进行标记的固定桩志。

2. 当采用预制混凝土桩、现浇混凝土桩埋设于土壤中时，控制点的标石规格和埋设可参照相关规范的规定，并参考以下要求：

（1）要夯实底部、捣实周围的培土。

（2）控制测量桩埋设时，坑底需清除浮渣并现浇厚度 200mm 以上的混凝土，周围的培土要捣实。

（3）地表需在控制测量桩周围现浇厚度 50mm 以上、控制桩以外宽度 100mm 以上的混凝土。

（4）控制测量桩高出地面的部分不宜超过 50mm。

（5）控制测量桩位于沙丘和土层松软地区时，要增加桩石尺寸和基坑底层现浇混凝土的面积和厚度，直至具有足够的稳定性。

（6）冻土地区，季节冻土层以下桩志的高度要大于标准高度的 2/3，并且在位于季节冻土层段的桩志周围包裹防水材料。

（7）埋设的控制测量桩最好经过一个沉降期后方可以使用。

3. 当控制点位于坚硬路面、混凝土建筑物上时，可以打入钢筋或者钢钉作为中心标志，确保路面、混凝土厚度大于 200mm，其表面尺寸不要小于相应等级的标石顶面规格。

4. 遇到不能打入钢筋或者钢钉的建筑物或者岩石时，可将其表面凿毛，浇铸高度不小于 200mm 的水泥混凝土桩，其顶面尺寸不要小于相应等级的标石顶面规格，并采取措施确保控制点的稳固。

5. 路线控制桩作为控制测量桩使用时，要使用水泥混凝土进行护桩，护桩高度不小于 200mm，其顶面尺寸不要小于相应等级的标石顶面规格。

6. 控制点应设置中心标志。中心标志可采用不小于 $\phi14$ 的钢筋或钢钉，其长度不宜小于 200mm，其顶面要齐平，平面控制点中心标志上需要刻、锯细小的十字丝。中心标志高出标石顶面最好不大于 5mm。

7. 当不同的控制测量桩共用时，要满足各自的埋设和作业要求，标志高、上顶面长和宽、下底面长和宽要以其中规格要求较高者为准。

8. 利用原有控制测量桩时，需要确认该点标石保存完好，并且符合相应控制测量桩的规格和埋设要求。

9. 现场定线时，可利用选设的交点桩、转点桩作为测量控制点，但要进行加固。

10. 重要构造物控制网的控制点标志大小、高度、结构，视控制点的精度要求和地质、通视等情况确定，可采用强制对中装置。观测墩规格可参照相关规范要求执行，其高度需根据通视条件和观测方便程度来确定。

（八）控制点标记可按照以下要求标注：

1. 控制点标志顶面要书写点名，书写的点名可以长期保存。

2. 控制点尽可能顺序编号，一个项目的控制点不要有重号，编号可采用表示项目的汉语拼音缩写加等级字母加阿拉伯数字的顺序的形式，控制测量的等级可分别以"B"、"C"、"D"表示二等、三等、四等；以"E"表示平面控制点的"一级"、高程控制点的"五等"；"F"表示平面控制点的"二级"。

还有一种较为认同的习惯性编号方法，即测量的首级控制点以 GN 开头，后面加上数字序号；加密控制点通常冠以 TN 开头，后面加上数字序号；埋设的水准点以 BM 开头，后面加上数字序号。

3. 当控制点中心标志采用钢筋或者钢钉打入路面、混凝土建筑物上时，要在其表面按照相应等级标石顶面规格凿刻出可长期保存的沟槽式标记。

4. 控制点要现场绘制点之记，点之记的绘制要求见 3.4 节。

# 第四节  控制点点之记的制作

控制点点之记是记录、描述和展示控制点所在实地位置的记录性文件，故要求其真实、及时、详实。点之记应在现场完成其主体，包括位置描述、照片拍摄及其他相关内容，然后经内业补充、完善后完成。

对于控制点的概略坐标，宜采用 GNSS 手持机、手机采集概略坐标。当前的手机定位精度据称可达 0.2m。

## 一、控制点点之记包含的内容

平面控制点点之记包括的内容有：工程名称、所在图幅号、点名、点号、等级、概略坐标、点位所在地、地类、土质、冻土深度、解冻深度、最近住所及距离、最近邮电设施、供电来源、最近水源及距离、石子来源、砂子来源、交通路线图、行 / 乘车线路线说明、点位概略图、点位说明、选点单位、选点员、选点日期、是否进行平面坐标和高程联测、联测方法与等级、该点的通视点名以及埋设标石的断面图等。

水准点点之记内容包括：工程名称、点名、详细位置图、埋设的标石断面图、点位所在图幅、概略坐标、点位所在地、地别土质、标石类型、标石质料、土地使用者、地下水深度、交通路线、点位详细描述、接管单位、保管者、选点单位、选点员、选点日期、埋石单位、埋石者、埋石日期、维修单位、维修者以及维修日期等。

## 二、控制点点之记的制作方法

控制点点之记的制作方式较多，需要注意的是，因为控制点所在的地区不同，地质条件也不尽相同，因此点之记的制作还是要因地制宜，根据点之记包含的内容自行设计点之记图表，有时图表中会插入局部地形图或影像图或现场照片，以增强点位的直观与清晰展示。如果单位的存贮设备允许，还可加入视频或音频文件加以说明。点之记中语言描述要清晰简练，插图制作要准确，照片、图像要清晰，便于目标识别。点之记采用的常见文件格式类型有 CAD 和 WORD 两种，CAD 格式的优点是内容全，图文清晰，埋设的控制点全貌能够展示，缺点是进行编辑修改较为麻烦。WORD 格式的优点是插入或粘贴图形、图像容易，编辑修改也方便灵活，缺点是绘制相关图形地较困难。

## 三、点之记示例

下面提供几类点之记示例供参考。

# 基础控制点点之记

## GPS 点 之 记

工程名称：四阜高速公路　　　　　　　　　　图幅号：2

点名　GP001　点号　001　等级　D　概略坐标　X:　　　　Y:

所在地　昌图县毛家店镇后杏山村　　　最近住所及距离　毛家店镇有招待所

地　类　平地　土质　黑土　冻土深度　1.1米　解冻深度　1.1米

最近邮电设施　毛家店镇邮电局　　供电情况　后杏山村每天有交流电

最近水源及距离　后杏山村有水井距点约200米　石子来源　购买　沙子来源　购买

交通路线图　　　　　　线路说明

至四平　至四平　后杏山　毛家店镇　G102　白家屯　N　沈哈高速　GP001　至沈阳　至沈阳

自毛家店镇沿G102国道向四平方向行至白家屯，再沿沙石路向东行至后杏山村。

点位略图　　　　　　点位说明

至四平　沈哈高速　后杏山　至沈阳　1　GP001　3　2

点位：杏山村南北大车路西侧。

1. 距点北侧杨树4.74米；
2. 距点东侧杨树6.20米；
3. 距点西南方向坟顶6.05米。

选点情况　　　　　　标石断面图

单　位　国家测绘局第二地形测量队

选点员　薛林靖　日期　2003年12月5日

是否联测坐标与高程　是

建议联测等级与方法　Ⅳ等水准测量

通视点名　Ⅰ哈沈70　GP02

地面　5-10　15　120　30　单位：cm

图 3.4-1 基础控制点点之记

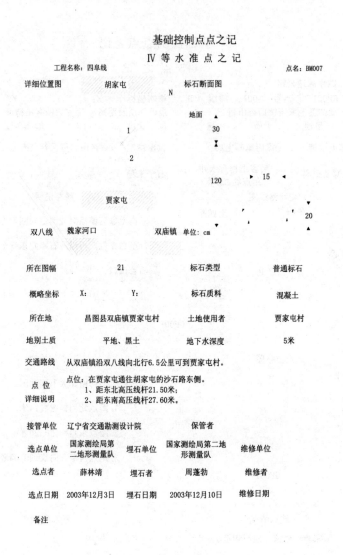

基础控制点点之记

Ⅳ 等 水 准 点 之 记

工程名称：四阜线　　　　　　　　　　　　　　　　　　　点名：BM007

详细位置图　　　　　胡家屯　　　　标石断面图

| 所在图幅 | 21 | 标石类型 | 普通标石 |
|---|---|---|---|
| 概略坐标 | X:　　　Y: | 标石质料 | 混凝土 |
| 所在地 | 昌图县双庙镇贾家屯村 | 土地使用者 | 贾家屯村 |
| 地别土质 | 平地、黑土 | 地下水深度 | 5米 |
| 交通路线 | 从双庙镇沿双八线向北行6.5公里可到贾家屯村。 | | |
| 点位<br>详细说明 | 点位：在贾家屯通往胡家屯的沙石路东侧。<br>1、距东北高压线杆21.50米；<br>2、距东南高压线杆27.60米。 | | |
| 接管单位 | 辽宁省交通勘测设计院 | 保管者 | |
| 选点单位 | 国家测绘局第二地形测量队 | 埋石单位 | 国家测绘局第二地形测量队 | 维修单位 | |
| 选点者 | 薛林靖 | 埋石者 | 周蓬勃 | 维修者 | |
| 选点日期 | 2003年12月3日 | 埋石日期 | 2003年12月10日 | 维修日期 | |
| 备注 | | | |

**图 3.4-2　Ⅳ等水准点点之记**

基础控制点点之记

GPS 点之记

| | | | |
|---|---|---|---|
| 工程名称：辽宁省滨海公路辽河特大桥工程 | | 图幅号：K-51-125 | |
| 点名 BHDQ03 点号 BHDQ03 等级 B | 概略坐标 L: 122°11′30″ B: 40°41′59″ | | |
| 所在地 辽宁省盘锦市大洼县辽滨乡 | 最近住所及距离 点南1千米有招待所 | | |
| 地 类 平原 土质 砂石 | 冻土深度 0.5米 解冻深度 0.5米 | | |

| | | |
|---|---|---|
| 最近输电设施 大洼县邮政局 | 供电情况 | 点西30米住宅内 |

| | | | |
|---|---|---|---|
| 最近水源及距离 点西30米住宅内 | 石子来源 购买 | 砂子来源 购买 |

交通路线图　　　　　　　　　　线路说明

由盘锦市大洼县沿盘营公路南行
约20公里至辽滨乡，该点在辽河村东
水堤上。

点位略图　　　　　　　　　　点位说明

点位：村东水堤上。
水准点BM03在观测墩砼基础上。

| | | |
|---|---|---|
| 选点情况 | | 标石断面图 |
| 单 位 国家测绘局第一大地测量队 | | |
| 选点员 郭江海 日期 2008年03月 | | |
| 是否联测坐标与高程 是 | | |
| 建议联测等级与方法 测距三角高程 | | |
| 通视点名 BHDQ02 BHDQ05 | | |

图 3.4-3 桥梁施工控制点点之记

BHDQ0三近景照片

图 3.4-3（a）桥梁施工控制点点之记

BHDQ0三远景照片

图 3.4-3（b）桥梁施工控制点点之记

**D 级 GPS 控制点点之记**

| 点名及种类 | GPS 点名 | TN003 | 土质 | 水泥 |
|---|---|---|---|---|
| | 相邻点名 | TN002 | 标石说明（单双层类型） | 测钉 |
| 所在地 | 红石砬子南侧村庄小桥水泥路边缘 | | | |
| 选点者 | 许志新 | 观测者 | | 张浩 |
| 选点日期 | 2021.1.14 | 观测日期 | | 2021.1.24 |
| 概略坐标 | X：4519905　　Y：520463 | | | |

点位略图：

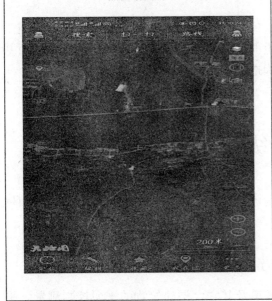

实地照片：

备注

**图 3.4-4 冬季控制点点之记**

# 第四章 控制测量的等级与基准选择

控制测量的等级选择关系到施测控制点的精度能否满足不同的设计阶段以及施工需求，特别是能否满足特大桥梁和长大隧道的施工要求。但基准选择，尤其是平面基准的选择，关系到能否满足路线与桥隧等构造物的综合变形要求。

## 第一节　控制测量等级的确定原则与方法

控制测量包括平面和高程测量。总体来讲，控制测量的等级确定取决于设置的构造物的结构形式和规模大小。

### 一、平面控制测量等级的确定方法

公路平面控制测量包括路线、桥梁、隧道及其它大型建筑物的平面控制测量。平面控制网的布设宜符合因地制宜、技术先进、经济合理、确保质量的原则。

《公路勘测规范》（JTJC10-2007）规定，各个级公路、桥梁、隧道以及其它建筑物的平面控制测量等级的确定，要符合表 4.1-1 的规定。

表 4.1-1 平面控制测量等级选用

| 测量等级 | 高架桥、路线控制测量 | 多跨桥梁桥总长 L（m） | 单跨桥梁 LK（m） | 隧道贯通长度 LG（m） |
|---|---|---|---|---|
| 二等 | — | ≥ 3000 | LK ≥ 500 | LG ≥ 6000 |
| 三等 | — | 2000 ≤ L < 3000 | 300 ≤ LK < 500 | 3000 ≤ LG < 6000 |
| 四等 | 高架桥 | 1000 ≤ L < 2000 | 150 ≤ LK < 300 | 1000 ≤ LG < 3000m |
| 一级 | 高速公路、一级公路 | L < 1000 | LK < 150 | LG < 1000m |
| 二级 | 二、三、四级公路 | — | — | — |

同时规范中还明确规定了平面控制测量各等级的精度要求，就是最弱点点位中误差不得大于 ±0.05m，最弱相邻点相对点位中误差不得大于 ±0.03m，最弱相邻边长相对中误差不应大于如表 4.1-2 的规定。

表 4.1-2 平面控制测量精度要求

| 测量等级 | 最弱点邻边长相对中误差 | 测量等级 | 最弱点邻边长相对中误差 |
|---|---|---|---|
| 二等 | 1/100000 | 一级 | 1/20000 |
| 三等 | 1/70000 | 二级 | 1/10000 |
| 四等 | 1/35000 | | |

做出如此规定，理由如下：

平面控制网主要有三方面的作用，一是用于地形图测绘，二是用于中桩测量，三是用于施工放样。从地形图测绘的角度看，公路勘测中测绘的最大比例尺地形图一般为 1∶500，控制点的平面位置中误差按图上 ±0.1mm 的要求计算，则最弱点点位中误差要小于 50mm；从中桩测量的精度要求看，中桩平面位置误差由平面控制点间相对点位中误差和中桩放样两部分组成，现行《公路勘测规范》中规定中桩测量平面位置最小容许中误差为 50mm（平原、微丘区高速公路，一、二级公路），中桩测量时，按边长 1000m，测角中误差 8″ 进行估算，则中桩放样误差为 40mm，则要求控制点最弱相邻点间相对点位中误差为 30mm；同样，对于公路工程的路基、路面、中小桥涵、各种立交而言，其施工放样的平面精度达到 50mm 也不难实现。因此平面控制测量中要求最弱点点位中误差不得大于 50mm 是必要的。另一方面，公路控制测量的各项技术指标都是参考最弱点点位中误差 50mm 而制定的，施测控制网时只要按照规范规定的要求进行，最弱点平面位置中误差小于 50mm 的要求是完全可达到的，也是切实可行的。

控制网中某一点的平面位置误差是该点相对于邻近高等级控制点的点位误差，也可认为由其相邻点的点位误差、它们之间的相对点位误差和高等级控制点误差三部分联合构成，按照等影响原则，则最弱相邻点间相对点位中误差不得大于 30mm。最弱相邻点边长相对中误差是根据最弱相邻点间相对点位中误差 30mm 与各等级控制网平均边长推算求得的，分别为 1/100000、1/67000、1/33000、1/17000 和 1/10000，取整后分别为 1/100000、1/70000、1/35000、1/20000、1/10000。

平面控制测量一般采用 GNSS 测量、导线测量、GNSS CORS RTK 测量、边角测量等方法进行，但不管采用何种方法，只要等级相同，精度要求就应该相同，不再区分不同的方法。以最弱相邻点间边长相对中误差表示相应等级所要达到的最低要求作为等级划分的依据，符合公路及其构造物控制网的测量特点，即注重点位间的相对精度。公路平面控制测量采用二、三、四等和一、二级，基本可满足公路及其构造物测量的需要。

对于桥梁控制网而言，采用哪种控制网等级主要考虑两个因素：一是桥梁跨径和长度，跨径越大、桥梁越长，要求的精度等级越高；二是桥型结构，大跨径的简支梁对控制网的精度要求高于小跨径的简支梁，同长度的连续梁对控制网的精度要求高于简支梁，钢梁桥对控制网的精度要求高于相同结构的钢筋混凝土桥梁。综合两方面因素，起主要作用的是桥型结构。表 4.1-1 中单孔跨径桥梁的控制网等级是根据钢结构每节间为 16m，节间弦杆制造和拼装的综合误差为 ±2mm，支座安装误差为 ±5mm 进行估算的。当节间长度较短时，所需要的精度等级可适当降低，但节间长度较长时，精度等级应适当提高。多孔跨径桥梁的结构、材料和组合比较多，所要求的控制网等级难以确定。表 4.1-1 中的使用值是根据桥梁跨径和长度结合实际应用的经验确定的。

对于桥梁长度的施工测量，各等级控制测量所规定的精度指标一般能满足精度要求，但对于控制桥墩的中心精度却不易达到。欲让桥墩处于良好传力状态，桥墩、台应尽可能地减少偏心，一般规定桥墩中心的点位中误差应小于 15mm，按此计算控制网在桥轴线长度上的绝对中误差应小于 4.3mm。这个精度要求很高，往往难于满足，实际生产中要采取有效措施提高控制网的精度，如选择有利的观测时间以提高观测精度、增加高精度的基线边、采用强制对中装置强制归心、加强控制点基础的稳定性等措施。表 4.1-1 中的"高架桥"是指跨越建筑物群、地质不良地段等小跨径简单结构的旱地桥梁。该类型桥梁由于跨径较小、结构简单，施工测量条件相对较好，所以控制网精度要求不宜太高，但考虑到桥梁施工相对路基部分要求较高，根据实际应用经验确定高架桥的平面控制测量的等级需达到四等。

决定隧道控制网等级的因素有两方面，一是贯通面的宽度，二是贯通长度，其中起决定作用的是隧道的长度。表 4.1-1 中隧道控制网的等级是根据隧道长度结合实际应用的经验确定的。表中"隧道贯通长度"是指相向施工的工作面之间距离。

## 二、高程控制测量等级的确定方法

公路规范规定了各级公路及构造物的高程控制测量等级不应低于表 4.1-3 规定。

表 4.1-3　高程控制测量等级选用

| 测量等级 | 高架桥、路线控制测量 | 多跨桥梁桥总长 L（m） | 单跨桥梁 LK（m） | 隧道贯通长度 LG（m） |
|---|---|---|---|---|
| 二等 | — | ≥ 3000 | LK ≥ 500 | LG ≥ 6000 |
| 三等 | — | 2000 ≤ L < 3000 | 300 ≤ LK < 500 | 3000 ≤ LG < 6000 |
| 四等 | 高架桥，高速公路、一级公路 | L < 1000 | LK < 150 | LG < 1000m |
| 五等 | 二、三、四级公路 | — | — | — |

根据《公路工程质量检验评定标准》的规定，公路路基、路面检测偏差应小于±20mm，桥面检测偏差应小于 ±6mm。上述检测偏差包含控制点之间的相对中误差、检查测量误差。按照测量误差理论和实际经验值推算，得出了控制点最弱点高程中误差应分别小于 25mm、10mm。

# 第二节　平面控制测量基准的选择与确定

为便于读者更好的理解我们日常使用的坐标系的真实意义，首先介绍一下关于地心坐标系和参心坐标系两个坐标系的概念。

地心坐标系（geocentric coordinate system）是以地球质心为原点建立的空间直角坐标系，或以球心与地球质心重合的地球椭球面为基准面所建立的大地坐标系。通常采用地心空间直角坐标系（以 X，Y，Z 为其坐标元素）和地心大地坐标系（以 B，L，H 为其坐标元素）两种坐标表现形式。地心坐标系是在大地体内建立的 O-XYZ 坐标系，原点 O 设在大地体的质量中心，用相互垂直的 X，Y，Z 三个轴来表示，X 轴与首子午面与赤道面的交线重合，向东为正。Z 轴和地球旋转轴重合，向北为正。Y 轴与 XZ 平面垂直构成了右手系，如图 4.2-1 所示。

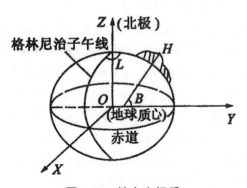

图 4.2-1 地心坐标系

参心坐标系是以参考椭球的几何中心为基准的大地坐标系。通常分为参心空间直角坐标系（以 X，Y，Z 为其坐标元素）和参心大地坐标系（以 B，L，H 为其坐标元素）。

参心空间直角坐标系是在参考椭球内建立的 O-XYZ 坐标系。原点 O 为参考椭球的几何中心，X 轴与赤道面和首子午面的交线重合，向东为正。Z 轴和旋转椭球的短轴重合，向北为正。Y 轴与 XZ 平面垂直构成右手系。

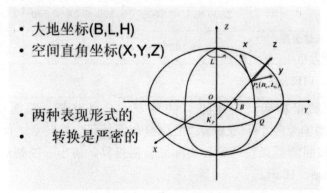

图 4.2-2 地球参心坐标系的两种形式

"参心"意指参考椭球的中心。测量中，为处理观测成果和计算地面控制网的坐标，通常须选取一参考椭球面作为参考面，选一参考点作为大地测量的起算点（大地原点），利用大地原点的天文观测量来确定参考椭球在地球内部的位置和方向。参心大地坐标的应用十分广泛，它是经典大地测量的一种通用坐标系。根据地图投影理论，参心大地坐标系可以通过高斯投影计算转化为平面直角坐标系，是包括地形测量和工程测量在内的其他地面测量的数据计算提供参考面。

## 一、我国曾用平面坐标系介绍

由于不同时期采用的地球椭球不同或其定位与定向不同，我国历史上出现的参心大地坐标系主要有 1954 年北京坐标系 BJZ54（原）、1980 西安坐标系 GDZ80 与 1954 年新北京坐标系 BJZ54（新）等三种。

### （一）1954 年北京坐标系（BJZ54）

1954 年北京坐标系（BJZ54）为参心大地坐标系，它是以前苏联克拉索夫斯基椭球为基础，大地上的一点可用经度 L54、纬度 M54 和大地高 H54 定位。

该坐标系特点可归结为：属参心大地坐标系；采用克拉索夫斯基椭球的两个几何参数；大地原点在原苏联的普尔科沃；采用多点定位法进行椭球定位；高程基准为 1954 年青岛验潮站求出的黄海平均海水面；高程异常用原苏联 1955 年大地水准面重新平差结果为起算数据，按我国天文水准路线推算而得。

参数椭球坐标参数如下：长半轴 a=6378245m；短半轴 b=6356863.0188m；扁率 α=1/298.3；第一偏心率平方 =0.006693421622。

该坐标系存在如下缺点：

1. 椭球参数有较大误差。克拉索夫斯基椭球差数与现代精确的椭球参数相比，

长半轴约大 109m。

2. 参考椭球面与我国大地水准面存在着自西向东明显的系统性倾斜，在东部地区大地水准面差距最大达 +60m。这让得大比例尺地图反映地面的精度受到影响，也对观测量元素的归算带来困难。

3. 几何大地测量和物理大地测量应用的参考面不统一。我国在处理重力数据时采用赫尔默特 1900～1909 年正常重力公式，与这个公式相应的赫尔默特扁球不是旋转椭球，它与克拉索夫斯基椭球是不一致的。

4. 定向不明确。椭球短半轴的指向既不是国际普遍采用的国际协议（原点）CIO（Conventional International Origin），也不是我国地极原点 JYD1968.0；起始大地子午面也不是国际时间局 BIH（Bureau International de I Heure）所定义的格林尼治平均天文台子午面，从而给坐标换算带来一些不便和误差。

### （二） 1980 西安坐标系

1978 年 4 月在西安召开全国天文大地网平差会议，确定重新定位，建立我国新的坐标系即 1980 年国家大地坐标系。该坐标系采用地球椭球基本参数为 1975 年国际大地测量与地球物理联合会（IUGG）第十六届大会推荐的数据，其大地原点设在我国中部的陕西省泾阳县永乐镇，位于西安市西北方向约 60km，故称 1980 西安坐标系，又简称西安大地原点。高程基准面采用青岛大港验潮站 1952-1979 年确定的黄海平均海水面（即 1985 国家高程基准）。

1954 年北京坐标系和 1980 西安坐标系是两种不同的大地基准面，不同参考椭球体，因而两种基准下的地图上同一个点的坐标是不同的，无论是三度带、六度带坐标还是经纬度坐标都是不同的。

1980 西安坐标系建立时有以下先决条件：

1. 大地原点在我国中部，具体的地点是陕西省泾阳县永乐镇。

2. 1980 西安坐标系是参心坐标系，椭球短轴 Z 轴平行于地球质心指向地极原点方向，大地起始子午面平行于格林尼治平均天文台子午面；X 轴在大地起始子午面内与 Z 轴垂直指向经度 0 方向；Y 轴与 Z、X 轴成右手坐标系。

3. 椭球参数采用 IUG 1975 年大会推荐的参数，因而可得 1980 西安椭球两个最常用的几何参数为：长半轴 a=6378140±5（m）；短半轴 b=6356755.2882m；扁率 α=1/298.257；第一偏心率平方 =0.00669438499959；第二偏心率平方 =0.00673950181947 ；椭球定位时按我国范围内高程异常值平方及最小为原则求解参数。

4. 多点定位。

5. 大地高程以 1956 年青岛验潮站求出的黄海平均水面为基准。

### （三）新 1954 年北京坐标系

新 1954 年北京大地坐标系是将 1980 年国家大地坐标系下的全国天文大地网整体平差成果，以克拉索夫斯基椭球体面为参考面，通过坐标转换整体换算至 1954 年北京坐标系下而形成的大地坐标系统。

该坐标系的特点是：

1. 采用克拉索夫斯基椭球参数。

2. 是综合 1980 西安坐标系 GDZ80 和 1954 年北京坐标系 BJ54 建立起来的参心坐标系。

3. 采用多点定位，但椭球面与大地水准面在我国境内不是最佳的拟合。

4. 定向明确，坐标轴与 GDZ80 相平行，椭球短轴平行于地球质心指向 1968.0 地极原点的方向。

5. 大地原点与 GDZ80 相同，但大地起算数据不同。

该坐标系的坐标精度和 1980 年国家大地坐标系坐标精度相同，同时克服了原 1954 年北京坐标系局部平差的缺点；由于恢复至原 1954 年北京坐标系的椭球参数，从而使其坐标值和原 1954 年北京坐标系局部平差坐标值相差较小。

新 1954 年北京坐标系提供的新图既达到了使用精度更好的整体平差成果作为控制基础，又不必作特殊处理就能和旧图互相拼接，具有明显的经济效益。特别是在军队系统，因为用图量、存图量最多的是 1:5 万以下比例尺地图，采用这种坐标系作为制图坐标系，对于地图更新、战时快速保障和方便广大指战员用图等方面，具有明显的优点。

总体而言，新 1954 年北京坐标系只是作为过渡期的一种产物，应用时间较短，应用的场景也相对较少。

## 三、现行基准 CGCS2000 国家大地坐标系介绍

随着社会的进步，国民经济建设、国防建设和社会发展、科学研究等皆对国家大地坐标系提出了新的要求，迫切需要采用原点位于地球质量中心的坐标系统作为国家大地坐标系。从技术和应用方面来看，曾经用坐标系具有一定的局限性，已不适应社会发展的需要。主要表现在以下几点：

### 1. 二维坐标系统

1980 西安坐标系是经典大地测量成果的归算及其应用，其表现形式为平面二维坐标。坐标系只能提供点位平面坐标，而且表示两点之间的距离精确度也比用现代手段测得的低 10 倍左右。高精度、三维与低精度、二维之间的矛盾是无法协调的。比如将卫星导航技术获得的高精度点位三维坐标表示在现有地图上，不但会造成点位信息的损失，同时也将造成精度上的损失。

### 2. 参考椭球参数

随着科学技术的发展，国际上对参考椭球的参数已进行了多次更新和改善。1980 西安坐标系所采用的 IAG1975 椭球，其长半轴要比国际公认的 WGS84 椭球长半轴的值大 3m 左右，而这可能引起地表长度误差与采用 WGS84 椭球相差 10 倍左右。

### 3. 经济建设与科技发展的需要

随着经济建设的发展和科技的进步，维持非地心坐标系下的实际点位坐标不变的难度加大，维持非地心坐标系的技术也会逐步被新技术所取代。

### 4. 椭球短半轴指向

1980 西安坐标系采用指向 JYD1968.0 极原点，与国际上通用的地面坐标系如 ITRS，或与 GNSS 定位中采用的 WGS84 等椭球短轴的指向（BIH1984.0）不同。

采用地心坐标系，有利于采用现代空间技术对坐标系进行维护和快速更新，测定高精度大地控制点三维坐标，并提高测图工作效率。2000 国家大地坐标系正是基于这种背景情况下应运而生的。

2000 国家大地坐标系是我国当前最新的国家大地坐标系，英文名称为 China Geodetic Coordinate System 2000，英文缩写为 CGCS2000。CGCS2000 是全球地心坐标系在我国的具体体现，其原点为包括海洋和大气的整个地球的质量中心；其坐标系的 Z 轴由原点指向历元 2000.0 的地球参考极的方向，该历元的指向由国际时间局给定的历元为 1984.0 的初始指向推算，定向的时间演化保证相对于地壳不产生残余的全球旋转，X 轴由原点指向格林尼治参考子午线与地球赤道面（历元 2000.0）交点，Y 轴与 Z 轴、X 轴构成右手正交坐标系，采用广义相对论意义下的尺度。

CGCS2000 采用的地球椭球参数如下：长半轴 a=6378137m；扁率 f=1/298.257222101；地心引力常数 GM=3.986004418$(10^{14}m^3s^{-2})$；自转角速度 $\omega$=7.292115（$10^{-5}rads^{-1}$）；短半轴 b=6356752.31414m；极曲率半径 =6399593.62586m；第一偏心率 e=0.0818191910428。

## 三、实施 CGCS2000 的意义

### （一）实施 CGCS2000 国家大地坐标系的科学意义

CGCS2000 的实施使我国测绘基准的现代化达到国际标准。测绘基准的现代化主要包括以下七个要素：

### 1. 三维

采用三维大地坐标系统；

### 2. 高精度

大地坐标框架点的相对和绝对精度要等于高于 10-7；

### 3. 动态

大地坐标框架点坐标要为时间的函数，就要提供框架点相应于某一历元的坐标值及其运动速率；

### 4. 地心

采用以地球质心为三维大地坐标系的原点；

5. 覆盖全部国土

建立测绘基准要顾及中国全部陆海国土，也要给陆海国土范围内的任何一点，在任何时刻测定坐标和高程提供地理空间基础框架；

6. 实用

坐标框架点、水准点或大地水准面必须有符合国家经济、社会发展和国防建设需求的密度（分辨率）和地理分布，以方便使用；

7. 国际接轨

采用国际通用的地球参数，坐标系统和坐标框架，或与其保持确定的、实时的联系。

我国 CGCS2000 包含了上述七个要素，所以说其达到了测绘基准的现代化。

## （二） 实施 CGCS2000 的社会意义

1. 实施 CGCS2000 为我国提供了及时、可靠、适用的地理空间基础框架。

我国航天、海洋、地震、气象、水利、建设、规划、地质调查、国土资源管理等领域的科学研究需要一个以全球参考基准为背景的、全国统一的、协调一致的坐标系统，来处理国家、区域、海洋与全球化的资源、环境、社会和信息等问题，需要采用定义更加科学、原点位于地球质量中心的三维国家大地坐标系。

2. 采用 CGCS2000 可对国民经济建设、社会发展产生巨大的社会效益。

采用 CGCS2000，有利于防灾减灾、公共应急与预警系统的建设和维护。

3. 采用 CGCS2000 将进一步促进遥感技术在我国的广泛的应用，发挥其在资源和生态环境动态监测方面的作用。

当年汶川大地震发生后，国内外遥感卫星为抗震救灾分析及救援提供了大量的基础信息，显示出科技抗震救灾的威力，而这些遥感卫星资料都是基于地心坐标系。

4. 采用 CGCS2000 也是保障交通运输、航海安全的需要。

车载、船载实时定位获取的精确三维坐标，能够准确地反映其精确地理位置，配以导航地图，可以实时确定位置、选择最佳路径、避让障碍，保障交通安全。随着我国航空运营能力的不断提高和港口吞吐量的迅猛增长，采用了 CGCS2000 可保障航空和航海的安全。

5. 卫星导航技术与通信、遥感和电子消费产品不断融合，将会创造出更多新产品和新服务。

卫星导航系统与 GIS 的结合使得以计算机信息为基础的智能导航技术已逐步转化为高技术产业，如车载 GNSS 导航及移动目标定位系统已随见可用，移动手持设备已广泛使用。

6. 对经济发展带来影响。

应用现代空间技术进行地形图测绘和定位，能够较大幅度提高点位表达的准确性，并可快速获取精确的三维地心坐标，提高测量精度和工作效率；也可广泛地应用于数字农林业、智能交通与民航、海事、城市物流（城市精细管理中的基于位置服务）、突发事故预警与快速响应系统、通信供电网络维护系统、科学考察与探险等。由此可见，CGCS2000 在以上行业、部门及产业中的应用，必会对经济与社会发展带来积极深远的影响。

### （四） CGCS2000 与其它坐标系的比较

#### 1. 与 WGS-84 对比

CGCS2000 的定义与 WGS-84 实质一样，采用的参考椭球非常接近，扁率差异虽然会造成同一点在两个坐标系中的值有微小差异，但在当前测量精度水平下这种微小差值是可以忽略的。因此，在坐标系的实现精度范围内两种坐标系下的坐标是一致的。

#### 2. 与 1954 年北京坐标系、1980 西安坐标系对比

CGCS2000 和 1954 年北京坐标系或 1980 西安坐标系相比，在定义和实现上有根本区别。局部坐标和地心坐标之间的变换是不可避免的。坐标变换可通过联合平差来实现，也可通过一定变换模型来实现。当采用模型变换时，应依据精度要求选择变换模型。对于优于 0.5m 的高精度要求，可采用最小曲率法或其他方法的格网模型；对于 0.5～5m 的中等精度要求，可采用七参数模型；对 5～10m 的低精度要求，可采用四参数或者三参数模型。

我国常见的几种国家坐标系间的比较也可见表 4.2-3。

表 4.2-3 我国常见的几种国家坐标系

| 坐标系统名称 | 对应椭球 | 所述坐标系 | 坐标原点所在位置 | 椭球参数 | 对应高程基准 | Z轴（短半轴）指向 | 坐标表现形式 | 备注 |
|---|---|---|---|---|---|---|---|---|
| 北京54坐标系 | 克拉索夫斯基椭球 | 参心大地坐标系 | 前苏联普尔科沃 | 长半轴 a= 6378245m 扁率 α = 1/298.3 | 1956 年黄海高程系 | 定向不明确 | 平面直角坐标 空间坐标 | 已停用 |
| 80 西安坐标系 | IAG1975 国际椭球 | 参心大地坐标系 | 陕西省泾阳县永乐镇 | 长半轴 a=6378140±5（m） 扁率 α=1/298.257 | 1985 国家高程基准 | JYD 1968.0 系统为椭球定向基准 | 平面直角坐标 空间坐标 | 已停用 |
| 2000 国家大地坐标系 | 整个地球 | 地心坐标系 | 属点为包括海洋和大气的整个地球的质量中心 | 长半轴 a=6378137m; 扁率 f=1/298.257222101 GM=3.986004418×1014m3s-2 ω=7.292115×10-5rad s-1 | 地心原点的椭球面 | Z轴指向 BIH1984.0 定义的协议地极方向 | 空间坐标 平面直角坐标 | 现行国家坐标系，自 2018 年 7 月 1 起启用 |

## 三、公路独立坐标系

公路独立坐标系是指任意选定原点和坐标轴，其投影面为固定基准面的平面直角坐标系。公路独立坐标系是相对于国家统一坐标系而言的，以测区中某一经度线作为中央子午线，以测区某一高程面作为投影面而建立的平面直角坐标系。使用该坐标系建立的控制网，其坐标可实现与国家坐标系的坐标换算。公路工程特别是路线较长或是等级较高的公路，其建设阶段为满足变形要求通常采用公路独立坐标系。

公路独立坐标系与假定坐标系不同。假定坐标系是指任意假定原点、坐标轴方向，长度不经过投影变形改正的平面直角坐标系。一般是假定一个点的坐标（不要使测区出现负值坐标）及一条边的方位角，在测量平面上直接计算的平面直角坐标系。假定坐标系通常无法实现与国家坐标系之间的换算。当路线较短或公路等级较低时由于变形累计值不大或路线上无大型构造物，因此该坐标系可以用于路线很短的小规模、低等级公路的测绘工作中。

# 第三节 常见公路独立坐标系的建立方法

选择公路路线平面坐标系时，测区内投影长度变形值不宜大 25mm/km，特大型构造物投影长度变形值不宜大于 10mm/km。若满足上述要求，那么需要结合测区所处地理位置、平均高程等因素按下列方法选择坐标系。

1. 当投影长度变形值满足要求时，宜采用高斯正形投影 3° 带平面直角坐标系。

2. 当投影长度变形值不能满足要求时，可采用：

（1）投影于某一高程面上的高斯投影 3° 带平面直角坐标系统。

（2）投影于 CGCS2000 椭球面上的高斯投影任意带平面直角坐标系。

（3）某一高程面上的高斯投影任意带平面直角坐标系。

（4）当采用一个投影带不能满足要求时，可以分为几个投影带；

（5）假定坐标系。

由此可见，公路坐标系的选择与使用并非一定是标准国家坐标系，而是需要满足变形要求。公路独立坐标系的建立与使用正是基于规范中这一规定而被经常采用。

## 一、公路独立坐标系建立的原则

### （一）测区内投影长度变形限值的理论依据

现行《公路勘测规范》中规定，高速公路使用的平面坐标系，其测区内投影长度变形值不大于 25mm/km。而当长度变形值大于 25mm/km 时，相邻点间相对点位中误差一般包括距离测量或解算误差和长度投影变形值所引起的误差。距离测量中误差每边最大 14mm（规范规定的每边最大测距中误差），最弱相邻点间相对点位中误差为 30mm。按照误差理论计算，每边长度投影变形最大容许值为 26mm。按照四等平均边长考虑，公路路线控制网的最大边长一般为 1000m，则每公里长度投影变形最大容许值为 26mm，因此公路路线平面控制测量坐标系选取投影长度变形值小于 25mm/km 是可取的。大型构造物对测量的精度要求更高，其测量控制网最弱相邻点间相对点位中误差按路线控制网的 1/2 计算，则大型构造物投影长度变形值应该小于 12mm/km，因此取值即为 10mm/km。

### （二）建立公路独立坐标系应遵循的原则

#### 1. 合理性原则

所谓合理性原则，就是在满足变形值不超限的前提下，要尽量少地建立独立坐标系。因为独立坐标系参数不同，致使坐标值不同，实际上是平面基准不再相同。而公路设计中地形图也以独立坐标系为基准，所以一旦独立坐标系个数多了，势必造成坐标转换以及地形图换带，不仅地形图自身在接图等方面不方便，设计人员使用起来更不方便，尤其是进行路线线位的转换十分烦琐，同时也给测绘人员的工作带来不便，因为一旦遇到坐标换带，实地放样时需重新求解 GNSS 转换参数或重新录入放样数据等。因此，在建立公路独立坐标系时要尽量增加有效的带宽，进而使独立坐标系的覆盖范围增大，路线增长。

### 2. 有效性原则

所谓有效性原则，就是建立的独立坐标系应使其覆盖的有效范围内不出现"盲点"或"盲区"。公路路线中的一些特殊点或位置恰恰是容易发生"盲点"或"盲区"的所在，主要是范围内控制点布设的最高点、最低点、两侧距离中央子午线最远点（通常也是坐标换带边缘点）、桥梁桥址处、隧道进出口等点位。只有做到这些特殊点位全部覆盖且有效，才能说明建立的独立坐标系科学、合理且有效。

### 3. 避让性原则

所谓的避让性原则，就是有一些位置虽然满足换带条件，但却不能作为两个独立坐标系的换带处，如大型构造物设置处不应被选为换带处，如桥梁、隧道，不能选择为换带处，应避让。

### 4. 通用性原则

所谓的通用性原则也可叫做普遍性原则，即公路独立坐标的建立都要以 CGCS2000 坐标系坐标为基础，在此基础上再建立数学关系或进行转换，并且其过程应完全可逆，即在排除计算错误后，转换后的坐标经逆运算后应与转换前的坐标完全相同，或误差至少控制在毫米级以内。否则就说明转换计算的数学模型不严谨或使用的计算软件质量有瑕疵。

### 5. 灵活性原则

所谓灵活性原则就是独立坐标系的建立不能只靠一种方法来完成，而是要根据项目的具体情况灵活采用相应的建立方法。

独立坐标系建立的方法很多，常用的有公式法、比例缩放法、支导线等方法。

## 二、几种常见独立坐标系建立方法介绍

### （一）膨胀椭球公式法

#### 1. 地面平距边长变形的原由

在进行控制测量数据处理时，通常要经过一系列归算及计算过程，该过程可简要描述为：

(1)将地面测量的观测值归算为参考椭球上的观测值；

(2)将椭球面上的观测值归算为高斯平面上的观测值；

(3)在高斯平面上进行平面控制网的平差计算工作。

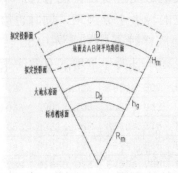

**图 4.3-1 地面边长投影变形示意**

如图 4.3-1 所示，D 为地面 A、B 两点间的平面边长；$D_0$ 是 AB 归算到参考椭球面上的边长，$H_m$ 为 A、B 两点间的平均高程；hg 为相应的大地水准面差距；$R_m$ 为 AB 方向的法截弧曲率半径，有时也把 $R_m$ 作为当地的地球平均曲率半径（$R_m = \sqrt{M \times N}$，其中 M 为子午圈半径，N 为卯酉圈半径，$R_m$ 可以概略取 6378km），则有：

$$\frac{D_0}{D} = \frac{R_m}{R_m + h_g + H_m} = \frac{1}{1 + \dfrac{h_g + H_m}{R_m}}$$

（4.3-1）

将（4.3-1）式按泰勒级数展开，取其 3 项，有：

$$\frac{D_0}{D} = 1 - \frac{h_g + H_m}{R_m} + \left(\frac{h_g + H_m}{R_m}\right)^2$$

（4.3-2）

可简写为

$$D_0 = K_1 \bullet D$$

（4.3-3）

结合图 4.3-1，并根据（4.3-2）式可看出，当投影参考椭球面位于地面观测边下方时，则 $D_0 < D$，投影之后的边长变短了；反之，当地面观测边位于投影参考椭球面下方时，则 $D_0 > D$。即投影之后的边长反而变长了，所以当改变投影面高程时，会改变地面边长投影至拟定投影面上的距离大小。

由（4.3-2）式进行估算，当投影边长至拟定投影面的高差超过约 159m 时，这时因高程投影引起的变形值就会超过 25mm，从而得出至拟定投影面 159m 的高差就是高程投影变形的临界值。

当椭球面上的边长投影至高斯平面上时，可以表示为

$$D_P = D_0 \bullet \left( 1 + \frac{Y_m^2}{2R_m^2} + \frac{\Delta Y^2}{24R_m^2} \right)$$ （4.3-4）

（4.3-4）式中 $Y_m$ 为 A、B 两点在高斯平面 Y 坐标减去 500km 后的平均值，即距离中央子午线垂距的平均值；$\Delta Y$ 为 A、B 两点横坐标差；$R_m$ 为 AB 中点的平均曲率半径。

（4.3-4）式可简写为

$$D_P = K_2 \bullet D_0$$ （4.3-5）

显然，$K_2 \geq 1$，只有投影边长位于中央子午线上时 $K_2$ 等于 1，其余情况均大于 1。由此可见，当椭球面上的边长投影至高斯平面上时，边长会变长，只是变长的大小取决于距离中央子午线的大小（远近），离中央子午线越近，变长的量值越小；反之越大。当移动中央子午线即改变中央子午线位置时，就改变了距离中央子午线的距离。

当公路路线呈东西方向走势时，就为距离中央子午线的距离越来越远的态势，高斯投影导致的边长变形值也会越来越大。

将（4.3-3）式带入（4.3-5）式中，则有

$$D_P = D \bullet K_1 \bullet K_2$$ （4.3-6）

由（4.3-6）式可以看出，投影至高斯投影面上的边长，其与地面两点间的原始平面边长相比，最终变形值的大小是 $K_1$ 和 $K_2$ 乘积的绝对值与 1 的差值就是边长变化率。

由上述可以看出，选择不同的投影面高程和不同的中央子午线位置，就会改变投影综合变形值的大小。投影面高程和中央子午线位置是确定独立坐标系正确性的两个最主要参数。

作者利用 EXCEL 编制一个投影变形分析小程序，在确定独立坐标系的两个参数的过程及分析变形值的大小中发挥了很好的作用。按此程序确定的独立坐标系，后经检验，全部合格，如图 4.3-2 所示。

| 投影面高程 | 410 | 测区平均高程 | 510 | 地球曲率半径 | | 6378 | | |
|---|---|---|---|---|---|---|---|---|
| 估算边长名称 | 观测边长 | 距投影中线垂距 | 平均高程 | 高程投影变形系数K1 | 坐标变形系数K2 | 综合变形系数K | 每公里变形值cm | 相对精度 |
| GP10-GP09 | 500 | 50 | 750 | 0.999946696 | 1.000030724 | 0.999977418 | -2.258206285 | -44282.93 |
| GP10-GP11 | 800 | 24 | 340 | 1.000010974 | 1.000007079 | 1.000018053 | 1.805313563 | 55392.039 |

图 4.3.-2 边长投影变形分析

## 2. 减小边长变形的方法

由（4.3-2）式推导得出的地面观测边长至拟定投影面的高差不能超过 159m。实际当中，当测区位于重丘山岭区或是高海拔地区时，如果投影至国家参考椭球面时，

就会超出高程投影变形的临界值导致变形超限，这时如果路线呈南北走向，且距离中央子午线距离较近，这时的高程投影变形就是变形值的主因。这时通常的做法是将参考椭球面胀起来，即抬高拟定投影面高程，这种做法有时也称之为膨胀椭球法。

通过膨胀椭球法可以有效地解决测区高差过大或是海拔过高导致的高程投影变形问题，但要注意，虽然采用膨胀椭球法，使高程投影的高差理论上可达318m，但位于膨胀椭球面下的地面边长，投影后边长是变长了而非变短了，这时再考虑高斯投影的影响，二者是叠加的关系，而不是相抵的关系，所以位于膨胀椭球面下方地面边长至膨胀椭球面的高差临界值不是159m，通常要小于此数值。

相反，位于膨胀椭球面上方的地面边长，投影后边长是变短了，这时再考虑高斯投影的影响，二者是相抵的关系，所以位于膨胀椭球面下方地面边长至膨胀椭球面的高差临界值也不一定是159m，而是要大于此数值。

再来分析高斯投影变形。由（4.3-4）式可推导出，当 $Y_m$ 超过45km以后，不考虑投影面的因素，投影变形值就会超限。所以在地势较为平坦的低海拔地区，高斯投影变形成为地面边长变形的主导因素。此时距离中央子午线的垂距45km就是边长变形的临界值。此时可以通过移动中央子午线的方式来减小这项变形。此种方法有时也称之为移动中央子午线法。

最为复杂的情况就是测区内的地形起伏较大且海拔较高，路线又呈东西走向。此时就要根据（4.3-6）式来考虑高程投影与高斯投影的综合影响。需要注意的是，这时对盲点或盲区的检验，特别要考虑位于膨胀椭球下方的地面边长，注意高程投影与高斯投影的叠加效应，不要因此出现估算失误或错误。

实际工作中通常采用膨胀椭球与移动中央子午线联动的方式来解决投影变形问题。这种方法虽然不能保证测区中央变形值最小，计算也相对复杂，但可保证整个测区内的变形值均满足要求，增大了有效带宽；同时由于考虑了两种变形的相抵和叠加作用，既提高了投影边的海拔高度又兼顾了路线走向问题，因此特别适用于山岭重丘、高海拔地区以及地势起伏较大的地区。对于高海拔地区可减少独立坐标系的数量，减少了不同坐标系间的坐标换算工作量。

### 3. 基于 CGCS2000 坐标的独立坐标的计算

（1）独立坐标与国家坐标换算的数学原理

独立坐标与国家坐标换算的数学原理基本上是基于高斯换带计算而来，所不同的是，高斯换带往往是在国家标准参考椭球面上进行，而独立坐标换带则是在非标准椭球上进行，而是在膨胀后的变异椭球上非标准的中央子午线下进行的。

①高斯换带计算公式

坐标系之间的坐标换算可通过高斯正反算实现。所谓高斯投影正算，即把大地坐标（B，L）换算为高斯平面上的坐标（x，y）的过程；而高斯坐标反算则是将高斯平面上的坐标（x，y）换算为相应的椭球面上大地坐标（B，L）的过程。通过高斯正反算，可将投影中央子午线L1，拟定投影面高H1的独立坐标换算至另一投影中央子午线L2，拟定投影面高为H2坐标系中，这就是高斯换带计算法简称高斯法的计算原理。具体的公式为：

高斯投影正算公式为

$$\left.\begin{array}{l} x = X + a_2\ell^2 + a_4\ell^4 + a_6\ell^6 \\ \\ y = a_1\ell + a_3\ell^3 + a_5\ell^5 \end{array}\right\} \tag{4.3-7}$$

式中，X 是中央子午线弧长，$a_i$（i=1，2，3…，6）是纬度 B 的函数，计算公式为

$$X = A_0 B - \left\{ B_0 - \left[ C_0 - (D_0 - E_0 \sin^2 B) \cdot \sin^2 B \right] \cdot \sin^2 B \right\} \sin B \cos B \tag{4.3-8}$$

$$\left.\begin{array}{l} a_1 = N\cos B \\[4pt] a_2 = N\sin B\cos(B/2) \\[4pt] a_3 = N\cos^3 B\left(1 - \tan^2 B + e'^2\cos^2 B\right)/6 \\[4pt] a_4 = N\sin B\cos^3 B\left(5 - \tan^2 B + 9e'^2\cos^2 B + 4e'^4\cos^4 B\right)/24 \\[4pt] a_5 = N\cos^5 B\left(5 - 18\tan^2 B + \tan^4 B + 14e'^2\cos^2 B - 58e'^2\sin^2 B\right)/120 \\[4pt] a_6 = N\sin B\cos^5 B\left(61 - 58\tan^2 B + \tan^4 B\right)/720 \\[8pt] N = \dfrac{a}{\sqrt{1 - e^2\sin^2 B}} \end{array}\right\} \tag{4.3-9}$$

$$\left.\begin{array}{l} A_0 = a(1-e^2)\left(1 + \dfrac{3}{4}e^2 + \dfrac{45}{64}e^4 + \dfrac{175}{256}e^6 + \dfrac{11025}{16384}e^8 + \cdots\right) \\[10pt] B_0 = a(1-e^2)\left(\dfrac{3}{4}e^2 + \dfrac{45}{64}e^4 + \dfrac{175}{256}e^6 + \dfrac{11025}{16384}e^8 + \cdots\right) \\[10pt] C_0 = a(1-e^2)\left(\dfrac{15}{32}e^4 + \dfrac{175}{384}e^6 + \dfrac{13675}{8192}e^8 + \cdots\right) \\[10pt] D_0 = a(1-e^2)\left(\dfrac{35}{96}e^6 + \dfrac{735}{2048}e^8 + \cdots\right) \\[10pt] E_0 = a(1-e^2)\left(\dfrac{315}{1024}e^8 + \cdots\right) \end{array}\right\} \tag{4.3-10}$$

式中，　a，e，$e'$ 分别是椭球长半径、第一偏心率及第二偏心率，B，$l$ 分别是

大地纬度和经度差，$l=L-L_0$，以弧度为单位。

将（4.3-8）式带入（4.3-7）式，并设

$$FX(B)=\left\{B_0-\left[C_0-\left(D_0-E_0\sin^2 B\right)\cdot\sin^2 B\right]\cdot\sin^2 B\right\}\sin B\cos B \qquad (4.3-11)$$

$$\left.\begin{aligned} F_x(B,\ell)&=a_2\ell^2+a_4\ell^4+a_6\ell^6\\ F_y(B,\ell)&=a_3\ell^3+a_5\ell^5 \end{aligned}\right\} \qquad (4.3-12)$$

则高斯投影正算公式为

$$\left.\begin{aligned} x&=A_0B+F_x(B)+F_x(B,\ell)\\ y&=a_1\ell+F_y(B,\ell) \end{aligned}\right\} \qquad (4.3-13)$$

高斯投影反算公式较为复杂和繁琐。据相关文献，给出了迭代法求解步骤：

1）迭代初始值：$B0=x/A0$；$a1=\dfrac{a\cos B^0}{\sqrt{1-e^2\sin^2 B^0}}$；$\ell^0=y/a_1$ $\qquad$ (4.3-14)

2）各次迭代 $B^i=\left[x-F_X\left(B^{i-1}\right)-F_x\left(B^{i-1},\ell^{i-1}\right)\right]/A_0$

$$\left.\begin{aligned} \end{aligned}\right\} \qquad (4.3-15)$$

$a_1=\dfrac{a\cos B^i}{\sqrt{1-e^2\sin^2 B^i}}$；$\ell^i=\left[y-F_y\left(B^i,\ell^{i-1}\right)\right]/a_1$

3）迭代终止时当同时满足

$$\left.\begin{aligned} B^i-B^{i-1}&\le\varepsilon\\ \ell^i-\ell^{i-1}&\le\varepsilon \end{aligned}\right\} \qquad (4.3-16)$$

时终止迭代。$\varepsilon$ 一般以取 $4.8\times10^{-10}$ 弧度（即 0.0001s）为宜。

利用以上高斯投影正反算公式，可采用电算程序或自行编程，完成坐标换算。

上述迭代计算较为烦琐，而且手动计算或是利用 EXCEL 等工具也很难实现，有学者推导了一种直接计算法，作者将在本章 4.6 节案例分析当中做详细介绍，有兴趣

的读者可阅读 4.6 节以作了解。

②独立坐标的计算数学模型

在建立独立坐标系时，当变动高程投影面后将产生一个新椭球，这里称之为独立椭球，需要计算独立椭球常数，独立椭球常数可按下列方法进行：

1）多数独立椭球是在国家坐标系的参考椭球上扩大形成的，它的扁率应与国家坐标系参考椭球的扁率相同。即：

$$f_{独} = f \qquad (4.3\text{-}17)$$

第一偏心率和第二偏心率也与国家坐标系参考椭球相同。即：

$$e_{独}^2 = e^2 \ ; \quad e_{独}^{'2} = e^{'2} \qquad (4.3\text{-}18)$$

2）计算该坐标系中央地区的独立椭球平均曲率半径及独立椭球长半轴：

独立椭球平均曲率半径 $R_{独} = R_m + H_m$ 　　　　　　　　　　(4.3-19)

$$R_m = \sqrt{M} = \sqrt{a\left(1-e^2\right)/W^3\, a/W} = a\sqrt{\left(1-e^2\right)}/W^2 = a\sqrt{\left(1-e^2\right)}\left(1-e^2\sin^2 B_m\right) \quad (4.3\text{-}20)$$

式中 a 为国家参考椭球长半轴；$B_m$ 为测区平均纬度，$H_m$ 是测区平均大地高。

则独立椭球的长半轴按式（4.3-21）计算：

$$a_{独} = R_{独} \times \frac{1 - e_{独}^2 \sin B_m}{1 - e_{独}^2} \qquad (4.3\text{-}21)$$

3）对于同一椭球下由标准的国家高斯坐标计算不同高程的投影面和不同经度子午线的独立坐标，需要计算大地坐标（B,L）的变化值 $\Delta B$，而：

$$b_{独} = a_{独}\left(1 - f\right) \qquad (4.3\text{-}22)$$

式中 $b_{独}$ 代表独立椭球短半径，$f$ 为国家参考椭球参数扁率。那么：

$$\left.\begin{aligned} B_{独} &= B + \Delta B \\ L_{独} &= L \end{aligned}\right\} \qquad (4.3\text{-}23)$$

$$\Delta B = \frac{N^2 \sin B \cos B (a_\text{独} - a)}{a(M + H)}$$

(4.3-24)

若 $$W = \sqrt{1 - e^2 \sin^2 B_m}$$ (4.3-25)

则 $$M = a(1 - e^2)/W^3$$ (4.3-26)

$$N = a/W$$ (4.3-27)

式中 $e^2$ 为第一偏心率的平方，$(B, L, H)$ 为国家点的大地坐标，当计算精度要求不高时，可以用 $H_m$ 代替 $H$。

（2）不同独立坐标系间坐标换算

由独立坐标系的建立方法可知，不同投影面间坐标换算可以先将一个投影面上直角坐标转换为国家坐标系统的大地坐标，再将国家坐标系统的大地坐标转换至另一投影面的独立坐标坐标，具体步骤为：

①控制网一独立坐标（$x_1, y_1$）$\Rightarrow$（$B_{g1}$，$L_{g1}$）$\Rightarrow$（$B = B_{g1} - \Delta B$，$L = L_{g1}$），从而得到控制网一独立坐标在国家坐标系统中的大地坐标（B，L）。

②国家大地坐标（B，L）$\Rightarrow$（$B_{g2} = B + \Delta B$，$L_{g2}$）$\Rightarrow$（$x_2, y_2$），得到控制网二的独立坐标。

实际上，也可将步骤（2）视为国家坐标向着独立坐标转换的过程。

## 二、比例缩放法

### 1. 基本思路

所谓的比例缩放法，是以国家坐标系坐标为基础，根据式（4.3-4），首先考虑将高斯投影变形限定在规范要求之内，即距离中央子午线不超过 45km，比较简单的判别方法就是直角坐标 Y 的坐标值减去 500km 以后的绝对值要小于 45km。因此，当国家 3° 坐标不满足要求时，可将其通过换带计算换算至 1.5° 带，或以任意中央子午线为投影中央子午线，对国家 3° 坐标进行换算，选择了任意中央子午线时可将其位置选择在路线中央即可。

换算以后的国家高斯坐标其变形值仍然不满足要求，但这时引起的变形主要是因为高程投影而引起的，见式（4.3-2），所以只要将高程投影的影响削弱或减小，即能达到使变形值满足要求的目的。

### 2. 实施步骤

设 S 为国家坐标系中的两点长度，$S_c$ 为独立坐标系的两点长度，则：

$$\frac{S_C}{S} = \frac{R_m + H_0}{R_m} \qquad (4.3\text{-}28)$$

$H_0$ 为归算边高出参考椭球面的平均高程，$R_m$ 为测区中心的平均曲率半径。

$$令 \quad q = \frac{H_0}{R_m} \qquad (4.3\text{-}29)$$

通常将 $q$ 称为缩放系数。那么：

$$\frac{S_C}{S} = 1 + q \qquad (4.3\text{-}30)$$

设 X,Y 为国家坐标系中的坐标，$X_C$,$Y_C$ 为独立坐标系中控制点坐标，$X_0$,$Y_0$ 为测区中心点坐标，它是高斯投影长度变形被消减后的国家坐标系下控制点坐标，可取路线的起始处和终点处的控制点国家坐标值的平均值作为其坐标值。所以，独立坐标系与国家坐标系坐标换算关系为：

$$\left.\begin{aligned} X_C &= X + q\left(X - X_0\right) \\ Y_C &= Y + q\left(Y - Y_0\right) \end{aligned}\right\} \qquad (4.3\text{-}31)$$

由式 （4.3-31） 可以推导出：

$$\left.\begin{aligned} X &= \frac{X_C + X_0 q}{1 + q} \\ Y &= \frac{Y_C + Y_0 q}{1 + q} \end{aligned}\right\} \qquad (4.3\text{-}32)$$

式（4.3-32）是由独立坐标计算国家坐标的计算公式。

3. 比例缩放法的适用范围

比例缩放法比较适合大体上南北走向的线路，他的路线在东西方向上的坐标分量最大差值不宜超过 90km，地形起伏不大，相对平缓，突变处高差不宜过大。如果上述条件不满足时，采用此方法建立独立坐标系，可能要设置 2 个以上的独立坐标系。

该方法的本质还是要选择出测区内适宜的投影中央子午线及投影面高程才是采用这种方法建立独立坐标系的关键所在。这种方法的独立坐标数学计算较为简单，与国家坐标的换算也可逆。缺点是常常需要先将国家3°带或1.5°带标准坐标向任意带中央子午线进行坐标换带计算，然后才能进行独立坐标计算，多了一个中间环节，逆运算也同样不可以直接计算出国家标准带坐标。

### （三）支导线法

#### 1. 基本思想

公路工程测量的特点是线路长，少则几十千米，多达数百千米，图形为典型带状。若按国家3°带划分方法，甚至会出现跨带现象。按照前述分析，边长投影变形在这种超长线路中肯定会超出规范要求，很难找到一个符合要求的平面坐标系统。

国内学者通过研究，提出了一种还原边长的支导线独立坐标计算方法。其基本思想是选择国家3°带或1.5°带坐标作为公路测量的基本坐标系，然后顾及边长投影因素的影响，对全部3°带或1.5°带国家坐标进行改算，从而得到满足公路测量要求的独立坐标。这里的国家3°带或1.5°带坐标是指控制点经平差计算后得到的全部控制点的坐标和高程。

本项改算完全按照较为严密的公式进行计算，因此改算后的坐标就不存在边长投影变形，即恢复至地面观测原始平距长度，即用任意相邻点坐标反算的边长与实地平面边长几乎一致，其差值可认为主要是由测量误差引起。而公路施工实际上是按照一定的纵断坡度进行施工的，施工面边长非常接近地面原始测量平距。这样在进行带状地形图测绘、工点地形图测绘、路线放样以及施工等工作中就不再考虑边长投影变形问题。

#### 2. 实施步骤

（1）通过国家高等级平高控制点对公路控制网分别进行平面控制网和高程控制网进行平差计算，得到控制点的国家3°带或1.5°带坐标和高程。

（2）由于公路为带状工程，其控制点分布必为线状图形，走向与设计应完全一致。将所有控制点展会于图上，按照顺序连成一个由N个控制点组成的导线，这些导线点在国家坐标系的坐标和高程为点 $X_{(i)}$、$Y_{(i)}$、$H_{(i)}$，i=1，2，3…N；在公路测量独立坐标系的坐标为 $X_{g(i)}$，$Y_{g(i)}$，i=1，2，3…N。其转换步骤如下：

①选取路线的一端（最好是与路线桩号排序一致，由小到大）的某一控制点位起始固定点，为了方便起见，令其为1号固定点，则有：

$$\left.\begin{array}{l} X_{g(1)} = X_{(1)} \\ Y_{g(1)} = Y_{(1)} \end{array}\right\}$$

（4.3-33）

②设 i+1 点相对于 i 点的坐标计算方位角依此为 $A_{(i+1)}$，i=1，2，3，…，N，则：

$$A_{(i+1)} = 180 - \text{sign}(Y_{(i+1)} - Y_{(i)}) \times 90 - a\tan\left(\frac{Y_{(i+1)} - Y_{(i)}}{X_{(i+1)} - X_{(i)}}\right)$$　　　　（4.3-34）

本著给出的式（4.3-34）是求坐标方位角的通用计算公式，它不需考虑坐标增量位于哪个象限，都可直接计算出结果。即使当 X 的坐标增量为 0 时，只需在编程命令中增加命令：

X 增量 =X 增量 +1E$^{-38}$ 即可正常运行计算。

③设 i+1 点相对于 i 点的在国家坐标系中的边长依此为 $S_{(i)}$，i=1，2，3，…，N，则：

$$S_{(i)} = \sqrt{\left(Y_{(i+1)} - Y_{(i)}\right)^2 + \left(X_{(i+1)} - X_{(i)}\right)^2}$$　　　　（4.3-35）

④设 i+1 点相对于 i 点的在独立坐标系中的边长依此为 $S_{g(i)}$，i=1，2，3，…，N，并顾及式（4.3-3）中的 $K_1$ 和式（4.3-5）中的 $K_2$，那么：

$$S_{g(i)} = S_{(i)} / K_1 / K_2$$　　　　（4.3-36）

⑤由于高斯投影是保角投影，因此独立坐标系和国家坐标系中的方位角不变，则：

$$\left.\begin{array}{l} X_{g(i)} = X_{g(i-1)} + S_{g(i-1)}\cos A_{(i)} \\[2mm] Y_{g(i)} = Y_{g(i-1)} + S_{g(i-1)}\sin A_{(i)} \end{array}\right\}$$　　　　（4.3-37）

i=2，3，…，N

这样即可计算出导线上的全部控制点的独立坐标。

## 3. 支导线法的适用范围

使用支导线法进行独立坐标计算时，起始点位置的选择很重要，首先应考虑该点要尽量位于路线开始桩号位置附近；其次是其东坐标和北坐标应尽量小。

通常公路设计在初步设计阶段之前通常都含有与主线交叉或者分离的支线、连接线或比较线，对于这些线位上的控制点的独立坐标计算，可在推算出主线独立坐标后，以交叉或分离处的两控制点高斯坐标计算起算方位，用固定第一或第二点的独立坐标为坐标起算数据，但第一个方位角和第一条边长的计算应根据国家标准坐标计算得出后，然后按支导线推算连接线或和比较线的各控制点独立坐标。

对于零星控制点或需要计算的其他点，首先通过控制点高斯坐标找到距离转换点

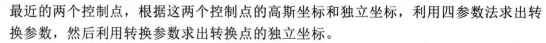

最近的两个控制点，根据这两个控制点的高斯坐标和独立坐标，利用四参数法求出转换参数，然后利用转换参数求出转换点的独立坐标。

本方法的优点是：

（1）适用于路线超长的路线，即使存在坐标换带在将坐标统一换算至同一坐标带下后该方法依然有效，而且不用顾及线路的走向与地势起伏。

（2）由于其本质是对国家高斯坐标进行了变换，所以在坐标数值上与国家坐标相差不大，对于中小比例尺地形图而言，独立坐标可近似作为国家坐标，不该影响其在图上位置的反映，避免了线位落图时需要进行坐标转换工作。

（3）由于公式较为简单，可利用 EXCEL 轻松实现其坐标计算。

（4）运用该方法计算独立坐标时，需要输入控制点的高程。

缺点是某些零散处的逆运算较为困难。此外，因为第一个点的位置选取具有一定的随意性，因此这种方法计算出的独立坐标结果会因人而异。

### 三、公路独立坐标系有效性的检验方法

公路独立坐标系建立以后，要对其有效性进行必要的检验，用证明其切实可行。验证的方式通常有两种方法：

1. 利用全站仪在测区的起点、终点、中间、大型构造物（隧道、桥梁、互通立交处）、地势最低等部位进行控制点间的边长测量。

根据实地所测量的平距与独立坐标反算距离比较，从而确定控制点的平面相对精度是否达到要求。如果控制点间两两通视，还可加测控制点间的水平夹角，与坐标反算角度进行比较，验证控制点间的相邻精度。这种方法的可靠性取决于测距精度的高低，按目前全站仪的测距精度来看，容易获得高精度地面测距边长，所以这种方法的可靠性较高，但必须进行现场实测才能完成。

2. 采用一种内业的近似方法进行检验

利用 GNSS 控制网测量的任意两点间的原始基线长度取平方，然后将这两点的高差取平方，这里的高差可以取大地高高差也可取正常高高差，二者差异不大，利用前者减去后者后开方得到两点间的近似地面平距，然后再与独立坐标反算距离比较，判断变形值是否超限。该方法虽然是近似法，但基本可行，可以随机进行任意边的检验，只需内业即可完成。

# 第四节　不同球体之间的坐标转换计算方法

由于球体不同，因此有不同的计算方法，较为严密的是七参数法，比较简洁的方式是四参数法，最为直观的是图解法。

## 一、四参数法

### （一）平面坐标相似变换法的计算公式

不同球体间的平面直角间的坐标转换实际上是一种二维转换。这时常用方法是四参数法。两坐标系统之间包含四个原始转换参数，即两个平移参数，一个旋转参数和一个尺度参数。

若 $[x\quad y]_A^T$ 为某点在 A 坐标系下的坐标，则该点在 B 坐标系下的坐标 $[x\quad y]_B^T$ 可表示为

$$\begin{bmatrix} x \\ y \end{bmatrix}_B = \begin{bmatrix} \Delta x \\ \Delta y \end{bmatrix} + (1+m)\begin{bmatrix} \cos\alpha & -\sin\alpha \\ \sin\alpha & \cos\alpha \end{bmatrix}\begin{bmatrix} x \\ y \end{bmatrix}_A \qquad （4.4\text{-}1）$$

$[\Delta x\quad \Delta y]^T$ 为A坐标系转换到B坐标系的平移参数；$m$ 为尺度参数，$\alpha$ 为旋转参数。

### （二）四参数法的适应范围

由（4.4-1）式中看出：如果A、B两坐标系中存在两个以上已知的公共控制点，带入公式中可求出四个转换参数，进而求出A坐标系下任意一点在B坐标系下的坐标，反之亦然。平面坐标相似变换法可简称相似变换法就是应用上述原理进行坐标换算。若公共点数超过两个，则存在多余计算条件，可提高转换参数的计算精度，从而提高整个坐标转换精度。

使用四参数法，需要注意下列事项：

1. 要有公共点（重合点），就同一个点在不同椭球中都有坐标；

2. 这样公共点至少要有 2 个以上（含 2 个）；

3. 这种方法适合于椭球参数不明晰的情况；

4. 这种方法更适用于 2 个形体相似椭球的平面坐标转换，椭球越相似，转换效果越好；

5. 这种方法的转换精度与公共点围成的面积覆盖大小有关，在覆盖区内转换精度高，离覆盖区越远，其转换精度越差。

6. 使用的公共点（重合点）的两套坐标要具有比较好的兼容性才能保证转换精度。

## 二、七参数法

### （一）七参数的数学计算公式

七参数法也叫布尔莎模型转换法，其为三维空间七参数转换模型，模型包括三个平移参数，三个旋转参数和一个尺度参数。假定两个空间直角坐标系分别为 $O_⊠$-$X^⊠Y^⊠Z^⊠$ 和 $O_⊠$-$X^⊠Y^⊠Z^⊠$，则两种坐标系之间对应点坐标之间的转换关系为：

$$\begin{bmatrix} X^{\mathrm{I}} \\ Y^{\mathrm{I}} \\ Z^{\mathrm{I}} \end{bmatrix} = \begin{bmatrix} X_0 \\ Y_0 \\ Z_0 \end{bmatrix} + (1+\delta\mu)R_x(\varepsilon_x)R_y(\varepsilon_y)R_z(\varepsilon_z)\begin{bmatrix} X^{\mathrm{II}} \\ Y^{\mathrm{II}} \\ Z^{\mathrm{II}} \end{bmatrix} \qquad (4.4\text{-}2)$$

其中：$X_0$、$Y_0$、$Z_0$ 为平移参数，$\varepsilon_x$、$\varepsilon_y$、$\varepsilon_z$ 是三个旋转参数，$\delta_\mu$ 是尺度参数。

$$R_X(\varepsilon_x)=\begin{bmatrix} 1 & 0 & 0 \\ 0 & \cos\varepsilon_x & \sin\varepsilon_x \\ 0 & -\sin\varepsilon_x & \cos\varepsilon_x \end{bmatrix},\ R_Y(\varepsilon_y)=\begin{bmatrix} \cos\varepsilon_y & 0 & -\sin\varepsilon_y \\ 0 & 1 & 0 \\ \sin\varepsilon_y & 0 & \cos\varepsilon_y \end{bmatrix}$$

$$R_Z(\varepsilon_z)=\begin{bmatrix} \cos\varepsilon_z & \sin\varepsilon_z & 0 \\ -\sin\varepsilon_z & \cos\varepsilon_z & 0 \\ 0 & 0 & 1 \end{bmatrix}$$

在小范围内一般转角都是微小量，所以有

$$R_X(\varepsilon_x)=\begin{bmatrix} 1 & 0 & 0 \\ 0 & 1 & \varepsilon_x \\ 0 & -\varepsilon_x & 1 \end{bmatrix},\ R_Y(\varepsilon_y)=\begin{bmatrix} 1 & 0 & -\varepsilon_y \\ 0 & 1 & 0 \\ \varepsilon_y & 0 & 1 \end{bmatrix},\ R_Z(\varepsilon_z)=\begin{bmatrix} 1 & \varepsilon_z & 0 \\ -\varepsilon_z & 1 & 0 \\ 0 & 0 & 1 \end{bmatrix}$$

则有

$$R_\varepsilon = R_X(\varepsilon_x)R_Y(\varepsilon_y)R_Z(\varepsilon_z)=\begin{bmatrix} 0 & \varepsilon_z & -\varepsilon_y \\ -\varepsilon_z & 0 & \varepsilon_x \\ \varepsilon_y & -\varepsilon_x & 0 \end{bmatrix}$$

转换模型变是线性模型：

$$\begin{bmatrix} X^{\mathrm{II}} \\ Y^{\mathrm{II}} \\ Z^{\mathrm{II}} \end{bmatrix} = \begin{bmatrix} X_0 \\ Y_0 \\ Z_0 \end{bmatrix} + (1+\delta\mu)\begin{bmatrix} 0 & \varepsilon_z & -\varepsilon_y \\ -\varepsilon_z & 0 & \varepsilon_x \\ \varepsilon_y & -\varepsilon_x & 0 \end{bmatrix}\begin{bmatrix} X^{\mathrm{I}} \\ Y^{\mathrm{I}} \\ Z^{\mathrm{I}} \end{bmatrix} \qquad (4.4\text{-}3)$$

公式（4.4-3）可以改写为：

$$\begin{bmatrix} X^{\Pi} \\ Y^{\Pi} \\ Z^{\Pi} \end{bmatrix} = \begin{bmatrix} 1 & 0 & 0 & 0 & -Z^{\mathrm{I}} & Y^{\mathrm{I}} & X^{\mathrm{I}} \\ 0 & 1 & 0 & Z^{\mathrm{I}} & 0 & -X^{\mathrm{I}} & Y^{\mathrm{I}} \\ 0 & 0 & 1 & -Y^{\mathrm{I}} & X^{\mathrm{I}} & 0 & Z^{\mathrm{I}} \end{bmatrix} \begin{bmatrix} X_0 \\ Y_0 \\ Z_0 \\ \varepsilon_x \\ \varepsilon_y \\ \varepsilon_z \\ \delta\mu \end{bmatrix} + \begin{bmatrix} X^{\mathrm{I}} \\ Y^{\mathrm{I}} \\ Z^{\mathrm{I}} \end{bmatrix} \qquad (4.4\text{-}4)$$

将（4.4-4）式改写成：

$$\hat{L} = A\hat{X} + d \qquad (4.4\text{-}5)$$

则误差公式为：

$$V = A\hat{x} - l \qquad (4.4\text{-}6)$$

其中 $l$ 为 $\begin{bmatrix} X^{\Pi} & Y^{\Pi} & Z^{\Pi} \end{bmatrix}^T - A\overline{X}_0$，$\overline{X}_0$ 为转换参数的初值，那么最小二乘法求解得转换参数的估值为：

$$\hat{x} = \left(A^T P A\right)^{-1} A^T P l \qquad (4.4\text{-}7)$$

其中 $P$ 为由 $l_x$、$l_y$、$l_z$ 的中误差确定的权矩阵，通常取 $P$ 为单位矩阵。
由此可得转换的协因数阵和单位权中误差的估值为：

$$Q_{\hat{x}\hat{x}} = \left(A^T P A\right)^{-1} \qquad (4.4\text{-}8)$$

$$\hat{\sigma}_0 = \sqrt{\frac{V^T P V}{n-t}} \qquad (4.4\text{-}9)$$

（二）七参数法的适应范围

进行两个不同椭球的空间直角坐标转换时，要求出坐标系统之间的转换参数。当转换参数是利用三个以上重合点的两套坐标值通过一定的数学模型计算得来时，通常采用的就是七参数法。

采用七参数法进行转换计算，对于重合点而言，转换后的坐标值与已知值会有一定差值，其差值的大小反映了转换后坐标的精度。因此，转换点的精度除了与自身精度有关外，还与转换参数的精度有关。

通过式（4.4-5）～（4.4-9）式可以对转换点的精度进行评定，因而这种方法可以称为转换点拟合误差最小为目标函数的公共点选择法。该种方法能够有效剔除含有粗差和精度不高的公共点，选择相对于所有转换点最优的公共点，从而获得精度较高且可靠的转换参数。

除了上述介绍的七参数法以外，还有学者在此基础之上提出了九参数法，即在七参数的基础上增加了两个转换参数：就是两种大地坐标系所对应的地球椭球参数中增加了长半径和扁率 $(da, df)$ 两个待求参数。

使用七参数法需要注意下列事项：

1. 计算转换参数需要至少三点或三个以上多个点同时具有不同椭球中的坐标；

2. 使用多点法时，在剔除坐标改正数过大的公共点后，计算得到的坐标与原有坐标差值应较小，这样的过程就是通常所说的公共点兼容性分析计算；

3. 如果公共点兼容性较好，此时可考虑采用九参数法进行转换计算，效果可能会更好。

## 三、CAD 图解法

CAD 图解法简称图解法的实施依据是含有至少两个以上含两个公共控制点或部分内容相同的不同坐标系下的两张大比例尺的 DWG 格式地形图。如图 4.4-1 所示：图 Ⅰ 中有 A、B、C 三个控制点，图 Ⅱ 中也含有这三点，每张图中有部分内容相同，但是两

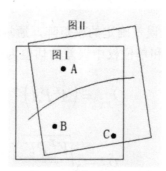

**图 4.4.-1CAD 图解法示意图**

张图的坐标系不同，设计路线包含在两图之中。为将 2# 图内设计坐标转换为 1# 图坐标系的坐标，先将在 1# 图打开，用插入命令调入 2# 图，击开图块，将 2# 图平移至 1# 图附近。通过平移、旋转命令将两幅图内的 A、B、C 三个控制点中的任意两点重合，第三点作为检查点，从而将 2# 图内设计坐标以 1# 图的坐标系形式求解出来。将两图的操作顺序对调，即可将 1# 图内设计坐标以 2# 图的坐标系形式解出，完成用整个坐标换算。

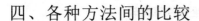

## 四、各种方法间的比较

上述三种方法存在着各自的优点与缺陷。三者的使用范围、应用对象等也有差异。

（1）相似变换法计算精度高且结果唯一，不必考虑采用何种投影椭球、高程投影面及中央子午线的参数，将问题简化，故使用范围广，可用于同一路线或不同路线的不同坐标系间的坐标转换，特别是计算较为重要的路线控制点（桩），采用此办法更为稳妥。该方法还是图解法的最佳验证方法。

然而该方法的计算精度受公共控制点的点数和控制点所形成面积大小的影响。换算点位于控制点围成的区域内，转换精度高。一超出此范围，精度呈下降趋势，离开该区域越远，精度衰减越快，采用该方法进行坐标换算，必须注意转换区域的有效性。

（2）七参数法是最为严密的计算方法，是一种三维坐标的转换，在几种方法中计算精度最高。其缺点是当公共点多余三个时，需要进行公共点之间的兼容性分析，进行公共点的优选工作量较大且有一定的难度。此外，该种方法的使用范围同样受到一定的限制，转换精度与公共控制点的位置分布与覆盖范围有关。

（3）图解法较为直观、简单、快速，无需对数学原理、公式和专业知识作深入了解，是设计人员最常用的方法。但该方法在进行公共点重合时，若点数超过两个，则具有很大的随意性。采用不同的两点做重合点，计算结果都将会存在微小差异，影响结果的唯一性，对转换坐标精度也有不利的影响。

示例：

L省"十五"规划期间拟建的甲高速公路路线较长，共A、B、C三个独立坐标系，投影中央子午线和投影面高程分别为LA=123°40′，HA=110m；LB=122°20′，HB=110m；LC=121°50′，HC=100m。该路与另一条计划修建的乙高速公路在某处相连接。乙路采用1980西安坐标系。由于甲路的控制测量由两家测绘单位完成，坐标计算时，利用全线控制点的1954年北京坐标系成果作为独立坐标计算的起算数据。A、B坐标系控制点坐标采用软件Ⅰ计算，而B坐标系的部分控制点及C坐标系控制点坐标则用软件Ⅱ完成，经实地检测控制点相对位置正确。但在使用中发现，B、C坐标系换带区域的控制点成果不一致，两套软件的计算结果相差近0.4m，造成设计数据有误，采用了高斯计算法无法解决问题，最终利用图解法解决了此问题。

在处理甲乙路线设计线接合处坐标换算问题时，由于各自坐标系的参考椭球不同，没有中间数据，所以利用三个公共控制点的已知坐标，采用了图解法和相似变换法进行处理，取得了较好的效果，比较结果见表4.4-1。

表 4.4-1 图解法和相似变换法坐标换算比较

| 桩 号 | 换算前坐标 | | 图解法换算后坐标 | | 相似变换法换算后坐标 | | 坐标差 (mm) | |
|---|---|---|---|---|---|---|---|---|
| | X (m) | Y (m) | X (m) | Y (m) | X (m) | Y (m) | DX | DY |
| K85+000 | 88724.546 | 21744.423 | 88653.324 | 66748.507 | 88653.329 | 66748.510 | -5 | -3 |
| K85+400 | 89083.556 | 21568.038 | 89013.706 | 66574.942 | 89013.71 | 66574.943 | -4 | -1 |
| K85+800 | 89442.566 | 21391.653 | 89374.088 | 66401.376 | 89374.091 | 66401.377 | -3 | -1 |
| K88+000 | 91298.457 | 20217.341 | 91239.126 | 65241.646 | 91239.126 | 65241.645 | 0 | 1 |
| K88+500 | 91707.110 | 19929.239 | 91650.025 | 64956.756 | 91650.024 | 64956.754 | 1 | 2 |
| K91+000 | 93957.379 | 18880.091 | 93908.448 | 63925.278 | 93908.444 | 63925.272 | 4 | 6 |
| K91+500 | 94441.523 | 18755.172 | 94393.556 | 63804.157 | 94393.552 | 63804.151 | 4 | 6 |
| K92+000 | 94925.667 | 18630.253 | 94878.664 | 63683.037 | 94878.66 | 63683.029 | 4 | 8 |
| K93+000 | 95893.955 | 18380.416 | 95848.881 | 63440.797 | 95 848.876 | 63440.787 | 5 | 10 |

由表 4.4-1 看出：K85+000 ～ K91+500 间二者精度吻合较好，从 K92+000 开始，坐标差异开始增大，其主要原因是由于转换点离转换有效区域的距离增大，造成了精度衰减加速，与总结出的结论一致。

# 第五节　高程控制测量基准的选择

地面上某点沿着铅垂线方向（重力线方向）至平均海平面（大地水准面）的距离，即为该点高程。目前我国较为常见的高程系统主要包括"1956 年黄海高程"、"1985 国家高程基准"、"吴淞高程基准"及"珠江高程基准"等四种，现行国家高程基准采用 1985 国家高程基准。

## 一、高程基准的概念

高程基准是推算国家所有高程点的起算依据，它包括了一个水准基准面和一个永久性水准原点。国家高程基准是根据验潮资料确定的水准原点高程及其起算面。高程基准面就是地面点高程的统一起算面。

由于大地水准面所形成的形体即大地体是和地球形体最为接近的形体，因此通常采用大地水准面作为高程基准面。

事实上，海洋受着潮汐、风力的影响，永远不会处于完全静止的平衡状态，总是存在着不断的升降运动，但是可以在海洋近岸的一点处竖立水位标尺，成年累月地观测海水面的水位升降，根据长期观测的结果可以求出该点处海洋水面的平均位置，人们假定大地水准面就是通过这点实测的平均海水面。

长期观测海水面水位升降的工作称为验潮，进行这项工作的场所称为验潮站。各地的验潮结果反映出不同地点平均海水面之间存在着差异，为建立统一的国家高程基准，需要指定一个验潮站所求得的平均海水面作为全国高程的统一起算面，成为高程基准面。

新中国成立后的 1956 年，根据青岛验潮站位置适中，地处我国海岸线的中部，而且青岛验潮站所在港口是有代表性的规律性半日潮港，又避开了江河入海口，外海海面开阔，无密集岛屿和浅滩，海底平坦，水深在 10m 以上等有利条件，因此，在 1957 年确定青岛验潮站为我国基本验潮站，验潮井建在地质结构稳定的花岗石基岩上，以该站 1950 年至 1956 年 7 年间的潮汐资料推求的平均海水面作为我国的高程基准面。以此高程基准面作为我国统一高程起算面，依此建立国家高程系统命名是"1956 年黄海高程系统"。

"1956 年黄海高程系统"的高程基准面的确立，对统一全国高程有其重要的历史意义，在国防和经济建设、科学研究等方面都发挥了重要作用。但从潮汐变化周期来看，确立"1956 年黄海高程系统"的平均海水面所采用的验潮资料时间较短，以青岛验潮站 1950～1956 年验潮资料算得的平均海面为零的高程系统。原点设在青岛市观象山，还不到潮汐变化的一个周期（一个周期一般为 18.61 年），同时又发现验潮资料中含有粗差，因此有必要重新确定新的国家高程基准面。新的国家高程基准面是根据青岛验潮站 1952～1979 年 27 年间的验潮资料计算确定，根据这个高程基准面作为全国高程的统一起算面，称为"1985 国家高程基准"。

为了长期、牢固地表示出高程基准面的位置，作为传递高程的起算点，必须建立稳固的水准原点，用精密水准测量方法将它与验潮站的水准标尺进行联测，以高程基准面为零推求水准原点的高程，以此高程作为全国各个地推算高程的依据。在"1985 国家高程基准"系统中，我国水准原点的高程为 72.260m。

"1985 国家高程基准"经国家批准，自 1988 年 1 月 1 日开始启用，同时停用"1956 年黄海高程系统"，改用"1985 国家高程基准"。

国家一等水准网点是以"1985 国家高程基准"起算的，因此，进行各等级水准测量、三角高程测量以及各种工程测量，尽可能与国家一、二等水准网点联测，即使用国家一、二等水准测量成果作为传算高程的起算值。我国在解放前曾采用过以不同地点的平均海水面作为高程基准面，由于高程基准面的不统一，使高程比较混乱，因此在使用过去旧有的高程资料时，需要查清当时采用的是用什么地点的平均海水面作为高程基准面。

## 二、我国各地当地的高程基准汇总

目前我国各地已经普遍使用 1985 国家基准，但仍有个别地区存在使用与测深基准关联度较大的当地高程基准的现象，如吴淞高程基准、珠江高程基准、渤海高程基准等。笔者对不同历史时期、不同区域的高程基准进行了整理，形成如表 5.3-8 汇总表。

表 5.3-8 我国各地高程系统汇总

| 高程基准名称 | 原点所在位置 | 原点高程 | 与其它基准的换算关系 | 备　注 |
|---|---|---|---|---|
| 1985 国家高程基准 | 青岛验潮站 | 72.260 | 1956 年黄海高程−0.029 | 现行国家高程基准 |
| 1956 黄海高程系统 | 青岛验潮站 | 72.289 | 1985 年国家高程基准+0.029 | 虽已停用，但使用范围圈仍较大 |
| 吴淞高程基准 | 上海吴淞口验潮站 | 1871～1900 年实测的最低潮位所确定的海面作为基准面 | 1956 年黄海高程+1.688 1985 年国家高程基准+1.717 | 在上海地区，吴淞高程基准＝1956 年黄海高程−1.6297 |
| 珠江高程基准 | 广东地区珠江 | 珠江基面为基准 | 1956 年黄海高程−0.586 1985 年国家高程基准−0.557 | 在广东地区应用较为广泛 |
| 广州高程基准 | 广州城建高程系统 | — | 1956 黄海高程系+4.41 | 广州市使用 |
| 大沽零点高程 | 1972 年天津市大沽高程系 2003 年高程 | — | 1985 年国家高程基准+1.163 | 在天津地区应用广泛 |
| 渤海高程 | — | — | 1985 国家高程系−3.048 | 是我国使用较广泛的高程系统 |
| 波罗的海高程 | 前苏联国家高程系统 | — | 1956 年黄海高程−0.374 | 我国新疆境内尚有部分水文站一直使用该高程系 |
| 大连零点高程 | 辽宁省大连市的大连港原一号码头东转角处 | 该基点在大连零点高程系中的高程为 3.765m | 1956 年黄海高程−0.025 | 该高程系在 1959 年以前在中国东北地区曾广泛使用 |
| 废黄河零点高程 | 以民国元年 11 月 11 日下午 5 时废黄河口的潮水位为零，作为起算高程 | 又用多年潮位观测的平均潮水位确定新零点 | 1956 年黄海高程+0.161 | 大多数高程测量均以新零点起算 |
| 坎门零点高程 | 浙江玉环县坎门验潮站 | 坎门验潮站设有基点 252 号，其高程为 6.959m | 1985 年国家高程基准+0.257 | 该高程系曾接测到浙江杭州市、苏南、皖北等地，在军事测绘方面应用较广 |
| 安庆高程系 | 原点设在安庆市民国时期的安徽省陆军测量局大门前 | 独立系统，假定高程 50m | 参见废黄河高程换算关系 | 建国后，经联测，推算出废黄河高程为 23.805 m |

# 第六节　案例分析

## 一、案例 1

膨胀椭球公式法建立公路独立坐标系应用案例。

### （一）项目概况

LN 省于十三五期间计划建设省际通道 FX 至 NM 高速公路。LN 省内路线长约 61km，测区位于东经 121°14′～121°44′，北纬 42°06′～42°25′。测区平均海拔约 320m，地形属山岭重丘地区，植被较差、雨量较少，交通状况一般，路线总体走向是东西走向。

测绘工作内容为：建立路线全线平面和高程控制网；进行路线带状 1：2000 三维数字化地形图测绘；制作测区数字正射影像图。实际完成控制测量四等 GNSS 点 32 个的选点、埋石、观测任务，完成 1:2000 地形图测绘面积是 $54.7 Km^2$，共形成 1:2000 比例尺地形图和正射影像图各 163 幅。

### （二）已有资料情况

由设计方提供的分辨率为 0.2m 的 ADS80 原始航拍影像和加密后测区数据，用于立体测图和 DEM 和 DOM 制作。

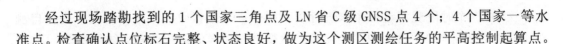

经过现场踏勘找到的 1 个国家三角点及 LN 省 C 级 GNSS 点 4 个；4 个国家一等水准点。检查确认点位标石完整、状态良好，做为这个测区测绘任务的平高控制起算点。

### （三）作业依据

1.《公路勘测规范》（JTG C10-2007）；

2.《公路勘测细则》（JTG/T C10-2007）；

3.《全球定位系统实时动态测量（RTK）技术规范》（CH T2009-2010）；

4.《1:500、1:1000、1:2000 地形图航空摄影测量内业规范》（GB/T 7930-2008）；

5.《1:500、1:1000、1:2000 地形图航空摄影测量外业规范》（GB/T 7931-2008）；

6.《1:500、1:1000、1:2000 地形图航空摄影测量数字化测图规范》（GB/T 15967-2008）；

7.《国家基本比例尺地图图式第 1 部分：1:500 1:1000 1:2000 地形图图式》（GB/T 20257.1-2007）；

8.《数字测绘产品检查验收规定和质量评定》（GB/T 18316-2001）；

9.《测绘成果质量检查与验收》（GB/T 2356-2009）；

10.《测绘产品质量评定标准》（CH/T 1003-2005）；

11.《测绘技术设计规定》（CH/T 1004-2005）；

12. 本项目技术设计书。

### （四）测绘过程

**1. 平面控制测量**

1）控制点的选点、埋设及点之记绘制

（1）所有平面控制点的选取均与设计路线间通视良好，有利于路线放样施工。

（2）四等 GNSS 标石规格统一为 150mm×150mm×1200mm。

（3）控制点点位周围开阔，目标显著，视场内障碍物的高度角不大于 15°。

（4）控制点埋设完毕后，现场用红油漆在醒目位置标上其点号。现场绘制其点之记，量测至少两个均匀方向上的距离作为交汇寻点距离。内业采用了 CAD 绘制点之记文件。

2）控制网的联测

（1）在进入测区后，观测前事先编制 GNSS 卫星星历表。编制预报表所用概略位置坐标采用测区中心位置的经、纬度。

（2）观测时采用经过检定的 6 台双频 GNSS 接收机，其精度为 5mm ＋ 1ppm。

（3）观测时严格按规定的时间进行作业，保证了同步观测同一卫星组。

（4）仪器对中误差不大于 3 mm。每时段开机前，作业员量取天线高，并记录测站名、年月日、时段号、天线高等信息。关机后再量取一次天线高作校核，两次量取天线高互差不大于 3mm，取均值作为最后结果。

（5）一个时段观测过程中未进行以下操作：关闭接收机又重新启动；进行自测试（发生故障除外）；改变卫星高度角；改变数据采样间隔；改变天线位置等。

（6）观测员在作业期间无擅自离开测站行为，无仪器受震动和被移动现象，没有人和其他物体靠近天线，卫星信号无遮挡。观测过程当中作业员没有靠近接收机使用对讲机和手机情况。

（7）观测中接收机工作正常，数据记录正确，每日观测结束后，及时将数据转存至计算机，观测数据无丢失。

（8）联测国家三角点1个，该点位于路线起点与另一条已建高速接线的衔接处，联测 LN 省 C 级 GNSS 点 4 个。

3）控制网的平差计算

GNSS 接收机数据传输采用厂家随机软件进行数据下载，用商用处理软件进行 GNSS 观测数据预处理。控制网平差采用国产商用 GNSS 数据处理软件进行解算。基线解算在 WGS-84 椭球上进行，解算后检查比率（ratio）、参考变量（reference factor）、均方根（rms）三个标准都满足规范要求的情况下，进行 GNSS 网的三维无约束平差。利用无约束平差结果，评估了 GNSS 基础控制网的基线解算质量、整体内符合精度以及外业观测质量，并利用基线向量改正数进行了粗差的符合性检验。在保证不影响控制网精度的情况下，对于检验超限的基线进行了剔除。

在三维无约束平差通过的基础上，按高斯克吕格 3° 带分别进行三维约束平差。平差结果如下：

（1）共施测基线 99 条，观测时间最长为 113min，最短为 47min，其中重复基线 9 条，较差最大为 12.5mm，最小为 3.4mm。

（2）闭合差统计情况：闭合环总数 77 个，同步环总数 54 各，异步环总数 23 个。同步环相对中误差最大为 1.61ppm，最小为 0.1ppm，异步环相对中误差最大为 7.69ppm，最小为 0.43ppm。

（3）无约束平差基线及其改正相对中误差最大为 1：40920，最小为 1：11599576。

（4）CGCS2000 3° 带约束平差基线及其改正误差最大为 1：54685，最小为 1：4092096。

（5）平差后点位中误差最大为 8.3mm，最小为 3.7mm。

## 2. 高程控制测量

高程控制测量采用四等水准测量，1985 国家高程基准。

高程起算点利用 4 个国家一等水准点组成四等水准网。共联测四等水准 163 km，联测控制点 32 个。四等水准观测前对电子水准仪相应参数进行正确的设置（如对测量顺序、次数的设置，对测量模式的设置等）。观测前后对仪器进行 i 角进行了检定（均小于 20″）。在 i 角检测合格的情况下进行四等水准测量。水准标尺按规范规定进行了检定，仪器的检验保留了相应的记录。四等水准尺使用之前进行了检视、圆水准器的校验、弯曲差的测定（小于 8mm）等检测。

共形成附合闭合水准路线 10 条，最大高程闭合差 82mm，满足规范规定。

### 3. 1:2000 地形图测绘及 DOM 制作

地形图内业采用全数字摄影测量系统进行立体测图；内业立体采集以定位为主，同时用适当的符号表示立体下识别的地物，在内业可以判定其性质的情况下对其进行适当的归类。对无法判别其性质的情况下采集完全按照立体影像测绘地物，地貌元素，根据立体模型仔细辨认测绘，做到不漏，不错，不移位，不变形，为外业补测补调提供可靠成果。对于云、烟、高大建筑物及其它地物遮挡但无法测出的区域准确测出区域范围并进行标注，由外业人员进行实地补测。

外业调绘本着内业定位，外业定性的原则，逐一核对和确定图上应表示的要素有无错误或遗漏，错误的进行改正，遗漏的补调测于图上。

DOM 采用测图产生的 DLG 数据生成 DEM，DEM 生成单片的 DOM，再利用拼图软件对单片 DOM 进行拼接，修补拼接痕迹，最后按 1:2000 正摄影像标准分幅图裁切成图。

### （五）独立坐标系的建立

本项目整个线路为东南至西北走向，线路经由地区的高程相差悬殊，起终点高程在 215～350m 之间，而在线路中部地区时最大高程达 420m，这时若投影至国家标准椭球面上因高程投影造成的每千米变形值就超过了 60mm。为满足每千米变形值小于 25mm 的规定，决定以 CGCS2000 坐标系作为转换的数据基础，选择的公路独立坐标系的投影中央子午线 121°30′，投影面高程面 270m。

确定这两个参数的依据是测区平均高程约 340m，测区中部中央子午线约为 121°30′，测区边缘控制点距离投影中央子午线最大偏差为 19km，向上投影最大高程差距 50m，向下 150m，因此不论是从高程投影与高斯投影的相抵和相叠加，均能满足规范对变形值的要求。

采用 GNSS 基线法对独立坐标有限性的检验结果如表 4.6-1 所示。

**表 4.6-1 基线平距与独立坐标平距的比较**

| 基线名称 | 基线长度 | 高差 | 基线近似平距 | 独立坐标平距 | 差值 | 相对精度 |
|---|---|---|---|---|---|---|
| G287-G289 | 804.82 | 9.238 | 804.7669798 | 804.7598254 | 0.007154348 | 1:112485 |
| G296-G297 | 461.906 | 2.893 | 461.8969402 | 461.8978851 | 0.00094484 | 1:488864 |
| G325-G326 | 436.691 | 15.747 | 436.4069906 | 436.4074616 | 0.000470923 | 1:926706 |
| G407-G408 | 447.641 | 6.484 | 447.5940377 | 447.5878836 | 0.00615414 | 1:72730 |
| TN02-TN03 | 634.449 | 14.219 | 634.2896449 | 634.2824857 | 0.007159213 | 1:88597 |
| TN20-TN21 | 572.934 | 25.138 | 572.382258 | 572.3686429 | 0.013615156 | 1:42039 |
| TN40-TN41 | 655.709 | 27.894 | 655.115423 | 655.1131117 | 0.002311265 | 1:283443 |
| TN59-TN60 | 569.930 | 0.396 | 569.9298624 | 569.9260109 | 0.003851495 | 1:147975 |
| TN81-TN82 | 601.561 | 2.484 | 601.5558714 | 601.5662457 | 0.010374293 | 1:57986 |

案例点评：

本案例中列举的工程项目为山岭重丘区高速公路项目，其路线走向总体为东西走向，高程变化幅度超过了 200m，使用国家标准坐标不满足规范要求，因此在高程投影面的选择上，多数情况下是以向下投影为主，少数控制点是向上进行高程投影，但距离投影面的高差控制在一定范围内，防止高程投影与高斯投影叠加造成变形值超限。

通过表 4.6-1 可以看出，不顾及其它测量误差，列出控制点边长独立坐标计算值与地面近似边长的差值很小，其相对精度满足规范要求。

## 二案例 2

比例缩放法建立公路独立坐标系应用案例

### （一）项目概况

GZ 省于十一五期间建设 LP 至 LX 省级高速公路。测区位于东经 109°00′ 至 109°15′，北纬 25°50′ 至 26°20′。地形属山岭重丘地区，植被茂盛、雨量充沛，交通不便。路线总体走向为南北走向，测区平均海拔约 510m，推荐线加上了比较线全长约为 70km。

测绘工作内容为：建立路线全线平面控制网和高程控制网；进行路线带状 1:2000 三维数字化地形图测绘；制作测区数字地面模型；进行路线初测。

### （二）已有资料情况

附有路线方案的 1/10000、1/50000 地形图；测区附近 C、D 级之上高等级国家 GNSS 控制点成果；测区附近二等以上的高等级国家水准点成果。

### （三）作业依据

1.《公路勘测规范》（JTG C10-2007）；

2.《公路勘测细则》（JTG/T C10-2007）；

3.《全球定位系统实时动态测量（RTK）技术规范》（CH T2009-2010）；

4.《1:500、1:1000、1:2000 地形图航空摄影测量内业规范》（GB/T 7930-2008）；

5.《1:500、1:1000、1:2000 地形图航空摄影测量外业规范》（GB/T 7931-2008）；

6.《1:500、1:1000、1:2000 地形图航空摄影测量数字化测图规范》（GB/T 15967-2008）；

7.《国家基本比例尺地图图式第 1 部分：1:500  1:1000  1:2000 地形图图式》（GB/T 20257.1-2007）；

8.《数字测绘产品检查验收规定和质量评定》（GB/T 18316-2001）；

9.《测绘成果质量检查与验收》（CH/T 1002-95）；

10.《测绘产品质量评定标准》（CH/T 1003-95）；

11.《测绘技术设计规定》（CH/T 1004-2005）；

12. 本项目技术设计书。

### （四）测绘过程

**1. 基础控制测量精度要求**

（1）四等 GNSS 平面控制网最弱点相对于起算点的点位中误差不得超 50.0mm，四等 GNSS 平面控制网最弱边边长相对中误差不得大于 1/35000。

（2）四等水准测量路线长度应小于 25km，其往返较差、附和或者环线闭合差的限差不得大于 $\pm 20 \sqrt{L}$ mm（$L$ 为水准点间的路线长度，单位：km），每千米高差中数全中误差不得大于 10mm。

**2. 选点、埋石**

（1）平面控制点及高程控制点均布设在路线两侧 300m 的范围内。

（2）平面控制网的平均点间距均控制在 500m 左右。

（3）水准点设在路线两侧 50～300m 范围之内，作业中利用了已有的平面控制点标石。

测区内的等级控制点均为混凝土预制桩，规格符合《公路勘测规范》要求，其外廓尺寸为 120mm×200mm×600mm，桩体中埋设一根长 300mm 的 Φ12 钢筋，并在桩顶露出 5mm 且刻划"十"字丝，如图 4.6-1 所示。

埋设控制点混凝土预制桩时，基坑内用水泥砂浆、石块回填夯实，在桩上部用水泥砂浆"戴帽"固结。点位埋设之后及时标注编号，同时要做好点之记记录。

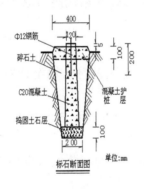

**图 4.6-1　标石断面图**

**3. 测量方法**

1）平面控制测量

采用了 4 台单频 GNSS 接收机（10mm+2ppm）和 3 台双频 GNSS 接收机（5mm+1ppm）进行施测。GNSS 测量采用静态相对定位模式，四等 GNSS 平面控制网以边连接或者网连接方式构成。观测要求如下：

（1）观测人员严格遵守观测计划和调度命令，按规定的时间进行同步观测作业；

（2）到达点位以后，按要求架设好接收机天线，做到精确对中、严格整平，并做好仪器、天线、电源的正确连接。天线高量取两次取平均值，取位到 1mm；

（3）接收机开始记录数据后，观测员经常查看测站信息及其变化情况，做到发现异常情况及时通报给其他作业人员；

（4）观测人员操作细心，在静置和观测期间，防止接收设备震动、移动和其它物品碰动天线或阻挡信号；

（5）观测时段结束后进行了认真的检查，当测量项目齐全，并符合要求后才迁站。

2）高程控制测量

根据地形条件采用了全程四等水准的方式施测。野外测量数据当天使用计算机进行处理，并对原始数据实行双备份。平差采用武汉大学测绘学院研制的科傻地面控制测量数据处理系统进行计算。四等水准测量过程如下：

（1）水准测量采用了 2 台电子水准仪按四等水准测量施测；

（2）所使用的水准仪及标尺，出测前均进行了检校；

（3）水准测量按照后－前－前－后的顺序观测，后前高差与前后高差之差不大于 1.5mm；

（4）外业观测数据和记事项目，在现场直接记录于水准仪内存当中；

（5）观测结果超限进行了重测；

（6）测站观测超限立即重测，否则从水准点或间隙点起重测；

（7）对于测段往返测高差较差超限进行了重测，重测后选用往返合格的成果，当重测结果与原测结果分别比较，较差均不超过限差时，则取三次结果的平均值。

（8）数据传输采取双备份，严禁修改数据代码与原始观测资料。

4. 数据处理

1）GNSS 数据处理

（1）存储在接收机内的观测数据每天及时传输至计算机中进行数据质量检查和其它数据预处理。

（2）四等 GNSS 平面控制网基线解算和平面控制网平差使用商用软件的 GNSS 数据处理软件包。

（3）对接收质量较差时段的数据，他的观测值数据剔除率均小于 10%。

（4）同步环坐标分量闭合差均满足规范要求。

2）GNSS 控制网平差计算

（1）四等 GNSS 网的平差计算，采用商用软件的 GNSS 数据处理软件包。

（2）三维基线向量网的无约束平差在 WGS84 坐标系中进行。

（3）四等 GNSS 平面控制网的二维基线向量网的平差在椭球面上进行，四等 GNSS 平面控制网的总点数为 135 个，其中高等级国家控制点 3 个。

（4）全线共采用 3 个国家点作为起算点。

（5）四等 GNSS 网平差后最弱点点位中误差为 9.0 mm，满足了现行《公路勘测规范》不得大于 50.0mm 的要求。

（5）四等 GNSS 网平差后最弱基线边长相对中误差 1/43248，满足现行《公路勘测规范》中不得大于 1/35000 的要求。

3）水准网数据处理

（1）水准观测后严格按200%检查后用于平差计算。平差软件采用武汉大学COSAWIN软件即"地面测量工程控制与施工测量内外业一体化及数据处理自动化系统"。

（2）每条水准路线按附合路线的环线闭合差计算高差中数的全中误差 $M_W$。

（3）全线共联测国家Ⅱ等水准点2个，分别为：Ⅱ黎田1基—FYZ、Ⅱ黎田5—DFLC；联测厦蓉高速三等水准点2个，分别为：GNSS45，GNSS46。

全线共完成四等水准测量里程283.669km，每千米高差中数单位全中误差为7.178mm＜10mm；最弱点高程中误差22.89mm＜25mm；闭合差或往返测量较差均小于 $\pm 20\sqrt{L}$，满足现行《公路勘测规范》关于四等水准的相关要求。

## （五）独立坐标系的建立

路线在测区内为大致南北走向，由项目的地理经度可以看出这一点。路线设计纵断面平均高程在480m左右。为了保证投影长度变形值不大于25mm/km，平面控制网坐标系统采用公路独立坐标系，中央子午线为109°10′，椭球半径R=6378245m，扁率=1/298.3，投影面为480m，测区中心坐标为（2890690，495300）。

采用该种方法建立独立坐标系，由于首先将国家标准3°带投影至测区中央子午线附近，由控制点东坐标可以看出，偏离中央子午线的最大垂距偏差约为8km，这样使高斯投影变形将至很低，几乎不用考虑其影响，所以只需考虑解决高程投影变形即可，为此选用480m作为投影面高程。

独立坐标计算公式采用式（4.3-31），其中X0=2890690，Y0=495300；q=480/6378245。下面给出几个控制点的由任意带国家坐标向独立坐标转换与由独立坐标向任意带国家坐标换算的过程，结果见表4.6-2。

表4.6-2 任意带国家坐标与独立坐标的相互计算

| 国家任意带X坐标 | 国家任意带Y坐标 | 中心坐标X | 中心坐标Y | 投影高 | 曲率半径R | 独立坐标X | 独立坐标Y |
|---|---|---|---|---|---|---|---|
| 2911150.64 | 503506.478 | 2890690 | 495300 | 480 | 6378245 | 2911152.18 | 503507.0956 |
| 2913248.937 | 507639.501 | 2890690 | 495300 | 480 | 6378245 | 2913250.635 | 507640.4296 |
| 2905594.279 | 497858.415 | 2890690 | 495300 | 480 | 6378245 | 2905595.401 | 497858.6075 |

| 独立坐标X | 独立坐标Y | 重心坐标X | 重心坐标Y | 投影高 | 曲率半径R | 国家任意带X坐标 | 国家任意带Y坐标 |
|---|---|---|---|---|---|---|---|
| 2911152.18 | 503507.0956 | 2890690 | 495300 | 480 | 6378245 | 2911150.64 | 503506.478 |
| 2913250.635 | 507640.4296 | 2890690 | 495300 | 480 | 6378245 | 2913248.937 | 507639.501 |
| 2905595.401 | 497858.6075 | 2890690 | 495300 | 480 | 6378245 | 2905594.279 | 497858.415 |

由表4.6-2可以看出，计算结果可逆。

采用GNSS基线近似平距法对独立坐标有效性的检验结果如表4.6-3所示。

表 4.6-3 基线反算平距与独立坐标计算平距比较

| 基线名称 | 基线长度 | 高差 | 基线近似平距 | 独立坐标平距 | 差值 | 相对精度 |
|---|---|---|---|---|---|---|
| A01—A02 | 616.181 | 5.383 | 616.1574864 | 616.148494 | 0.008992396 | 1:68519 |
| A06—A08 | 965.685 | 46.074 | 964.5852506 | 964.5754499 | 0.009800699 | 1:98419 |
| A16—A17 | 366.136 | 1.31 | 366.1336565 | 366.1300989 | 0.003557613 | 1:102915 |
| LK02—LK04 | 686.691 | 38.743 | 685.5971918 | 685.5933358 | 0.003855997 | 1:177799 |
| LK08—LK09 | 584.070 | 32.684 | 583.1548002 | 583.1526567 | 0.002143512 | 1:272055 |
| LL03—LL04 | 744.224 | 1.391 | 744.2227001 | 744.215623 | 0.007077051 | 1:105159 |
| LL24—LL26 | 741.245 | 43.057 | 739.9934086 | 739.9813772 | 0.012031426 | 1:61504 |
| LL79—LL80 | 718.135 | 3.59 | 718.1260266 | 718.1431755 | 0.017148833 | 1:41877 |
| G17—G18 | 289.778 | 25.172 | 288.682628 | 288.6887766 | 0.006148599 | 1:46952 |

案例点评:

本案例中列举的工程项目为山岭区高速公路项目,他的路线走向为南北走向,且高程变化幅度没有超过 310m 。虽然测区控制点的最低平均高程为 320m,最高的一对点平均高程接近 740m,但就设计而言,施工纵断面都接近 480m ,一些控制点可以作为检核点或定向点,也可视为无效点,或者按照降低等级使用即可。

## 三、案例 3

支导线法建立公路独立坐标系应用案例

### (一)项目概况

XJ 省于 2017 年拟建 S310 省道,拟建公路沿线南北向地形起伏较大,东西向坡降较大,路线总体走向由东向西。测区地理位置为东经 75° 46′ ~ 77° 40′,北纬 38° 53′ ~ 39° 22′,平均海拔约 1230m,推荐线全长约为 183.78km。

测区平面采用 1980 西安坐标系(中央子午线 75°)和测区公路独立坐标系。高程采用 1985 国家高程基准。

测绘工作内容是建立路线全线平面控制网;建立全线高程控制网;带状地形图测绘、工点图测绘;中桩放样与纵、横断面测量。

### (二)已有资料利用情况

收集到的测区附近 1980 西安坐标系 75° 带坐标三等级点 3 个,C 级 GNSS 控制点 2 个;国家 I 等水准点 2 个,II 等水准点 3 个,以上点经现场踏勘点位保持良好,能满足本测区控制测量起算需要

### (三)作业依据

1. 公路勘测规范》(JTG C10-2007);

2.《公路勘测细则》(JTG/T C10-2007);

3.《全球定位系统实时动态测量(RTK)技术规范》(CH T2009-2010);

4.《1:500、1:1000、1:2000 地形图航空摄影测量内业规范》(GB/T 7930-

2008）；

5.《1:500、1:1000、1:2000 地形图航空摄影测量外业规范》（GB/T 7931-2008）；

6.《1:500、1:1000、1:2000 地形图航空摄影测量数字化测图规范》（GB/T 15967-2008）；

7.《国家基本比例尺地图图式第1部分：1:500　1:1000　1:2000 地形图图式》（GB/T 20257.1-2007）；

8.《数字测绘产品检查验收规定和质量评定》（GB/T 18316-2001）；

9.《测绘成果质量检查与验收》（CH/T 1002-95）；

10.《测绘产品质量评定标准》（CH/T 1003-95）；

11.《测绘技术设计规定》（CH/T 1004-2005）；

12. 本项目技术设计书。

### （四）测绘过程

平面及高程控制点均布设在路线两侧 50 ～ 200m 的范围之内；四等平面控制点沿路线方向平均每 4km 左右设置一对点，这一对平面控制点间距不小于 500m；水准点利用已有的平面控制点标石。

GNSS 控制网采用 8 台 GNSS 接收机进行施测，采用了静态相对定位模式，以网连式进行观测。

GNSS 控制网的平差计算，首先按照基线向量网进行三维无约束平差，然后进行三维基线向量网向二维基线向量网的坐标转换以及控制网的约束平差。无约束平差在 WGS84 坐标系中进行，而二维约束平差则在高斯投影面上进行。

四等 GNSS 网经解算基线总数 515 条，重复基线有 9 条，重复基线较差最大为 12mm。闭合环 1454 个，同步环 1324 个，异步环 130 个，闭合差最大值为 52.29mm，最小值为 0.0679mm。全长相对闭合差最大值为 5.174ppm，小于允许值为 10ppm。GNSS 网最长边边长 22555m，边长相对中误差 1/177 万；最短边边长 361m，边长相对中误差 1/6.7 万；最弱边边长 650m，边长相对中误差 1/10.2 万；最弱点点位中误差 Mp = 4.54mm，上述各项最弱指标均满足限差要求。

高程控制测量采用电子水准仪以四等水准测量的方式施测。水准网平差软件采用商业平差软件。已知高程点个数 4 个，未知高程点个数 92 个，每公里高差中数全中误差为 7.83mm，小于规范允许的 10mm 要求。

地形测量的范围以设计人员划定的范围为准，成图软件为商用软件。测图数据采用无人机航测方式获取，通过航带设计、航空摄影、像控测量、空三加密数据处理、外业调绘及编辑成图等工作步骤完成地形图测绘工作。

中桩放样采用 GNSS RTK 进行施测，每次基站架设后，会对流动站作三维校正，确保流动站点位精度在规范要求范围内。每天开始测量前或测量当天转换基站后都重复测量前一天或上一站的若干个桩位，确保测量结果的准确性和连续性。

横断面测量采用 GNSS RTK 进行，严格按与路线垂直的方向测量每一断面点的三维坐标。全部工作结束后，进行了详细的检查和核对，确保断面测量的质量。

对提交的成果分别进行了控制点平面与高程精度检查、控制点平面边长精度检查、地形与地物碎部点精度检查以及中桩敷设精度检查等工作。通过检查认为网型布设合理、施测方法符合规范和设计书要求；起算数据以及平差计算正确，各项测量指标满足设计要求；精度统计真实，资料齐全，技术总结符合施测情况，产品质量良好。

### （五）独立坐标系的建立

#### 1. 独立坐标系的基础

由于项目路线为东西走向且平均高程在 1200m 左右，为保证投影长度变形值不大于 25mm/km，平面控制网采用 "公路独立坐标系"，全线共建 1 个独立坐标系，坐标系所采用的中央子午线为 76°30′，每条边长投影至两端平均高程面，适用范围为 K0+000～K183+780。该独立坐标系的基础为 1980 西安坐标系，高斯 3°带坐标，投影中央子午线为 75°，投影至参考椭球面，包括了布设的 92 个四等 GNSS 平高控制点。

测区独立坐标系采用支导线法建立，以 GP01 为起始点，保角方式分段投影，递次推算。

首先把平差成果的 3°带坐标按照换带计算换算至 76°30′，之后按本章 4.3 节中公式（4.3-33）～（4.3-37）对成果进行换算。

#### 2. 独立坐标计算成果

为节省篇幅，仅列出前 20 个控制点的计算结果，见表 4.6-4。

**表 4.6-4 支导线法独立坐标计算结果**

| 点名 | | 国家坐标至公路独立坐标计算（支导线法） | | | | | | | | | | | |
|---|---|---|---|---|---|---|---|---|---|---|---|---|---|
| | 地球曲率半径Rn | 6378140 | | | 6378140 | | 中央子午线加常数： | | | 500000 | | | |
| | X坐标 | Y坐标 | 高程 | Hm | Ym | 方位角 | 改化前距离 | K1 | K2 | 改化后边长 | 平差后X坐标 | 平差后Y坐标 | 高程 |
| GP01 | 307833.447 | 597819.040 | 1178.2988 | | | | | | | | 307833.447 | 597819.040 | 1178.2988 |
| GP02 | 308062.224 | 597188.023 | 1178.1647 | 1178.6 | 597503.5317 | 289.9282284 | 671.2091949 | 0.99981527 | 1.000127 | 671.25 | 308062.237 | 597187.986 | 1178.1647 |
| GP03 | 306716.420 | 594337.450 | 1178.9885 | 1178.6 | 595762.7366 | 244.7272088 | 3152.293317 | 0.999815216 | 1.000122 | 3152.49 | 306716.349 | 594337.235 | 1178.9885 |
| GP04 | 306254.816 | 594055.330 | 1179.7154 | 1179.4 | 594196.39 | 211.4321979 | 540.989908 | 0.999815095 | 1.000118 | 541.03 | 306254.714 | 594055.046 | 1179.7154 |
| GP05 | 307102.200 | 590293.401 | 1180.5758 | 1180.1 | 592174.3656 | 282.6941586 | 3856.185424 | 0.99981497 | 1.000113 | 3856.46 | 307102.159 | 590292.896 | 1180.5758 |
| GP06 | 306863.832 | 589717.894 | 1180.395 | 1180.5 | 590005.4978 | 247.511816 | 623.195892 | 0.999814917 | 1.000108 | 623.24 | 306863.773 | 589717.045 | 1180.395 |
| GP07 | 310380.308 | 589569.464 | 1179.1111 | 1179.8 | 589643.5291 | 357.5878616 | 3519.594285 | 0.999815032 | 1.000107 | 3519.87 | 310380.523 | 589568.903 | 1179.1111 |
| GP08 | 310987.051 | 590608.505 | 1180.0003 | 1178.6 | 589788.9644 | 35.88960672 | 748.9284736 | 0.99981522 | 1.000107 | 748.99 | 310987.313 | 590007.978 | 1180.0003 |
| GP09 | 311701.314 | 587389.199 | 1179.4518 | 1178.7 | 589698.852 | 285.253215 | 2714.9463 | 0.999815193 | 1.000105 | 2715.16 | 311701.633 | 587388.462 | 1179.4518 |
| GP10 | 311493.359 | 586570.070 | 1177.3749 | 1178.6 | 586979.6346 | 255.755105 | 845.1139557 | 0.999815242 | 1.000101 | 845.18 | 311493.661 | 586569.264 | 1177.3749 |
| GP11 | 311912.086 | 583618.273 | 1181.2458 | 1179.3 | 585094.1715 | 278.0738307 | 2981.348394 | 0.999815101 | 1.000096 | 2981.61 | 311912.425 | 583617.206 | 1181.2458 |
| GP12 | 311491.628 | 583115.974 | 1179.6381 | 1180.4 | 583367.1235 | 230.0683447 | 655.0495951 | 0.99981522 | 1.000093 | 655.11 | 311491.927 | 583114.861 | 1179.6381 |
| GP13 | 312674.667 | 581576.295 | 1178.8417 | 1179.2 | 582346.1343 | 307.5375114 | 1941.699271 | 0.999815112 | 1.0009 | 1941.88 | 312675.079 | 581575.036 | 1178.8417 |
| GP14 | 313453.408 | 581357.531 | 1181.7062 | 1180.3 | 581466.9127 | 344.3088764 | 808.8842584 | 0.99981495 | 1.000088 | 808.96 | 313453.895 | 581356.251 | 1181.7062 |
| GP15 | 317537.063 | 581110.516 | 1178.4841 | 1178.6 | 581234.5235 | 356.5524714 | 4091.079375 | 0.999814978 | 1.000087 | 4091.48 | 317537.967 | 581110.212 | 1178.4841 |
| GP16 | 317583.274 | 580296.175 | 1177.4359 | 1178 | 580703.8456 | 273.2424473 | 816.6484439 | 0.999815313 | 1.000087 | 816.73 | 317584.162 | 580294.791 | 1177.4359 |
| GP17 | 318536.694 | 577359.308 | 1176.3577 | 1176.9 | 578827.7405 | 287.9854157 | 3087.95164 | 0.999815548 | 1.000083 | 3088.07 | 318537.679 | 577357.623 | 1176.3577 |
| GP18 | 318652.845 | 576102.943 | 1176.4489 | 1176.4 | 576731.1245 | 275.2819783 | 1261.72054 | 0.999815557 | 1.000078 | 1261.85 | 318653.842 | 576101.127 | 1176.4489 |
| GP19 | 319097.981 | 572691.097 | 1175.1836 | 1175.8 | 574397.0201 | 277.4332676 | 3440.761326 | 0.999815649 | 1.000074 | 3441.14 | 319099.028 | 572688.903 | 1175.1836 |
| GP20 | 318985.058 | 572147.144 | 1175.3769 | 1175.3 | 572419.1206 | 258.2722146 | 555.5505768 | 0.999815733 | 1.00007 | 555.61 | 318986.092 | 572144.888 | 1175.3769 |

#### 3. 独立坐标的验证

对控制点平面边长进行了检测，方法为 GNSS RTK，测量过程中各点均采用三脚架对中后进行数据采集，每个点约采集 20 次，取平均值作为最终的检测值。结果如表 4.6-5 所示。

表 4.6-5 独立坐标边长检查表

| 测站点 | 照准点 | GNSS 距离 | RTK 检测 | 差值 | |
|---|---|---|---|---|---|
| | | 距离 | 距离 | 距离之差 | 边长相对中误差 |
| GP01 | GP02 | 671.248 | 671.239 | 0.009 | 74583 |
| GP05 | GP06 | 623.244 | 623.248 | -0.004 | 155811 |
| GP09 | GP10 | 845.185 | 845.169 | 0.016 | 52824 |
| GP13 | GP14 | 808.963 | 808.946 | 0.017 | 47586 |
| GP19 | GP20 | 555.614 | 555.620 | -0.006 | 92602 |
| GP21 | GP22 | 680.378 | 680.370 | 0.008 | 85047 |
| GP25 | GP26 | 632.566 | 632.554 | 0.012 | 52714 |
| GP31 | GP32 | 757.045 | 757.037 | 0.008 | 94631 |
| GP33 | GP34 | 755.268 | 755.258 | 0.010 | 74046 |
| GP37 | GP38 | 853.713 | 853.706 | 0.007 | 121959 |
| GP39 | GP40 | 427.329 | 427.325 | 0.004 | 106832 |
| GP43 | GP44 | 631.423 | 631.33 | -0.010 | 63142 |
| GP49 | GP50 | 426.631 | 426.627 | 0.004 | 106658 |
| GP53 | GP54 | 679.895 | 679.886 | 0.009 | 75544 |
| GP59 | GP60 | 900.473 | 900.467 | 0.006 | 157978 |
| GP67 | GP68 | 600.061 | 600.049 | 0.012 | 50425 |
| GP73 | GP74 | 544.837 | 544.831 | 0.006 | 90806 |
| GP77 | GP78 | 516.901 | 516.912 | -0.011 | 46991 |
| GP82 | GP81 | 361.388 | 361.384 | 0.004 | 90347 |
| GP85 | GP86 | 676.196 | 676.183 | 0.013 | 52015 |
| GP89 | GP90 | 815.722 | 815.714 | 0.008 | 101965 |

由表 4.6-5 看出，检测边长与独立坐标反算边长差值较小，不顾及其它误差，按照相对精度计算都满足规范要求，可见该种方法建立的独立坐标系可行。

案例点评：

通过表 4.6-5 的计算可以看到，在海拔超过 1000m 的地区，采用国家高斯坐标计算边长，与地面边长相比每千米变形值超过了 0.1m，因此必须建立公路独立坐标系。

本案例中路线较长，又是东西走向，加之高海拔地区，按照建立独立坐标系的原则之一，要尽量少建立独立坐标系，所以采用支导线法一举解决了上述问题，并经验证，此方法可行。

## 四、案例 4

大地坐标换算直算模型及其应用

随着 2000 国家大地坐标系由推广使用阶段过渡到强制使用时期，三维测绘基准将融入到我们生活的各方面，空间直角坐标与大地坐标的转换计算也将趋于日常化。作者参考国内相关文献，介绍一组既简单也具有很高精度的计算公式，并可利用 EXCEL 轻松实现各种椭球间空间直角坐标与大地坐标间的相互转换，其转换精度满足各种用户需要。

### （一）空间直角与大地坐标的转换公式

由大地测量学知，在相同基准下，空间直角坐标（x，y，z）和大地坐标（B，L，H）间的关系为

$$\begin{bmatrix} x \\ y \\ z \end{bmatrix} = \begin{bmatrix} (N+H)\cos B\cos L \\ (N+H)\cos B\sin L \\ \left[N(1-e^2)+H\right]\sin B \end{bmatrix} \tag{4.6-1}$$

其中：N 为卯酉圈的半径，

$$N = \frac{a}{\sqrt{1-e^2\sin^2 B}} \tag{4.6-2}$$

$$e^2 = \frac{a^2-b^2}{a^2} \tag{4.6-3}$$

$$e'^2 = \frac{a^2-b^2}{b^2} \tag{4.6-4}$$

a 为地球椭球长半轴；b 为地球椭球的短半轴。

可以看出，由大地坐标换算空间直角的正算问题，可由（4.6-1）式直接加以解算，而且易于各种编程计算，包括利用 EXCEL 直接进行计算。而对由空间直角坐标换算大地坐标的反算题，则可以通过（4.6-5）、（4.6-6）式来实现。

$$L = arctg\left(\frac{y}{x}\right) \tag{4.6-5}$$

$$\left.\begin{array}{l} tgB = \dfrac{z}{x^2+y^2}\left(1+\dfrac{Ne^2}{z}\sin B\right) \\[4mm] H = \dfrac{z}{\sin B} - N(1-e^2) \end{array}\right\} \tag{4.6-6}$$

需要指出的是，按照（4.6-6）式解算大地纬度大地高需要进行迭代计算。若要达到 0.0001″ 的精度，要做 4～5 次的迭代运算，需专门编程方可完成该项计算工作。

国内学者通过不断研究，推出一组直接解算大地纬度的计算公式：

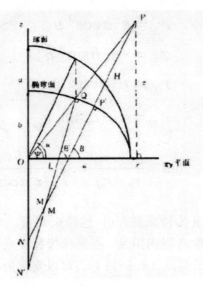

**图 4.6-1 大地坐标计算示意**

如图 4.6-1 所示，P 为地球外部空间的某一点，P′ 为 P 点在椭球面上垂足点，OP 为地心径向，a，b 分别表示椭球的长短半轴，$\psi$ 指地心纬度，u 表示归化纬度，$r^2 = x^2 + y^2$。椭圆方程可表示为：

$$r = a\cos u; \quad z = b\sin u \tag{4.6-7}$$

P 和 Q 点的地心纬度可用（4.6-8）式表示：

$$g\,\Psi = \frac{z}{r} \tag{4.6-8}$$

Q 点的归化纬度可表示为：

$$tgu_Q = \frac{a}{b}g\,\Psi_Q = \frac{\varnothing}{b} \tag{4.6-9}$$

设 M 点位子午圈在 P′ 的曲率中心，M′ 点为子午圈在 Q 点的曲率中心。由解析几何学并综合（4.6-7）式得到 M 点和 M′ 点的坐标是

$$\left.\begin{array}{l} r_M = e^2 a \cos^3 u_{P'} \\ z_M = -e^2 b \sin^3 u_{P'} \\ r_{M'} = e^2 a \cos^3 u_Q \\ r_{M'} = -e^2 a \sin^3 u_Q \end{array}\right\} \quad (4.6\text{-}10)$$

结合图 4.6-1，得到

$$tgB = \frac{z_P - z_M}{r_P - r_M} = \frac{z_e + e'^2 b \sin^3 u_{P'}}{r_P - e^2 a \cos^3 u_{P'}} \quad (4.6\text{-}11)$$

在（4.6-11）式中，B 为待求量，$u_{P'}$ 也是未知量，可见由（4.6-11）式还不能直接解算 B。为此，有关学者提出用 M′点坐标代替 M 点坐标，即用 Q 点的归化纬度代替 P′点的规划纬度，于是，（4.6-11）式可以变化为：

$$tgB = \frac{z_P + e'^2 b \sin^3 u_Q}{r_P - e^2 a \cos^3 u_Q} \quad (4.6\text{-}12)$$

式中的 $u_Q$ 由（4.6-9）可以得到。当 H=0 时，P、P′和 Q 三点重合，（4.6-12）式严格成立；当 H≠0 时，（4.6-12）式为近似公式。考虑 H＞0 时，近似取 $u_P \approx \Psi_Q$，顾及 $R^2 = r^2 + z^2$，根据 u 与 B 的转换关系，得到了 $u_{P'}$ 的更为可靠的近似值：

$$tgu_{P'} = \frac{b}{a}tgB \approx \frac{b}{a}\left(1 + e'^2 \frac{b}{r}\right) \quad (4.6\text{-}13)$$

通过（4.6-13）式与（4.6-11）式（或（4.6-12）式，二者相同），即可联合解算出大地纬度 B，且可以保证对于任何位置上的 P 点，计算精度都高于千分之一角秒，完全满足各个行业以及部门需要。

## （二）利用 EXCEL 实现空间直角坐标与大地坐标的转换

通过上述分析，特别是通过式（4.6-13）与（4.6-11）式可以直接解算出大地纬度 B，因此可以利用 EXCEL 来实现空间直角坐标与大地坐标间的相互转换，而且使用上较为方便。

由（4.6-3）、（4.6-4）式看到，只需已知各种椭球的长短半轴（a，b）值，就可计算出 $e^2$ 和 $e'^2$。

在 EXCEL 中，利用 $L = deg\,rees\left(a\,tan\left(\dfrac{y}{x}\right)\right) + 180$ 即可求出大地经度 L，并保证其为正值。利用式（4.6-13），可首先计算出辅助角 $u_{P'}$，然后利用式（4.6-11）或

（4.6-12）即可求出大地纬度B，通过B进而求出大地高H。

大地高除可利用式（4.6-6）求得以外，还可以通过严密公式（4.6-14）求得。

$$H = r\cos B + z\sin B - a\sqrt{1 - e^2 \sin^2 B} \qquad (4.6\text{-}14)$$

需要指出的是，求出的L和B均为度的十进制，通常使用度分秒形式来表示经纬度，所以需要将十进制度的形式转换为度分秒形式，以L为例，其转换过程为：

利用EXCEL中的TRUNC函数，首先将度的整数部分求出：在相应的单元格内用TRUNC（L计算，0）表示即可完成。

然后将不足整数的十进制度化为分的形式，同样在相应的单元格内用：

$$\left[L_{计算} - TRUNC\left(L_{计算}, 0\right)\right] \times 60'，将计算结果对应的单元格记为L'；$$

进一步将不足分的部分化为秒，在相应的单元格内用：

$$\left[L' - TRUNC\left(L', 0\right)\right] \times 60''，将计算结果对应的单元格记为L''。$$

最终将三部分合并起来，就在相应的单元格内用：

$$TRUNC\left(L_{计算}, 0\right) + TRUNC\left(L', 0\right) \times 0.0 + L'' \times 0.0001表示即可。$$

大地纬度B的转换度分秒方法与L相同，在此不做赘述。表4.6-6为某两点的具体计算示例结果。

表4.6-6 空间直角坐标与大地坐标换算结果

| 空间直角坐标与大地坐标的正反算(反算) | | | | | |
|---|---|---|---|---|---|
| 有关参数 | | | | | |
| 2000国家大地坐标系有关参数 | | 1954北京坐标系有关参数 | | 1980西安坐标系有关参数 | |
| 长半轴 A | 短半轴B | 长半轴 A | 短半轴B | 长半轴 A | 短半轴B |
| 6378137 | 6356752.3140 | 6378245 | 6356863.0188 | 6378140 | 6356755.2882 |

| 原始数据及计算结果 | | | | | | |
|---|---|---|---|---|---|---|
| 点名 | 已知数据空间直角坐标 | | | 大地坐标计算结果 | | |
| | X | Y | Z | 经度L(°  ′) | 纬度B(°  ′) | 大地高H |
| TN70 | -2919611.32 | 4714188.992 | 3141120.215 | 121.461636657 | 29.414436089 | 15.362 |
| TN69 | -2589709.98 | 3919011.395 | 4300301.004 | 125.272521902 | 42.395370062 | 142.703 |

案例点评：

对于测绘工作者而言，空间直角坐标和大地坐标并不陌生，它们都是地心坐标系坐标的表现形式。但日常生活中，似乎更习惯大地坐标这种表现形式。所以，一旦遇到成果形式采用空间直角坐标时，二者的换算就不可避免。作者提供一种直算公式，这样就可利用EXCEL实现二者之间的换算，使解决此类问题更加第便捷。

# 第五章 控制测量的实施与质量检查

公路控制测量主要是为公路工程建设服务的，与公路工程建设的进程密切相关。以往公路工程的设计与施工阶段是公路控制测量主要考虑的阶段，时下出于全社会对安全问题的高度重视与关注，让运营阶段对公路的健康与安全监测也成为控制测量的主要任务之一。

## 第一节　平面控制测量的方法

平面控制测量可采用 GNSS 静态测量、GNSS RTK，也可以采用导线测量、边角测量和三边测量等方法。

### 一、GNSS 测量法

#### （一）GNSS 概述

GNSS 是 Global Navigation Satellite System 的缩写。中文译名是全球导航卫星系统。它不是特指某个单一的卫星系统，而是多个卫星系统的总称。目前，GNSS 包含了美国的 GPS、俄罗斯的 GLONASS、中国的 BD3、欧盟的 Galileo 系统。

自 20 世纪 90 年代中期开始，欧盟为了打破美国在卫星定位、导航、授时市场中的垄断地位，获取巨大的市场利益，增加就业机会，一直在致力于民用全球导航卫星系统计划，称作为 Global Navigation Satellite System。该计划分两步实施：第一步是建立一个综合利用美国的 GPS 系统和俄罗斯的 GLONASS 系统的第一代全球导航卫星系统，当时称为 GNSS-1，即后来建成的 EGNOS；第二步是建立一个完全独立于美国的 GPS 系统和俄罗斯的 GLONASS 系统之外的第二代全球导航卫星系统，即正在建设中的 Galileo 卫星导航定位系统。由此可见，GNSS 从一问世起，就不是一个单一星座系统，而是一个包括 GNSS、GLONASS、BD3、Galileo 等在内的综合星座系统。

GNSS 定位是利用一组卫星的伪距、星历、卫星发射时间等观测量，同时还须知道用户钟差。GNSS 是能在地球表面或近地空间的任何地点为用户提供全天候的三维坐标和速度以及时间信息的空基无线电导航定位系统。GNSS 技术目前已基本取代了地基无线电导航、传统大地测量和天文测量导航定位技术，并推动了大地测量与导航定位领域的全新发展。当今，GNSS 系统不仅是国家安全和经济的基础设施，也是体现现代化大国地位和国家综合国力的重要标志。以下介绍 GNSS 中主要的几种定位系统。

GPS：GPS 是在美国海军导航卫星系统的基础上发展起来的无线电导航定位系统。该系统由 24 颗卫星组成，于 1993 年建成，是全球第一个卫星导航系统，具有全能性、全球性、全天候、连续性和实时性的导航、定位及定时功能，能为用户提供精密的三维坐标、速度和时间。

GLONASS：GLONASS 是由原苏联国防部独立研制和控制的第二代军用卫星导航系统，该系统是继 GPS 后的第二个全球卫星导航系统，于 2011 年 1 月 1 日在全球正式运行，该系统标准配置为 24 颗卫星。

GALILEO：伽利略卫星导航系统是由欧盟研制和建立的全球卫星导航定位系统，该计划于 1992 年 2 月由欧洲委员会公布，并和欧空局共同负责。截至 2021 年底，伽利略卫星导航系统已经发射 28 颗卫星，尚未实现 30 颗卫星的建成目标。

BDS：北斗卫星导航系统是中国自主研发、独立运行的全球卫星导航系统，空间段由 5 颗静止轨道卫星和 30 颗非静止轨道卫星组成。该系统分成三代，即北斗一号、二号和北斗三号系统。北斗一号始于 1994 年，于 2000 年年底建成，向中国提供服务；2012 年年底，建成北斗二号系统，向亚太地区提供服务；2020 年，建成北斗三号系统，向全球提供服务。

除了上述四种全球卫星导航系统之外，还存在一些其它的相关卫星系统。

一种是星基增强系统（SBAS），通过使用地球同步卫星，为已有的全球卫星导航系统传递校正和完整性数据，进而提高 GNSS 接收机的定位精度。星基增强系统包括北美的广域增强系统（WAAS）、欧洲的地球同步轨道覆盖服务（EGNOS）、日本的基于多功能卫星的增强系统（MSAS）、印度的 GNSS 和 GEO 增强导航系统（GAGAN）。

另一种是区域卫星导航系统（RNSS），通过发射只在特定区域上空运行的卫星，提高特定区域的卫星覆盖率，从而增加可见星的数目。区域卫星导航系统包括了日本的准天顶卫星系统（QZSS）和印度的区域导航卫星系统（IRNSS）。QZSS 系统现阶段由 1 颗 GEO 和 3 颗 IGSO 卫星组成。IRNSS 系统分二期目标实施，一期由三颗地球静止卫星和四颗地球同步卫星组成，已于 2016 年建成投产，二期目标尚在计划中。

（二）GNSS 的测量误差来源

利用 GNSS 进行定位时，会受到各种因素的影响。影响了 GNSS 定位精度的因素可分为以下四大类：

1. 与 GNSS 卫星有关的因素

（1）卫星星历误差

GNSS 定位时，计算某一时刻 GNSS 卫星位置所需的卫星轨道参数是由各种类型的星历提供的，采用星历所计算出的卫星位置与其真实位置的差异即为星历误差。

（2）卫星钟差

卫星钟差是 GNSS 卫星上所安装的原子钟的钟面时间与 GNSS 标准时间之间的误差。

（3）卫星信号发射天线相位中心偏差

卫星信号发射天线相位中心偏差，是 GNSS 卫星上信号发射天线的标称相位中心与其真实相位中心之间的差异。

2. 与传播途径有关的因素

（1）电离层延迟

因地球周围的电离层对电磁波的折射效应，让 GNSS 信号的传播速度发生变化，这种变化称为电离层延迟。电磁波所受电离层折射的影响与电磁波的频率以及电磁波传播途径上电子总含量有关。

（2）对流层延迟

因地球周围的对流层对电磁波的折射效应，使得 GNSS 信号的传播速度亦发生变化，这种变化称为对流层延迟。电磁波所受对流层折射的影响与电磁波传播途径上的温度、湿度和气压有关。

（3）多路径效应

由于接收机周围环境的影响，致使接收机所接收到的卫星信号中还包含有各种反射和折射信号的影响，这就是所谓多路径效应。

3. 与接收机有关的因素

（1）接收机钟差

接收机钟差是指 GNSS 接收机所使用时钟的钟面时间与 GNSS 标准时间之间的差异。

（2）接收机天线相位中心偏差

接收机天线相位中心偏差是 GNSS 接收机天线的标称相位中心与其真实的相位中心之间的差异。

（3）接收机软件和硬件造成的误差

GNSS 定位时，其定位结果还会受到诸如处理和控制软件和硬件等的影响。

4. 其他因素

（1）GNSS 控制部分人为或计算机造成的影响

由于 GNSS 控制部分的问题或用户在进行数据处理时引起误差等。

（2）数据处理软件的影响

数据处理软件的算法不完善对定位结果的影响。

### （三）GNSS 的定位方式

GNSS 定位的方法是多种多样的，用户可根据不同的用途采用不同的定位方法。

#### 1. 根据定位所采用的观测值分类

（1）伪距定位

伪距定位所采用的观测值为 GNSS 伪距观测值。这类伪距观测值既可以是 C/A 码伪距，也可是 P 码伪距。伪距定位的优点是数据处理简单，对定位条件的要求低，不存在整周模糊度的问题，可以非常容易地实现实时定位；其缺点是观测值精度低，C/A 码伪距观测值的精度一般为 3m，而 P 码伪距观测值的精度一般也在 300mm 左右。

（2）载波相位定位

载波相位定位所采用的观测值为 GNSS 的载波相位观测值，即 L1、L2，或它们的某种线性组合。载波相位定位的优点是观测值的精度高，一般在 ±2～3mm；其缺点是数据处理过程复杂，存在整周模糊度问题。

#### 2. 根据定位的模式分类

（1）绝对定位

绝对定位又称单点定位，是一种采用一台接收机进行定位的模式，其所确定的是接收机天线的绝对坐标。这种定位模式的特点是作业方式简单，可以单机作业。绝对定位一般用于导航和精度要求不高的场景中。

（2）相对定位

相对定位又称为差分定位，这种定位模式采用两台以上的接收机，同时对一组相同的卫星进行观测，以确定接收机天线间的相互位置关系，是公路测量经常采用的一类定位方法。

#### 3. 根据获取定位结果的时间分类

（1）实时定位

实时定位是根据接收机观测到的数据，实时解算出接收机天线所在位置的定位方法。

（2）非实时定位

非实时定位又称后处理定位，它是通过对接收机接收到的数据进行之后处理以进行定位的方法。

#### 4. 根据定位时接收机的运动状态分类

（1）动态定位

所谓动态定位，即 GNSS 定位时认为接收机的天线在整个观测过程中的位置是变化的。在数据处理时，将接收机天线的位置作为一个随时间改变而改变的量。

（2）静态定位

所谓静态定位，即进行 GNSS 定位时，接收机的天线在整个观测过程中的位置保持不变。在数据处理时，将接收机天线的位置作为一个不随时间的改变而改变的量。

静态定位一般用于高精度的测量定位，一般利用多台接收机在不同的测站上进行静止同步观测，时间由几分钟、几小时甚至数十小时不等。公路控制测量通常采用载波相位静态相对定位。

GNSS 静态定位是常用的定位方式之一，在测量中主要用于测定各种用途的控制点、建立各种类型和等级的控制网。

### （四） GNSS 控制网涉及的主要技术名词

#### 1. 数据删除率

基线解算时，若观测值的改正数大于某一个阈值时，则认为该观测值含有粗差，需将其删除。被删除观测值的数量与观测值的总数的比值，即数据删除率。数据删除率从某一方面反映出了 GNSS 原始观测值的质量，数据删除率越高，说明观测值的质量越差。原始数据删除率一般控制在 20% 以内，最大不超过 30%。

#### 2. RATIO 值

GNSS 基线解算中的单位权协方差因子的次最小值与最小值的比率称谓 RATIO 值。RATIO 反映了所确定出的整周未知数参数的可靠性，这一指标取决于多种因素，既与观测值的质量有关，也与观测条件的好坏有关。通常认为 RATIO 值的最小值为 1.8，大于 3.0 时，则认为固定双差解的置信水平就高。

#### 3. RMS

观测值残差的均方根误差（Root Mean Square）即 RMS。

RMS 表明观测值的质量。RMS 越小，观测值质量越好；反之，表明观测值质量越差。它不受观测条件如卫星分布好坏的影响。依照数据统计的理论，观测值误差落在 1.96 倍 RSM 的范围概率是 95%。

#### 4. RDOP

所谓 RDOP 值指的是在基线解算时待定参数的协因数阵的迹的平方根。RDOP 值的大小与基线位置、卫星在空间的几何分布及运行轨迹即观测条件有关，当基线位置确定后，RDOP 值就只与观测条件有关了，而观测条件又是时间的函数，因此，实际上对某条基线向量而言，其 RDOP 值的大小和观测时间段有关。RDOP 表明了 GNSS 卫星的状态对相对定位的影响，即取决于观测条件的好坏，它不受观测值质量好坏的影响。

#### 5. 效率指标

进行 GNSS 网的设计时，经常采用效率指标来衡量某种网设计方案的效率，以及在采用某种布网方案作业时所需要的作业时间、消耗等。

布设一个 GNSS 网时，点数、接收机数和平均重复设站次数确定后，完成该网测设所需的理论最少观测期数就可以确定。当按照某个具体的布网方式和观测方式进行作业时，要按要求完成整网的测设，所需要的观测期数与理论上的最少观测期数会有所差异，其比值称之为效率指标 $e$，即：

$$e = \frac{S_{min}}{S_d}$$

$$(5.1-1)$$

式中：$S_{min}$——理论最少观测期数；

$S_d$——设计观测期数。

该指标可用来衡量 GNSS 网设计的效率。

6. 可靠性指标

GNSS 网可靠性可分为内可靠性和外可靠性。所谓 GNSS 网的内可靠性指的是所布设的 GNSS 网发现粗差的能力，即可发现的最小粗差的大小；所谓 GNSS 网的外可靠性是指 GNSS 网抵御粗差的能力，即未剔除的粗差对 GNSS 网所造成的不良影响的大小。由于内、外可靠性指标在计算上过于烦琐，因此，在实际的 GNSS 网的设计中一般采用另外一个计算较为简单的反映 GNSS 网可靠性的数量指标，这个可靠性指标就是整网的多余独立基线数与总的独立基线数的比值，称作整网的平均可靠性指标 $\eta$，即：

$$\eta = \frac{l_r}{l_t}$$

$$(5.1-2)$$

式中：$l_r$——多余的独立基线数；

$l_t$——总的独立基线数。

经验表明：当 $\eta$ 大于 0.4 时，表明具有足够多余观测数，其观测误差能得到较好的监控；由于残差的值总是较小，这意味着残差仅占观测误差的小部分，因而当 $\eta$ 小于 0.1 时，残差对平差结果影响较大。

7. 同步环闭合差

同步环闭合差是由同步观测基线所组成的闭合环的闭合差。由于同步观测基线间具有一定的内在联系，同步环闭合差在理论上应为 0，如果同步环合差超限，则说明组成同步环的基线中至少存在一条基线向量误差较大的，但反过来，如果同环闭合差没有超限，却不能说明组成同步环的所有基线质量均是合格的。

8. 异步环闭合差

不完全由同步观测基线所组成的闭合环称为异步环，异步环的闭合差称为异步环闭合差。

有时也采用独立基线即一组未构成任何闭合环的基线向量所构成的闭合环叫作独立环，其闭合差即独立环闭合差来表述该项技术指标。

当异步环闭合差不满足限差要求时，则表明组成异步环的基线向量中至少有一条基线内量的质量不合格，要确定出哪些基线向量的质量不合格，可以通过多个相邻的异步环或重复基线来进行检查。

### 9. 重复基线较差

不同观测时段，对同一条基线的观测结果，就是所谓重复基线，但观测结果之间的差异，就是重复基线较差。

当重复基线较差满足限差要求时，则表明这些基线向量的质量是合格的；否则，则表明这些基线向量中至少有一条基线向量的质量不合格，要确定出哪些基线向量的质量不合格，可以通过多重条件进行。

### （五） GNSS 控制测量实施的步骤

#### 1. 测前准备工作

GNSS 测量作业前，清楚地了解测区的地理位置、测区的具体范围以及需要控制的面积，了解所布设的 GNSS 控制网将用于何种目的及其精度要求，进而确定 GNSS 控制网的等级，收集现有的测绘与设计资料。根据 GNSS 点的数量及密度要求进行图上选点。依据项目要求和相关技术规范进行测量工作的初步技术设计。完成测量设计后，到测区现场进行踏勘。现场选点埋石工作，根据现场选点埋石情况，修改初步设计方案，完成技术设计，对要将使用的各种仪器进行检定校正。

#### 2. 野外测量

GNSS 测量作业人员到达测区后，首先要对测区的情况作详细的了解。每个作业人员都要清楚各个 GNSS 点的点名、点位，上点的难易程度和上点需要的时间，并根据这些情况做好观测计划。

观测前，根据测区的地理位置和最新的卫星星历，对卫星状况进行预报，作为选择合适的观测时间段的依据。所需预报的卫星状况包括卫星的可见性、可供观测的卫星星座、随时间变化的 PDOP 值、RDOP 值等。对于个别有较多或较大障碍物的测站，需要评估障碍物对 GNSS 观测可能产生的不良影响，然后根据卫星状况、测量作业的进展情况以及测区的实际情况，确定出具体的作业方案。

各 GNSS 观测小组严格按照作业计划和要求进行外业观测，同时还需根据一些特殊情况，灵活地采取应对措施。

每天外业观测结束后，及时将观测数据传输至计算机中，根据要求进行备份。数据传输时需要对照外业观测记录手簿，检查所输入的记录信息是否正确。

每天的数据传输与转储工作完成后，需对所获得的外业数据及时处理，解算出基线向量，并对解算结果进行质量评估，根据基线解算情况作下一步作业安排。

根据实际情况及时调整作业方案，进行外业观测、数据传输、基线解算和质量评估，直到完成所有观测工作。

#### 3. 测后工作

外业工作完成后，及时对野外观测所得到的基线向量进行质量检验，对由合格的基线向量所构建成的 GNSS 基线向量网进行平差解算，得出网中各点的坐标成果。如果需要利用 GNSS 测定网中各点的正高或正常高，还需要进行高程拟合。

### （六） GNSS 测量的技术要求

1. GNSS 观测的技术要求可参照表 5.1-1 中的规定。

表 5.1-1 GNSS 观测技术要求

| 项目 | 二等 | 三等 | 四等 | 一级 | 二级 |
|---|---|---|---|---|---|
| 卫星高度角 | ≥15° | ≥15° | ≥15° | ≥15° | ≥15° |
| 接收机类型 | 双频 | 双频 | 双频或单频 | 双频或单频 | 双频或单频 |
| 静态时段长度（min） | ≥120 | ≥90 | ≥60 | ≥45 | ≥40 |
| 重复设站数 | ≥2 | ≥1.8 | ≥1.6 | ≥1.4 | —<br>≥1.2 |
| 有效卫星数 | ≥5 | ≥5 | ≥4 | ≥4 | ≥4 |
| 采样间隔（s） | 30 | 30 | 10～30 | 10～30 | 10～30 |
| GDOP | ≤6 | ≤6 | ≤6 | ≤6 | ≤6 |

2. 观测中采用的仪器设备、基线解算的固定误差及比例误差可按表 5.1-2 规定进行。

表 5.1-2 固定误差、比例误差要求

| 等 级 | 固定误差 a （mm） | 比例误差 b（$10^{-6}$） |
|---|---|---|
| 二等 | ≤5 | ≤1 |
| 三等 | ≤5 | ≤2 |
| 四等 | ≤5 | ≤3 |
| 一级 | ≤10 | ≤3 |
| 二级 | ≤10 | ≤5 |

与国家规范中的技术指标相比，因为公路平面控制测量的网形结构较差，为了有效地增加控制网的可靠性和精度，因此上述两表中的部分技术指标高于国家规范，多年来的生产实践证明是切实有效的，根据目前的技术条件也是较容易达到的。

### （七）GNSS 构网可参照下列要求进行：

1. GNSS 控制网应同附近等级高的国家平面控制网点联测，联测点数应不少于 3 个，并力求分布均匀，且能覆盖所建控制网范围，当控制网较长时，需增加联测点的数量。

2. 二、三、四等平面控制网要采用网连式、边连式布网；一、二级平面控制网可采用点连式布网，控制网中不要出现自由基线。

所谓点连式就是在观测作业时，相邻的同步图形间只通过一个公共点相连，如图 5.1-1 所示。点连式观测作业方式的优点是作业效率高、图形扩展迅速；它的缺点是图形强度低，如果连接点发生问题，把影响到后面的同步图形。

图 5.1-1 点连式示意图

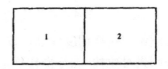

图 5.1-2 边连式示意图

边连式就是在观测作业时，相邻的同步图形间有一条边即两个公共点相连，如图 5.1-2 所示。边连式观测作业方式不但具有较好的图形强度，而且具有较高的作业效率，是 GNSS 控制网较好的连接方式之一。

所谓网连式就是在作业时，相邻的同步图形间有 3 个（含 3 个）以上的公共点相连。采用网连式观测作业方式所测设的 CNSS 网具有很强的图形强度，但网连式观测作业方式的作业效率较低。

实际的 GNSS 作业中，往往并不是单独采用上面所介绍的某一种观测作业模式，而是根据具体情况，有选择地灵活采用这几种方式作业，这种观测作业方式就是所谓的混连式。混连式观测作业方式是实际作业中最常用的作业方式，它实际上是点连式、边连式及网连式的一个结合体。

3. GNSS 观测前宜进行观测网的设计，其出发点是在保证质量的前提下，尽可能地提高效率，努力降低成本。可考虑以下几方面：

（1）适当增加观测期数（时段数）。因为，随着观测期数的增加，所测得的独立基线数就会增加，而独立基线数的增加，对提高 GNSS 网的可靠性是非常有效的。

（2）保证有一定的重复设站次数，以确保 GNSS 网的可靠性。通过在同一测站上的多次观测，一方面可有效地发现设站、对中、整平、量测天线高等人为错误；另一方面，重复设站次数的增加，也意味着观测期数的增加。需要注意的是，当同一台接收机在同一测站上连续进行多个时段的观测时，各个时间段必须重新安置仪器，以便更好地消除各种人为操作误差和错误。

（3）保证每个 GNSS 点至少与 3 条以上的独立基线相连，这样可以使测站具有较高的可靠性。因为一个 GNSS 点上所连接的基线数越多，其可靠性就越强。

（4）为保证 GNSS 网中各相邻点具有较高的相对精度，对网中距离较近的点位一定要进行同步观测，以获得它们间的直接观测基线，即所谓的短边必测。

（5）对于高精度 GNSS 控制网，可加测若干条高精度光电测距边，并与 GNSS 观测值即基线向量一同进行联合平差。也可将这些高精度光电测距边用做外部检核或起算边长。

4. 控制网需由独立观测边构成闭合环或附合路线，各个等级控制网构成闭合环或附合路线的边数可参照表 5.1-3 中的规定。

表 5.1-3 闭合环或附合线路边数的规定

| 等级 | 二等 | 三等 | 四 等 | 一级 | 二级 |
|---|---|---|---|---|---|
| 闭合环或附合路线的边数（条） | ≤ 6 | ≤ 6 | ≤ 8 | ≤ 10 | ≤ 10 |

（八）GNSS 作业时要符合以下要求：

1. 观测组需执行调度计划，按规定的时间进行同步观测作业。

2. 观测人员要按 GNSS 操作规定进行观测作业。

3. 架设仪器对中整平时，对中误差不得大于 1mm。观测过程中，适时检查仪器的对中情况。

4. 每时段观测需在测前、测后分别量取天线高，量测时可每隔 120°方向上量测一次，每次之差应不大于 3mm，取三次平均值作为测前、测后量取值，最终天线高取测前与测后量取值的平均值。

5. 观测时，要防止人员或其它物体触动天线或遮挡信号，尽量使非作业人员距离测站 5m 以上。禁止作业人员在离测站 10m 内使用手机或其它通讯工具。

6. 接收机开始记录数据后，需随时注意卫星信号和信息存储情况。当接收或存储出现异常时，要随时进行调整，必要时及时通知其它测站调整观测计划。

7. 在现场按规定填写观测手簿，不得事后补记。为防止记录出现类似点号错误，开机观测前最好能进行观测点号的位置拍照，最后连同观测手簿一同提交。

8. 经检查所有规定作业项目全部完成，并且记录完整无误后方可迁站。

9. 每日观测结束后，将外业数据文件及时转存到存储介质上，不得做任何剔除和删改。数据传输过程中，避免使用无线传输方式。

## （九）GNSS RTK 法进行控制测量需注意的事项：

1. RTK 测量可用于一级及以下等级的平面控制点测量，可采用单参考站和网络 RTK 测量方式进行。已建成 CORS 网的地区，宜采用网络 RTK 测量，通讯条件困难时，亦可采用后处理动态测量模式进行测量。

2. RTK 测量的卫星状况可参照表 5.1-4 中的规定。

表 5.1-4 RTK 测量卫星状况的基本要求

| 观测窗口状况 | 截止高度角 15°以上的卫星个数 | PDOP 值 |
|---|---|---|
| 良好 | ≥ 6 | < 4 |
| 可用 | 5 | ≤ 6 |
| 不可用 | < 4 | > 6 |

3. RTK 平面控制点测量主要技术要求宜符合表 5.1-5 的规定。采用单参考站 RTK 测量一级平面控制点时，需更换参考站，每个参考站观测次数不少于 2 次；采用网络 RTK 时，要在两个以上基准站有效服务范围内，且不得外推。

表 5.1-5 RTK 平面控制点测量主要技术要求

| 等　级 | 与参考站距离（km） | 观测次数 | 各次测量坐标较差（mm） | 起算点等级 |
|---|---|---|---|---|
| 一　级 | ≤ 5 | ≥ 4 | ≤ 40 | 四等及以上 |
| 二　级 | ≤ 5 | ≥ 3 | ≤ 40 | 一级及以上 |

4. 用于求解 CGCS2000 或 WGS84 地心坐标系与地方坐标系转换参数的高一级及以上的平面控制点点数需不少于 3 个，并且能控制住整个测量范围。

5. 坐标转换残差、单次观测的平面收敛精度均不大于 ±20mm。

6. 观测开始前要对仪器进行初始化，每次观测历元数大于 20 个，每一次观测值要为固定解。

7. 每次作业开始与结束前均要进行一个以上已知点的检核，检核的坐标差值要小于 ±50mm。

8. RTK 平面控制点测量流动站需采用三脚架对中、整平，各次测量的平面坐标较差符合要求后取得平均值作为最终成果。

9. 进行后处理动态测量时，流动站要先在静止状态下观测 10～15min，然后在不丢失初始化状态下进行动态测量。

## 二、三角测量

三角测量由于其劳动强度大，对专业水平要求高，工作效率低等原因，近年来已很少被采用。这里只对其工作原理和注意事项作简单介绍。

### （一）三角网的测量原理

在地面上选择一系列点位 $P_1$、$P_2$、$P_3$，使每一个点与周围相邻点都能彼此通视，并按三角形的形式将相邻点连接起来即构成三角网，如图 5.1-3 所示。三角网中的观测量是网中的全部或大部分方向值，根据方向值即可算出任意两个方向的夹角。整个三角网中除精确测量一条起始边如图 5.1-3 中的 $S_{12}$ 外，其余边长都不直接测量。

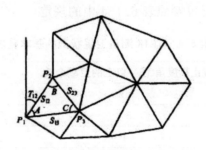

图 5.1-3 三角网布设示意图

三角网早在 17 世纪时就被用于控制测量。以后经过前人的不断研究、改进，逐步形成一套完善的控制测量理论和方法，这种理论及方法统称为三角测量。

在图 5.1-3 所示的三角网中，若已知 $P_1$ 点的平面坐标（$x_1$，$y_1$），$P_1$ 点至 $P_2$ 点的平面边长为 $S_{12}$，坐标方位角 $T_{12}$，则 $P_2$ 点的坐标（$x_2$，$y_2$）可由下式算得：

$$\left.\begin{aligned} \Delta x_{12} &= s_{12} \cos T_{12} \\ \Delta y_{12} &= s_{12} \sin T_{12} \end{aligned}\right\} \tag{5.1-3}$$

$$\left.\begin{aligned} x_2 &= x_1 + \Delta x_{12} \\ y_2 &= y_1 + \Delta y_{12} \end{aligned}\right\} \tag{5.1-4}$$

对于 $P_3$ 点的坐标（$x_3$, $y_3$），可先应用正弦定理计算出了 $P_1$ 点至 $P_3$ 点的平面边长 $S_{13}$，然后再计算其坐标。计算步骤如下：

$$\left.\begin{array}{l} s_{13} = s_{12} \dfrac{\sin B}{\sin C} \\[2mm] T_{13} = T_{12} + A \\[2mm] \Delta x_{13} = s_{13} \cos T_{13} \\[2mm] \Delta y_{13} = s_{13} \sin T_{13} \\[2mm] x_3 = x_2 + \Delta x_{13} \\[2mm] y_3 = y_2 + \Delta y_{13} \end{array}\right\} \tag{5.1-5}$$

同理，可依次推算出三角网中所有边的边长 $s_{ij}$、方位角 $T_{ij}$ 和各待定点的坐标（$x_i$, $y_i$）。以上就是三角测量的基本原理。

三角网中关于测角的有关技术要求可以参阅相关规范规定。

### （二）三角网的优点和作用

由三角测量的基本原理可知，三角测量只需精确测量一条边的边长和网中的全部或大部分方向值。在测距仪问世之前，测量距离非常困难，而方向观测却相对容易实现，所以三角测量一直是平面控制测量的主要方法。该方法的主要优点是：图形简单、精度较高，有较多的检核条件，易于发现观测中的错误。因此传统的国家平面控制网几乎全部由三角网构成。可以讲，三角测量在整个测量发展史上曾经做出了巨大的贡献。

### （三）三角网测量的注意事项

三角网测量首先需要对网型进行必要的优化，尽量避免三角形中出现钝角和较小的锐角；其次在角度测量过程当中尽量避免测回间调焦，注意仪器水平气泡的居当中，防止仪器遭受日晒等。

## 三、三边测量

### （一）三边网的数学原理和布设形式

世界第一台实用的光波测距仪 —— Geodimeter 是由瑞典阿嘎仪器公司于 1948 年研制而成，随着测距仪的问世使得距离测量发生了革命性的变化，距离测量变得和方向测量同样甚至更易实现，因此形成了以三角形的三个边长构成测量控制网的形式即三边网。三边测量只观测三角网中各三角形的边长，三边网中三角形的各个内角不直接测量，而是通过余弦定理计算出来。例如在图 5.1-1 中，若已知 $P_1$ 点的平面坐标（$x_1$, $y_1$），$P_1$ 点至 $P_2$ 点的坐标方位角 $T_{12}$，便可应用余弦定理，按下列步骤推算出待定点 $P_3$ 的坐标（$x_3$, $y_3$）：

$$\left.\begin{aligned} A &= \cos^{-}\frac{s_{12}^2 + s_{13}^2 - s_{23}^2}{2s_{12}s_{13}} \\ T_{13} &= T_{12} + A \\ x_{13} &= s_{13}\cos T_{13} \\ y_{13} &= s_{13}\sin T_{13} \\ x_3 &= x_1 + x_{13} \\ y_3 &= y_1 + y_{13} \end{aligned}\right\} \tag{5.1-6}$$

同理，可依次推算出三边网中所有边的方位角 $T_{ij}$，和各待定点的坐标（$x_{ij}$, $y_{ij}$）。这就是三边测量的基本原理和方法。

三边网的检核条件很少，有时甚至没有检核条件，以致难以发现观测错误，因此在三边网中，通过测量一定比例的角度而构成边角网，从而增加了检核条件。

虽然随着 GNSS 在控制测量中的广泛应用，并且优势明显，成为控制测量的主要手段，导致三角测量、三边测量不得不逐渐结束自己的使命而退出历史舞台。但在一些路线较短、规模较小或小局域的低等级公路或一些独立的中小桥涵施工中，由于三边网测量难度小、效率快，所以还是有一定的应用场景。

### （二）三边测量的技术要求

三边测量的技术包含以下内容：

1. 三边测量的主要技术要求可参照表 5.1-6 中的规定。

表 5.1-6 三边测量的主要技术要求

| 测量等级 | 测距中误差（mm） | 测距相对中误差 |
|---|---|---|
| 二等 | ≤ 9 | ≤ 1/330000 |
| 三等 | ≤ 14 | ≤ 1/140000 |
| 四等 | ≤ 10 | ≤ 1/100000 |
| 一级 | ≤ 14 | ≤ 1/35000 |
| 二级 | ≤ 11 | ≤ 1/25000 |

2. 三角网的基线边、测边网、一级及一级以上导线的边长，宜采用光电测距仪施测。二级导线的边长测量，首选光电测距仪进行测距，条件不具备时，可采用其他可满足要求的方式进行距离测量。

3. 光电测距仪可按表 5.1-7 选用。

表 5.1-7 测距仪的选用

| 测距仪精度等级 | 每公里测距中误差 $m_D$（mm） | 使用的平面控制测量等级 |
| --- | --- | --- |
| Ⅰ 级 | $m_D \leqslant 5$ | 所有等级 |
| Ⅱ 级 | $5 \leqslant m_D \leqslant 10$ | 三、四等，一、二级 |
| Ⅲ 级 | $10 \leqslant m_D \leqslant 20$ | 一、二级 |

4. 光电测距主要技术要求可以参照表 5.1-8 的规定。

表 5.1-8 光电测距的主要技术要求

| 平面控制网等级 | 观测次数 | | 每边测回数 | | 一测回读数间较差（mm） | 单程各测回较差（mm） | 往返较差 |
| --- | --- | --- | --- | --- | --- | --- | --- |
| | 往 | 返 | 往 | 返 | | | |
| 二等 | ≥1 | ≥1 | ≥4 | ≥1 | ≤ ±5 | ≤ ±7 | |
| 三等 | ≥1 | ≥1 | ≥3 | ≥1 | ≤ ±5 | ≤ ±7 | |
| 四等 | ≥1 | ≥1 | ≥2 | ≥1 | ≤ ±7 | ≤ ±10 | $\leqslant \pm\sqrt{2}(a+b\times D)$ |
| 一级 | ≥1 | — | ≥2 | — | ≤ ±7 | ≤ ±10 | |
| 二级 | ≥1 | — | ≥1 | — | ≤ ±2 | ≤ ±17 | |

注：(1) 测回是指照准目标一次，读数 4 次的过程。
(2) 表中 a 为固定误差，b 为比例误差系数，D 为水平距离（km）。

5. 进行光电测距时的作业注意事项如下：

（1）测距前仪器要严格整平对中，使对中误差小于 1mm。测距要在成像清晰、气象条件稳定时进行，雨、雪和大风天气不宜作业，不应顺光或逆光且与太阳呈小角度观测，严禁将仪器照准头对准太阳。

（2）当反光镜背景方向有反射物时，要在反光镜后方遮上黑布。

（3）测距过程中，当视线被遮挡出现粗差时，需重新启动测量。

（4）当观测数据超限时，要重测整个测回。当观测数据出现分群时，需要分析原因，采取相应措施重新观测。

（5）温度计宜采用通风干湿温度计，气压表宜采用高原型空盒气压表。

（6）测量四等及其以上的边时，需量取测边两端点始末的气象数据，计算时要取平均值。测量温度时要量取空气温度，通风干湿温度计要悬挂距地面和人体 1.5m 以外的地方，气压表需置平，指针不要受阻。

（7）当测距边长度用三角高程测量的高差进行倾斜改正时，垂直角的观测要求和对向观测要求可以按五等三角高程测量的规定执行。

6. 四等以上的三边网，宜在一些三角形中，以相应等级三角测量的观测精度观测 1 个较大的角，以资检核。

## 四、导线测量

控制测量中，将由若干直线所连成的折线称为导线。每条直线叫导线边，相邻两直线之间的水平角称为转折角。通过测量每条导线边及每个转折角来计算待定点坐标的方法称为导线测量。

由于导线一般只要求任一控制点与前后两个相邻控制点通视，所以导线布设非常灵活，加之全站仪的普及，所以导线边和转折角可同时较易获取。公路作为一个带状结构物，导线特别是附合导线非常适应于公路路线控制测量的建立，导线测量在公路控制测量中仍具有很强的生命力，尤其是在隧道施工控制当中，导线测量经常作为唯一的控制测量手段。

### （一）导线网

通过导线测量的方法布设的控制网称为导线网。通常根据不同的情况和要求，导线网可布设成如下几种形式：

#### 1. 附合导线

从一个坐标已知的控制点出发，测量若干条导线边和若干个转折角后，终止于另一个坐标已知的控制点，这样构成的导线称为附合导线，如图 5.1-4a 和图 5.1-4b 所示。

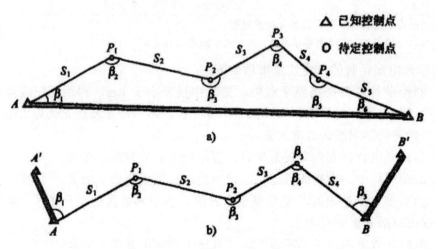

图 5.1-4 附合导线示意图

当 A、B 两点不通视时，图 5.1-4a 中无角 $\beta_1$，$\beta_6$，这样的导线被称为无定向导线。

#### 2. 闭合导线

从一个坐标已知的控制点出发，测量若干条导线边与若干个转折角后，仍旧回到这个控制点，这样构成的导线称为闭合导线，如图 5.1-5 所示。

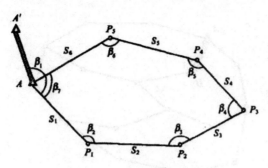

图 5.1-5 闭合导线示意图

### 3. 支导线

从一个坐标已知的控制点出发，测量若干条导线边与若干个转折角后，既不附合到另一个已知的控制点，也不回到原来出发的这个控制点，这样构成的导线称为支导线，如图5.1-6所示。支导线没有检核条件，不易发现错误，因此一般情况下不予采用。如果采用支导线测量，一般不得超过连续3站设站测量，并尽量采用其他方法进行检核。

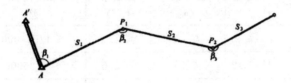

图 5.1-6 支导线示意图

平时常用的极坐标测量方法可以看成是支导线测量的特例。

### 4. 单节点导线网

从三个或更多的已知控制点出发，几条导线汇聚于一个点上的导线网称作单节点导线网，汇聚点称为节点。单节点导线网如图 5.1-7 所示。

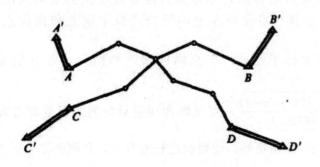

图 5.1-7 单节点导线网示意图

### 5. 多节点导线网

具有许多个节点的导线网称为多节点导线网，如图5.1-8所示。

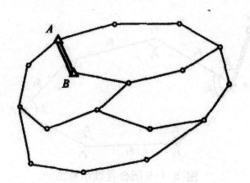

图 5.1-8 多节点导线网示意图

## （二）导线测量的技术要求可参照表 5.1-9 中的规定。

表 5.1-9　导线测量的技术要求

| 测量等级 | 附（闭）合导线长度（km） | 边数 | 每边测距中误差（mm） | 单位权中误差（″） | 导线全长相对闭合差 | 方位角闭合差（″） |
|---|---|---|---|---|---|---|
| 三等 | ≤ 18 | ≤ 9 | ≤ 14 | ≤ 1.8 | ≤ 1/52 000 | ≤ ±3.6 $\sqrt{n}$ |
| 四等 | ≤ 12 | ≤ 12 | ≤ 10 | ≤ 2.5 | ≤ 1/35000 | ≤ ±5 $\sqrt{n}$ |
| 一级 | ≤ 6 | ≤ 12 | ≤ 14 | ≤ 5.0 | ≤ 1/17000 | ≤ ±10 $\sqrt{n}$ |
| 二级 | ≤ 3.6 | ≤ 12 | ≤ 11 | ≤ 8.0 | ≤ 1/110000 | ≤ ±16 $\sqrt{n}$ |

注：表中 n 为测站数；以测角中误差为单位权中误差。

### （三）技术指标规定的由来

附合导线长度、导线边数及导线全长相对闭合差都是根据最弱点点位中误差应小于 ±50mm 推算求得的。考虑到公路导线测量的实际情况，以等边直伸形导线为特例进行估算。点位中误差由纵向点位中误差和横向点位中误差组成，导线经过角度和坐标平差后，中点纵向误差和横向误差分别是 $m_{纵} = \pm m_D \sqrt{\dfrac{n}{4}}$，

$m_{横} = \pm \dfrac{m_\beta}{\rho} D \sqrt{\dfrac{n(n+2)(n^2+2n+4)}{192(n+1)}}$，可见纵向误差只与测距误差和边数有关，与测角误差无关；横向误差与测角误差、边数和边长度有关，和测距误差无关。由于现阶段距离测量精度一般高于角度测量精度，按 $m_{横} = \pm \sqrt{2} m_{纵}$ 估算，$m_{纵} = \pm 28.8mm$，$m_{横}$ =40.8mm，每边测距中误差、边数、平均边长长度及测角中误差计算值和采用值如表 5.1-10 所示：

表 5.1-10　导线每边测距中误差、边数、边长及测角中误差的估算表

| 导线等级 | 导线总长（km） | 边数 | 平均边长（km） | 每边测距中误差（mm） | | 测角中误差（″） | |
|---|---|---|---|---|---|---|---|
| | | | | 估算值 | 采用值 | 估算值 | 采用值 |
| 三等 | 18 | 9 | 2.0 | 19 | 14 | 1.8 | 1.8 |
| 四等 | 12 | 12 | 1.0 | 17 | 10 | 2.5 | 2.5 |
| 一级 | 6 | 12 | 0.5 | 17 | 14 | 5.0 | 5.0 |
| 二级 | 3.6 | 12 | 0.3 | 17 | 11 | 8.3 | 8.0 |

按照导线中点和终点的误差比例关系，终点的纵向误差是中点的纵向误差的 2 倍，终点的横向误差是中点的横向误差的 4 倍，则可计算出导线终点总的中误差为 173mm，导线终点的最大误差值为 346mm，可计算出三等、四等、一级、二级导线的导线全长相对闭合差分别为 1/52000、1/35000、1/17000、1/10000。

角度中误差以"单位权中误差"相称，但不以测角中误差相称，是考虑到测角中误差只考虑由角度的误差引起的误差，是一个单一指标，而单位权中误差考虑到角度、距离以及高等级控制点误差引起的误差，是角度、距离和高等级控制点误差的综合指标。

边长测量的测距中误差是根据测距仪的分级和标称精度、测距仪适用范围计算而求得的，从大量的实践资料来看也是能够达到的，如二等测距边，使用 I 级测距仪，每公里最大测距中误差为 5mm，按平均边长 3km 估算，则每边测距中误差应小于 9mm。测距相对中误差是根据每边测距中误差和平均边长求得的，二等测距边相对中误差 m 测 =9mm/3×106mm ≈ 1/333333，取整是 1/330000。

### （四）导线测量的注意事项

导线测量目前多数采用全站仪进行，但需要指出的是全站仪的光学部件的原理与传统的经纬仪是一致的，因此在使用全站仪测角过程中，除了带有目标自动识别功能的全站仪外，其它全站仪在测角过程中还是要遵循测回间不能调焦的规定，否则对测角的精度势必带来影响，这也是前文提及的导线选点中相邻边长比不能超过 3:1 的缘由。此外，要注意测站与镜站之间温度差异不要过大，当存在温度梯度变化过大的情况时，测角精度会受到很大的影响。

### 1. 导线测量中使用仪器的测角功能检验

水平角观测前，要对使用的经纬仪或全站仪进行检验，这个结果要符合表 5.1-11 的要求。

表 5.1-11　导线测角仪器检验的指标要求

| 项目 | DJ1 | DJ2 | DJ6 |
|---|---|---|---|
| 照准部旋转 180°，水准气泡读数差（格） | ≤ 2 | ≤ 1 | — |
| 光学测微器行差与隙动差（″） | ≤ 1 | ≤ 2 | — |
| 照准部旋转时，仪器底座位移所产生的系统误差（″） | ≤ ±0.3 | ≤ ±1.0 | — |
| 水平轴不垂直于竖轴之差（″） | ≤ 10 | ≤ 15 | ≤ 20 |
| 对点器对中误差（″） | ≤ 1.0 | | |

2. 水平角观测的主要技术要求可参照表 5.1-12 的规定。当观测方向的垂直角超过 ±3°时，该方向的 2C 较差可按同一观测时间段内相邻测回进行比较。

表 5.1-12 水平角观测的主要技术要求

| 等级 | 测角仪器型号 | 光学测微器两次重合读数差（″） | 半测回归零差（″） | 同一测回中2C较差（″） | 同一方向各测回间较差（″） | 测回数 |
|------|------|------|------|------|------|------|
| 二等 | DJ1 | ≤ ±2 | ≤ ±2 | ≤ ±2 | ≤ ±2 | ≥ 12 |
| 三等 | DJ1 | ≤ ±2 | ≤ ±2 | ≤ ±2 | ≤ ±2 | ≥ 6 |
|      | DJ2 | ≤ ±2 | ≤ ±2 | ≤ ±2 | ≤ ±2 | ≥ 10 |
| 四等 | DJ1 | ≤ ±2 | ≤ ±2 | ≤ ±2 | ≤ ±2 | ≥ 4 |
|      | DJ2 | ≤ ±2 | ≤ ±2 | ≤ ±2 | ≤ ±2 | ≥ 6 |
| 一级 | DJ2 | — | ≤ ±2 | ≤ ±2 | ≤ ±2 | ≥ 2 |
|      | DJ6 | — | ≤ ±2 | — | ≤ ±2 | ≥ 4 |
| 二级 | DJ2 | — | ≤ ±2 | ≤ ±2 | ≤ ±2 | ≥ 1 |
|      | DJ6 | — | ≤ ±2 | ≤ ±2 | ≤ ±2 | ≥ 3 |

（五）水平角观测时可参照以下要求：

1. 观测前要严格整平对中，对中误差需小于1mm；观测过程中，气泡中心位置偏离不要超过1格；气泡偏离接近1格时，需要在测回间重新整置仪器。

2. 水平角观测方向数大于3个时要归零。各测回需均匀地分配在度盘和测微器的不同位置上。

3. 水平角方向观测需在通视良好、成像清晰稳定时进行。二等及以上需分2个时段施测，每一时段的测回宜在较短的时间内测完。

4. 在观测过程中，2倍照准差即2C的绝对值，DJ1型经纬仪不得大于20″；DJ2型不得大于30″。

5. 四等以上导线水平角观测，要在总测回中用奇数测回和偶数测回分别观测导线前进方向的左、右角，其圆周角误差值不能大于单位权中误差的2倍。

（六）水平角观测不符合要求时，可按下列方式处理：

1. 因测回互差超限而重测时，要认真分析研究，除了明显孤值外，一般宜重测观测结果中最大和最小值的测回。

2. 2C较差或同一方向各测回较差超限时，要重测超限方向，并且联测零方向。

3. 零方向的2C较差或下半测回的归零差超限时，该测回要重测。

4. 当发现角度闭合差或坐标闭合差超限、甚至存在错误时，首先查小数点定位是否正确、正负号是否正确以及是否用错转角或边长，进而查对全部外业记录，如仍未发现问题，则到野外对最可疑的测站进行检查。

（七）可采用如下方法对导线测量不闭合情况进行检查：

1. 角度观测错误的检查

图 5.1-9 是一附合导线，由 A 向 B 推算方位角和坐标均不闭合，可根据未调整的角度自 A 向 B 计算各边的方位角和导线点坐标，并且同样自 B 向 A 进行推算，如果有一点的坐标经两个方向计算其值极为接近，而其他各点均有较大差数，则很可能在该坐标接近的点上测角有误。若错误较大时，直接用图解法也能发现错误所在，即分别自 A 点向 B 和 B 点向 A 点按观测角值、边长做图解，两条导线相交的点 C 即为测角发生错误的地方。

图 5.1-9 角度观测错误检查示意图

2. 边长错误的检查

如图 5.1-10，设 1～2 的边长测量有错误，其大小为 2～2′，而其他各边的距离测量都正确、则可以看出由于 1～2 边长错误使 3、4、5、B 点都平移至 3′、4′、5′、B′ 点，BB′ 的方向与 2～2′ 方向是平行的，这样可以根据算得的坐标增量闭合差 $f_x$ 与 $f_y$ 计算全长闭合差 BB′ 的方位角，即：

$$tan\,\alpha_{BB'} = \frac{f_y}{f_x} \tag{5.1-7}$$

将计算出的 BB′ 方位角与导线各条边的方位角进行比较，例如有与之相接近的导线边，即为错误的边长，可到现场核对。

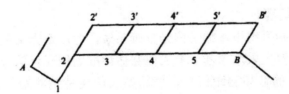

图 5.1-10 边长错误的检查示意图

以上检查方法适用于仅有一个角度或者一条边错误的情况。

## 五、超站仪法

超站仪是集全站仪测角功能、测距仪量距功能和 GNSS 定位功能，不受时间地域限制，不依靠控制网，无须设基准站，没有作业半径限制，单人单机即可完成全部测绘作业流程的一体化的测绘仪器。主要由动态 PPP、测角测距系统集成。

图 5.1-11 超站仪

超站仪实现了无控制测量功能，采用广域搜索技术实现测量目标的快速自动搜索，应用现代信息处理技术及超高频测距技术实现长测程、高精度的无棱镜测距功能，彻底改变了传统的测量方法和技术。

### （一）超站仪的功能

超站仪不仅是全站仪和 GNSS 的简单组合和功能叠加，而且取长补短，集两者的优势于一体，并开发了许多最新的功能，可概括以下几点：

#### 1. 无标石控制测量功能

在测区内无控制点的情况下，实现无标石控制测量，不需先选点、埋石再测量。超站仪能独立解决定位、定向问题，即超站仪可在任意合适的位置设站，设站点就是已知点或控制点，不再依赖传统的用标石表示已知点的控制信息。

（1）无需埋石或打桩，不存在控制点被破坏的问题，同时省时、省力，有较好的经济效益。

（2）控制点位的选择可随测量的需要而选，不受点位、边长、夹角、工程和环境等诸因素的影响，灵活方便。

（3）确定测站点坐标的方式可采用 GNSS RTK 方式测定，其 RTK 定位精度一般可达厘米级精度，且测量距离长、范围大、精度均匀。

#### 2. 无棱镜测距功能

超站仪在电子测距系统中增加了信号分析系统，对测距光束及被测目标、特性进行分析，并在距离计算上采用了基于最大似然估计准则的现代信号处理技术，同时采用了 100HZ 到 300HZ 的低频测距信号，使超站仪的无棱镜测距功能大大提高，测程可以超过 700m，精度可达到毫米级。可在极端天气下进行测量，并且可靠性也大为增强，还可在测量中对多目标进行自动分辨。

#### 3. 测量目标快速进行自动搜索功能

超站仪在采用 ATR（自动目标照准）技术的同时，可以实现 360°全周范围内对测量目标进行快速自动搜索。

## 4. 即用即测功能

超站仪可用 GNSS 确定测站点、定向点坐标，用全站仪测量碎部点坐标，可实现无加密控制网的现代作业模式，即在 GNSS 观测的同时，可以用全站仪以极坐标法进行碎部测量。这种测量还包括测站定向、偏心测量、平行线测量等功能。

## 5. 道路测量和工程放样功能

超站仪可进行道路测量和工程放样，先由已知点测量计算出测站点和定向点的坐标，然后根据道路设计数据，计算线路的中桩、边桩坐标，同时计算设计的直线、曲线上的放样点或拐点坐标，并根据测站点和放样点坐标计算放样元素，按点放样模式放样单点的平面位置和高程。

## 6. 提供转换参数功能

通常在一个地区或测区进行测量工作之前，必须根据已有的平面、高程控制测量资料，通过在公共点上进行 GNSS 定位测量，确定 WGS84 坐标系与测区坐标系之间的转换参数。这些转换参数可以作为测量基础数据事先统一确定，也可以根据需要随时确定。超站仪具有确定坐标转换参数的功能，为了测量的现代作业模式提供一个新的服务内容。

## 7. 丰富的应用软件功能

超站仪集成了大量的应用程序，从而实现了测量的自动化、数字化、智能化。

### （二）超站仪的优势

使用超站仪可以充分发挥以上所述的各项功能，可真正实现测量工作的自动化、智能化、高效益和现代化，而且还有以下的有利因素或优势：

## 1. 可节省 80% 的测量时间

若采用传统的测量方法，通常先用 GNSS 做控制测量，然后用全站仪放样或测图。在测量过程中，完整的 RTK 流动站和全站仪每次测量只能用其中一种，另一种闲置，实际延误了测量时间。若采用超站仪测量，实质上是两种仪器同时应用，可节省 80% 的作业时间，大大提高了工作效益。

## 2. 提高高程测量精度

GNSS 测量点的高程误差约为平面测量误差的 2 倍。使用超站仪可以将 GNSS 测得的高程由全站仪测量的高程来替换。而全站仪的高程可以通过测量更多的已经知点来确定，可以达到与平面测量的同等精度，从而实现了提高高程测量精度的目的。

总之，超站仪和全站仪的功能有很大的差异，单人单机就可完成全部测绘作业流程的一体化，是一种快速、高效完成控制测量及碎部测量的全新技术方法及作业模式。

# 第二节 平面控制网的数据处理

平面控制测量数据处理是整个控制测量的重要环节，不仅关系到控制测量成果的正确性、可靠性、准确性，而且关系到能否对观测数据中的粗差进行有效探测与剔除，对观测值能否进行有效改正等问题，因此应高度重视此项工作。首级平面控制网均要全线贯通、统一平差。一级及以上平面控制网平差计算要采用了严密平差法；二级可采用近似平差法。

## 一、GNSS 网数据处理

### （一）GNSS 网数据处理的内容

GNSS 网数据处理包括基线解算、基线检核、网平差仅平差结果检核等内容，其中基线计算是整个 GNSS 网数据处理的基础，在基线解算完成后，需要进行同步环闭合差、异步环（独立环）闭合差、重复基线较差等检验。只有各项检验通过后，才证明解算的基线质量达到要求，才能进行 GNSS 网平差。

GNSS 网平差通常包括三维无约束平差、三维约束平差和二维约束平差等。无约束平差指的是在平差时不引入由非观测量所构成的起算数据。常见的 GNSS 网的无约束平差，一般是在平差时没有起算数据或没有多余的起算数据。约束平差就是在平差时引入了多余的起算数据，使平差结果强制约束到多余的起算数据上。约束平差会成GNSS 网不同程度的变形。

三维无约束平差评定 GNSS 网的内部符合精度，发现和剔除 GNSS 观测值中可能存在的粗差。由于三维无约束平差的结果完全取决于 GNSS 网的布设方法和 GNSS 观测值的质量，所以，三维无约束平差的结果完全反映了 GNSS 网本身的质量好坏，能客观的反映 GNSS 网的真实精度。如果平差结果质量不好，则说明 GNSS 网的布设或GNSS 观测值的质量有问题；反之，则说明 GNSS 网的布设或 GNSS 观测值的质量没有问题，GNSS 网的内符合精度好。

在进行 GNSS 网的三维平差时，如果以网中某一点或某几点的准确 WGS84 坐标或CGCS2000 坐标作为起算点，可得到 GNSS 网中各个点在 WGS84 系下或 CGCS2000 系下的经过了约束条件平差处理的三维空间直角坐标和大地坐标，单一起算点平差结果的可靠性要弱于多点起算。

二维约束平差实际上就是将 GNSS 网无约束平差结果向地方坐标系转换的过程，其精度受起算数据的兼容性影响。有时独立坐标的计算也是在二维无约束平差中完成的。

GNSS 网平差后需要对各项检验指标进行考察，从而进一步确认 GNSS 网平差结果的可靠性与准确性。

（二）GNSS 网计算的有关规定如下：

1. 每天外业测量结束后，要及时下载接收机数据，核对点号、仪器高及仪器编号，并将核对无误的数据进行备份，绘制 GNSS 联测图。

2. GNSS 基线解算的中误差要小于按式（5.2-1）计算的标准差，各等级控制测量固定误差 a、比例误差系数 b 的取值需符合表 5.1-2 的规定。计算 GNSS 测量大地高差的精度时，a,b 可放宽至 2 倍。

$$\sigma = \pm\sqrt{a^2 + (bd)^2} \tag{5.2-1}$$

式中：$\sigma$ —标准差，mm；

$a$ —固定误差，mm；

$b$ —比例误差系数，mm/km；

$d$ —基线长度，km。

GNSS 的固定误差 a 和比例误差系数 b，是根据 GNSS 测量的基线测量精度要与激光测距精度相当或高于激光测距精度的原则，结合相应等级的边长以及目前 GNSS 接收机的精度水平确定的，如二等 GNSS 测量，平均边长为 3km，相应的二等测距边测距中误差为 9mm，规定固定误差 a 及比例误差系数 b 分别为 5 和 1，按 $\sigma = \pm\sqrt{a^2 + (bd)^2}$（d 为基线长度，单位 km）计算，基线最大容许中误差为 6mm；小于测距中误差 9mm 的要求，现阶段仪器的精度水平是完全可以达到规定要求的。

3. 同一时段观测值的数据剔除率（不包括受高度角和不同步观测影响的值），其值不宜大于 10%。影响 GNSS 基线解算结果的因素包括：

（1）基线解算时所设定的起点坐标不准确导致基线出现尺度和方向上的偏差。

（2）少数卫星的观测时间太短，导致与该颗卫星有关的整周未知数无法准确确定。基线解算时，对于参与计算的卫星，若与之相关的整周未知数没有准确确定，将严重影响基线解算的精度。

（3）在个别时间段里周跳太多，致使周跳修复不完善。

（4）在观测时段内，多路径效应比较严重，观测值的改正数普遍较大。

（5）对流层或电离层折射影响过大，在海拔较高的测区作业时，尤其要注意电离层折射影响。

4. 基线解算中所需的起算点坐标，可按国家或其它等级高的 GNSS 控制网点的既有坐标值、国家或其它等级高的控制点转换的坐标值、GNSS 单点定位观测 2h 以上的平差值提供的坐标值的顺序选用。

若所布设的 GNSS 网的成果与已有成果吻合得好，就起算点数量越多越好，若不要求所布设的 GNSS 网的成果完全与旧成果吻合，则一般可选 3 ～ 5 个起算点，这样既可以保证新、旧坐标成果的一致性，也可以保持 GNSS 网的原有精度。为保证整网的点位精度均匀，起算点最好均匀地分布在 GNSS 网的周围，尽量避免发生所有的起算点分布在网中一侧的情况。

在一些高精度的施工 GNSS 控制网特别是桥梁施工控制网，有时会采用高精度光电测距边作为起算边长，光电测距边的数量一般在 3 ～ 5 条左右，设置在 GNSS 网中的任意位置。但光电测距边两端点的高差不要过分悬殊，有时还会引入起算方位，但起算方位不宜太多，起算方位亦可布设在 GNSS 网中的任意位置。

5. 当 GNSS 控制网点间距离小于 20km 时，可以不考虑对流层和电离层的修正；当大于 20km 时，每时段应于始、中、终各观测一次气象元素，并采用标准模型加入对流层和电离层的修正。

6. 重复基线测量的差值，需满足式（5.2-2）的规定：

$$d_s \leq 2\sqrt{2}\sigma \tag{5.2-2}$$

基线测量精度为 $\sigma$，则 2 次测量的复测基线互差应该小于 $2\sqrt{2}\sigma$。

7. 各级 GNSS 网同步环闭合差，要符合式（5.2-3）的规定：

$$\left. \begin{array}{l} W_X \leq \dfrac{\sqrt{n}}{5}\sigma \\[2mm] W_Y \leq \dfrac{\sqrt{n}}{5}\sigma \\[2mm] W_Z \leq \dfrac{\sqrt{n}}{5}\sigma \\[2mm] W \leq \dfrac{2\sqrt{n}}{5}\sigma \end{array} \right\} \tag{5.2-3}$$

式中：n—环或附合路线的边数（下同）。

8. 各级 GNSS 网，他的异步环闭合环或附合路线坐标闭合差需要符合式（5.2-4）的规定：

$$\left. \begin{array}{l} V_X \leq \sqrt{\dfrac{4n}{3}}\sigma \\[2mm] V_Y \leq \sqrt{\dfrac{4n}{3}}\sigma \\[2mm] V_Z \leq \sqrt{\dfrac{4n}{3}}\sigma \\[2mm] V \leq 2\sqrt{n}\sigma \end{array} \right\} \tag{5.2-4}$$

基线测量精度为 $\sigma$，则异步环闭合差应小于 $2\sqrt{n}\sigma$；根据等影响原则，异步环各

分量闭合差要小于 $\sqrt{\dfrac{4n}{3}}\sigma$；同步环相对于异步环，其误差源要小得多，取异步环闭

合差的 1/5，则同步环基线闭合差应小于 $\dfrac{2\sqrt{n}}{5}\sigma$；基线分量闭合差应小于 $\dfrac{2}{5}\sqrt{\dfrac{n}{3}}\sigma$，取

近似值 $\dfrac{\sqrt{n}}{5}\sigma$。

9. 选择参加平差的基线边需为独立基线，不可以含有系统误差。网形构成需为非同步闭合环，不要存在自由基线。组成的闭合环基线数和异步环长度宜尽量小。

10. 要以一个点的坐标作为起算依据进行无约束平差，检查 GNSS 基线向量网本身的内符合精度、基线向量间有无明显的系统误差，并剔除含有粗差的基线。无约束平差中，基线分量的改正数绝对值要满足式（5.2-5）的规定：

$$\left.\begin{array}{l} V_{\Delta X} \le \sqrt{3}\sigma \\[4pt] V_{\Delta Y} \le \sqrt{3}\sigma \\[4pt] V_{\Delta Z} \le \sqrt{3}\sigma \end{array}\right\} \tag{5.2-5}$$

否则，认为该基线或其附近的基线存在粗差。

11. 要对起算数据的可靠性及精度进行检查分析，其精度需满足起算点的要求。约束平差基线分量的改正数与无约束平差结果的同一基线相应改正数较差绝对值要满足式（5.2-6）的规定。

$$\left.\begin{array}{l} dV_{\Delta X} \le \sqrt{\dfrac{4}{3}}\sigma \\[8pt] dV_{\Delta Y} \le \sqrt{\dfrac{4}{3}}\sigma \\[8pt] dV_{\Delta Z} \le \sqrt{\dfrac{4}{3}}\sigma \end{array}\right\} \tag{5.2-6}$$

否则，认为作业约束的已知坐标、距离、方位角中存在些误差较大的值。

基线测量精度为 $\sigma$，则约束平差中基线改正数需要小于 $2\sigma$，根据等影响原则，约

束平差中基线各分量改正数需小于 $\sqrt{\dfrac{4}{3}}\sigma$，考虑到无约束平差中某些基线含有粗差，

基线各分量改正数取约束平差相应改正数的 $\sqrt{2}$ 倍，应为 $\sqrt{\dfrac{8}{3}}\sigma$，取近似值 $\sqrt{3}\sigma$。

12. 一个项目的 GNSS 控制网要在选定的一个坐标系中进行整网平差，平差完成了后再转换到各段选择的坐标系统中。当 GNSS 控制网分为多个投影带，且在分带交界附近联测国家控制点时，也可分段进行平差。平差时要有一定数量的重合点，重合点位互差不得大于 2 倍的点位中误差。

13. 当检查或数据处理时发现观测数据不能满足要求，需要对成果进行全面的分析，并对其中部分数据进行补测或重测，必要时全部数据要重测。

14. 计算结果需输出重复基线较差、同步环闭合差、异步环（独立环）闭合差、无约束平差基线向量改正数、约束平差基线向量改正数、基线长、边长相对中误差、方位角、点位精度、转换参数及单位权中误差等内容。

综上，GNSS 控制网平差最好采用整体平差，重点进行独立闭合环闭合差及重复基线较差的检核，并以 WGS84 或 CGCS2000 无约束平差的结果作为衡量控制网精度指标高低的依据。在与国家坐标系转换的过程中，涉及起算点兼容性分析时，不仅要兼顾转换后单位权中误差、最弱点点位中误差、最弱边相对中误差等精度指标是否满足要求，还要关注基线的单位公里改正数大小，判断其能否使基线精度受损。

## 二、三角网的平差计算

### （一）三角网的数学检核条件

三角网中的条件方程主要有以下几种形式：

1. 图形条件又叫三角形内角和条件，或三角形闭合差条件。三角形的三个内角的平差值的和应为 180。

2. 水平条件又称圆周条件，这种条件方程通常见于中点多边形中，观测值的平差值之和应等于 360。

3. 极条件是一种边长条件，一般见于中点多边形和大地四边形中。从其中任一条边开始依次推算其它各边的长度，最后又回到了起始边，则起始边长度的平差值应与推算值的长度相等。

以上三种条件方程在三角网中比较常见。如果三角网中的起始数据有了变化，起算数据不相邻，或者已知数据有冗余，还会增加一些限制条件，产生其它类型的条件方程。

4. 方位角条件，严格地说是方位角附合条件，是指从一个已知方位角出发，推算至另一个已知方位角后，所得推算值应与原已知值相等。

5. 边长条件，严格地说是边长附合条件，是指从一个已知边长出发，推算至另一个已知边长后，所得推算值应与原已知值相等。

6. 坐标条件方程，是指从一个已知点出发，推算到另一个已知点后，所得推算值应与该点的已知坐标值相等。

以上六种条件构成了六种条件方程及其改正数条件方程的类型和形式，基本上涵盖了测角型三角网条件方程的基本形式，也是三角网解算的基本数学原理。

（二）三角网计算要符合以下要求：

1. 每天外业测量结束后，及时对点号、仪器编号、测量记录数据、半测回间互差、测回间互差、2C 互差等进行核查并签署，电子记录的数据要及时下载并进行备份，绘制三角网观测联测图。

2. 及时进行三角形闭合差检验，其闭合差要符合式（5.2-7）的要求。

$$\omega \leq 2\sqrt{3}m_\alpha \qquad (5.2\text{-}7)$$

式中：$\omega$—三角形闭合差，$''$；

$\quad$ $m_\alpha$—相应等级的单位权中误差，$''$。

如果存在其它检验条件，要及时进行相应的核查和验证。

3. 可按照式 5.2-8 计算三角网测角中误差。

$$m_\beta = \sqrt{\frac{[\omega\ \omega]}{3n}} \leq m_\alpha \qquad (5.2\text{-}8)$$

式中：$m_\beta$—三角网测角中误差（$''$）；

$n$—三角形个数。

4. 上述检查符合要求后，需进行自由网平差，求取每一个角度的改正数和整个三角网的测角中误差，角度改正数和测角中误差需符合式（5.2-9）和式（5.2-10）的要求。

5. 在确认起算数据的可靠性的基础上进行约束平差，要计算输出测角中误差和角度改正数，其值应同样要符合式（5.2-9）和式（5.2-10）的要求，否则，要对采用起算点进行检查。此外，计算结果还要输出点位中误差、相邻点边长相对中误差。

$$\Delta \leq 2m_\alpha \qquad (5.2\text{-}9)$$

$$m_\beta \leq m_\alpha \qquad (5.2\text{-}10)$$

### 三、三边网的平差计算

#### （一）边长观测值的误差方程

如图 5.2-1 所示，选择边长两端点 $j$ 点、$k$ 点的坐标 $\left(\hat{X}_j,\ \hat{Y}_j\right)$ 和 $\left(\hat{X}_k,\ \hat{Y}_k\right)$ 为未知参数，则边长观测值 $L_1$ 的误差方程是：

$$v_i = \sqrt{\left(\hat{X}_k - \hat{X}_j\right)^2 + \left(\hat{Y}_k - \hat{Y}_j\right)^2} - L_i \tag{5.2-11}$$

由于边长的误差方程是非线性化方程，需要对其进行线性化。为此，把未知参数 $\left(\hat{X}_j,\ \hat{Y}_j\right)$、$\left(\hat{X}_k,\ \hat{Y}_k\right)$ 写成其近似值加改正数的形式：

$$\left.\begin{array}{l} \hat{X}_j = X_j^0 + x_j,\quad \hat{X}_k = X_k^0 + x_k \\[2mm] \hat{Y}_j = Y_j^0 + y_j,\quad \hat{Y}_k = Y_k^0 + y_k \end{array}\right\} \tag{5.2-12}$$

式中：$X_j^0$，$Y_j^0$，$X_k^0$，$Y_k^0$ 为未知参数 $\left(\hat{X}_j,\ \hat{Y}_j\right)$、$\left(\hat{X}_k,\ \hat{Y}_k\right)$ 的近似值，可通过部分观测值直接计算得到；$x_j$，$y_j$，$x_k$，$y_k$ 为未知参数 $\left(\hat{X}_j,\ \hat{Y}_j\right)$、$\left(\hat{X}_k,\ \hat{Y}_k\right)$ 的改正数，必须通过平差得到。

将式（5.2-12）带入式（5.2-11），并展开台劳级数，取至一次项，得到的边长观测值误差方程的线性形式为：

$$v_i = -\frac{\Delta X_{jk}^0}{S_{jk}^0} x_j - \frac{\Delta Y_{jk}^0}{S_{jk}^0} y_j + \frac{\Delta Y_{jk}^0}{S_{jk}^0} x_k + \frac{\Delta Y_{jk}^0}{S_{jk}^0} y_k - l_i \tag{5.2-13}$$

式中：$\Delta X_{jk}^0$，$\Delta Y_{jk}^0$——是用 $j$ 点和 $k$ 点的近似坐标计算得到的两点间坐标差；

$\qquad S_{jk}^0$——是用 $j$ 点和 $k$ 点的近似坐标算得的两点之间近似距离；

$l_i = L_i - S_{jk}^0$——误差方程的常数项。

通过观测边长的误差方程和相应的权矩阵，按间接平差方法可求得观测边长的改正数，进而求出边长的平差值。

## （二）三边网计算可按下列要求进行：

1. 每天外业测量结束后，应及时对点号、仪器编号、测量记录数据、测回间互差等进行核查并签署，电子记录的数据应及时下载并进行备份，绘制三边网观测联测图。

2. 按照仪器给定的公式进行气象改正，按照仪器检定的结果进行加、乘常数改正。折光系数 $K$ 需根据观测时间、植被、气候以及视线高出障碍物（或地面）的高度等，参照表 5.2-1 进行选取，一般情况下可取平均值 0.14。

### 表 5.2-1 折光系数表

| 地 面 | 沙 漠 | 平原、山区 | 森 林 | 沼 泽 | 水网、湖泊 |
|---|---|---|---|---|---|
| 平均 K 值 | 0.095 | 0.115 | 0.143 | 0.148 | 0.157 |

3. 可按式（5.2-14）或（5.2-15）进行倾斜改正。

$$D_P = \sqrt{S^2 - H^2} \tag{5.2-14}$$

或

$$D_P = S\cos(\alpha + f) \tag{5.2-15}$$

式中：$f = (1-K)\rho'' \dfrac{S\cos\alpha}{2R}$

$D_P$—测距边两端点仪器与棱境平均高程面上的水平距离（m）；

$S$—经气象及加、乘常数等改正之后的斜距（m）；

$H$—测距边两端点之间的高差（m）；

$\alpha$—观测的垂直角（"）；

$f$—地球曲率与大气折光对垂直角的改正值（"）；

$K$—当地的平均大气折光系数；

$R$—地球平均曲率半径。

4. 可按式（5.2-16）和式（5.2-17）分别是进行归化改正与投影改正。

$$D_1 = \left(1 - \frac{H_m + h_m}{R_m + H_m + h_m}\right)D_0 \tag{5.2-16}$$

$$D_2 = \left(1 + \frac{Y_m^2}{2R_m^2} + \frac{\Delta_y^2}{24R_m^2}\right)D_1 \tag{5.2-17}$$

式中：$D_0$ —观测边长度（m）；

$D_1$—归化改正后的边长（m）；

$R_m$—参考椭球体在测距边方向上的法截弧曲率半径（m）；

$H_m$—测量边的平均高程（m）；

$h_m$—测区大地水准面高出参考椭球面的高差（m）；

$D_2$—投影改正后的边长（m）；

$Y_m$—测距边中点的横坐标（m）；

$\Delta y$—测距边两端点横坐标的增量（m）。

5. 归算到测区平均高程面上的测距边长度，可以按式（5.2-18）计算。

$$D = D_0 \left(1 + \frac{H_P - H_m}{R_A}\right)$$

（5.2-18）

式中：$D_0$—测距边两端点平均高程面上的水平距离（m）；

$D$—归算到测区平均高程面上的测距长度（m）；

$H_m$—测距边两端的平均高程（m）；

$H_P$—测区平均高程（m）；

$R_A$—参考椭球体在测距边方向上的法截弧曲率半径（m）。

6. 需根据测量距离计算出每一个角度，并且对各图形的闭合差进行检验，这个角度闭合差要满足式（5.2-19）的要求。

$$\Delta \leq 2m_\alpha \sqrt{n}$$

（5.2-19）

7. 可按式（5.2-20）计算往返测距单位权中误差。

$$\mu = \sqrt{\frac{[pdd]}{2n}}$$

（5.2-20）

式中：$\mu$—往返测距单位权中误差（mm）；

$d$—各边往返距离的较差（mm）；

$n$—测距的边数；

$p$—各边距离测量的先验权，其值为 $1/\delta_D^2$，$\delta_D$ 为测距的先验中误差，可以按测距仪的标称精度计算。

8. 上述检查符合要求后，首先进行自由网平差，即假定一个点坐标、包含该点的一个方位角进行平差计算，求取每一个边的边长改正数和整个三边网的测边中误差，边长改正数和测边中误差要小于各自限差的 2 倍。

9. 当边长改正数超过限差要求时，要对该边及其相关的边长进行检查；当测边中误差超限时，则要对所有边长改正数较大的边长以及相关边长进行检查。

10. 在确认起算数据的可靠性的基础上进行约束平差，要计算输出测边中误差、点位中误差、边长改正数、相邻点边长相对中误差，如精度指标超限，要对采用的起算点进行检查。

## 四、导线的平差计算

导线计算可参考以下规定进行：

1. 每天外业测量结束后，要及时对点号、仪器编号、测量记录数据、角度半测回间互差和 2C 互差、角度和距离测回间互差等进行核查并签署，电子记录的数据要及时下载并进行备份，绘制导线网观测联测图。

2. 按测边计算的有关要求对所有边长进行各项改正。

3. 计算每条导线的角度闭合差、坐标闭合差、导线全长相对闭合差，并且分别按照式（5.2-21）和式（5.2-22）计算导线测角中误差 $m_\beta$。

$$m_\beta = \pm\sqrt{\frac{1}{N}\left[\frac{f_\beta f_\beta}{n}\right]} \tag{5.2-21}$$

式中：$f_\beta$—附合导线或闭合导线环的方位角闭合差（″）；

$n$—计算 $f_\beta$ 时的测站数；

$N$—附合导线或闭合导线环的个数。

$$m_\beta = \pm\sqrt{\frac{\Delta}{2n}} \tag{5.2-22}$$

式中：$\Delta$—测站圆周角闭合差（″）；

$n$—角度个数。

4. 上述检查符合要求后，可先进行自由网平差，即假定一个点坐标、包含该点的一个方位角进行平差计算，当边长改正数或角度改正数超过限差要求时，则要对附近的边长或者角度进行认真的检查。

5. 在确认起算数据可靠性的基础上进行约束平差，计算出单位权中误差、边长改正数、角度改正数、点位中误差、相邻点边长相对中误差、导线闭合差、导线全长相对中误差。如精度指标超限，要对采用起算点进行检查。

## 五、RTK 平面控制测量的输出内容要求

RTK 平面控制测量需输出参考点的名称、残差、转换参数，流动站的平面收敛精度、地心坐标、平面坐标成果，检查点的检核坐标或坐标差值等。

采用 RTK 测量的平面控制点要进行 100% 内业检查和不少于总点数 10% 的外业检

测，外业检测可采用相应等级的卫星静态定位测量、全站仪边长和角度测量等方法，检测点均匀分布于整个测区，检测结果满足表 5.2-2 的规定。

表 5.2-2 RTK 平面控制点检测精度要求

| 测量等级 | 边长较差的相对中误差 | 角度较差限差（"） | 角度较差中误差（"） | 坐标较差中误差（mm） |
|---|---|---|---|---|
| 一级 | ≤ 1/12000 | ≤ ±14 | ≤ 5 | ≤ 50 |
| 二级 | ≤ 1/8000 | ≤ ±22 | ≤ 8 | ≤ 50 |

# 第三节　高程控制测量的方法

公路高程控制测量的精度不仅影响路线纵断面成果，精度低时造成工程量计算不准确，还会严重影响到桥梁、隧道等构造物的设计质量，所以宜首选水准测量方法，受地形、地貌等条件限制时可选用光电测距三角高程测量法。

## 一、公路高程测量的总体要求

1. 公路高程系统宜采用 1985 国家高程基准。同一个公路项目要采用同一个高程系统，并要与相邻项目高程系统相衔接。不能采用同一系统时，需给定高程系统间的转换关系。独立工程或三级以下公路联测有困难时，可采用假定高程。

2. 高程控制测量可采用水准测量或三角高程测量的方法进行，高程异常变化平缓的地区可使用 GNSS 测量的方法进行，但是对作业成果要进行充分的检核。

3. 路线高程控制网需要全线贯通、统一平差。

4. 各等级路线高程控制网最弱点高程中误差不得大于 25mm，用于跨越水域和深谷的大桥、特大桥的高程控制网最弱点高程中误差不应大于 10mm。

5. 特殊结构的构造物，当对测量精度要求较高时，要根据具体要求确定高程控制测量的精度。构造物高程控制网要与路线高程控制网联测，但是宜保持其本身的精度。

6. 高程测量数字取位，宜符合表 5.3-1 的规定。

表 5.3-1 高程测量数字取位要求

| 测量等级 | 各测站高差（mm） | 往返测距离总和（km） | 往返测距离中数（km） | 往返测高差总和（mm） | 往返测高差中数（mm） | 高程（mm） |
|---|---|---|---|---|---|---|
| 各等 | 0.1 | 0.1 | 0.1 | 0.1 | 1 | 1 |

7. 各等级水准测量均可采用电子记录，但其观测数据必须具有可查性。

## 二、高程控制测量的主要技术指标

根据公路规范规定，各等级公路高程控制网每公里观测高差中误差和附合或环线水准路线长度要小于表 5.3-2 中的规定。可采用双摆站并且要形成附合或闭合高程路线，支线高程路线要采用双摆站且应进行往返测量，其可不受表 5.3-2 的限制。每站高差较差要小于基辅（黑红）面高差较差的规定。一次双摆站为一单程，取其平均值计算的往返较差、附合（环线）闭合差要小于相应限差的 0.7 倍。

**表 5.3-2 高程控制测量的技术要求**

| 测量等级 | 每公里高差中数中误差（mm） | | 附合或环线水准路线长度（km） | |
| --- | --- | --- | --- | --- |
| | 偶然中误差 | 全中误差 | 路线、隧道 | 桥　梁 |
| 二等 | 1 | 2 | 600 | 100 |
| 三等 | 3 | 6 | 60 | 10 |
| 四等 | 5 | 10 | 25 | 4 |
| 五等 | 8 | 16 | 10 | 1.6 |

注：控制网节点间的长度不应大于表中长度的 0.7 倍。

根据最弱点高程中误差和各等级每公里高差中数全中误差 Mw，按公式 $L=\left(\dfrac{2\times M_{弱}}{M_W}\right)$

（单位：km；式中 $M_{弱}$ 为最弱点高程中误差，Mw 为每公里高差中数全中误差）可估算出相应等级的水准路线允许长度，路线分别为 600km、60km、25km、10km，桥梁分别为 100km、10km、4km、1.6km。

高程控制点的布设在本著第 3 章，测量的基准、等级划分及其选用标准在本著第 4 章中都已做了较为详细的阐述，在这里不再赘述。

## 三、水准测量

水准测量是利用水准仪和水准尺将某一点的高程通过测量高差的方式逐步传递至另一点的测量方法。用该种方法传递高程也称为几何水准测量，简称水准测量。

公路水准测量宜采用电子水准仪进行施测。如若采用光学水准仪测量，宜辅以电子记录。在大型桥梁、隧道等构造物的施工高程控制测量以及沉降变形监测中，更应首选水准测量。

公路水准测量中常常习惯"双摆站"的测量方式，实际上就是往返观测的变异。"双摆站"是指使用两台仪器同时观测一对水准尺的水准观测方法，也可以使用一台仪器通过变换仪器高方法观测 2 次。由于国家水准点破坏较严重，导致水准路线长度经常超限，为解决这一问题，可采用双摆站的方法进行，这样既增强了水准测量的可靠性，也有助于改善水准测量的精度，其 2 次高差测量较差与基辅（黑红）面高差之差容许值相同。

解决水准路线超长问题亦可采用首先建立高等级的高程控制网，再在其基础上进行加密测量的方法。现今随着国家和各省级基础测绘工作的提升，让水准测量的起始水准点问题得到了很大程度的解决。但对于偏远地区，仍存在水准点缺失的现象，所以"双摆站"的测量方式仍有用武之地。

（一）水准测量的等级精度要求可参照表 5.3-3 执行。

表 5.3-3 水准测量的等级与精度

| 测量等级 | 往返较差、附合或环线闭合差（mm） | | 检测已测段高差之差（mm） |
| --- | --- | --- | --- |
| | 平原微丘 | 重丘山岭 | |
| 二等 | $\leqslant 4\sqrt{L}$ | $\leqslant 4\sqrt{L}$ | $\leqslant 6.0\sqrt{L}$ |
| 三等 | $\leqslant 12\sqrt{L}$ | $\leqslant 3.5\sqrt{n}$ 或 $\leqslant 15\sqrt{L}$ | $\leqslant 20\sqrt{L}$ |
| 四等 | $\leqslant 20\sqrt{L}$ | $\leqslant 6.0\sqrt{n}$ 或 $\leqslant 25\sqrt{L}$ | $\leqslant 30\sqrt{L}$ |
| 五等 | $\leqslant 30\sqrt{L}$ | $\leqslant 45\sqrt{L}$ | $\leqslant 40\sqrt{L}$ |

注：计算往返较差或检测测段高差时，$L$ 为水准点间的路线长度（km）；计算附合或环线闭合差时，$L$ 为附合或环线的路线长度（km）；$n$ 为测站数，检测测段高差 $L$ 小于 1km 时按 1km 计算。

（二）水准测量观测的技术要求可参照表 5.3-4 执行。

表 5.3-4 水准测量观测的技术要求

| 测量等级 | 仪器类型 | 水准尺类型 | 视线长（m） | 前后视较差（m） | 前后视累积差（m） | 视线离地面最低高度（m） | 基辅（黑红）面读数差（mm） | 基辅（黑红）面差较差（mm） |
| --- | --- | --- | --- | --- | --- | --- | --- | --- |
| 二等 | DS05 | 铟瓦 | $\leqslant 50$ | $\leqslant 1$ | $\leqslant 3$ | $\geqslant 0.3$ | $\leqslant 0.4$ | $\leqslant 0.6$ |
| 三等 | DS1 | 铟瓦 | $\leqslant 100$ | $\leqslant 3$ | $\leqslant 6$ | $\geqslant 0.3$ | $\leqslant 1.0$ | $\leqslant 1.5$ |
| | DS2 | 双面 | $\leqslant 75$ | | | | $\leqslant 2.0$ | $\leqslant 3.0$ |
| 四等 | DS3 | 双面 | $\leqslant 100$ | $\leqslant 5.0$ | $\leqslant 10$ | $\geqslant 0.2$ | $\leqslant 3.0$ | $\leqslant 5.0$ |
| 五等 | DS3 | 单面 | $\leqslant 100$ | $\leqslant 10$ | — | — | — | $\leqslant 7.0$ |

当使用电子水准仪观测时，可以通过二次测量，每次记录 1 次，但二次测量中要轻微调整水准尺面向测站的角度；或是测站轻微调整找准水准尺的角度后再测量记录。也可以通过变换仪器高 2 次，使其 2 次读数符合基辅面或者黑红面读数的规定。

（三）水准测量的误差来源及消除方法

1. 水准仪视准轴的误差影响

产生原因：水准仪经校正后，视准轴与水准轴之间还会存在一个小角 i，使前、后视读数产生误差。

误差影响：前、后视距离不等时，测得的高差中含有该项误差。

消除方法：除了对水准仪进行必要的校正外，观测时注意前、后视距离差及累计差，通过测站视距的调整使累计差接近零。这个项误差是水准测量中最为常见也是最主要的一项误差。

2. 水准仪下沉的误差影响

产生原因：在观测过程中，水准仪有均匀下沉现象。

误差影响：使前视读数减小。

消除方法：改变偶数站的读数顺序。即奇数站为"后一前一前一后"；偶数站是"前一后一后一前"。

3. 尺垫下沉的误差影响

产生原因：在迁站过程中尺垫由于地质方面的原因发生下沉。

误差影响：使后视读数增大。

消除方法：在同一条水准路线上进行往、返观测，必要时将尺垫改为尺桩。4. 水准标尺长度的误差影响

产生原因：水准标尺每米平均长度不是标准值一米，而是存在着一个可正可负的差数 $\Delta l$。

误差影响：使测得的高差 $h'$ 与正确的高差相差一个数值 $\Delta l \cdot h'$。

消除方法：对水准标尺每米平均长度进行检定，得出了每米平均长度改正数 $\Delta l$ 后，对 $h'$ 进行改正，公式为：

$$h_{1.2} = h'_{1.2}(l + \Delta l) \qquad (5.3\text{-}1)$$

式中：$h_{1.2}$ ——1、2 两点间改正后的高差；

$h'_{1.2}$ ——1、2 两点间高差的观测值。

5. 水准标尺弯曲的误差影响

产生原因：水准尺弯曲，矢距超过规定。

误差影响：使读数增大。

消除方法：不使用矢距超过规定的水准标尺。

6. 水准标尺倾斜的误差影响

产生原因：水准标尺竖立不垂直。

误差影响：使读数增大。

消除方法：观测前检查校正水准标尺的圆水准器，观测之时持尺者应注意使圆水准器气泡居中。

7. 地球曲率和折光的联合影响

产生原因：由于地球曲率和折光的影响，让视线在标尺上的读数有所改变。误差影响：使视线偏离正确的读数位置。

消除方法：与消除水准仪视准轴误差的方法相同，使前、后视距离差及累计差接近于零。

8. 补偿式自动安平水准仪作业中可能出现的误差及其消除方法

（1）由于补偿器的安装误差而使视线倾斜。

消除方法：精确安置圆水准器，来减小竖轴与垂线之间的倾角 $\alpha$（称为残余的视线倾角）。

（2）补偿随视距变化而引起的误差。

消除方法：使前、后视距相等。

（3）圆水准器误差＋补偿器误差导致系统的水平线倾斜。

消除方法：减小圆水准器的误差；总是先读同一根水准标尺（后前前后、前后后前等）。

（4）横向倾斜（补偿器的对称平面倾斜），当竖轴侧倾 $\alpha=1'$ 及补偿器平面倾斜为 $5'$ 时，视线产生倾斜约 $0.1''$。

消除方法：如果 $\alpha < 1'$，误差不显著，只要精确置中圆水准气泡即可；若补偿器平面倾斜大于 $5'$，需送厂调整。

（5）补偿器阻滞影响使视线倾斜约 $0.3''$ 左右。

消除方法：整平后旋转 $360°$，前、后视距相等。

## （四）水准测量的观测

1. 水准测量所使用的仪器及水准尺，应符合下列要求：

（1）水准仪视准轴与水准管轴的夹角 $i$，在作业开始的第一周内要每天测定一次，$i$ 角稳定后可每隔 15 天测定一次，其值不得大于 $20''$。

（2）水准尺上的米间隔平均长与名义长之差，对于线条式铟瓦标尺不大于 $0.1mm$，对于区格式木质标尺不大于 $0.5mm$。

2. 用于高程测量及跨河水准测量的光电测距仪和经纬仪，需要进行下列检验：

（1）垂直度盘测微器行差不得大于 $2.0''$。

（2）一测回垂直角观测中误差不应大于 $3.0''$。

3. 各等级水准测量观测方法见表 5.3-5。

### 表 5.3-5 水准测量的观测方法

| 等级 | 观 测 方 法 | | 观 测 程 序 |
|------|------------|------|------------|
| 二 等 | 光学观测法 | 往返 | 往测：奇数站：后－前－前－后，偶数站：前－后－后－前 |
| | 中丝读数法 | | 返测：奇数站：前－后－后－前，偶数站：后－前－前－后 |
| 三 等 | 光学观测法 | | 后－前－前－后 |
| | 中丝读数法 | | |
| 四 等 | 中丝读数法 | 往 | 后－后－前－前 |
| 五 等 | 中丝读数法 | 往 | 后－前 |

二等水准测量，需使用精密水准仪和铟瓦水准标尺，用光学测微法读数，进行往返观测。往测的观测顺序如下：

奇数测站为：

①读后视标尺的基本分划；

②读前视标尺的基本分划；

③读前视标尺的辅助分划；

④读后视标尺的辅助分划。这样的顺序简称作后—前—前—后。

偶数测站为：

①读前视标尺的基本分划；

②读后视标尺的基本分划；

③读后视标尺的辅助分划；

④读前视标尺的辅助分划。这样的顺序简称为前—后—后—前。

返测时，观测顺序与往测相反，即：奇数站采用前—后—后—前；偶数站采用后—前—前—后。

目前使用的电子水准仪，也针对水准测量内置了观测软件，可以实现上述观测程序。

（2）三等水准测量，使用双面标尺中丝读数法往、返观测。当使用有光学测微器的水准仪和铟瓦尺时，也可按单程双转点法进行观测，两种方法在测站上的观测顺序如下：

①读后视标尺的黑面（基本分划）；

②读前视标尺的黑面（基本分划）；

③读前视标尺的红面（辅助分划）；

④读后视标尺的红面（辅助分划），即后—前—前—后。

四等水准测量，采用双面尺中丝读数法，当水准路线附合于高级点间时，只进行单程观测。支线水准则应进行往返或按单程双转点法观测，每站上的观测顺序可以采用：后—后—前—前。

当使用单面水准尺时，则应"后—前"观测后变更仪器高度 100mm 以上，按"前—后"观测。

（4）五等水准测量，都采用单面标尺中丝法单程观测，但支线水准仍需往返或按单程双转法观测。

4. 观测方法

水准测量观测一般包括光学测微法、双面尺中丝读数法以及单面尺中丝读数法。使用精密水准仪进行高等级水准测量时常用光学测微法，使用普通水准尺用于四等及以下测量时常采用双面尺中丝读数法或单面尺中丝读数法。但电子水准仪的观测方法类似于单面尺中丝读数法。

（五）注意事项

1. 各等级水准的观测，要在水准标尺分划线成像清晰稳定时进行。在下列情况下，不宜进行水准测量作业：

（1）当水准标尺分划线的成像跳动而难以照准时；

（2）当风力大于四级而使仪器与水准标尺的整置不能稳定时。

2. 为削弱外界温度对测量成果的影响，观测时要对水准仪采取如下措施：

（1）观测前使仪器与外界气温趋于一致，特别在冬季作业时更应注意；

（2）设站时，仪器要以白色或浅色伞遮蔽阳光；

（3）迁站时，要采取措施防止阳光直晒仪器，尤其是水准管的部分。

3. 观测所用的水准仪和水准尺要采用正确的方法进行检验和校正，尤其是水准仪的 i 角，要根据作业的需要，每天或定期进行检校。

4. 观测开始前，通过目镜调焦把十字丝调整清晰。每站读数前，望远镜正确调焦，消除十字丝与标尺的视差。等级水准在一测站的观测过程中不得两次调焦。

5. 当需要连续在各测站上安置水准仪的三脚架时，要使其中两脚与水准路线的方向平行，

第三脚则轮流换置于路线方向的左侧或右侧。固定三脚架时，脚尖插人土中不要用力过猛，并使脚架顶血大致保持水平。观测员围绕仪器观测时，要在第三脚架的一方，并在离开脚尘端 0.5m 处的周围行动。

6. 观测过程中尺垫需踩实，水准尺需立直，圆水准气泡必须居中，三脚架的两腿要交替平行于路线方向，一测回要尽量在较短时间内完成。

7. 四等水准测量当采用后一后一前一前观测顺序时，后尺垫须在全部观测作业完毕并且检验合格后方可挪开。

8. 中间休息时最好设定 2 个以上的间歇点，重新开始测量前要检测 2 间歇点之间的高差，2 间歇点之间的高差之差要小于基辅（黑红）面高差较差，否则要从上一固定点开始测量。

9. 每一测段间单程数量的测站数须为偶数，根据往测转为返测时要重新整置仪器，两水准标尺也要互换位置。

10. 视线离开地面或障碍物的高度不得小于 0.3m（对于二等水准测量，当视线长度超过 20m 时，不得小于 0.5m）。

11. 在高差较大的地区进行三、四等水准测量，要尽可能使用铟瓦水准标尺按光学测微法施测。若使用普通水准标尺施测时，要对标尺"每米真长"严格检定，并对观测结果施加改正。

12. 使用电子水准仪进行测量时，适用于光学水准仪的注意事项同样适合于电子水准仪，特别是在仪器的架设方式、调焦的规定、圆气泡的偏离规定、对周边环境的关注度等方面更要引起注意。除此之外，增添的注意事项是测量前需设置好相关参数，特别是观测模式、观测次数、原始数据的有效保留位数等要额外关注。在数据获取方面可适量关注，重点关注因回光信号原因引起了数据获取速度降低或迟缓等现象。

（六）观测结果的重测和取舍

1. 观测结果超限必须进行重测。

2. 测站观测超限必须立即重测，否则从水准点或间歇点起重测。

3. 测段往、返测高差较差超限必须重测，重测后要选用往、返合格的成果。如重测结果与原测结果分别比较，较差均不超过限差时，取三次结果的平均值。

## 四、光电测距三角高程测量

三角高程测量是测定各级控制点高程的基本方法之一。他的思路是在两测站间观测垂直角并应用它们之间的水平距离计算两点间的高差并且推算高程。

近年来，随着测距技术的发展和全站仪的普及，获得高精度的距离较为容易，同时全站仪的应用也可以提高垂直角的测量精度。三角高程测量由于其观测方法简便灵活、不易受地形条件限制而成为高程控制测量的一种有效手段。

### （一）三角高程测量的原理及公式

#### 1. 三角高程测量的原理

三角高程测量的基本思想是根据三角形数学关系，由测站点所观测的垂直角或天顶距和它们之间的水平距离，计算出测站点与照准点之间的高差，进而由已知高程推导未知高程点高程。

#### 2. 三角高程的计算公式

三角高程测量分单向观测和对向观测，可采用两点间的斜距计算两点间的高差，也可以按两点间的平距计算高差。

用光电测距的斜距计算高差

单向观测：

$$\Delta h_{1.2} = S_{1.2} \sin \alpha_{1.2} + \frac{S_{1.2}^2 \cos^2 \alpha_{1.2}}{2R}(1-K) + i_1 - v_1 \qquad (5.3\text{-}2)$$

对向观测：

$$\Delta h_{1.2} = \frac{S_{1.2} \sin \alpha_{1.2} - S_{2.1} \sin \alpha_{2.1}}{2} + \frac{1}{2}(i_1 + v_2) - \frac{1}{2}(i_2 + v_1) \qquad (5.3\text{-}3)$$

（2）用水平距离计算高差

单向观测：

$$\Delta h_{1.2} = D_{1.2} tg\alpha_{1.2} + \frac{1-K}{2R} D_{1.2}^2 + i_1 - v_1 \qquad (5.3\text{-}4)$$

对向观测：

$$\Delta h_{1.2} = D_{1.2}\left(\frac{tg\alpha_{1.2} - tg\alpha_{2.1}}{2}\right) + \frac{1}{2}(i_1 + v_2) - \frac{1}{2}(i_2 + v_1) \qquad (5.3\text{-}5)$$

式中：$\Delta h_{1.2}$—点 1 至点 2 间的高差；

$\quad S_{ij}$—点 $i$ 至点 $j$ 的斜距；

$\quad D_{1.2}$—点 1 至点 2 间的水平距离；

$\quad \alpha_{ij}$—点 $i$ 至点 $j$ 的垂直角；

$\quad i_1, i_2$—点 1、点 2 的仪器高；

$\quad v_1, v_2$—点 1、点 2 的照准目标高；

$\quad K$—折光系数；

$\quad R$—地球曲率半径，通常 $R$ 取 6371km。

3. 地球曲率、折光差及折光系数计算公式

（1）地球曲率与折光差（简称两差）改正数 $\gamma$（以 m 为单位）按式（5.3-6）计算：

$$\gamma = \frac{1-K}{2R} S^2 \tag{5.3-6}$$

式中：$K$—折光系数；

$\quad S$—边长（km）

单向三角高差边长超过 400m，通常都要加两差改正。

折光系数 $K$ 的计算公式

①当点 1、点 2 的高程用几何水准精确测定时，用斜距计算的公式：

$$K = 1 + \frac{2R}{S_{1.2}^2 \cos^2 \alpha_{1.2}} \left[ S_{1.2} \sin \alpha_{1.2} + i_1 - v_1 - (H_2 - H_1) \right] \tag{5.3-7}$$

用水平距离计算的公式：

$$K = 1 + \frac{2R}{D_{1.2}^2} \left[ D_{1.2} g \, \alpha_{1.2} + i_1 - v_1 - (H_2 - H_1) \right] \tag{5.3-8}$$

②用两点同时对向观测的垂直角计算的公式：

$$K = 1 + \frac{2R}{D_{1.2}^2 \rho''} (\alpha_{1.2} + \alpha_{2.1}) + \frac{R}{D_{1.2}^2} \left[ (i_1 + i_2) - (v_1 + v_2) \right] \tag{5.3-9}$$

式中：$H_1$、$H_2$—点 1、点 2 的已知高程。

（二）使用跟踪杆配合全站仪进行三角高程测量

使用跟踪杆配合全站仪测量高程的方法也称作全站仪中间法。就在待测两点中间架设全站仪，测出两站点的高差，而后同水准测量一样，棱镜与仪器交替前进完成水

准点的测量与设置。这种方法既结合了水准测量的任意置站的特点，也减少了三角高程的误差来源，同时每次测量时还不必量取仪器高、棱镜高。使三角高程测量精度得到提高，施测速度更快。该种方法在一些公路项目施工中特别是一些高架桥的施工中时常得到应用。

### （三）三角高程测量的误差来源

#### 1. 垂直角的测角误差

测角误差中包括观测误差、仪器误差及外界条件影响。

（1）测角误差中有照准误差、读数误差、竖角指标差及水准气泡居中的误差等。照准误差、读数误差这两项纯属观测本身的误差。影响照准精度的主要因素有望远镜的放大率，目标与照准标志的形状及人眼的判别能力，目标影像的亮度和清晰度等。读数误差主要取决于仪器的读数设备。照准误差受外界因素的干扰较大，消减观测误差可以通过选择有利的观测时间，作业员仔细进行观测等措施来进行。此外，具有偶然性质的读数误差和照准误差，可以利用多余观测的办法来消弱其影响。

（2）仪器误差中有属于制造方面的，如度盘偏心、竖盘分划误差等；有属于校正不完善所造成的误差，如视准轴与竖轴的残余误差等。

（3）外界条件影响主要是大气折射；另外空气对流、空气能见度等也影响照准精度。

#### 2. 边长误差

边长误差有测量方法不同产生的误差。光电测距时会产生测量误差，分为固定误差和比例误差。

（1）固定误差有测相误差、仪器加常数误差、仪器照准误差等。测相误差就是测定相位差的误差，包括测相系统的误差、幅相误差以及由噪声而引起的误差等；仪器加常数误数是仪器加常数在使用时发生变化而引起的误差；仪器照准误差就仪器本身对中误差和仪器与棱镜对中所产生的误差。

（2）比例误差包括真空光速值的测定误差、频率误差和大气折射率误差。

#### 3. 折射系数的误差

光线通过密度不均匀的空气介质时，经过连续折射后形成一条曲线，并向密度大的一方弯曲，此种现象为大气折光。大气垂直折光系数 K 是随着地区、气候、季节、地表覆盖物和视线超出地面高度等条件不同而变化的，要精确测定它的数值几乎不可能。实际中，K 值在一天中随着气温不同而变化，大致在中午前后数值最小，也较稳定；日出、日落时数值最大，变化也快，为消弱 K 值不同的影响，要求采用对向观测的方法，并且观测时间最好在地方时 10 时至 16 时之间。此外选择在阴天或夜间进行观测也可有效地削弱大气折光的影响。

#### 4. 仪器高 i 和目标高 v 的量取误差

仪器高 i 及目标高 v 的量取误差，对于测定地形点高程的三角高程测量，仅要求精确到厘米级即可，因此，测量仪器高 i 的精度一般容易达到要求，而目标高即棱镜高 v 有些情况下则略为困难一些。总的说来，这两项误差均不构成主要影响，但在测量仪器高 i 和目标高 v 时仍需认真仔细，以防操作不慎而使误差过大或发生错误。对于光电测距三角高程测量代替四等水准测量时，要求仪器高 i 与目标高 v 的测定达到毫米级，其量取误差不可忽视。前文介绍的使用跟踪杆配合全站仪测量高程的方法则不需量取仪器高 i，减少误差来源，消弱整体误差，提高测量精度。

实际施测中，以上各种误差是交织在一起的，并且不能截然分开。为最大限度的减弱或消除各种误差的影响，测量时要求作业人员采用适当的观测方法，在目标成像清晰、稳定的有利于观测的时间段进行，以提高照准精度和减小折光影响；在观测前调好焦距，消除视差，观测时认真仔细，尽可能减小读数误差。

总之，三角高程测量测定高差受竖角观测误差、测距误差、仪器高与目标高量测的影响，其中竖直角观测误差影响最大，因此在观测中要采取适当的措施提高竖直角观测的精度。

同时边长越长，测定高差的精度越低。高差中误差大致与边长成正比关系，故以短边测量为主。有关资料研究表明，光电测距三角高程测量的距离大于 600m 时，受大气折光的影响将会突然增大，考虑到公路控制点间的实际应用距离，所以规定光电测距三角高程测量其边长要小于 600m。

### （四）三角高程测量的有关要求

根据现行《公路勘测规范》和《公路勘测细则》规定，高程控制测量可以使用三角高程测量进行，但要符合以下规定：

1. 用于高程测量及跨河水准测量的光电测距仪和经纬仪，其垂直度盘测微器行差不得大于 2.0″，一测回垂直角观测中误差不得大于 3.0″。

2. 光电测距三角高程测量施测过程中，宜变换一次仪器和反射镜高度，高度变化值要大于 30mm，垂直角和距离分别于高度变换前、后各测量一半测回数，仪器和反射镜高度分别于每次测前、测后各测量 1 次，2 次较差不大于 2mm。仪器和反射镜高度使用仪器配置的测尺和专用测杆进行测量，不应使用钢尺斜拉。

3. 光电测距三角高程测量宜采用垂直角和斜距进行计算，其主要技术要求与观测的主要技术要求要符合表 5.3-6 和表 5.3-7 的规定。

表 5.3-6 光电测距三角高程测量的主要技术要求

| 测量等级 | 单次同向观测高差较差（mm） | 同向测回间高差较差（mm） | 对向观测高差较差（mm） | 附合或环线闭合差（mm） |
|---|---|---|---|---|
| 四等 | $\leq \pm 8\sqrt{D}$ | $\leq \pm 10\sqrt{D}$ | $\leq \pm 40\sqrt{D}$ | $\leq \pm 20\sqrt{\Sigma D}$ |
| 五等 | $\leq \pm 8\sqrt{D}$ | $\leq \pm 15\sqrt{D}$ | $\leq \pm 60\sqrt{D}$ | $\leq \pm 30\sqrt{\Sigma D}$ |

注：D 为测距边长度，单位 km

表 5.3-7 光电测距三角高程测量观测的主要技术要求

| 等　级 | 仪器 | 测距边测回数 | 边长（m） | 垂直角测回数 | 指标差较差（"） | 垂直角较差（"） |
|---|---|---|---|---|---|---|
| 四等 | DJ2 | 往、返均≥2 | ≤600 | ≥4 | ≤5 | ≤5 |
| 五等 | DJ2 | ≥2 | ≤600 | ≥2 | ≤10 | ≤10 |

注：D 为测距边长度，单位 km

表 5.3-6 中的技术指标由来：

三角高程测量的误差是由观测高差等引起的，如果顾及单次同向观测高差的误差仅受距离测量误差和气象条件的影响时，根据误差理论，距离观测误差引起的单次观测高差中误差按垂直角为 15° 估算为 0.6mm，考虑到气象条件的影响估算值为 1.2mm，一测回内同向观测间互差应小于 3.6mm，取整为 4mm，允许互差则为 8mm；四等三角高程测量对向观测高差较差限差为 $\pm40\sqrt{D}$，则单向观测高差中误差为 $10\sqrt{D/2}$，一测回观测高差的中误差为 $5\sqrt{D/2}$，则测回间互差限差为 $\pm10\sqrt{D}$；同理可推出五等三角高程测量同创向测回间互差限差 $\pm15\sqrt{D}$，和水准精度要求相同。

4. 垂直角观测要选择在气候条件较好、成像稳定的时间内观测，垂直角、距离均需进行对向观测，照准时目标必须清晰可辨，观测时其视线要离障碍物 1.5m 以上。对向观测宜在较短时间内进行，垂直角不得超过 15°。

5. 测距时气压计应置平、防暴晒，温度计悬挂在离地面 1.5m 以上的地方，例如使用干湿温度计时，要按规定的要求使用。

6. 光电测距三角高程测量可单独使用，也可与水准测量混合使用，其总长度小于相应等级的水准路线长度。

7. 高差计算时需要考虑地球曲率和大气折光差的影响。

8. 四等以上三角高程观测还需要注意以下要求：

（1）观测顺序为前视时先测距后观测垂直角，后视时先观测垂直角后测距，力争在较短的时间内完成对向观测。有条件时可争取在相同时间段内完成垂直角的对向观测。

（2）垂直角观测应用特制的觇牌作为观测目标，其式样参见图 5.3-1。

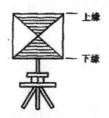

图 5.3-1 垂直角观测特制觇牌示样图

（3）垂直角观测采用不低于 DJ2 型经纬仪，利用中丝法至少进行四测回观测，每测回用中丝分别照准觇牌的上、下缘，并正、倒镜各观测一次。垂直角取上、下缘读数的平均值，觇牌高量取得战牌中心的高度。

（4）施测时要尽量沿短边、倾角小的路线组成附合、闭合高程导线或三角高程网，如三角网的各边长接近亦可组成三角形高程网。

### 五、GNSS 高程测量

GNSS 网采取相对定位方式进行观测，当网中有一点或者多点具有精确的 WGS84 或 CGCS2000 大地坐标系的大地高程，则在 GNSS 网平差后，可求得各 GNSS 点的较高精度的 WGS84 或 CGCS2000 大地高 H，从而计算出点位间的高精度大地高差。

实际应用中，地面点的高程采用正常高系统。地面点的正常高 $H_r$，是地面点沿铅垂线至似大地水准面的距离，这种高程是通过水准测量来确定的。而 GNSS 点的大地高是地面点沿法线方向到椭球面的距离。

图 5.3-2 所示为大地高与正常高之间的关系，其中 $\xi$ 表示似大地水准面至椭球面间的高差，称为高程异常。如果有了各 GNSS 点的高程异常 $\xi$ 值，则不难由各 GNSS 点的大地高 $H_{84}$ 求得各 GNSS 点的正常高 $H_r$ 值。若同时知道了各个 GNSS 点的大地高 $H_{84}$ 和正常高 $H_r$，则可以求得各点的高程异常 $\xi$。

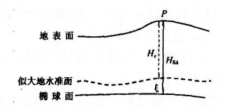

**图 5.3-2 大地高与正常高的关系**

$$H_r = H_g - \xi \qquad (5.3\text{-}10)$$

$$或 \qquad \xi = H_g - H_r \qquad (5.3\text{-}11)$$

由此可见，通过 GNSS 高程，可以精确求定 GNSS 点的正常高，或是求定高精度的似大地水准面，通常称利用 GNSS 和水准测量成果确定似大地水准面的方法为 GNSS 水准。

实际工作中获得高精度的高程异常 $\xi$ 值难度较大，而 GNSS 单点定位精度又不高，有些测区内高精度的 GNSS 基准点较少，GNSS 网平差后，较难得到高精度的大地高 $H_{84}$，所以应用上式精确地计算各 GNSS 点的正常高也存在一定的困难。不过近年来，随着全国省级 B、C 级 GNSS 网和 CORS 站的建成，加之各省都根据实际情况进行大地水准面精化，使上述情况得到较大改善，所以在公路工程项目中特别是路线较短、规模较小的项目也可直接采用 GNSS 水准高程作为起算高程。

利用 GNSS 大地高 $H_{84}$ 通过计算得出 GNSS 点的正常高 $H_r$，目前的方法主要有 GNSS 水准即 GNSS 水准高程、GNSS 重力高程和 GNSS 三角高程等方法。

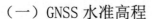

（一）GNSS 水准高程

用于 GNSS 水准计算的各种方法主要有：绘等值线图法、解析内插法（包括曲线内插法、样条函数法和 Akima 法）、曲面拟合法（包括平面拟合法、多项式曲面拟合法、多面函数拟合法、曲面样条拟合法、非参数回归曲面拟合法与移动曲面法）等。

1. 绘等值线图法

这是最早的 GNSS 水准方法，其原理是：设在某一测区，有 $m$ 个 GNSS 点，用几何水准联测其中 $n$ 个点的正常高（联测水准的点称为已知点，下同），根据 GNSS 观测获得的点的大地高，按式（5.3-11）求出 $n$ 个已知点的高程异常。然后，选定适合的比例尺，按 $n$ 个已知点的平面坐标（平面坐标由 CNSS 网平差后获得），展绘在图纸上，并标注上相应的高程异常，再用 10～50mm 的等高距，绘出测区的高程异常图，在图上内插出未联测几何水准的（$m-n$）个点（未联测几何水准的 GNSS 点称为待求点，下同）的高程异常，从而求出这些待求点的正常高。因为该方法效率低，准确度差，现今已较少使用。

2. 解析内插法

当 GNSS 点布设成测线时，可应用以下曲线内插法，求定待求点的正常高。其原理是：根据测线上已知点平面坐标和高程异常，用数值拟合的方法，拟合出测线方向的似大地水准面曲线，再内插出待求点的高程异常，从而求出待求点的正常高，这也是目前经常使用的方法。

（1）多项式曲线拟合法

设任一点的高程异常 $\xi$ 与 $x_i$（或 $y_i$ 或拟合坐标）存在的函数关系（$i=0，1，2，\cdots，n$）可以用下面 $m$（$m \leqslant n$）次多项式表示：

$$\xi(x) = a_0 + a_1 x + a_2 x^2 + \cdots + a_m x^m \tag{5.3-12}$$

求出已知点处的高差函数 $R_i = \xi_m(x_i) - \xi_i$，在 $\sum R_i^2 = min$ 条件下解出多项式系数 $a_i$，即可求出各点的 $\xi$，从而获得点的 $H_i$。

上述方法在地势较为平坦的地区，因为高程异常变化小，接近平面，所以当取三项式时，采用的就是平面拟合模型。

（2）三次样条曲线拟合法

当测线长、已知点多、$\xi$ 变化大时，按 $\sum R_i^2 = min$ 解求的 $a_i$ 误差会增大，此时通常采取分段计算，这样会使曲线在分段点上不连续，会影响拟合精度，为此采用三次样条法来拟合。

设过 $n$ 个已知点，$\xi$ 和 $x_i$（或 $y_i$ 或拟合坐标）)在区间 $[x_i，x_{i+1}]$（$i=0，1，2，\cdots，n-1$）上有三次样条函数关系：

$$\xi(x) = \xi(x_i) + (x - x_i)\xi(x_i，x_{i+1}) + (x - x_i)(x - x_{i+1})\xi(x，x_i，x_{i+1}) \tag{5.3-13}$$

式中：$x$—为待求点坐标；

$x_i$, $x_{i+1}$—为待求点两端已知点的坐标。

其中 $\xi(x_i, x_{i+1})$ 为一阶差商，$\xi(x, x_i, x_{i+1})$ 为二阶差商，其满足系数矩阵为对称三角阵的线性方程组，进而解方程组进而求出待求点的高程异常 $\xi$。

（3）Akima 法

作为插值法的 Akima 法具有其独特的优点。线性内插只顾及其附近两点的影响。多项式内插时，低阶多项式由于参数较少，内插精度很低，而使用高阶多项式又会使解不稳定，出现"龙格"现象，即内插函数在插值点与实际数据符合得很好，而在插值点外出现较大的偏差，因此在多项式的基础上发展了分片多项式，即样条函数。样条函数既保持了多项式运算简单的特点，又避免了多项式阶数较高时数值不稳定的缺点，因而得到了广泛的应用。但在样条函数插值中，确定任何一个小区间上的多项式，都要考虑所有数据点对它的影响，这不但扩大了误差传播的范围，还增加了不少工作量。有时只用内插点附近的几个数据点作为控制点来内插。Akima 插值法和三次样条函数一样考虑了要素导数值的效应，因而得到的整个插值曲线是光滑的。三次样条函数插值法具有最小模、最佳最优逼近和收敛的特性，而 Akima 插值法所得曲线比样条函数插值曲线更光顺，更自然。

Akima 法的原理是：Akima 插值法规定在两个实测点之间进行内插，除需要用到这两个实测值外，还要用这两个点相近邻的四个实测点上的观测值。也就是说，在两个实测点之间进行内插，共需六个实测点。设已知数据点为 $(x_i, y_i)$（i=1，2，3，…，n），现在要找一条光滑曲线 $y=f(x)$，使得满足 $y_i=f(x_i)$。所谓"光滑"，是指 $f(x)$ 具有连续的一阶导数。同时还约定，在任意的两相邻的数据点之间，用三次多项式来逼近，其目的是使曲线光滑，函数连续。

3. 曲面拟合法

当 GNSS 点布设成一定区域面时，可以应用数学曲面拟合法求待定点的正常高。其原理是，根据测区中已知点的平面坐标 $x$、$y$（或大地坐标 B、L）和 $\xi$ 值，用数值拟合法拟合出测区似大地水准面，再内插出待求点的 $\xi$，进而求出待求点的正常高。常用的曲面拟合方法包括：

（1）多项式曲面拟合法

设任一点的高程异常 $\xi$ 与平面坐标 x、y 有以下关系：

$$\xi = f(x, y) + \varepsilon \qquad (5.3\text{-}14)$$

其中，$f(x, y)$ 为 $\xi$ 中趋势值，$\varepsilon$ 为误差。设

$$f(x, y) = a_0 + a_1 x + a_2 y + a_3 x^2 + a_4 y^2 + a_5 xy + \cdots \qquad (5.3\text{-}15)$$

写成矩阵形式为：

$$\xi = XB + \varepsilon \tag{5.3-16}$$

其中：

$$\xi = \begin{bmatrix} \xi_1 \\ \xi_2 \\ \cdots \\ \xi_n \end{bmatrix}, \quad B = \begin{bmatrix} a_1 \\ a_2 \\ \cdots \\ a_n \end{bmatrix}, \quad \varepsilon = \begin{bmatrix} \varepsilon_1 \\ \varepsilon_2 \\ \cdots \\ \varepsilon_n \end{bmatrix}$$

$$X = \begin{bmatrix} 1 & x_1 & y_1 & x_1^2 & \cdots \\ 1 & x_2 & y_2 & x_2^2 & \cdots \\ \cdots & \cdots & \cdots & \cdots & \cdots \\ 1 & x_n & y_n & x_n^2 & \cdots \end{bmatrix}$$

对于每个已知点，都可列出以上方程，在 $\sum \varepsilon^2 = min$ 条件下，解出各 $a_i$，再按式（5.3-16）求出待求点的 $\xi$，进而求出 $H_r$。

多项式曲面拟合法也是日常 GNSS 拟合转换方法中常用的方法之一。

（2）多面函数法

设任一点的高程异常 $\xi$ 与 $x$、$y$ 有下列关系：

$$\xi = \sum_{i=1}^{m} a_i Q(x, y, x_i, y_i) \tag{5.3-17}$$

其中，$a_i$ 为待定系数，$Q(x, y, x_i, y_i)$ 为核函数，$x$、$y$ 是待定点的坐标，$x_i$、$y_i$，为已知点坐标，令

$$Q(x, y, x_i, y_i) = \left[ (x - x_i)^2 + (y - y_i)^2 + \varepsilon \right]^{\frac{1}{2}} \tag{5.3-18}$$

式中：$\varepsilon$ —光滑系数。

当待求点数等于已知点数时，任一点 $\xi_P$ 是

$$\xi_P = \mathbf{Q}^{-1}\xi = \left(Q_{1P}Q_{2P}\cdots Q_p\right)\begin{bmatrix} Q_1 & Q_2 & \cdots & Q_{1n} \\ \cdots & \cdots & \cdots & \cdots \\ Q_{n1} & Q_{n2} & \cdots & Q_n \end{bmatrix} \bullet \begin{bmatrix} \xi_1 \\ \cdots \\ \xi_n \end{bmatrix} \tag{5.3-19}$$

其中 $Q_{ij}=Q(x, y, x_i, y_i)$。

当待求点数多余已知点时

$$\xi_P = Q_P\left(Q^T Q\right)^{-1}Q^T\xi \tag{5.3-20}$$

（3）曲面样条拟合法

曲面样条拟合法是基于无限大平板小挠度方程的数学模型，设点的 $\zeta$ 和点的坐标 $x$、$y$ 存在下列样条关系：

$$\left.\begin{array}{l} \xi(x,y) = a_0 + a_1 x + a_2 y + \sum_{i=1}^{m} F_i r_i^2 \ln r_i^2 \\[2mm] \sum_{i=1}^{m} F_i = \sum_{i=1}^{m} x_i F_i = \sum_{i=1}^{m} y_i F_i = 0 \end{array}\right\} \tag{5.3-21}$$

其中：

$$\left.\begin{array}{l} a_0 = \sum_{i=1}^{m}\left[A_i + B_i\left(x_i^2 + y_i^2\right)\right] \\[3mm] a_1 = -2\sum_{i=1}^{m} B_i x_i \\[3mm] a_2 = -2\sum_{i=1}^{m} B_i y_i \\[3mm] F_i = P_i/(16\pi D) \\[3mm] r_i^2 = \left(x - x_i\right)^2 + \left(y - y_i\right)^2 \end{array}\right\} \tag{5.3-22}$$

式中：$x_1$、$y_1$——已知点坐标；

$x_1$、$y_1$——待求点的坐标；

$A_1$、$B_1$——待定系数；

$P_1$——点的负载，$D$ 为刚度。

对于每一个公共点都可以列出一个 $\zeta(x, y)$ 方程，对于 $n$ 个公共点列出 $n+3$ 个方程，求解出 $n+3$ 个未知系数 $a_0$、$a_1$、$a_2$、$a_3$、$F_1$、$F_2$、$F_3$、$F_4$。求解方程组（5.3-21）时，至少应有 3 个公共点。

### 4. 神经网络法

神经网络法作为一种新兴的转换方法，其关注度越来越高，这类方法主要用来处理非线性映射问题且非常有效。此种方法其实就是一种自适应的映射方法，它不需假设，因而可以在转换中消除未知因素的影响，提高转换精度。

常用的神经网络方法有：BP 神经网络法、RBF 神经网络法、线性神经网络法及反馈神经网络法等。

有学者基于 BP 神经网络法和最小二乘支持向量机（LS—SVW），提出一种新的针对公路控制测量的 GNSS 高程拟合方法。针对 BP 神经网络法和 LS—SVM 方法两者各自的优缺点，将最小二乘支持向量机对高程拟合过程中的随机性和趋势性进行综合考虑，利用 BP 神经网络法将由最小二乘支持向量机引起的综合误差和模型误差进行降低，由此来提高拟合精度减少误差。通过 BP 神经网络法和 LS—SVM 方法两者对模型从不同角度进行拟合，此方法被称为基于最小二乘支持向量机法的 BP 神经网络高程拟合法。其原理如下：

首先将先验方差确定，然后通过协方差函数模型把未知点高程异常确定，接着使用最小二乘支持向量机的方法确定目标点的高程误差。采用该种方法进行控制点的高程进行拟合，将其结果与 BP 神经网络、平面拟合、最小二乘法、GA—GRNN、LS—SVM 二次曲面和三次样条曲线拟合法等高程拟合方法对比。结果表明，该模型具有拟合精度高、所需样本小、泛化能力强等特点，成功地解决了高维数、非线性、小样本等问题，是一种较适合于公路控制测量的 GNSS 高程拟合方法，具有较高的推广价值。

### 5. 其他方法

近年来，不少新的 GNSS 高程拟合方法不断涌现：有学者提出了基于 kriging 统计的函数逼近综合模型，将函数模型的规律性和统计模型的灵活性有机结合起来进行高程拟合。该逼近模型的基本原理是在可靠的函数逼近模型基础上，对估计后高程异常进行空间相关的 Kriging 统计插值。在实践中，该模型也能明显改善高程拟合的精度。

有学者针对曲线拟合方法求局部区域高程异常值具有局限性的问题，提出了一种基于云模型的方法对高程异常值进行分析处理。按照控制点的位置分组进行曲线拟合，对高程异常值进行定性定量分析形成云形图，直观表现出高程异常值的特性，结果则表明新方法能使高程异常值精度提高。

### 6. 高程拟合精度评定

为了能客观评定 GNSS 水准计算的精度，在布设几何水准联测点时，可适当多联测几个 GNSS 点，其点位均匀分布于全网，以作外部检核用。

（1）内符合精度

根据参与拟合计算已知点的 $\xi_1$ 值与拟合值 $\xi_i'$，用 $V_i = \xi_i' - \xi$，求拟合残差 $V_i$，按下式计算 GNSS 水准拟合计算的内符合精度 $\mu$：

$$\mu = \pm\sqrt{[VV]/(n-1)} \tag{5.3-23}$$

式中：$n$—$V$ 的个数。

（2）外符合精度

根据核检点的 $\xi_1$ 与拟合值 $\xi_i'$ 之差，按照下式计算 GNSS 水准的外符合精度 $M$：

$$M = \pm\sqrt{[VV]/(n-1)} \tag{5.3-24}$$

式中：$n$—检核点个数。

（3）GNSS 水准高程精度评定

①根据检核点至已知点的距离 L（单位：km），按表 5.3-3 计算检核点拟合残差的限值，以此来评定 GNSS 水准所能达到的精度。

②用 GNSS 水准求出的 GNSS 点间的正常高程差，在已知点间组成附合或闭合高程导线，按计算的闭合差 $W$ 与表 5.3-3 中允许残差比较，来衡量 GNSS 水准达到的精度。

（4）外围点的精度估算

各种拟合模型都不宜外推，但在实际工作中，测区的 GNSS 点不可能全部都位于已知点连成的几何图形内。对这些外围点，GNSS 水准计算时只可以外推，外推点的残差 $V$ 按下式来估算：

$$V = a + cD \tag{5.3-25}$$

式中：

$$\left. \begin{aligned} c &= (\sum DV - \sum D \sum V/n)/[\sum D^2 - (\sum D)^2/n] \\ a &= \sum V/n - C\sum D/n \end{aligned} \right\} \tag{5.3-26}$$

$D$ 是待求点至最近已知点的距离（单位为 km），按式（5.3-25）计算出残差 $V$，系数 $a$、$c$ 可根据测区部分外围检核点按式（5.3-26）计算出。

当希望外围点达到某一精度，确定 $V$ 值，按式（5.3-25）反求出 D，可为布设联测几何水准点方案时参考。

## （二）GNSS 重力高程

GNSS 重力高程是用重力资料求定点的高程异常，结合 GNSS 求出的大地高，再求出点的正常高或正高的一种方法。该种方法的优点一是能够减少对已知高程点的需求量：当测段长度小于 5.0km 时，仅仅用两个已知高程点，高程转换精度可以满足五等水准测量的限差要求；二是该方法能同时获得局部似大地水准面模型和高程基准参数，从而解决特大桥隧工程建设中远距离高程基准传递的难题，因此该种方法还是具有一定的应用场景。

由物理大地测量学知道，地面点 $P$ 的扰动位 $T$ 与该点引力位 $V$ 与正常引力位 $U$ 之间的关系为：

$$T = V - U \qquad (5.3\text{-}27)$$

而地面点 $P$ 的高程异常 $\zeta$ 为：

$$\xi = T / r \qquad (5.3\text{-}28)$$

式中：$r$ —地面点 $P$ 的正常重力值。

因为 $r$ 和 $U$ 可以正确地计算出，所以只要求出 $P$ 点的 $V$ 即可以求出 $P$ 点的高程异常 $\zeta$。按球谐函数级数式，$V$ 的表达式为：

$$V = GM / \rho \left[ 1 + \sum_{n=0}^{\infty} \sum_{m=0}^{n} (a - \rho)^n (C_{nm} \cos m_L + S_{nm} \sin m_L \bullet P_{nm}(\sin B) \right] \qquad (5.3\text{-}29)$$

式中：$\rho$、$B$、$L$ —地面点 $P$ 的矢径、纬度、经度；

$C_{nm}$、$S_{nm}$ —位系数；

$P_{nm}(\sin B)$ —勒让德函数；

$n$ —阶，$m$ 为次。

通过式（5.3-28）计算 $\zeta$，即可以求出联测点的两种高程异常差 $\Delta \xi$

$$\Delta \xi = \xi - \xi_P \qquad (5.3\text{-}30)$$

根据联测点平面坐标和 $\Delta \xi$，按曲面拟合方法推求其他点的 $\Delta \xi$，进而求出点的正常高

$$H_r = H_g - \xi_P - \Delta \xi \qquad (5.3\text{-}31)$$

### （三）GNSS 三角高程

GNSS 三角高程是在 GNSS 点上加测各 GNSS 点间的垂直角，利用 GNSS 求出的边长，按三角高程测量公式计算 GNSS 点间的高差，从而求出 GNSS 点的正常高或正高的一种方法。

除以上方法外，还有求转换参数法和整体平差法可用于 GNSS 高程计算。

求转换参数法的原理是：当一测区内，有一定数量点平面坐标和高程已知，按坐标转换原理，求出参考椭球面与似大地水准面（或大地水准面）之间的平移和旋转参数。把这些参数加入 GNSS 网的平差，在已知点高程约束下，通过平差，在求出各 GNSS 点平面坐标的同时，求出点的正常高（或正高）。有文献报道，在平原地区，这种方法求出的正常高或正高精度可达 5×10-6D，即两点间距离为 1000m 时，求出

的高程精度可达 5mm。

对于 GNSS 高程测量，其水准点及关键点联测可参照以下原则：

1. 测区中联测几何水准点的点数，视测区的大小、测区似大地水准面变化情况而定。一般地区以每 20～30km² 联测 1 个几何水准点为佳（或联测 GNSS 总点数的 1/5），平原地区可少一些，山区应多一些。一个局部 GNSS 网中最小联测几何水准的点数，不能少于选用计算模型中未知参数的个数。

2. 联测几何水准点的点位，要均匀地布设于测区。测区周围要有几何水准联测点，由这些已知点连成的多边形，需包围整个测区。拟合计算不宜外推，否则会发生振荡。

3. 若测区有明显的几种趋势地形，对于地形突变部位的 GNSS 点，需联测几何水准。

### （四）提高 GNSS 水准精度的措施

从理论研究和实践经验可知，提高 GNSS 水准精度应注意以下几个方面：

#### 1. 提高大地高（差）测定的精度

大地高（差）测定的精度是影响 GNSS 水准精度的主要因素之一。因此，要提高 GNSS 水准的精度，必须有效地提高大地高（差）测定的精度，其措施主要有：

（1）提高局部 GNSS 网基线解算的起算点坐标精度。

研究表明：当起算点坐标有 10m 误差时，对其它 GNSS 点的高程会产生 10mm 的误差。因此，要尽量采用国家 A、B 级 GNSS 网点为局部 GNSS 网的起算点。

（2）改善 GNSS 星历的精度。

有关文献分析表明，用精密星历比用广播星历可提高精度 34%。原来一直受美国 SA 政策的制约，但自从我国的北斗系统建成后，可有效地削弱此项影响。

（3）选用双频 GNSS 接收机。

（4）观测时应选择最佳的卫星分布。

（5）减弱多路径误差和对流层延迟误差。

（6）大于 10km 的 GNSS 网点需实测气象参数。

实践表明：当边长大于 10km，两端点气压差为 700Pa（7mbar），气温差为 2℃，相对湿度差为 4%，此时用实测气象参数与取平均气象参数对基线处理的边长仅产生 1mm 误差，对大地高差产生 0.1m 误差。

#### 2. 提高联测几何水准的精度

据分析，采用四等几何水准联测的误差，约占 GNSS 水准总误差的 30%。因此，尽量采用三等几何水准来联测 GNSS 点。特殊应用的 GNSS 网，需要采用二等精度水准来联测，以有效地提高 GNSS 水准的精度。

#### 3. 提高转换参数的精度

提高转换参数精度的方法是利用我国已有的 VLBI 和 SLR 站的地心坐标转换参数，或利用国家 A、B 级 GNSS 网点来推算转换参数，但这一项误差在 GNSS 水准中是次要的。

**4. 提高拟合计算的精度**

提高拟合计算的精度办法有：

（1）根据测区似大地水准面变化情况，合理地布设已知点，并且选定足够的已知点。

（2）根据不同测区，选用合适的拟合模型。对高差大于100m的测区，一般要加地形改正。

（3）对含有不同趋势地区的大面积测区，可采取分区计算的办法。

（4）计算时，坐标取到 m 或 10m，但高程异常应取到 mm。计算结果应由计算机绘出测区高程等值线图，以便分析测区高程异常变化情况，提高拟合计算精度。

从以上分析和国内外 GNSS 水准实践情况看，在局部 GNSS 网中，采用拟合法进行计算，GNSS 水准高程的内符合精度一般可达 $2 \times 10^{-6}$ 左右。对于测区面积不大的平坦地区，特别是测区内高程异常的变化有规律的地区，公共点分布均匀的情况下，多项式曲面拟合法能够达到较为理想的精度。只要用三等几何水准联测已知点，点位分布合理，点数足够，GNSS 水准可代替四等几何水准；在山岭地区，只要施加地形改正，也可以达到四等几何水准的精度。

### （五）公路工程项目 GNSS 高程测量的针对性要求

公路四等及四等以下水准测量可使用 GNSS 高程测量方法施测，但要遵守下列规定：

1. 数据采集要采用静态相对定位方法，时间要大于相应等级的平面测量所需的时间。

2. 当采用拟合的方法求解高程值时，需在测区周围和测区内联测高一级的水准点。平原地区，联测的水准点不宜少于 6 个点；丘陵或山地，不宜少于 10 个点，未知点较多时，联测点宜大于未知点点数的 1/5，或联测点间的距离不宜大于 5km。联测的水准点应均匀分布于网中，外围水准点连成的多边形要包含整个测区，测区明显分几种地形时，要在地形变化部位联测几何水准。

3. 根据求得的 GNSS 点间的正常高程差，在已知点间组成附合或闭合高程导线，其长度要符合表 5.3-2 的规定，闭合差要符合表 5.3-3 的规定。

4. 要选取大于未知点数量 10% 的未知点进行检核，其与已知点间的高差之差要符合表 5.3-3 的规定。

### （六）GNSS RTK 高程控制点测量可按下列规定进行：

1. RTK 测量可用于五等高程控制点的测量，测量时可采用单参考站和网络 RTK 测量方法进行，已建成 CORS 网的地区，宜优先采用网络 RTK 技术。

2. 通讯条件困难时，亦可采用后处理动态测量模式进行测量。RTK 测量的卫星状况要符合表 5.1-4 的规定。

3. RTK 高程控制点测量主要技术要求要符合表 5.3-8 的规定。采用单参考站 RTK 测量时，需更换参考站，每个参考站观测次数不需要少于 2 次；采用网络 RTK 时，要在两个以上基准站有效服务范围内，且不得外推。

表 5.3-8 RTK 高程控制点测量主要技术要求

| 等级 | 与基准站距离（km） | 观测次数 | 各次测量高程较差（mm） | 起算点等级 |
|------|------------------|---------|----------------------|-----------|
| 五等 | ≤ 5 | ≥ 4 | ≤ 20 | 四等及以上 |

4. 高程异常可采用数学拟合、似大地水准面精化模型内插等方法获取。

5. 采用数学拟合方法时，拟合起算点要均匀分布于测量范围四周及中间；地形起伏较大时，要适当增加起算点数；当测区面积较大时，应采用分区拟合方法。

6. 高程拟合残差、单次观测的高程收敛精度均要不大于 ±20mm。

7. 观测开始前应对仪器进行初始化，每次观测历元数要大于 20 个，每一次观测值均要为固定解。

8. 每次作业开始与结束前均需进行一个以上已经知点的检核，检核的坐标差值要小于 ±25mm。

9. RTK 高程控制点测量流动站要采用三脚架对中、整平，各次测量的高程较差符合要求后取平均值作为最终成果。

10. 进行后处理动态测量时，流动站应先在静止状态下观测 10min ～ 15min，然后在不丢失初始化状态下进行动态测量。

11. 采用 RTK 测量的高程控制点要进行 100% 内业检查和不少于总点数 10% 的外业检测，可采用相应等级的三角高程、几何水准测量等方法进行外业检测，检测点需均匀分布于整个测区，检测结果要符合表 5.3-3、表 5.3-8 的要求。

## 六、跨河水准测量

公路工程是典型的带状工程，沿线穿越江河、湖海、深谷是必然，所以在控制测量中经常面临着跨河传递高程的问题。根据跨越水域宽度的大小，跨河高程的测量方法主要有几何水准直读法、光学测微法、倾斜螺旋法、经纬仪倾角法以及光电测距三角高程法。随着 GNSS 技术的发展，国家水准测量规范中引入了 GNSS 水准测量法。鉴于目前全站仪、GNSS 技术的使用成熟度，建议优先采用光电测距三角高程法与 GNSS 水准测量法。

### （一）跨河水准测量的技术要求

现行《公路勘测规范》JTG C10-2007 和《公路勘测细则》JTG/T C10-2007 对跨河水准测量有以下规定：

1. 当高程路线通过宽度为各等级水准测量的标准视线长度 2 倍以下的江河、山谷时，可用一般的水准测量观测方法进行，但在测站上可以变换一次仪器高度，观测 2 次，2 次高差之差不要超过表 5.3-9 的规定。

表 5.3-9 跨河高程测量两次观测高差之差高差之差（mm）

| 等　级 | 高差之差（mm） |
|---|---|
| 二等 | ≤ ±1.5 |
| 三等 | ≤ ±7 |
| 四等 | ≤ ±7 |
| 五等 | ≤ ±9 |

2. 水准视线长度超过各等级标准视线长度的 2 倍以上之时，宜按表 5.3-10 选择观测方法。

表 5.3-10 跨河水准测量的观测方法及跨越视线长度

| 方　法 | 跨越视线长度（m） |
|---|---|
| 直接读数法 | 二、三、四等 ≤ 300 |
|  | 五等 ≤ 500 |
| 光学测微法 | ≤ 500 |
| 倾斜螺旋法 | ≤ 1500 |
| 测距三角高程法、GNSS 高程测量 | ≤ 3500 |

注：视线长度面过 3500m 时，采用的方法和要求需要依据测区条件进行专题设计。

3. 采用光电测距三角高程法测量高差时，宜在阴天微风天气下进行观测，对向观测时气象条件宜相同或大致相近，两岸跨河对向观测位置要基本处在同一高度上，垂直角观测的测回数可按表 5.3-11 规定的进行。

表 5.3-11 跨河三角高程测量垂直角测回数要求

| 跨河距离（km） | ≤ 1.0 | 1.0 ~ 2.0 | 2.0 ~ 3.5 |
|---|---|---|---|
| 测回数 | 4 | 6 | 9 |

4. 需要观测的测回数组数宜按表 5.3-12 执行。

表 5.3-12 测回数和组数

| 最大视线长度（m） | 二等 | | 三等 | | 四等 | | 五等 | |
|---|---|---|---|---|---|---|---|---|
|  | 测回数 | 组数 | 测回数 | 组数 | 测回数 | 组数 | 测回数 | 组数 |
| <300 | 2 | 2 | 2 | 1 | 2 | 1 | 2 | 1 |
| 300 ~ 500 | 2 | 4 | 2 | 2 | 2 | 2 | 2 | 1 |
| 500 ~ 1000 | 8 | 6 | 2 | 2 | 2 | 2 | 2 | 1 |
| 1000 ~ 1500 | 12 | 8 | 4 | 2 | 3 | 2 | 3 | 1 |
| 1500 ~ 2000 | 16 | 8 | 8 | 3 | 3 | 3 | 3 | 1 |
| >2000 | 8·S | 8 | 4·S | 3 | 4 | 3 | 4 | 1 |

注：　①表中 S 为视线长度的公里数，尾数凑整到 0.5 或 1；

②1 测回是指两台仪器对向观测 1 次；

③组数是指不同的时间段施测规定测回数次数。

5. 各测回高差互差不宜大于式（5.3-32）计算的限差。

$$M_{限} = 3M_\Delta \sqrt{N \times S} \qquad (5.3\text{-}32)$$

式中：$M_{限}$——测回间高差互差限差；

$M_\Delta$——相应水准测量等级所规定的每公里观测高差偶然当中误差（mm）；

$N$——测回数；

$S$——跨河视线长度（km）。

跨河水准测量中各测回高差互差限差的公式推导如下：

每公里观测高差偶然中误差方 $M_\Delta$，S 公里的观测高差偶然中误差应为 $M_\Delta \sqrt{S}$。另外 $M_\Delta$、$\sqrt{S}$ 也是 N 个测回平均值的精度，则每一测回观测的精度应为 $M_\Delta \sqrt{NS}$，各测回高差互差的限差为 $2\sqrt{2} M_\Delta \sqrt{NS}$，取整为 $3M\sqrt{NS}$。

6. 采用 GNSS 测量法进行跨河水准测量时需要注意的事项如下：

（1）海拔高大于 500m 的地区，不宜进行 GNSS 水准测量。两岸高差变化大于 70m/km 的地区，不宜进行一等 GNSS 水准测量；大于 130m/km 的地区，不宜进行二等 GNSS 水准测量。

（2）宜选用水准路线附近跨越距离较窄，且有利于 GNSS 观测及水准联测的场地。要避开周围障碍物遮挡严重、强电磁干扰、地面基础不稳定及行人、车辆来往较多等区域。

（3）可根据已有地形、水准、重力以及大地水准面精化成果等资料，选择两岸大地水准面具有相同变化趋势，且变化相对平缓的方向上布设跨越轴线。

（4）每岸需要至少布设 1 个非跨越点，且宜位于跨越点连线的延长线上。同岸非跨越点间、非跨越点与跨越点间的距离均宜与跨越距离大致相等。非跨越点偏离跨越轴线方向的垂距和垂距互差不得大于跨距的 1/25。现场地形、点位环境不能满足上述要求时，可在同岸侧布设 2 个位置相近且相对跨越轴线大致对称的非跨越点，但非跨越点与跨越点间的距离不宜小于 2km。

（5）场地布设完毕后，宜绘制跨河水准场地图及固定点或标石点联测图。

GNSS 跨河水准测量法的基本思想是假定测线上高程异常的变化率不变，进而可以从同岸点的高程异常变化率求得跨河段的高程异常变化率，进而求出跨河段的高程异常差，最终求出了跨河点间的正常高高差。

（二）场地的选定与布设

1. 跨河场地尽量选择在水面较窄、土质坚实、便于设站的河段。跨河视线不宜通过草丛、沙丘、沙滩、芦苇的上方。

2. 两岸仪器视线距水面的高度要尽量等高（测距三角高程法除外），当跨河视线长度小于 300m 时，视线高度不宜低于 2m；大于 300m 时，不宜低于 $4\sqrt{S}$ m（$S$ 为跨河视线长度公里数，水位受潮汐影响时，按最高潮水位计算）。特别是二等跨河水准测量，当视线高度不能满足要求时，需埋设牢固的标尺桩，并建造稳固的观测台或标架。

3. 两岸由仪器至水边的一段河滩，其距离要近似相等并大于 2m，其地貌、土质、植被等也要相似，仪器位置应选在开阔、通风之处，不得靠近墙壁及土、石、砖堆等。

4. 过河视线方向宜避免正对日照方向，困难时可适当增大视线长度或采用标灯测光，标灯形式可参见本著第 10 章图 10.3-1（a）(b)。

5. 布设跨河水准测量场地，要使两岸仪器及标尺点构成如图 5.3-3 所示的平行四边形、等腰梯形或者大地四边形。

**图 5.3-3 跨河场地布置图**

图 5.3-3 中：$I_1$、$I_2$，及 $b_1$、$b_2$，分别为两岸安置仪器和标尺的位置。$I_1b_2$ 与 $I_2b_1$ 为跨河视线长度，两者宜相等或大致相等；$I_1b_1$ 与 $I_2b_2$（AB 与 CD）为两岸近尺视线长度，一般在 10m 左右，亦要相等。A、B、C、D 为仪器、标尺交替两用点。标尺点 $b_1$、$b_2$，一般需设置口径大小 100mm，长度视土质情况决定的木桩，牢固打入土中的深度不小于桩长的 2/3，桩顶嵌入固定标志。当土壤中含水量大时，打入了钢管代替木桩，仪器脚架也要打入三根支承木桩。

6. 在两岸距离跨河点 100 ～ 300m 的水准路线上各选埋水准标石一座。

7. 跨河场地布设完毕后，需绘制跨河水准场地图以及固定点或标石点联测图。

## （三）觇板的形式与制作

### 1. 觇板的形式

图 5.3-4 适用于倾斜螺旋法与经纬仪倾角法，但采用经纬仪倾角法时可只画对称的两根标志线。图 5.3-5 适用于光学测微法和河流宽度较大水准仪直读法。

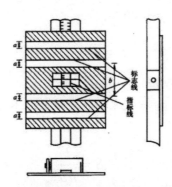

**图 5.3-4 倾斜螺旋法与经纬仪倾角法觇标图**

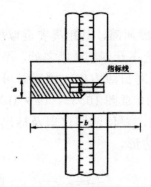

**图 5.3-5 光学测微法水准仪直读法觇标图**

需要注意的是，当间距 $d$ 较大时，也可用两块觇板代替，每块上绘制两根标志线；觇板标标志线的中心线必须和指标线精密重合。

2. 标志线的计算

标志线宽度：

水准仪

$$a = \frac{S}{25}(mm)$$

经纬仪

$$a = \frac{S}{15}(mm)$$

标志线长度：

$$b = (8\sim 10)a$$

标志线间距：

$$d = \frac{\alpha S}{\rho}\alpha$$

式中：$S$—跨河视线长度（m）；
$\alpha$—倾斜角范围，取 90" ～ 100"；
$\rho$—206265"。

3. 跨河视线长度 $S$ 的测定

（1）用水准仪倾斜螺旋测定另外一岸标尺上两个固定标志，按下列式计算：

$$S = \frac{l}{n\mu}$$

（5.3-33）

式中：$l$—标尺两个标志间距离（m）；

$n$—倾斜螺旋分划鼓读数；

$\mu$—倾斜螺旋分划鼓格值（"）。

（2）可用基线法（即三角法）或者光电测距仪确定。

### （四）跨河水准的测量方法

#### 1. 直接读尺法

（1）观测方法

仪器与标尺点参见图5.3-3，当需配置觇板时，其样式可以参见图5.3-5，每测回观测方法如下：

①将仪器安置于 $I_1$ 点，精密整平仪器后，照准本岸 $b_1$ 点上的近标尺，按中丝读数法读取标尺基、辅分划一次；

②将仪器转向照准对岸 $b_2$ 点上的远标尺，调焦后，按中丝读数法读取标尺基、辅分划各一次；

③同时在对岸 $I_2$ 点上安置仪器并精密整平，照准 $b_2$ 点上的近标尺，按中丝读数法读取标尺基、辅分划各一次；

④仪器转向照准对岸 $b_1$ 点上的远标尺，当 $I_1$ 点上仪器观测 $b_2$ 点上的标尺读数的同时，按中丝读数法读取标尺基、辅分划各一次。

以上①、②为上半测回观测，③、④为下半测回观测。

如使用一台仪器，仪器搬到对岸后需按④、③的顺序进行观测，注意在 $I_1$ 点上照准 $b_2$ 后，要设法将调焦螺旋固定。

（2）高差计算方法

一测回高差按式（5.3-34）计：

$$H_{b_1b_2} = \left(h_{b_1b_2} - h_{b_2b_1}\right)/2 \tag{5.3-34}$$

式中： $h_{b_1b_2}$ —上半测回所观测的 $b_1$、$b_2$ 两点的高差；

$h_{b_2b_1}$ —下半测回所观测的 $b_1$、$b_2$ 两点的高差。

当用一台仪器观测时，除采用图5.3-3的形状外，也可采用图5.3-6所示的

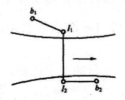

**图5.3-6 Z字跨河布设图**

"Z"字形布设。$I_1b_1$ 与 $I_2b_2$，为近尺视线长度，取20m左右，并且大致相等。此时 $b_1$、$b_2$ 为跨河标尺点，$I_1$ 与 $I_2$ 为仪器与标尺交替两用点。首先在 $b_1$ 与 $I_1$ 之间距离

相等的地方安置仪器，按中丝读数法读取 $b_1$ 与 $I_1$ 标尺上的基、辅分划值，再将仪器安置于 $I_1$ 点上读取 $b_1$、$I_2$ 标尺上的基、辅分划值，注意先读取 $b_1$ 上的数值，后调焦读取 $I_2$ 上的数值，结束后固定调焦螺旋，把仪器搬到 $I_2$ 上并整平，立即观测 $I_1$ 点标尺上的读数，再观测 $b_2$ 上的读数，最后将仪器安置于 $I_2$ 与 $b_2$ 等距离的地方观测 $I_2$ 和 $b_2$ 标尺的读数。

两个测站高差计算见式（5.3-35）和式（5.3-36）。

上半测回：
$$h_{b_1 b_2} = h_{b_1 I_2} + h_{I_2 b_2} \tag{5.3-35}$$

下半测回：
$$h_{b_2 b_1} = h_{b_2 I_1} + h_{I_1 b_1} \tag{5.3-36}$$

**2. 光学测微法**

当跨越障碍物的距离在 500m 以内时，比较适合使用该方法，觇板样式可参见图 5.3-5。

（1）准备工作

①按规定要求选定和布设跨河场地；

②对水准仪及水准尺要进行认真、细致地检验和校正，$i$ 角须校正至 6″ 以下；

③按规定制作觇板，并要注意标志中心线与觇板指标线精密重合；

④对标尺点与路线上的固定点或标石进行联测。

（2）观测方法

①按图 5.3-3 在测站点 $I_1$ 上整平仪器后，按光学测微法对本岸近标尺 $b_1$，先后照准基本分划线 2 次并读、记之。

②将仪器转向对岸远标尺 $b_2$，旋进倾斜螺旋使气泡精密符合，使测微器读数居于全程的中央位置。按约定信号指挥对岸扶尺员将觇板沿尺面上、下移动，待标志线到望远镜楔形丝中央时，即通知扶尺员使觇板标志中心线精密对准标尺上最邻近的基本分划线固定之，并记下标志中心线在标尺上的读数，同时转告对岸记录员。

再按光学测微法，转动测微器精密照准觇板上的标志线，并且读、记测微器格值。同样重复照准读数 5 次，即完成一组观测。

以后各组开始观测前，要将觇板移动一定距离后，重新使标志中心线对准标尺基本分划线，并固定之，然后按相同的操作顺序，逐个完成其余各组的观测。

每组内对远标尺上觇板标志线的各次读数互差，不得超过 0.01mm/s（s 为跨河视线长度，以 m 为单位）。

以上①、②两项操作，组成一测回的上半测回。

③在测站点 $I_2$ 上整平仪器后，按光学测微法对本岸近标尺 $b_2$ 先后照准基本分划线 2 次并读、记之。

④当 $I_1$ 上的仪器观测标尺 $b_2$ 的同时，将 $I_2$ 上的仪器转向对岸远标尺 $b_1$，并按与②相同的方法进行观测。

以上③、④两项操作，组成一测回的下半测回。

如采用一台仪器进行观测，则以④、③的顺序观测，先观测对岸远标尺。

### 3. 倾斜螺旋法

该方法的适用距离可超过 500m，但是最大距离不要超过 2000m，觇板样式可参见图 5.3-4。

（1）准备工作

①按有关规定准备仪器，选定和布设跨河场地；

②按规定要求做好各项准备工作，觇板上需绘制两条标志线，上、下标志线间的距离应使仪器照准两标志线的夹角在倾斜螺旋一周值以内或符合水准器气泡刻划值以内，一般不超过 60″。两台水准仪 $i$ 角互差应小于 6″。

（2）观测方法

①观测近标尺：整平仪器后，按光学测微法连续照准基本分划 2 次，并读、记之。

②观测远标尺：转动测微器使平行玻璃板居于垂直位置，在一测回观测过程中确保不变。照准远标尺，旋转倾斜螺旋使视线降至最低标志线以下，再从下向上依次用望远镜的楔形丝照准标尺上的两条标志线，然后再以相反的次序由上向下照准各标志线，称为一个往、返测。每次照准标志线后，均要对倾斜螺旋分划鼓或符合水准器两端读数。同时在每个往、返测过程中，当视线接近水平时，要按旋进倾斜螺旋方向，使符合水准器精密符合 2 次，每次均需待气泡稳定后，再对倾斜螺旋分划鼓读数，以上操作组成一观测组，以后各组的观测都按同法进行。

每一观测组中，照准同一标志线的往、返分划鼓（或符合水准器）的读数差，不得大于 2″；往、返测中气泡四次符合的分划鼓读数差，不得大于 0.8″，超限时立即全组重测。

各组测完后，需比较同一个标志线分划鼓或符合水准器的各组读数，用倾斜螺旋分划鼓读数时，还需比较各组气泡符合时的分划鼓读数。若某组读数差异突出而过大，则可根据观测与天气情况进行分析，认为该组观测结果不可靠时，亦要重测。

③上半测回结束后，立即将水准仪及标尺搬运到对岸，进行下半测回的观测。下半测回先观测远标尺，后观测近标尺。观测远、近标尺的操作与上半测回相同。两岸仪器同时对测的上、下各半测回，组成一个双测回。

④每次安装觇板后，要仔细读出觇板指标线在标尺上的读数，并求出各标志线在标尺上的相应读数。

以上①、②两项操作，组成一测回中的上半测回。两岸仪器同时对测各半测回，组成一测回。

### 4. 经纬仪倾角法

该方法最长的适用距离可达 3000m，觇板样式可以参见图 5.3-4。

（1）准备工作

与倾斜螺旋法准备工作相同。使用的经纬仪除对其进行一般性能的检视外，还要认真进行以下检验和校正：

①用垂直度盘测定光学测微器的行差；

②测定垂直度盘读数的指标差。

（2）观测方法

①观测近标尺，首先在经纬仪盘左的位置，照准近标尺的基本分划线，读取距离水平视线最近的分划线的分划值 $a$，再用横丝分别照准该分划线的下、上边缘各 2 次；再纵转望远镜以盘右位置，同样照准该分划线的上、下边缘各 2 次，即完成了一组观测（近标尺只测一组）。上、下边缘读数的平均值即是分划值 a 的倾角 $\theta$，如图 5.3-7。每次照准分划线边缘后，要先使垂直度盘指标气泡精密符合，再用光学测微器进行垂直度盘读数。盘左或盘右同一边缘 2 次照准读数差不要大于 3″。

近标尺读数 $b$ 由式（5.3-37）计算：

$$b = a - \frac{\theta}{\rho} \cdot d \qquad (5.3\text{-}37)$$

式中：$\theta$—分划线 $a$ 的倾角（″）；

$d$—经纬仪至标尺点的水平距离（可以用钢卷尺或手持测距仪量取）（mm）；

$\rho$—206265（″）。

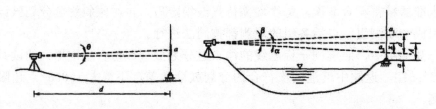

图 5.3-7 跨河水准近尺观测图　　　图 5.3-8 跨河水准远尺观测图

②观测远标尺：如图 5.3-8 所示，首先观测上、下标志线的读数分别为 $a_1$、$a_2$，盘左位置用横丝依次照准下、上标志线各 4 次，每次照准均需同时使垂直度盘指标气泡精密符合，再用光学测微器进行垂直度盘读数，同一标志线四次照准读数之差不要大于 3″。纵转望远镜以盘右位置，按相反次序照准上、下标志线各 4 次并如前读数。以上操作组成一组观测、依同法进行其他各组的观测。各个组算出上、下标志线的倾角 a 和 $\beta$，a 或 $\beta$ 其组间互差不大于 4″。

上述①、②两项操作组成一岸仪器观测的半测回，两岸仪器同时对测各个半测回，组成一个测回。

远标尺读数 A 计算如下：

$$\left. \begin{aligned} d &= a_1 - a_2 \\ x &= \frac{\alpha}{\alpha + \beta} \cdot d \\ A &= x + a_2 \end{aligned} \right\} \qquad (5.3\text{-}38)$$

则两标尺间的高差为：

$$h = b - A \qquad (5.3\text{-}39)$$

2 个测回连续观测时，测回间应间歇 15min 左右。

③两台仪器和标尺，可只在上、下午间调岸一次。

④每测回观测前，要仔细检查觇板的指标线是否滑动，并且核对指标线在标尺上的读数。

⑤观测的测回数为表 5.3-12 所列数目的 2 倍。

### 5. 光电测距三角高程法

（1）准备工作

①如图 5.3-3 所示，按有关规定选定跨河点，视线垂直角要小于 1°，按大地四边形布设跨河点。A、B 和 C、D 分别为两岸安置仪器或标尺的位置，均需埋设固定点。其中 A、D 为普通水准标石，B、C 可为 400mm×200mm×200mm 的混凝土柱石，中间嵌标志，也可打入 500mm×100mm×100mm 的木桩，中间打固定标志，柱石或木桩顶面均应埋入地面下 0.1m；

②跨河距离在 2000m 以内，对岸标尺可安置一块觇板，2000m 以上需安置上、下两块觇板。通视条件较差时，要采用特制的标灯作为观测目标，觇板在标尺上的高度两岸须完全一致。单觇板或标灯安置在 2.5m 处，双觇板或者标灯在 2.0～3.0m 之间，间距依跨河宽度而定，以目标清晰为准。

（2）本岸测站点间高差测定

①水准仪法

若备有水准仪，按同等级水准测量要求进行往返观测 A、B 间的高差和 C、D 间的高差。

②经纬仪法

将经纬仪架在 A、B 间的中点上，距差不应大于 0.5m。按经纬仪倾角法分别对 A 点和 B 点进行观测，求出 $h_{AB}$，而后进行返测，$h_{CD}$ 按同样方法测定。往、返测的高差之差不大于同等级水准测量测站高差之差的限差。

无论采用哪种方法测定，均取往、返测高差中数作为测站点间高差的正式成果，并以此作为检测和计算测站点仪器高的基准。

③测站点的检测

如确信 A、D 点水准标石稳定，观测过程中可不进行检测，只需在结束时进行一次检测。若检测超限，要沿路线再检测一个测段。如证明水准标石无变动，就所测成果采用；若标石变动，则要加固水准标石后重新进行跨河观测。

（3）距离测量

①本岸测站点间的距离测量

本岸测站点间的距离 AB 或 CD，可用钢卷尺、皮尺直接丈量平距，也可采用全站仪或手持测距仪测定。

②跨河测站点间距离测量

跨河距离 $S_{AC}$、$S_{AD}$、$S_{BC}$、$S_{BD}$ 采用光电测距仪、全站仪或者 GNSS 测定。

③跨河距离测量的技术要求

距离测量的技术要求和观测限差按表 5.1-8 执行。

每照准一次，读 4 次数为一测回。当进行对向观测确有困难时，可以单向观测，但总的观测时间段不能减少。

测距仪和反射镜的高度量至毫米，2 次量测之差不要大于 3mm。各次设站高度可不相同。

（4）垂直角观测

①观测程序

1) 在 A、C 点设站，同时观测本岸近标尺，测定 $b_B$ 和 $b_{DI}$；然后同步观测对岸远标尺，测定 $a_{AD}$ 和 $a_{CB}$；

2) A 点仪器不动，将 C 点仪器迁至 D 点。两岸仪器同步观测对岸远标尺，测定 $a_{AC}$ 和 $a_{CB}$；

3) D 点仪器不动，观测本岸近标尺，测定 $b_c$，这时将 A 点仪器迁至 B 点，然后两岸仪器同步观测对岸远标尺，测定 $a_{BC}$ 和 $a_{DA}$。

4) B 点仪器不动，观测本岸近标尺 $b_A$，此时将 D 点仪器重新迁至 C 点，接着两岸仪器同步观测对岸远标尺，测定 $a_{BD}$ 和 $a_{CA}$。最后 C 点仪器再次观测本岸近标尺，测定 $b_{DII}$。至此第一个仪器位置的观测结束，两台仪器共完成 4 个单测回。

②观测方法

1) 观测近标尺：按经纬仪倾角法的方法测定本岸近标尺读数；

2) 观测远标尺：在盘左位置用望远镜中丝精确照准远标尺上觇板标志或标灯 4 次，每次使垂直度盘水准气泡精密符合后，用光学测微器进行垂直度盘读数，4 次照准读数之差不大于 3″。纵转望远镜，在盘右位置按盘左操作方法同样进行照准和读数，以上观测为一组垂直角观测。依同法进行其余各组的观测。

当采用上、下觇板观测时，盘左依次照准上、下觇板标志，盘右按相反次序照准下、上觇板标志，照准和读数方法与单觇板观测相同。同一标志四次照准读数差不大于 3″，上、下标志垂直角分别计算高差。

以上介绍的跨河水准测量中三角高程测量法的测角仪器是基于 DJ2 型经纬仪而言的方法。目前，精度为 1″ 或高于 1″ 的全站仪已经很常见，且应用场景也很广泛。因此当采用不低于 1″ 的测角设备观测垂直角时，垂直角的观测组数可以减半。各组垂直角观测的限差中指标差互差不大于 8″，同一标志垂直角互差不大于 4″。

3) 第一条边的垂直角测完后，立即按观测程序依次进行其余三条边的垂直角观测。

4) 每组观测前，要重新将觇板指标线中心精确对准标尺分划线中央。每条边观测前，仔细检查觇板的指标线是否滑动，谨慎读取指标线标志在标尺上的读数。

5) 第一个仪器位置的观测完成后，观测员、仪器、标尺需要相互调岸，进行第二个仪器位置的观测。也可在测定半数测回后相互调岸，在第二个仪器位置上完成其余测回的观测。两台仪器分别在两岸相同时段对向观测一条边的成果组成一个单测回，总测回数为表 5.3-12 中测回数的 2 倍。

6）如果测量设备条件允许，也可以采用两岸 2 台全站仪同步观测的方式进行高差测定。其观测和照准装置如图 5.3-9 所示。

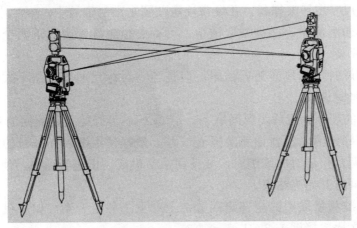

图 5.3-9 全站仪顶置双棱镜跨河水准标志图

③由大地四边形组成三个独立闭合环，用同一时段的各个条边高差计算闭合差。各环线的闭合差 W 不大于按式（5.3-40）计算的限值：

$$W = 6 \cdot M_W \cdot \sqrt{S} \qquad (5.3\text{-}40)$$

式中：$M_W$—每公里水准测量的全中误差限值（mm）；

$S$—跨河视线长度（km）。

④观测成果的重测和取舍

1）测回间互差超限，首先要重测孤立值，如果无孤立值要重测一大一小。如出现分群现象，则需要分析是否因时间段不同而分群，并对环线闭合差加以分析，若确属时间不同而产生分群，同时环线团合差无超限现象，该成果可不重测。如有闭合差超限的测回，此测回需要重测。重测后仍分群，有上、下觇板的，要利用其间距检验垂直角的观测精度，并结合观测条件进行综合分析，然后对成果进行重测和取舍，直到所测成果全部符合要求为止。

2）环线闭合差超限，而测回间互差较小，如无其它情况，这个成果可以采用。若测回间互差大或超限，则该成果需要重测。

（五）观测中需要遵守的事项

1. 跨河水准观测宜在风力微和、气温变化较小的阴天进行，当雨后初晴的大气折射变化较大时，则不宜观测。

2. 观测开始前 30min，要先将仪器置于露天阴影下，使仪器与外界气温趋于一致，观测时需遮蔽阳光。

3. 晴天观测要在日出后 1h 开始，太阳中天前 2h 止；下午自中天后 3h 起至日落前 1h 止，但可根据地区、季节、气候等情况适当调整。阴天只要成像清晰、稳定即可进行观测。有条件也可在夜间进行观测，日落后 1h 起至日出前 1h 止。时间段以地方时零点分界，零点前为初夜，零点后为深夜。

4. 水准标尺需用尺架撑稳，并经常注意使圆水准气泡居中。

5. 一测回的观测中，必须采取谨慎、可行的措施确保上、下两个半测回对远尺观测的视准轴不变。

6. 仪器调岸时，标尺亦随同调岸。但是当一对标尺的零点差不大时，亦可待全部测回完成一半时调岸。

7. 一测回的观测完成后，要间歇 15～20min，再开始下一测回的观测。

8. 为了更好地消除仪器误差及折光误差，最好使用两台同型号的仪器在两岸同时进行观测。两台仪器对向观测时，要使用报话机或手机进行通讯，使两岸同一测回的观测能做到同时开始与结束。

9. 跨河水准测量取用的全部测回数，上、下午各占一半。如有夜间观测，白天与夜间测回数之比宜接近 1.3：1。

10. 跨河观测开始时，要对两岸的普通水准标石或固定点与标尺点间进行一次往、返测，作为检查标尺点有无变动的基准。每日工作开始前，都需单程检测一次并符合检测限差。如确认标尺点变动，需要加固标尺点重新进行跨河水准测量。

# 第四节　高程控制网的数据处理

高程测量数据是公路工程建设中十分重要的数据，不仅涉及到公路坡度的合理性及行车的安全性，还涉及到工程量计算的准确性等。而高程控制网数据处理就是最大限度地将各种测量方法采集到的各类高程数据进行有效地整合，精心地筛选，合理地剔除，得到可靠、正确结果的过程。

此外，大型桥梁高程控制网其测量方法和数据处理有其特殊性，因此将在本著后续章节中结合案例加以讨论。

## 一、高程控制网数据处理的总体要求

高程控制网平差计算可参照以下要求进行：

1. 各等级高程控制网须全线贯通、统一平差，四等以上高程控制测量要采用严密平差法进行计算。

2. 水准网计算结果需要计算高差改正数、点位高程中误差、相邻点间高差中误差、每公里观测高差全中误差和偶然中误差。

3. 三角高程网要计算出对向观测高差互差值，互差合格之后取中数参与平差。

计算结果包括高差改正数、点位高程中误差、相邻点间高差中误差、每公里观测高差全中误差和偶然中误差。

4.GNSS 高程网、RTK 高程网需要计算出各项检测值。

## 二、高程控制网平差计算的原理与方法

高程控制网一般分为有已知点的高程网和无已知点的高程网两种。对有已知点的高程网，必要观测数为待定点的个数，即有几个待定点，必要观测数 $t$ 就等于几，故常常选择待定点的高程作为参数。对于无已知点的高程网，必要观测数为待定点的个数减 1，即必要观测数 $t$ 等于高程网中所有的高程点数减 1。无已知点的高程网平差，一般有两种方法：第一种方法就是假定某点的高程，某点高程假定后，就变为有已知点的高程网。第二种方法是采用秩亏自由网平差。

### （一）高程控制网平差的误差方程

在高程测量中，观测值 $L$ 是两高程控制点之间的高差，选择 $j$ 点与 $k$ 点的高程为参数 $X_j$ 和 $X_k$，则 $j$ 点和 $k$ 点的高差观测值 $L_1$ 的观测方程为：

$$L_i + v_i = X_k - X_j \tag{5.4-1}$$

与上式相应的误差方程为：

$$v_i = \hat{X}_k - \hat{X}_j - L_i \tag{5.4-2}$$

同理可列出 $n$ 个观测值的 $n$ 个误差方程。例如，水准网如图 5.4-1 所示，这个误差方程为：

$$\left. \begin{aligned}
v_1 &= \hat{X}_1 - H_A - L_1 \\
v_2 &= \hat{X}_1 - H_B - L_2 \\
v_3 &= -\hat{X}_1 + \hat{X}_3 - L_3 \\
v_4 &= H_C - \hat{X}_3 - L_4 \\
v_5 &= \hat{X}_2 - \hat{X}_3 - L_5 \\
\\
v_6 &= -\hat{X}_1 + \hat{X}_2 - L_6 \\
v_7 &= \hat{X}_2 - H_A - L_7
\end{aligned} \right\} \tag{5.4-3}$$

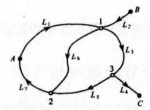

图 5.4-1 水准网示意图

式中：$H_A$、$H_B$ 和 $H_C$ 分别为已知水准点 $A$、$B$、$C$ 的已经知道高程。

令

$$V = \begin{bmatrix} v_1 \\ v_2 \\ v_3 \\ v_4 \\ v_5 \\ v_6 \\ v_7 \end{bmatrix}, \quad l = \begin{bmatrix} H_A + L_1 \\ H_B + L_2 \\ L_3 \\ -H_C + L_4 \\ L_5 \\ L_6 \\ H_A + L_7 \end{bmatrix}, \quad B = \begin{bmatrix} 1 & 0 & 0 \\ 1 & 0 & 0 \\ -1 & 0 & 1 \\ 0 & 0 & -1 \\ 0 & 1 & -1 \\ -1 & 1 & 0 \\ 0 & 1 & 0 \end{bmatrix}, \quad \hat{X} = \begin{bmatrix} \hat{X}_1 \\ \hat{X}_2 \\ \hat{X}_3 \end{bmatrix}$$

则误差方程式可写为：

$$V = B\hat{X} - l \tag{5.4-4}$$

## （二）高程控制网平差的权矩阵

### 1. 水准网权矩阵的确定

平差计算之前，首先需确定权矩阵 $P$。在高程控制测量当中，因为观测值之间相互独立，所以观测值的权矩阵 $P$ 为对角阵，即：

$$P = \begin{bmatrix} P_1 & 0 & \cdots & \cdots & 0 \\ 0 & P_2 & 0 & \cdots & \cdots \\ \cdots & \cdots & \cdots & \cdots & \cdots \\ \cdots & \cdots & \cdots & \cdots & \cdots \\ 0 & 0 & \cdots & 0 & P_n \end{bmatrix}$$

式中主对角线元素 $P_i > 0$，为观测值 $L_i$ 的权。在水准测量中，观测值 $L_i$ 的权 $P_i$ 通常按下式确定：

$$p_i = \frac{C}{S_i} \tag{5.4-5}$$

式中：$S_i$—水准路线 $L_i$ 的距离（km）；

$C$—任意常数。

2. 三角高程网权矩阵的确定

三角高程网高差的权按以下公式计算：

单向观测：
$$P_i = \frac{C}{2S_i^2} \tag{5.4-6}$$

双向观测：
$$P_i = \frac{C}{S_i^2} \tag{5.4-7}$$

式中：$S_i$—测距边的边长（km）；

$C$—常量。

三角高程网高差观测值之间同样是相互独立的，所以观测值的权矩阵 $P$ 亦为对角阵。

例如，图 5.4-1 中，路线 1、路线 2 和路线 7 为水准测量，长度是 1km；路线 3、路线 4、路线 5 和路线 6 为单向三角高程测量，长度是 2km，取 C=8，则观测值的权矩阵为：

$$P = \begin{bmatrix} 8 & 0 & 0 & 0 & 0 & 0 & 0 \\ 0 & 8 & 0 & 0 & 0 & 0 & 0 \\ 0 & 0 & 1 & 0 & 0 & 0 & 0 \\ 0 & 0 & 0 & 1 & 0 & 0 & 0 \\ 0 & 0 & 0 & 0 & 1 & 0 & 0 \\ 0 & 0 & 0 & 0 & 0 & 1 & 0 \\ 0 & 0 & 0 & 0 & 0 & 0 & 8 \end{bmatrix}$$

## 三、水准测量的数据处理

### （一）水准测量的计算要求

1. 每天外业测量结束后，要及时对点号、仪器编号、测量记录数据、视距前后差和累积差、高差互差等进行核查并签署，电子记录的数据也要及时下载并且进行备份，绘制水准网联测示意图。

2. 水准测量观测结束经过上述全面检查确认无误后，编制高差表，二等水准要计算水准标尺温度改正，二、三等水准需计算正常位水准面不平行的改正，各等级水准均要计算水准路线（或环线）闭合差；往返测量时，需计算每公里观测高差偶然中误差 $M_\Delta$，四等以上高程控制测量需要采用严密平差法进行计算，并且计算最弱点高程中误差、每公里观测高差全中误差 $M_W$。

3. 各等级高程控制测量的计算，宜采用严密平差法进行，五等高程控制测量亦可采用等权代替法、逐渐趋近法、多边形法等方法进行平差。平差后求出最弱点高程中误差、每公里观测高差全中误差 $M_W$。

4. 计算出的附合、闭合水准路线以及往返水准路线闭合差 $M_\Delta$ 和 $M_W$ 要小于各自的限差。每条水准路线按测段往返测高差较差、附合路线的环线闭合差计算的高差中误差 $M_\Delta$，或者高差中数全中误差 $M_W$ 的计算公式是下列：

$$M_\Delta = \pm \sqrt{\frac{1}{4n}\left[\frac{\Delta\Delta}{R}\right]} \tag{5.4-8}$$

$$M_W = \pm \sqrt{\frac{1}{N}\left[\frac{WW}{F}\right]} \tag{5.4-9}$$

式中：$\Delta$—测段往返高差不符值（mm）；

$R$—测段长（km）；

$n$—测段数；

$W$—水准路线经过各项修正后的环线闭合差（mm）；

$N$—水准环数；

$F$—水准环线周长（km）。

5. 对观测结果按照以下要求进行重测和取舍：

（1）$M_\Delta$ 和 $M_W$ 超限时，要先对路线上闭合差较大的测段进行重测。

（2）观测结果超限必须进行重测。

（3）测站观测超限必须立即重测，否则从水准点或间歇点开始重测。

（4）测段往、返测高差较差超限必须重测，重测后可选用往、返测合格的成果。如重测结果与原测结果分别比较，较差都不超过限差时，取 3 次结果的平均值。

（二）水准测量概算

水准测量概算的目的，一方面是要检查外业观测成果的质量；另一方面是计算水准点概略高程，以满足工程建设的急需，同时也为平差计算做必要的准备。

概算工作的第一步，就是按照规范要求对外业手簿进行检查与核算，在确认无误并符合限差要求后，将外业成果和起算数据转至于计算表格内，进行各项计算。

1. 水准标尺 1m 长度的改正

根据水准标尺"每米分划间隔"真长的测定结果，当一对标尺一米间隔的平均真

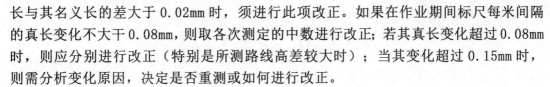

长与其名义长的差大于 0.02mm 时，须进行此项改正。如果在作业期间标尺每米间隔的真长变化不大于 0.08mm，则取各次测定的中数进行改正；若其真长变化超过 0.08mm 时，则应分别进行改正（特别是所测路线高差较大时）；当其变化超过 0.15mm 时，则需分析变化原因，决定是否重测或如何进行改正。

改正数按式（5.4-10）计算：

$$\delta = f \bullet h \tag{5.4-10}$$

式中：$f$—1m 读数的改正数；

$h$—往测或返测的高差值。

也可按式（5.3-1）计算经 1m 读数改正后的高差。

2. 正常位水准面不平行的改正

某一测段 $i$ 的水准路线，正常位水准面不平行的改正可以按式（5.4-11）计算。

$$\varepsilon_i = -AH_i\Delta\varphi_i' \tag{5.4-11}$$

$$\Delta\varphi_i' = \varphi_2 - \varphi_1 \tag{5.4-12}$$

$$A = a\sin 2\varphi_m \tag{5.4-13}$$

式中：$\varepsilon_i$—测段 $i$ c 正（mm）；

$H_i$—测段 $i$ 始、末点的近似高程平均值（m）；

$\varphi_1$、$\varphi_2$—测段 $i$ 的始、末点纬度（'）；

$\varphi_m$—测段 $i$ 的水准路线的平均纬度；

$$a = 0.001513$$

3. 水准路（环）线闭合差的改正

若水准路线附合于已知高程的水准点上或者形成独立的闭合环线，则此路线闭合差 $w$ 须按测段长度成比例地配赋于各测段高差中。这时按式（5.4-14）计算第 $i$ 个测段（设路线中共有 $n$ 个测段）的高差改正数 $v_i$：

$$v_i = -\frac{R_i}{\sum\limits_1^n R_i}w$$

$$\tag{5.4-14}$$

$$w = (H_0 - H_n) + \sum_1^n h + \sum_1^n \varepsilon \tag{5.4-15}$$

式中：$H_0$、$H_n$—起始点、终止点的已知高程；

$\sum_1^n h$—各测段观测高差之和；

$\sum_1^n \varepsilon$—整个路线正常位水准面不平行改正数之和；

$R_i$—测段长度。

4. 概略高程计算

算出水准点间高差改正数以后，各水准点的概略高程可以按式（5.4-16）计算。

$$H_i = H_{i-1} + h_i + \varepsilon_i + v_i \tag{5.4-16}$$

概略高程最后以 m 为单位表示，取位至 mm。

5. 概算结束后按照下列要求进行平差计算：

（1）如整个控制网形成节点水准网，可先进行自由网平差，即假定一个点的高程（或是以某一点的概算高程为准）进行平差计算，求取每段水准路线的高差改正数、偶然中误差，计算出的各项数值要小于各个自限差的两倍。

（2）当高差改正数超过限差要求时，则要对附近高差进行认真的检查。

（3）在确认起算数据可靠性基础上进行约束平差，计算出高差改正数、全中误差、点位高程中误差、点间高差中误差，如精度指标超限，需对采用的起算点进行检查，起算点个数较多时，还需进行起算点的兼容性分析。

（三）水准测量的精度评定

水准测量的精度是以每公里高差中数的偶然中误差 $M_\Delta$ 和全中误差 $M_W$ 表示的，它们分别由式（5.4-8）和式（5.4-9）计算，显然，$M_\Delta$ 和 $M_W$ 取决于往、返测高差不符值和环线闭合差的大小。

在水准测量误差来源中，包含了系统误差与偶然误差，有些系统误差例如水准标尺的升沉误差，在往、返高差平均值中虽然可以消除，但它能够在往、返测高差不符值中反映出来。而另一些系统误差，例如仪器单面受热与折光差的影响，虽然能影响高差平均值的精度，但却不能反映在往、返测不符值中。因此，往、返测不符值不能全面反映往、返测高差平均值的精度。不过，观测误差、仪器脚架升沉误差、热力作用影响等中的偶然误差和部分系统误差，还是能够在往、返测不符值中得到反映的。从这个意义上讲，用往、返测不符值来衡量水准路线观测成果的精度依然是可行的。为此，在外业测量中，要求计算往、返测不符值高差中数的中误差 $M_\Delta$，主要用来反映出偶然误差的影响。

另外还需注意到系统误差对水准测量的精度有着重要影响。由于水准环线的距离一般较长，其闭合差较难反映系统误差的累积情况。为进一步分析水准测量的系统误差，寻求减弱系统误差影响的措施，当水准路线构成环线并有足够的环数（一般超过20 个）时，还要求用环线闭合差来计算高差中数的全中误差 $M_W$，按环线闭合差计算的结果比较接近实际，能较好地反映水准测量的精度。

另外，当环数较多时，只计算整个水准网的高差中数全中误差 $M_W$，不能全面地反映每条水准路线的精度情况，因为当水准路线较多时，个别误差较大的路线，其误差情况有可能不能反映出来，因此规定四等以上高程控制测量需要采用严密平差法进行计算，并要计算最弱点高程中误差、每公里观测高差全中误差 $M_W$。

### 四、三角高程测量的数据处理

三角高程测量计算需要参照以下规定：

1. 每天外业测量结束后，要及时对点号、仪器编号、仪器高、测量记录数据、高差互差等进行核查并签署，电子记录的数据需要及时下载并且进行备份，绘制高程网联测示意图。

2. 每一测段高差计算可采用光电测距的斜距按式（5.3-2）和式（5.3-3）分别计算单向观测高差和对向观测高差，亦可采用水平距离按式（5.3-4）和式（5.3-5）分别计算单向观测高差和对向观测高差。

3. 需要对对向观测高差互差进行检查，其差值要符合表 5.3-6 的要求。

4. 对于跨河采用三角高程法测量跨河段高差的，可利用 GNSS 大地高差与光电测距三角高程法测得的高差进行必要的比对，以消除粗差。

5. 当水准测量数据与三角高程数据联合使用，需要注意平差计算时定权的合理性。

# 第五节　控制测量成果的质量检验方法

控制测量成果包括平面控制测量和高程控制测量成果以及相关原始数据资料。控制测量成果的检查与验收要根据构成成果要素的质量特性对成果质量的影响程度和造成的成果质量缺陷程度进行检验与评价。

本节内容是根据公路工程控制测量的特点与实际工作相结合而总结归纳的控制测

量成果质量检查与检验方法，具有较强的行业性，与国家测绘产品的质量检验方式方法上会存在一定的差异。

# 一、检验程序与检查内容

## （一）检验工作流程

检验工作流程包括：检验前准备、抽样、成果质量检验（详查、概查）、质量评定、报告编制和资料整理等。具体包括：选择检查依据、进行技术准备；确定检验批量、检查参数；按随机抽样的原则抽取样本；对平面控制测量成果的各项参数或指标进行检查，并做好检查记录；处理内外业检测数据或检查记录，统计出所需的参数或指标，并做好处理记录；根据样本质量得分评定样本质量合格和否；判定批成果质量；按照检查报告的格式要求的内容编制检查报告等。

## （二）检查的内容

平面控制测量详查内容包括：平面控制成果样本点位中误差精度、解算质量、点位整体布设情况、资料整饰质量和资料完整性。平面成果数学精度的检测一般采用比对分析或核查分析的方法，必要时可采用实地检测的方法；样本外业数据观测质量、选点质量和埋石质量。详查之外的内容、资料均属于概查范畴。概查内容包括：样本范围外控制点观测质量，样本点外控制点选点质量和埋石质量。概查资料包括样本点外的外业观测记录资料、观测数据、各类技术文档及成果资料。

路线高程控制测量检验项目包括技术设计、选点埋石、点之记、观测与记录、数据处理与平差计算等内容。

控制网图；起算数据的合法性与正确性；平差计算报告；平面及高程控制测量重点关注的技术指标。

要对控制测量实施过程中使用的仪器设备的检定情况与自检情况进行核查。

# 二、检查过程的实施与质量评定标准

## （一）一级检查

一级检查是指在作业组自查互检的基础上，专检人员的过程检查。一级检查包括作业组自检、互检和测绘单位技术负责人组织的全面检查；提交成果、成图资料必须经100％检查；检查过程应详细记录，填写检查记录表或卡片，做好精度统计。

## （二）二级检查

二级检查是指专职检查员或主任（副主任）工程师对产品的最终检查；二级检查是在一级检查的基础上，按有关标准对本单位生产的产品进行的最终检查；二级检查包括下列内容：

1. 起算数据的正确性；

2. 作业方法、计算程序、公式、图式的正确性；

3. 作业组生产的产品是否达到现行规范和技术设计书或者技术大纲规定的精度指标；

4. 技术报告书中精度统计是否齐全正确；

5. 控制测量记录、计算资料；

6. 资料的完整性与衔接性；

7. 资料之间、新旧资料之间、作业组之间的吻合性；

8. 在一级检查中发现的问题是否已得到处理等。

二级检查要作检查记录和必要的统计。二级检查结束之后，检查者要对被检查产品的质量提出初评意见，编写检查报告，并由工程技术负责人填写《测绘工程质量评定表》；在检查工作中有争论问题的处理，在一级检查中出现的，由测绘单位技术负责人最后决定。在二级检查中出现的，由本专业主任工程师与副总工程师协商解决；在检查中提出的质量问题及处理意见，负责处理者必须认真处理，不得任意涂改伪造。

### （三）一级验收

一级验收是指测绘生产单位对产品的最终验收，由测绘生产单位总（副总）工程师负责。一级验收是本单位对测绘工程成果资料的最后验收，由单位（院、公司）总（副总）工程师负责，组织有关人员进行，并且代表单位向委托单位负责。一级验收是在二级检查的基础上进行。验收包括下列内容：

1. 成果资料在技术上，数量上是否满足合同（任务）书要求；

2. 报告（或说明）书和有关图表是否正确与完整；

3. 对二级检查记录或卡片应进行复查；

4. 抽查部分资料，对重要成果进行检查或验算；

5. 确定成果质量等级，撰写《检查验收报告》。

### （四）检查内容的评价标准

1. 平面和高程控制测量检查评价的共性内容包括：

（1）技术设计

①格式、内容与规范的符合程度；

②设计技术指标、方案与规范或合同要求的符合程度；

③引用原始数据和资料；

④文字、术语和计量单位。

（2）选点

①点位稳定性、点位密度及规避客观环境影响的程度；

②点位与线位关系。

（3）埋石

①标志几何尺寸；

②标志类型。

（4）点之记

①内容完整性；

②绘制质量；

③委托保管书。

（5）仪器检校

①仪器的选择；

②强检仪器的计量检定；

③现场检验（高程控制主要是 $i$ 角检验）和校准的结果资料。

（5）平差报告

①计算报告内容与规范的符合程度；

②技术设计执行情况；

③对出现的技术问题的处理；

④对质量和精度指标的检查统计；

⑤对成果的评价与建议；

⑥资料整理、汇总与归档

**2. 平面控制测量检查评价的其它内容包括：**

（1）观测与记录

①仪器高、觇标高等的测定；

②水平角、距离、天顶距观测方法，测回数和观测误差等；

③GNSS 观测参数设置；

④GNSS 观测规范要求

⑤字迹质量与记录差错的处理

（2）数据处理

①起算点数量、精度等级与分布；

②起算点相容性分析；

③坐标系统及参数；

④数据剔除率；

⑤平差计算方法；

⑥平差后精度指标。

**3. 高程控制测量检查评价的其它内容包括：**

（1）观测与记录

①视线高、视线长度、前后视距差、累计视距差等电子水准仪参数预设置；

②往返测标尺互换、水准尺读尺顺序以及读数顺序等观测规范要求；

③按要求进行往、返测；

④测线间歇点设置及检查的规范性；

⑤字迹质量与记录差错的处理（光学仪器）；

⑥记录资料完整性（高等级水准的重力测量数据及温度数据）。

（2）数据处理

①起算点成果来源；

②多个起算点间兼容性检查及分析；

③高程基准；

④平差计算方法；

⑤平差后精度指标。

# 三、成果质量缺陷的认定

## （一）平面控制成果的严重缺陷

1. 无技术设计和技术报告，或者其均不符合规范要求；

2. 伪造成果；

3. 坐标系统使用错误；

4. 起算数据使用错误；

5. 选择的主要仪器技术指标无法满足项目的技术要求；

6. 国家规定的强检仪器未定期送检，或未进行现场检校；

7. 最弱边相对中误差超限或最弱点点位中误差超限；

8. 其他严重的差、错、漏。

## （二）平面控制成果的一般缺陷

1. 无技术设计，或无技术报告，或其不符合规范要求；

2. 存在个别处漏绘点之记；

3. 个别选点位置不符合要求；

4. 无控制点委托保管书；

5. 标石规格和埋设均不规范；

6. 强检仪器已送检，现场检验或者校准有缺项或个别项超限；

7. 10%的控制点观测条件不符合规范要求；

8. 平差计算成果无验算资料；

9. GNSS控制网或导线网与高等级起算点联测则不合理；

10. 控制点数量和等级不能满足要求；

11. 文档记录无校核签名。

## （三）高程控制成果的严重缺陷

1. 无技术设计和技术报告，或其均不符合规范要求；

2. 伪造成果；

3. 高程基准使用错误；

4. 起算数据使用错误；

5. 选择的主要仪器技术指标没有办法满足项目的技术要求；

6. 国家规定的强检仪器未定期送检，或未进行现场检校；

7. 每千米高差中数偶然中误差超限或高差中数全中误差超限；

8. 其他严重的差、错、漏。

### （四）高程控制成果的一般缺陷

1. 无技术设计，或无技术报告，或者其不符合规范要求；

2. 存在漏绘点之记之处；

3. 选点个别位置有不符合要求的；

4. 标石规格和埋设均不规范；

5. 强检仪器已送检，现场检验或校准存在缺项或个别项超限；

6. 前后视距差、视线高等指标有不符合规范要求的；

7. 平差计算成果无验算资料；

8. 水准路线不合理，存在人为增加路线长度现象；

9. 起算点数量和等级不能满足要求；

10. 文档记录无校查、校核签名。

## 四、需要实地抽检的内容

### （一）坐标系统正确性的验证

1. 利用全站仪在测区的起点、终点、中间、大型构造物（隧道、桥梁、互通立交处）、地势最低等控制点布设处进行控制点间的边长测量。根据实地测量的平距与独立坐标反算距离比较，从而确定控制点独立坐标系统选取的合理性和正确性，也检验 GNSS 测量的数据质量。

利用全站仪测距进行坐标系统验证是较为严谨的方法，有时也可采用近似方法，即采用上述提及部位的控制点间的 GNSS 原始基线长取平方，然后利用两点间的大地高求出大地高差后取平方，由基线平方减去大地高差平方后开方求出两点间的近似平距，利用该平距与独立坐标反算平距进行比较，从而验证独立坐标系统选取的合理性。

2. 如果控制点间两两通视，最好加测控制点间的水平夹角，与独立坐标反算角度进行比较，验证控制点间的相邻精度。

### （二）高程精度的验证

在上述位置抽检一定数量的控制点间的独立测段的高差，和控制点平差后的高差对比，以检查控制点的高程精度。如果存在跨河水准测量，必须要抽检至少 1 个测段的跨河高差。有长大隧道的，也需抽检不少于一个隧道的进出口的控制点间的高差。

# 第六节 案例分析

案例 1

## LN 省某高速公路高程控制数据处理方案的确定

本案例针对 LN 省某高速公路高程控制数据处理过程当中尝试的各种计算方案进行了对比，从不同角度分析了各种计算方案的适用性与可行性，提出了最终解决方案，首次提出了水准点兼容性观点。

### 一、工程概况

某高速公路位于 LN 省东北部地区，起点与 JL 省高速公路连接，终点与 LN 省内 SS 高速公路连接，全长 87km。工程建设时路线经由地区缺少高等级水准点，仅存的几个水准点的基准、施测年代亦不相同。如何在缺少国家高级水准点情况下解决高速公路高程控制问题，是整个项目测绘工作中需要解决的一个实际难题。

### 二、高程控制方案的实施

#### （一）采用的等级及布网方法

该高速公路高程基础控制点按要求进行选点埋石，平均 2km 布设个水准点，编号采用"BM"字头，顺序编号，按四等水准施测。在施测过程中将平面控制点如 GNSS 点及 TN 点也纳入到水准路线中，对于沿线的大型桥梁，就在桥梁的两侧除布设平高控制点以外，至少还专门设置一个水准点。为缩短水准路线长度，提高成果的可靠性，增加了多个结点，全线形成了一个多结点共计 4 个闭合环的水准网。共施测四等水准 230 公里，联测二等以上已知国家水准点 3 个。

#### （二）观测设备及观测方法

为保证测量数据质量，采用电子水准仪进行施测，使用该种仪器进行几何水准测量可彻底消除人为的读数误差、记录粗差、读数错误等一系列测量误差或粗差，有效地保证测量数据的可靠性，提高成果质量，也有利于进行 GNSS 高程转换计算时不带有起算误差，提高 GNSS 高程转换精度。开始作业前，对水准仪进行了 i 角检验，符合规范要求后才开始测量。观测前进行了仪器观测模式、测站限差参数等设置，观测中进行采用 2 次测量模式，记录平均值。作业时正值冬季，观测时充分注意了仪器的整平，尽量克服光线条件、路面温度、风力及大气折光等客观因素带来的不利影响。

### 三、高程控制的数据处理方案

本条高速公路高程测量过程中共联测了 3 个国家高级水准点：Ⅰ等 SS15（简称点 1），Ⅱ等 JS47-2（简称点 2），Ⅱ等 KN11（简称点 3），其中点 1 是 1983 年以后施测，采用 1985 国家高程基准，为震后高程；而点 2 以及点 3 则是地震之前的 1956 年黄海高程系成果，起算点的高程基准不一致，为这尝试了三种不同的数据处理方案，发现了以下问题。

#### （一）国家水准点之间也存在不兼容现象

所联测的 3 个国家点都是二等以上国家水准点，尽管其成果存在着基准不同，施测年代不同，仪器设备不同，路线不同，受地震影响等诸多客观因素的影响，但计算中发现，即使同一年代同一基准下的水准点也存在着不兼容现象。将 1956 年黄海高程系与 1985 国家高程基准系统差按照理论值扣除后，当采用 3 个起算点都为起算数据时，发现点 3 与点 1 和点 2 都不兼容，闭合差达近 0.2m，超过限差规定，而点 2 与点 1 虽然相互兼容，但闭合差还是较大，接近限差。

#### （二）剔除不兼容点后的数据处理方案分析

将不兼容的点 3 剔除后全线只有点 1 和点 2 两个起算点，但这两点的高程基准不统一，同时点 2 位于 JL 省境内，如果硬性将其 1956 年黄海高程系成果化算为理论上的 1985 国家高程基准成果显然不合理，其一是这两基准的理论差值是一个平均值，不同地区、不同水准路线其差值与理论差值并不相同，并且有些地区二者还相差很大。其二是 JL 省内与本项目相接的高速公路当时也处在规划当中，还没有设计施工，一旦项目启动势必会启用点 2，但 JL 境内为同一水准路线，各水准点成果兼容性较好，使用 1956 年黄海高程系的成果更为合理。通过方案 3 发现，如果将点 2 的成果不扣除理论差，则两点之间的兼容性更好。为此，在 JL 省内寻找到与点 2 位于同一水准路线上的水准点并进行了联测，结果表明了点 2 稳定。

#### （三）数据处理方案的确定

根据三个计算方案之间的比较，同时重点顾以及测段原始高差改正数的大小，最终决定采用方案 3，理由是该方案的测段高差改正数小，更能保持电子水准测量数据的原始精度，同时解决了日后与 JL 省境内相接高速公路高程控制测量的顺利衔接问题。方案 3 的路线闭合差均满足规范要求，其精度统计见表 5.6-1，表 5.6-2 和表 5.6-3。

表 5.6-1 高差中误差统计

| 点名 | 点名 | 高差中误差（m） | 高差中误差比较 |
| --- | --- | --- | --- |
| T171 | BM46 | 0.0020 | 最小 |
| KL08 | T188 | 0.0329 | 最大 |

表5.6-2　高程中误差统计

| 点名 | 高程中误差（m） | 高程中误差比较 |
|---|---|---|
| G104 | 0.062 | 最大 |
| BM48 | 0.022 | 最小 |

表5.6-3　水准路线闭合差统计

| 水准路线编号 | 路线类型 | 路线长（km） | 闭合差（m） | 限差（m） | 路线经过的部分点名 |
|---|---|---|---|---|---|
| 1 | 闭合水准 | 16.93 | 0.01200 | 0.08270 | TN49　TN50　TN34　BM08　TN33　TN32　TN31<br>TN30　BM07　TN28　GP08　TN26　BM06　TN25<br>……　TN45　TN46　TN48　BM10　TN49 |
| 2 | 闭合水准 | 0.85 | 0.00180 | 0.01858 | BM29　BM18　BM29 |
| 3 | 闭合水准 | 26.18 | 0.08850 | 0.10284 | G113　T152　T151　T150　T149　BM40　T148<br>T147　T146　T145　T144　T143　T142　G112<br>G127　G128　……　T154　T153　G114　G113 |
| 4 | 闭合水准 | 46.53 | -0.02690 | 0.13711 | T117　T177　BM34　T125　T126　BM35　G107<br>T183　T184　T135　T185　G125　G126　BM37 ……<br>T119　T121　T123　T117 |
| 5 | 附和水准 | 122.19 | -0.15440 | 0.22219 | js472　BM01　BM02　BM03　TN10　BM04　GP05<br>BM05　GP06　TN22　TN25　BM06　TN26　GP08<br>T160　T161　BM43　T162　G117　G118　163 ……<br>T173　BM47　T174　T175　T176　G121G122　T180<br>T181　T182　G123　G124　BM48　IS15 |

由表5.6-1和表5.6-2可以看出，高程控制网整网平差精度统计中，虽高差中误差和高程中误差较大，其原因是由于附和水准路线距离较长引起的，但其对相邻水准点的高差精度及单个水准点的高程精度影响极小，体现在其高差改正数很小，例如高差中误差最大的KL08和T188两点的高差改正数仅为4.8mm；而高程中误差最大的点G104与G103点的高差改正数为0.06mm，与T107点的高差改正数仅为0.09mm，说明该方案保持了电子水准观测数据的高精度。

案例点评：

在经济欠发达地区或偏远地区，高速公路经由地区缺少高等级国家水准点是高速公路基础测绘中经常遇到的一个难题。现今电子水准仪已经十分普及，在等级水准测量中基本取代了光学水准仪，使测量数据与成果的质量得到大幅度提高，因此保持原始观测数据的高精度，进行水准点兼容性分析势在必行，这样才能利用较少地资源有效地解决生产中的实际问题。

该高速公路开工半年后，施工单位对所使用控制点高程进行严格的复测，未发现任何问题，在施工的不同标段的路基对接中，贯通精度良好，竣工验收测量也顺利通过，可见提出的数据处理方案是合理的且实用的。

案例 2

# GNSS RTK&infill 技术在山岭区公路工程测量中的应用

GNSS RTK 技术在平坦地区测量中表现出了良好的定位效果，然而在山区和多遮挡地区 GNSS RTK 的定位效果却不尽人意。因为地形遮挡等原因，无线电信号无法顺利到达流动站，此时无法获得测量数据，需要测量人员长时间等待或采取其他措施来完成测量工作，有时甚至不得不暂时放弃测量这些无法施测的点位，采取另设基准站等方法进行补测。如果这些点位能够一次性完成，就会节省大量的测量时间、劳力和费用。为此，结合工程项目实际，开展寻求 GNSS RTK 测量中的变通方法即 RTK&infil 模式测量，使得在无线通讯链路无法达到的位置也能够进行测量。

有时在某些区域，流动站虽然能够接收到足够数量的卫星，但是无线电信号不强，控制器屏幕状态栏中的"RTK"无法"固定"，一直处于"RTK= 浮动"或"RTK= 自动"状态，尤其在遮挡遮挡严重的地段或者受无线电干扰较强的地带，这种现象时有发生，严重的影响了 RTK 测量的正常进行。在这种情况下，就要用到"RTK&infill"测量形式。

现以我国西南某省 ZY 至 BJ 高速公路 1:2000 地形图的像控测量为例，介绍 GNSS RTK&infill 动态后处理技术在无电台信号非正常工作时的使用方法以及该技术的实用性。测区位于我国西南部的 GZ 省，地处高原。ZY 至 BJ 高速公路位于该省的西北部，设计路线处于重山峻岭密集区域，工作中结合实际情况灵活地使用 GNSS RTK&infill 技术，很好的解决了流动站接收信号不稳定或失效导致无法准确定位的难题。

## 一、GNSS RTK&infill 作业的仪器配置

以 Trimble 5700 GNSS 接收机为例说明 GNSS RTK&infill 的使用方法。

### （一）基准站的设置

1. 基准站设置在上空比较开阔的地方，能看到高度角 13°以上的天顶空间。考虑到测区为山岭多遮挡地区，基准站尽可能安置于高处，如楼顶、高山上等处。

2. 实施测量前确保电台与主机连接好。

3. 连接 RTK Survey Controller 控制器到基准站接收机上，建立了项目文件；测量模式设置为 RTK&infill，选取天线类型、电台型号及频率；选取天线高测量方式，基准站的存储方式需设置为接收机。

### （二）流动站的设置

Infill 流动站项目设置与 RTK 项目设置基本相似，流动站的电台与 RTK 相同，采用内置接收电台；天线类型、电台型号及频率保证二者一致；天线的高测量方式为天线座底部，流动站的存储方式要设置为控制器。

### （三）启动基准站

Infill 基准站的启动与 RTK 相似，只是在 Survey Controller 测量形式中选择

RTK&infill 项启动基准站。

## 二、GNSS RTK&infill 作业过程

1. 启动基准站后，Infill 的初始化，第一次较 RTK 初始化过程要长些且与观测的卫星数目有关。如观测到 5 颗星以上，则初始化时间约为 5-7min，当卫星数目下降到 5 颗以下时，infill 初始化则需要更长时间，一般为 15min 左右；

2. 将天线安置在测量杆顶端置于观测点上；

3. 打开控制器电源，在主菜单上选择 Survey Controller 进入配置选项卡中，将测量形式设置为 RTK& infill。点击测量菜单中的 Start Survey（开始测量）项进入测量界面，再点击测量菜单中的 Measure points（测量点）进入点测量界面；

4. 测量点时 Type、field、代码、天线高各项填写与 RTK 相同；

5. 当状态栏中显示 infill=Fixed（固定）并且 PDOP 值满足观测精度要求时，即可按照 RTK 的测量过程进行点测量，观测时间为 3 个历元。当〔Store〕存储功能键出现时，若满足精度要求即可存储，否则将放弃此点重新观测。

## 三、GNSS RTK&infill 数据处理

1. 首先将基准站主机测量数据导入 Trimble 公司提供的随机软件中。数据格式为 *.dat，其中因数据备份而产生的复制文件可以不导入，然后导入 *.dc 格式文件。

2. 对 *.dat 格式文件进行基线处理，处理过程和静态基线处理方法相同。

3. 导出通过基线处理并合格的点的坐标，没有通过的就需进行补测。

## 四、精度分析

由于 GNSS RTK&infill 技术在国家规范中没有相关的精度指标规定，所以为确保成果精度，在像控点测量过程中，以该种作业模式对距基准站 10km 之内的部分首级控制点进行了试验检测，精度统计如表 5.6-4 表所示：

表 5.6-4 不同基准站 GNSS RTK&infill 检测点坐标、高程比较

| 序号 | 点号 | 北坐标（X） | △X(m) | 东坐标（Y） | △Y(m) | 高程（H） | △H(m) |
|------|------|------------|-------|------------|-------|----------|-------|
| 1 | GP037 | 50187.511 | -0.006 | 471139.512 | 0.001 | 915.557 | -0.018 |
| 2 | GP037J | 50187.516 | | 471139.511 | | 915.575 | |
| 3 | GP038 | 49655.976 | 0.069 | 470355.741 | 0.007 | 891.812 | 0.024 |
| 4 | GP038J | 49655.907 | | 470355.737 | | 891.788 | |
| 5 | GP042 | 46751.708 | 0.015 | 464872.104 | 0.004 | 901.351 | -0.016 |
| 6 | GP042J | 46751.693 | | 464872.1 | | 901.367 | |
| 7 | GP050 | 43565.681 | 0.001 | 449184.08 | -0.011 | 894.725 | -0.07 |
| 8 | GP050J | 43565.68 | | 449184.091 | | 894.795 | |

| 9 | GP053 | 40468.47 | 0.006 | 442954.246 | -0.048 | 918.989 | -0.052 |
|---|---|---|---|---|---|---|---|
| 10 | GP053J | 40468.464 | | 442954.294 | | 919.041 | |
| 11 | … | … | … | … | … | … | … |
| 12 | … | … | | … | | … | |
| 43 | TN147 | 19267.352 | 0.037 | 405405.674 | -0.021 | 1773.7 | -0.039 |
| 44 | TN147J | 19267.315 | | 405405.695 | | 1773.74 | |
| 45 | TN511 | 32558.64 | 0.019 | 430685.657 | -0.018 | 1364.62 | -0.025 |
| 46 | TN511J | 32558.621 | | 430685.675 | | 1364.64 | |

通过表 5.6-4 中可以看出：infill 技术的测量精度完全能够满足设计书中规定的 1:2000 像控点其平面位置中误差小于图上 0.1mm，高程中误差小于 ±0.1m 的要求，同时也满足国家规范中有关像控点联测的精度要求。

## 五、几点注意事项

1. 必须确认当流动站接收机接收到电台信号时方可以进行初始化，获得初始化后且精度达到要求时才能进行观测，否则容易产生飞点。

2. 观测过程中一定要保持天线的稳定，直至关闭控制器电源。

3. 存储观测值时，当再次出现〔Measure〕（测量）功能键时，天线才能移开点位进行下次观测。

4. 一个点观测结束后不可以结束测量任务和关闭主机电源，否则就会造成 GNSS RTK&infill 测量界面丢失，以致在没有电台信号时就无法进行后续点的 GNSS RTK&infill 测量。

案例点评：

GNSS RTK 技术的应用，给测绘行业带来了新的变革，使得传统作业方法得以根本改变。目前，虽然很多地区都建立了省级 CORS 台站，但由于公路工程项目的作业区域情况复杂，有时难免造成网络 RTK 甚至电台 RTK 作业模式的失效，而 GNSS RTK&infill 技术则很大程度上弥补网络 RTK 或 GNSS RTK 技术在山岭区和多遮挡地区存在工作死角的不足，如能在实际作业中将两种作业方法有效地结合起来，将会大大的提高工作效率和经济效益。

# 第六章　地形图测绘

公路工程地形图测绘可采用平板测图、航空摄影测量及低空无人机航空摄影测量、三维激光扫描测量、卫星影像测量等方式。各类方法的使用需因地制宜，根据项目的规模、地形地貌条件、地物密集程度、精度要求等选择经济、快捷、安全、可靠的成图方法。

# 第一节　地形图测绘的准备工作

进行地形图测绘前需要进行人员、仪器设备、成图软件、标识材料、交通工具等准备，需要以下资料的收集准备工作。

## 一、收集整理相关测绘资料

收集测区现有的各种比例尺地形图及影像资料、高等级平面以及高程控制点成果等。对于收集到的测绘资料，需加以分析、筛选后按需使用。收集到的地形图资料，主要是用于车辆调度和作业计划安排；影像图资料除了具有地形图资料的功能外，还可辅助外业调绘工作。

对于收集到的控制点资料首先要了解其等级、施测年代、测量基准，特别是平面测量基准。如果是初步设计阶段布设的控制点，需要了解是否为公路独立坐标系。如利用影像成图，还可进一步收集图根点、像控点等控制资料并进行相应的整理。

在准备阶段，还要对使用的仪器设备和成图软件进行必要的性能检查，检验其能否满足成图需要；根据成图方式不同，对于影像数据、点云数据等进行核查，检验其在数据完整性、可靠性、现势性和准确性等方面是否满足测图需求。

## 二、收集测区设计资料

收集路线方案、路线走廊带以及大型构造物的分布及规模等资料。这里除了收集推荐方案的路线资料外，还要收集同等深度的比较线路线方案，这些方案都是最终成图范围以及成图比例尺确定的主要依据。

## 三、收集测区的其它资料

收集、了解测区交通状况、地形类别、植被覆盖、气象等资料。这些资料是制定生产实施方案的重要依据，也是安全防护和应急措施制定的重要参考资料。

## 四、 编写地形图测绘技术设计书

在上述各项准备工作的基础上编写地形图测绘的技术设计书，技术设计书主要包含下列内容：

1. 工程概况，主要包括任务来源、项目所处位置及地理坐标、路线规模和走向、主要构造物分布、路线方案所经过地区的社会、自然、地理、经济和人文等方面的基本情况，包括海拔、相对高差、地形类别和困难类别，居民地、道路、水系、植被等要素的分布与主要特征，气候、风雨季节、交通情况及生活条件等，最好以图示表示路线方案、工点位置以及地形图测绘的位置和范围。

2. 起算资料，主要包括收集的平面和高程控制点的数量、等级、类型、分布情况，并对其质量状况进行分析评价，提出已有资料利用的可能性和利用方案等。

3. 作业依据

国家、行业、部门颁布的有关现行技术规范，地形图图式要采用现行国家标准，图式中没有规定符号的地物、地貌，需制定补充规定，并在技术总结中注明。任务文件及合同书；经上级部门批准的有关部门制定的适合本地区的一些技术规定。

4. 控制测量方案

包括平面和高程基准，平面基准的确定：平面坐标系的投影方法、投影椭球、投影高程面、中央子午线等参数，各个坐标系之间平面坐标的衔接方法；测量方案的选择，控制网的等级，图形结构，硬、软件的配置及施测方法，平差方法，各个项主要限差及精度指标等。

高程控制测量方案包括：高程基准的选择，首级高程控制的等级及起算数据的配置，路线长度及点的密度，标志类型及埋设，仪器与施测方法，平差方法，各项主要限差及精度指标等。

5. 测图控制点加密测量

根据不同的测图方法可参照下列要求编写：

采用平板测量方法测绘地形图时，编写图根点的布设、平面和高程测

量精度、测量方法等。

（2）采用航空摄影测量方法测绘地形图时，编写像控点的布设、平面和高程测量精度和测量方法等。

（3）采用三维激光扫描测量测绘地形图时，编写基站与检校点的布设、平面和高程测量精度和方法等。

6. 地形图测绘的方法和主要技术要求包括地形图测绘的方法、比例尺、等高距、平面和高程精度等。

7. 野外数据采集要求

根据不同的数据采集方法编写下列内容：

（1）采用平板测量方法测绘地形图时，编写地物、地形测量的精度、方法和碎部点采集密度等有关要求。

（2）采用航空摄影测量方法测绘地形图时，编写航空摄影的技术参数与摄影质量要求等。

（3）采用三维激光扫描测量测绘地形图时，编写 LiDAR 点云采集的技术参数和质量要求等。

8. 地形图测绘内容和要求，主要包括外业调绘及地形图测绘中需要表示的地形、地物、地貌等内容，以及综合取舍原则和要求等。

9. 内业数据处理、采集和编辑，主要包括内业数据处理的流程、方法、各流程所要达到的精度指标，内业数据采集、图形编辑的内容、流程和方法等。

10. 投入的资源情况，包括：人数、人员资质、每一个人在本项目中担任的工作、每一个工作的分组情况等。仪器设备安排，包括了像控点或图根点测量、地形图测绘的仪器设备种类、数量及安排计划等。

11. 工期安排，主要包括总工期、各个测量项目的工期、提交资料的节点等。

12. 质量控制，主要包括质量控制组织的机构和人员安排、过程控制及后续服务措施。

13. 安全防护与应急措施。

14. 提交的资料，主要包含提交资料的内容、数量、方式、相互交接的手续和记录等。

# 第二节　地形图测绘的技术要求

地形图测绘的基本要求包括成图方法、成图比例尺、基本等高距、成图精度及采用的图式等。

## 一、基本技术要求

### （一）地形图比例尺的选用

可根据设计阶段、工程性质及地形、地貌等因素按表 6.2-1 选用适合的测图比例尺。

表 6.2-1 地形图比例尺的选用

| 设计阶段或工程性质 | 比例尺 |
| --- | --- |
| 工程可行性研究 1:10000 | 1:10000 |
| 初步设计、技术设计、新建公路施工图设计 | 1:2000、1:5000 |
| 改扩建公路施工图设计 | 1:1000、1:2000 |
| 地形影响敏感的重要工点 | 1:500 |

### （二）地形图地形类别划分

地形图成图过程中会遇到不同的地形情况，其类别可以参照表 6.2-2 执行。

表 6.2-2 地形类别划分

| 地形类别 | 地形描述 | 地面自然坡度（°） | 相对高差 |
| --- | --- | --- | --- |
| 平 原 | 地形平坦、基本无起伏 | < 3 | — |
| 微 丘 | 地形稍有起伏 | ≥ 3，< 10 | < 200m |
| 重 丘 | 地形起伏较大 | ≥ 10，< 25 | ≥ 200m，< 500m |
| 山 岭 | 地形起伏很大 | ≥ 25 | ≥ 500m |

### （三）等高距的确定

地形图的基本等高距可参照表 6.2-3 的规定。当地形比较平坦，采用表里所列等高距不能很好的表达地形变化时，可加入间曲线。

6.2-3 地形图基本等高距

| 地形类别 | 不同比例尺的基本等高距（m） | | | | |
| --- | --- | --- | --- | --- | --- |
| | 1:500 | 1:1000 | 1:2000 | 1:5000 | 1:10000 |
| 平 原 | 0.5 | 0.5 | 1.0 | 1.0 | 1.0 |
| 微 丘 | 0.5 | 1.0 | 1.0 | 2.0 | 2.0 |
| 重 丘 | 1.0 | 1.0 | 2.0 | 5.0 | 5.0 |
| 山 岭 | 1.0 | 2.0 | 2.0 | 5.0 | 5.0 |

### （四）精度要求

地形图的精度要求可按表 6.2-4 和表 6.2-5 执行，高程注记点的精度可以按表 6.2-5 中规定的 0.7 倍执行。

**表 6.2-4 图上地物点的点位误差**

| 重要地物（mm） | 一般地物（mm） |
|---|---|
| ≤ ±0.6 | ≤ ±0.8 |

**表 6.2-5 等高线差值的高程中误差**

| 地形类别 | 平原 | 微丘 | 重丘 | 山岭 | 水下 |
|---|---|---|---|---|---|
| 高程中误差 | $\leq (1/3H_d)$ | $\leq (1/2H_d)$ | $\leq (2/3H_d)$ | $\leq 1.0H_d$ | $\leq 1.2H_d$ |

注：$H_d$ 为基本等高距，单位 m。

## （五）高程注记点间距规定

地形图图上高程点注记可参照下列要求：

1. 根据图面情况标注适当数量的高程注记点，高程注记点的间距应符合表 6.2-6 的规定。

2. 平坦及地形简单地区可放宽至 1.5 倍，地形变化较大的地区要适当加密。

3. 山顶、鞍部、山脊、山脚、谷底、谷口、沟底、沟口、凹地、台地、河川湖池岸旁、水涯线上以及地物、地貌方向和坡度变换处，要测注高程注记点。

4. 基本等高距为 0.5m 时，高程注记点注到 0.01m，基本等高距大于 0.5m 时，可注记至 0.1m。

**表 6.2-6 图上高程点注记的间距**

| 比例尺 | 1:500 | 1:1000 | 1:2000 | 1:5000 | 1:10000 |
|---|---|---|---|---|---|
| 高程注记点间距（m） | ≤ 15 | ≤ 30 | ≤ 50 | ≤ 100 | ≤ 200 |

## （六）水下地形图测绘技术要求

水下地形是地形图的组成部分，对桥梁等构造物的设计至关重要，因此地形图测绘范围内的江、河、湖、海且对设计有影响时，需要进行相应区域的水下地形图测绘。水下地形图测绘可按下列要求进行：

1. 水下地形图测绘的平面和高程控制基准、图幅分幅、等高距要与该测区陆上地形图一致，两者要相互衔接。

2. 测深点的布测可采用断面形式或散点形式，这间距宜符合表 6.2-7 的规定。

**表 6.2-7 测深线距离和断面线上测深点图上间距**

| 测量项目 | 重点水域、特大桥断面 | 一般水域 | 检查测量 |
|---|---|---|---|
| 图上间距（mm） | ≤ 10 | ≤ 15 | 10 ～ 15 |

3. 测深要在风浪较小的情况下进行，波浪超过 0.6m 时要停止作业，采用姿态传感器进行波浪改正时可适当放宽。

4. 测深点点位中误差需符合表 6.2-8 的规定，测深点深度中误差需符合表 6.2-9

的规定。

表 6.2-8 测深点点位中误差

| 测图比例尺 | 定位点图上点位中误差（mm） |
|---|---|
| > 1:5000 | ≤ 1.5 |
| ≤ 1:5000 | ≤ 1.0 |

表 6.2-9 测深点深度中误差

| 水深范围（m） | 测深点深度中误差（m） | 深度比对互差（m） |
|---|---|---|
| 河流深度小于 5m 的硬底质水域 | ≤ 0.15 | ≤ ±0.30 |
| ≤ 20 | ≤ 0.20 | ≤ ±0.40 |
| > 20 | ≤ 0.01H | ≤ ±0.02H |

注：H 为水深，单位 m。

5. 测深点要进行抽样比对，抽样比例应大于总点数的 5%，且均匀分布，比对超限点数超过抽样数量的 20% 时，需进行重测。

### （七）卫星影像测量地形图技术要求

当必须采用卫星影像测量方法进行地形图测绘时，有关作业要求可以参照现行《公路工程卫星图像应用技术规程》的规定。

### （八）地形图测图、调绘范围

为满足工可乃至更高阶段的设计需要，地形图测量沿线路中线即主线两侧各测量 300m（含比较线），如遇互通立交或其它大型工区，则按设计人员指定的范围进行测量。采用航空摄影成图时，其调绘范围为路线中心线两侧各 400m，中心线两侧 200m 的范围尤其要详细调查。大桥、互通立交等大型工点处的调绘范围，用设计方划定的范围为准。

## 二、细部测绘通用要求

公路工程按照需求自行组织测绘的地形图比例尺主要是 1：10000 ~ 1：500，因不同比例尺地形图的测绘与标注内容以及表达方式上都有一定的差异，因此本节将从地形图测绘的总体共性要求、分类具体要求以及特别要求三个方面内容加以介绍。

### （一）共性要求

地形图测绘内容要以测量作业时或根据影像成图进行实地调绘时的现状为准。各种比例尺的地形图均要测绘各类测量控制点，要尽量测绘影响等高线走向的地形变化点、特征点。地形图测绘内容除等高线、高程注记点外，还要结合测图比例尺要求，并充分考虑公路工程的特点，测绘下列各项内容：

1. 各类建筑物、构造物、重要的方向性地物、独立地物等。
2. 水系及水工设施、管线、交通设施、境界、植被等。

3. 各类地形、地貌要素。

4. 各类居民地、厂矿设施等。

5. 标注自然、地理、居民地、大型设施以及主要单位等名称。

（二）居民地及工矿设施测绘要求

1. 1：10000、1：5000 地形图测绘宜符合以下要求：

（1）成片居民地和工矿场地在 1：10000 地形图上可用范围线表示，在 1：5000 形图上可用轮廓线表示，并在范围线或轮廓线内绘制晕线、标注居民地名称或工矿企业名称。

（2）政府驻地、学校、医院、大型养殖场、大型变电站等具有特殊用途的场所在其范围线或轮廓线内标示其名称。

（3）可以分开的大型独立建筑物和构造物要尽可能独立绘出。

（4）庙宇、祠堂、文物遗址、名人故居等各类对当地人文、景观有影响的建筑物、标志物要尽可能进行标注。

2. 1：2000、1：1000、1：500 地形图测绘需符合下列规定：

（1）居民地、建筑物、构造物及主要附属设施在 1：2000、1：1000 地形图上要准确绘出，并要标注建筑材料和层数。

（2）各类建筑物、构造物及所有附属设施均需在 1：500 地形图上准确测绘，并要标注性质、建筑材料和层数。

（3）地下设施的进出口要准确测绘并标注。

（4）政府驻地、学校、医院、大型养殖场、大型变电站等具有特殊用途的场所要标注名称；对于路线沿途经过的生产化工、制药、鞭炮等易燃、易爆、有毒物品的厂矿企业的名称、范围要标注准确无误。

（5）庙宇、祠堂、文物遗址、名人故居等各类对当地人文、景观有影响的建筑物、标志物要准确绘出并标注。

3. 建筑物和围墙轮廓凸凹在图上小于 0.5mm，简单房屋小于 0.6mm 时，可直接用直线连接。

4. 在建建筑物需测绘其基础范围，并且以虚线表示。

（三）交通及附属设施测绘要求

1. 1：10000、1：5000 地形图测绘宜符合下列要求：

（1）各等级公路、铁路、大车路及道路稀少地区的小路均要准确绘出，并要测绘沿线桥梁、隧道等大型构造物。

（2）测绘的道路在 1：10000 地形图上可用单线绘出。

（3）高速公路、路基较宽的一级公路在 1：5000 地形图上宜按实际宽度依比例尺以双线绘出，铁路要按轨道的实际位置绘出。

（4）各等级公路均要标注路面铺装材料，用单线绘出的公路还需标注路宽。规模较大的路堤、路堑需实地绘出其边界。

2. 1：2000、1：1000、1：500 地形图测绘要符合下列规定：

（1）各等级公路、大车路均按实际宽度依比例尺以双线绘出，中央分隔带要按实际位置表示，铁路要准确测绘每一道轨道中心线及站台等，小路以单线绘出，并准确测绘沿线桥梁、涵洞、公里桩、标志牌、栅栏（或墙）等附属设施。

（2）市区街道需绘出行车道、过街地道的出入口、分隔带、人行道和绿化带等。通过居民地的道路有明显边线的，按真实位置绘出。

（3）各等级公路均要标注路面铺装材料。

（4）铁路还要测绘沿线的输电线路、信号灯、水鹤等附属设施。

（5）1：500 地形图还要测绘沿线的排水设施、百米桩等附属设施。

3. 建设中的道路均应以虚线绘出。

4. 路堤、路堑要实地绘出边界，并在其坡顶、坡脚适当测注高程。

5. 在铁路轨顶（曲线段取外轨顶）、公路路中、道路交叉处、桥面等位置选择代表处测注高程。

## （四）电力线、通讯线及附属设施测绘要求

1. 1：10000、1：5000 地形图测绘应符合下列要求：

（1）高压线、地物稀少地区的低压线和通讯线均要绘出，1：10000 地形图上可只绘出线路的拐点，1：5000 地形图上除拐点外还要根据疏密程度择杆表示部分电杆、电塔。

（2）地下高压线、地物稀少地区的地下低压线和地下通讯线要绘出线路走向。

2. 1：2000、1：1000 地形图测绘要符合下列规定：

（1）电力线、通讯线和附属设施均需逐杆测绘电杆、电塔，10KV 以上的高压线要标注电压伏数，与路线横向交叉的 110KV 以上的高压线还要测量并标注高压线最低处高程。

（2）地下电力线、通讯线和附属设施都要准确绘出其走向、拐点和进、出口位置。

3. 1：500 地形图测绘要符合下列规定：

（1）需逐杆测绘所有电力线、通讯线的电杆、电塔和附属设施。

（2）需测绘电塔基础轮廓、附属设施的实际形状、逐杆标注塔和杆的编号，高压线要标注电压伏数、测量并标注高压线最低处高程。

（3）地下电力线、通讯线和附属设施要准确绘出其走向、拐点和进、出口位置、标识桩、检修井。

4. 当多种线路在同一杆架上时，只表示主要的。

5. 城市建筑区内电力线、电信线可不连线，但是要在杆架处绘出线路方向。

## （五）管线及附属设施测绘要求

1. 1：10000、1：5000 地形图测绘可参照如下要求：

（1）1：10000、1：5000 地形图上要绘出地上、地下主干管线的走向和主要附属设施。

地物稀少地区的所有管线均需尽可能绘出。

2. 1：2000、1：1000 地形图测绘要符合下列规定：

地上、地下管线均要准确绘出其走向、拐点与附属设施。

地上管线要根据疏密程度择要测绘承台、承塔。

地下管线要测绘进、出口位置。

主干管线要标注管线的直径、管顶和管底高程。

3. 1：500 地形图测绘要符合下列要求：

地上、地下管线均要准确绘出其走向、拐点和附属设施。

地上管线要测绘所有承台、承塔。

（3）地下管线要测绘所有标识桩、检修井和进、出口位置。

（4）输油、输水等重要的管线要标注管线直径、管顶和管底高程。

4. 绘出的管线均要标注输送介质。

## （六）水系及附属设施的测绘要求

1. 1：10000、1：5000 地形图测绘可参照下列要求进行：

（1）江、河、湖、海、水库、面积较大的池塘、主干沟渠、水量较大的泉眼、独立水井等及主要附属设施要在地形图上绘出。

（2）江、河、湖、海、水库、面积较大的池塘应依比例尺表示。

2. 1：2000、1：1000 地形图测绘按下列要求进行：

（1）在地形图上准确绘出江、河、湖、海、水库、池塘、沟渠、水量较大的泉眼、独立水井等及附属设施。

（2）江、河、湖、海、水库、大型池塘的水涯线要在地形图上准确绘出。

（3）江、河、湖、海、水库、池塘、主干渠宜依比例尺表示。

（4）大型堤、坝需测注顶部以及坡脚高程。

3. 1：500 地形图测绘要符合下列要求：

（1）在地形图上准确绘出所有江、河、湖、海、水库、池塘、沟渠、泉、井等及附属设施。

（2）江、河、湖、海、水库、池塘的水涯线均要在地形图上准确绘出。

（3）江、河、湖、海、水库、池塘、沟渠宜依比例尺表示。

（4）沟渠要测注渠顶边和渠底高程，时令河测注河床高程，堤、坝测注顶部及坡脚高程，池塘测注塘顶边及塘底高程，泉、井测注泉的出水口与井台高程，水井注记井台至水面的深度。

4. 当水涯线与陡坎线在图上投影距离小于 1mm 时，用陡坎线符号表示；河沟、水渠在地形图上的宽度小于 2mm 时，可用单线表示。

## （七）地貌和土质的测绘要求

1. 自然形态的地貌采用等高线表示，崩塌残蚀地貌、坡、坎和其它特殊地貌采用相应符号或用等高线配合符号表示。

2. 各种天然形成和人工修筑的坡、坎，其坡度在 70°以上时表示为陡坎，70°以下时可表示为斜坡，斜坡在图上投影宽度小于 2mm 时，可用陡坎符号表示。

3. 坡、坎比高小于 1/2 基本等高距或在图上长度小于 5mm 时，可不表示。当坡、坎密集时，可适当取舍。

4. 梯田坎坡顶及坡脚宽度在图上大于 2mm 时，需实测坡脚。梯田坎较缓且范围较大时，采用等高线表示。

5. 田埂宽度在图上大于 1mm 的采用双线表示，小于 1mm 的可采用单线表示。田块内测注有代表性的高程。

6. 戈壁滩、沙地、露岩、湿地、成片坎地、采石场、挖土坑等在各种比例尺地形图图上的面积内可均匀标注 3 个地貌符号，或可清楚表示其范围并标注性质的要准确测绘其范围，其余可省略。

7. 坎地在 1：10000、1：5000、1：2000 地形图上除了要测绘其范围外，还要标注其个数，在 1：1000、1：500 地形图上要准确测绘每一个坎的位置。

8. 独立石、土堆、坑穴、冲沟及陡坎等在 1：2000、1：1000、1：500 地形图上要测注高程或比高。

9. 陡崖、冲沟等在各种比例尺地形图上可以清晰表示其范围的均绘出。

10. 山顶、鞍部、凹地、山脊、谷底等部位测注高程。

### （八）植被及相应附属设施的测绘规定

1. 植被在各种比例尺地形图上其围成的面积可均匀标注 3 个植被符号，或可以清楚表示其范围并标注性质的要准确测绘其范围，其余可以综合取舍。

2. 在一个面积范围内植被种类繁杂时标注主要植被。

3. 具有方位意义或历史价值的独立大树在各种比例尺地形图上均标注。

4. 1：10000、1：5000 地形图植被可分为耕地、荒地、半荒地、灌木从、林地、草地、芦苇地等进行标注，并测绘相应的主要附属设施，地物稀少地区的简易附属设施亦测绘。

5. 1：2000、1：100、1：500 地形图植被可按旱地、水地、蔬菜地、荒地、半荒地、灌木林、林地、经济作物、草地、芦苇地等进行标注，林地和经济作物
标注具体的植物种类，并测绘所有附属设施。

6. 行树、较大的独立树在地物较少的 1：10000、1：5000 地形图上要表示；
在 1：2000、1：1000、1：500 地形图上均表示。

### 6.2.2.9 地形图测绘的一些特殊要求

1. 发射台、发射塔、较大的水塔和烟囱、纪念碑和纪念塔、具有方位意义
或历史价值的大型独立石块和独立陵墓等在各种比例尺地形图上均要测绘，有名称的要标注其名称。

2. 军事基地或其它不宜在公共地形图上示出的地物，宜标绘其范围。

3. 1：10000、1：5000 地形图上要标绘至省（市、自治区）界，1:2000、1：1000、1：500 地形图上要标绘至县（市、区）界，有特殊需要时标绘至乡（镇）界。

4. 1∶10000、1∶5000 地形图上居民地标注至行政村；当行政村有几个自然村组成时，1∶5000 地形图标注到自然村落；1∶2000、1∶1000、1∶500 地形图居民地标注至村民小组。

5. 政府驻地、学校、医院、大型养殖场、大型变电站、厂矿等具有特殊用途的场所在 1∶2000、1∶1000、1∶500 地形图上需标注名称。独立的具有特殊用途的场所在 1∶10000、1∶5000 地形图上亦标注名称。

6. 1∶10000、1∶5000 地形图上标注大型山脉、山沟名称，1∶2000、1∶1000、

1∶500 地形图上还要标注支系山脉、支系山沟名称。

7. 1∶10000、1∶5000 地形图上标注江、河、湖、海、水库等名称，1∶2000、

1∶1000、1∶500 地形图上还需标注主干渠、大型水塘等名称。

8. 1∶10000、1∶5000 地形图上标注等级公路、铁路名称，1∶2000、1∶1000、1∶500 地形图上还要标注乡间道路名称。

9. 大型管线名称在各类比例尺地形图上都标注。

## 三、地形图编辑规定

6.2.3.1　注记、符号、分幅、图廓整饰规定

1. 公路地形图的注记符号宜以路线前进方向的左侧正方向为上，等高线的注记字头指向山顶或高地。

2. 公路地形图测绘时宜按路线前进方向采用正方形或矩形分幅。每幅图测出图廓外 5mm，图幅的接边误差不超过表 6.2-4 和表 6.2-5 规定值的 $2\sqrt{2}$ 倍，超过规定值时，进行实地测量检查。

3. 地形图的图廓整饰可按图 6.2-1 执行。除图廓标注坐标外，还要在测图范围周围和测图范围内适当位置标注坐标。

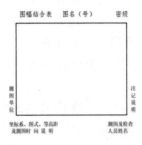

**图 6.2-1 图廓整饰示意图**

### （二）地形图编辑的检查内容

地形图进行编辑时，需要进行下列各项检查：

1. 检查当前图形文件的分层与项目技术设计书规定一致性。

2. 检查各类点状、线状及面状地物要素的符号表示与项目技术设计书规定的一

致性。

3. 检查各类境界、地理名称、测图及植被符号等是否存在遗漏或与外业资料不统一的现象。

4. 检查当前图形与相邻图形的接边精度，地形图在接边处的所有要素进行 100% 的检查，当接边精度超限时，需检查修改。

5. 地形图编辑完成并进行检查后，统一地进行图形修剪并叠加形成完整的地形图成果文件。

### （三）各种要素的配合表示规定

地形图上的各种要素有时存在多个表示并存的现象，需按下列要求进行配合表示：

1. 地形图要素取舍和表示本着突出重点、内容全面、注重地物、合理避让的原则，并重点考虑公路规划、设计、建设的要求。

2. 当两个地物中心重合或接近难以同时准确表示时，把对公路建设影响较大的地物准确表示，影响较小的地物移位 0.2mm 表示。

3. 独立地物与房屋、道路、水系等其它地物重合时，要中断其它地物符号，将独立地物完整绘出。

4. 房屋或围墙等高出地面且建筑物边线和坎坡上沿线重合时，中断坎坡上沿线，将建筑物边线完整绘出。

5. 悬空在水上的房屋与水涯线重合时，间断水涯线，把房屋完整绘出。

6. 水涯线与陡坎重合，用陡坎边线代替水涯线；水涯线与斜坡脚重合时，在坡脚将水涯线绘出。

7. 双线道路与房屋、围墙等高出地面的建筑物边线重合时，以建筑物边线代替路边线，道路边线与建筑物的接头处应间隔 0.2mm。

8. 地类界与地面上有实物的线状符号重合时，省略不绘；与地面无实物的线状符号（如架空管线，等高线等）重合时，将地类界移位 0.2mm 绘出。

9. 等高线与房屋及其它建筑物、双线道路、路堤、路堑、坑穴、陡坎、斜坡、湖泊、双线河以及各种文字、数字注记等相交时均中断。

10. 各类点状符号与线状要素符号重合或接近难以同时准确表示时，将点状符号移位表示。

11. 测绘依比例尺表示的地物时，要准确测绘地物轮廓线并填绘符号；测绘不依比例尺表示的地物时，要准确测绘地物定位点或者定位线。

### （四）数据分层规定

地物标识、地貌属性的特征代码设计宜与国家标准图式编号一致，地形图数据分层宜参照表 6.2-10 执行。

表 6.2-10 地形图数据分层

| 数据层名 | 数据层号 | 英文字母缩写 |
|---|---|---|
| 内、外图廓及整饰 | 20 | NET1 |
| 方格网 | 21 | NET2 |
| 等高线 | 22 | CONT |
| 高程注记点 | 23 | POI |
| 测量控制点 | 24 | CON |
| 独立地物 | 25 | SGI |
| 居民地和灯栅（面） | 26 | RES1 |
| 居民地和玩栅（点、线） | 27 | RES2 |
| 工矿建（构）筑物及其它设施（面） | 28 | IND1 |
| 工矿建（构）筑物及其它设施（点、线） | 29 | IND2 |
| 铁路及附属设施（面） | 30 | TRA1 |
| 铁路及附属设施（点，线） | 31 | TRA2 |
| 管线及附属设施 | 32 | PIP |
| 水系及附属设施（面、线） | 33 | HYD1 |
| 水系及附属设施（点） | 34 | HYD2 |
| 境界 | 35 | BOU |
| 地貌和土质（面） | 36 | TER1 |
| 地貌和土质（点、线） | 37 | TER2 |
| 植 被（面） | 38 | VEG1 |
| 植被（点、线） | 39 | VEG2 |
| 地名注记（定位点） | 40 | ANO |
| 说明注记（定位点） | 41 | ANN |
| 高等级公路 | 42 | HIW1 |
| 高等级公路服务区、收费站 | 43 | HIW2 |
| 高等级公路交通工程附属设施 | 44 | HIW3 |
| 低等级公路 | 45 | HIW4 |
| 乡村道路 | 46 | ROD |
| 公路设计要素 | 47 | DES |

## 四、地形图的修测与补测

### （一）地形图修补测的条件

公路工程地形图的现势性虽然没有城市地形图内容变化快，但因为一些公路项目虽已测绘了地形图，但未能按期进行施工建设，当项目重启以后，原有地形图内容发生了很大变化。按照有关规定，当地形图内变化面积不超过 20% 时，则需要进行地形图的修补测，依此来保证地形图的现势性。也即为保证地图的现势性，在已测制的地图上，按照统一的技术要求，对于地面变化了的地理要素进行修改与补充的工作称为地形图的修补测。

### （二）地形图修补测的方法

在地图修测之前，要首先分析原图的精度是否符合现行测量规范的要求，表示的内容和形式与现时要求是否相适应，比较图内地形要素变化的程度，进而确定地图修测的内容和方法。根据不同情况，可采用下列方法：

1. 利用新近测制的较大比例尺的地图资料，按照规范规定的技术要求，对需要修测的地图内容用综合取舍、缩放套合、切割镶嵌等方法编辑成图。

2. 利用最新的航摄像片制作 DOM，然后利用纠正后的 DOM 进行变化要素采集更新，是目前较为常见且可行的方法。

3. 采用全站仪、GNSS RTK 或网络 RTK 相结合的方法进行实地要素采集，从而对变化了的地物和地貌要素进行修测和补充。

### （三）地形图修补测的内容

由于地物的变化率远比地貌快，因此，补测修测地形图主要是补测修测地物部分，同时也要对变化的地貌加以补测修测，特别是原来测量时表现的不完全的地貌。故地形图补测修测的主要内容包括下面几个部分：

1. 要对修侧补测区域周边的地理状况进行了必要的理顺。

2. 从旧图上去掉在实地已变化了的或地面上已不存在的各种地物符号。如改建的房屋、道路、填平的坑穴等。

3. 在原有图上用相应的符号，描绘出地面上新增加的地物。如新建的厂矿企业、道路、水渠、新架设的高压输电线等。

4. 位置未改变但类别属性已改变的地物，用新符号描绘在地形图上。如原图上的草地已变成树林，土路已改建成公路，人行桥改建成了车行桥等。

5. 检查和改正所有的说明、注记及地物名称。

6. 地貌改变较大的地方，原图上的地貌部分也要进行修测。

### （四）地形图修补测的精度要求

地形图修补测以后，要进行地形图的数学精度的检查，其达到和原有地形图同等精度时才能满足要求。

# 第三节　全野外数字化测图

目前，全野外数字化测图主要用于中小区域公路工程测量，基本采用全站仪、GNSS RTK 或网络 RTK 进行要素采集，利用软件编辑成图。

## 一、全野外数字化测图介绍

### （一）数字化测图的概念

数字化测图是以计算机为核心，在外连输入输出设备硬件、软件的条件之下，通

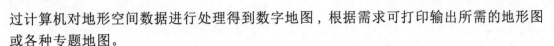

过计算机对地形空间数据进行处理得到数字地图，根据需求可打印输出所需的地形图或各种专题地图。

广义的数字化测图又称为计算机成图，主要包括：地面数字测图、地图数字化成图、航测数字测图、计算机地图制图。在实际工作当中，大比例尺数字化测图主要指野外实地测量即地面数字测图，也称野外数字化测图。

### （二）数字化测图的特点

#### 1. 点位精度高

野外数字化测图若距离在 300m 以内时，地物点测量误差约为图上 ±0.3mm，地形点高程测量误差约为 ±18mm，远高于传统平板测图方法的相应精度。

#### 2. 改进了作业方式

数字测图则使野外测量达到自动记录、自动处理解算、自动成图。数字测图自动化的程度高，出错（读错、记错、展错）概率小，可以自动提取坐标、距离、方位和面积等，绘制的地形图精确、规范、美观。

#### 3. 便于图件的更新

采用地面数字测图能克服大比例尺白纸测图持续更新的难题，使地形图的更新和修改更加快捷，有利于保持地形图的可靠性与现势性。

#### 4. 方便成果的深加工利用

数字化测图的成果是分层存放，不受图面负载量的限制，从而便于成果的加工利用。

#### 5. 可作为 GIS 的重要信息源

地理信息系统具有方便的信息查询功能、空间分析功能以及辅助决策功能，数字化测图作为 GIS 的信息源，能及时提供各类基础数据，进而更新了 GIS 数据库。

### （三）数字化测图的工作流程

数字化测图的工作流程如图 6.3-1 所示。

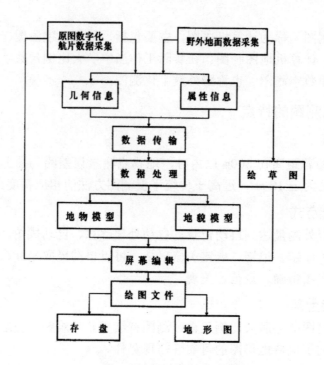

图 6.3-1 数字化测图流程图

上图的流程可归纳成：

1. 数据采集；

2. 数据处理：包括测图与编辑；

3. 数据输出：包括生成绘图文件、打印图纸及提供数据光盘等；

4. 数据存贮或数据入库。

### （二）全野外测图的适用范围

全野外数字化测图适用于下列情形：

1. 地势较为平坦，路线较短（小于 15km），面积较小（面积小于 10km2）没有底图的地区，用全站仪或 GNSS RTK 实地测量。

2. 适用于地上建筑物不密集的小面积地区。

3. 适用于无人机不能作业的小面积地区。

4. 适用于公路工程新增构造物的测量，如涵洞、中小桥、立交桥及服务区等。

## 三、全野外数字化测图的主要技术要求

### （一）图根点测量的技术要求

图根点测量的主要技术要求可参照下列规定：

1. 图根点平面坐标测量可采用导线测量、极坐标测量、GNSS RTK 测量及 GNSS

静态测量等方法进行。

（1）采用导线测量方法测量图根点平面坐标时需要注意：

①图根导线测量的主要技术要求要符合表 6.3-1 的规定；组成结点后，结点间或结点与起算点间的长度不要大于表中规定的 0.7 倍；当导线长度小于表中规定 1/3 时，其绝对闭合差不应该大于图上 0.3mm。

表 6.3-1 图根导线测量的主要技术要求

| 边长测定方法 | 测图比例尺 | 导线全长（m） | 平均边长 | 测回数 | 测角中误差（"） | 方位角闭合差（"） | 导线最大相对闭合差 |
|---|---|---|---|---|---|---|---|
| 光电测距 | 1:500 | ≤ 750 | 75 | ≥ 1 | ≤ 20 | ≤ ±40 $\sqrt{n}$ | ≤ 1/4000 |
| | 1:1000 | ≤ 1500 | 150 | | | | |
| | 1:2000 | ≤ 3000 | 300 | | | | |
| | 1:5000 | ≤ 6000 | 500 | | | | |

注：n 为测站数。

②导线需起闭于路线等级控制点上，在路线等级控制点基础上发展的导线点不要超过两级。图根导线的角度测量需采用全站仪、经纬仪施测，边长宜采用光电测距仪施测。测回数均不应少于 1 测回，

③条件受限制时，可布设成支导线，但边数不宜超过 3 条，且平均边长不超过测图最大视距长度，边长要往、返测量，角度分别测左、右角各 1 测回，这圆周角闭合差不超过 40"。

④采用光电测距极坐标法测量时，需 2 次测边、测角，坐标较差不得大于 M/10000（M 为测图比例尺分母）m，高程较差不得大于 1/5 基本等高距。

（2）采用 GNSS RTK 施测图根点平面坐标和高程时可参照下列要求：

①基准站与流动站始终保持同步锁定 5 颗以上卫星，GDOP 值小于 6。

②流动站至基准站的距离小于 5km。

③天线高测前、测后各量测 1 次，2 次互差不超过 3mm。

④求解转换参数的高等级点要包含整个作业区间，均匀地分布于作业区域的周围，采用的控制点多于 4 个，流动站至最近的高等级控制点小于 2km，图根点不得外推．

⑤在作业区间内，至少检核 2 个以上的高级控制点。

2. 图根点高程测量可采用 GNSS RTK 测量、GNSS 静态测量、光电测距三角高程测量、水准测量及交会法等方法进行。当基本等高距为 0.5m 时，图根点高程宜采用水准测量方法施测。

（1）图根水准测量的主要技术要求要符合表 6.3-2 的规定；组成结点后，结点间或结点与高级点间的长度不大于表中规定的 0.7 倍。当水准路线布设成支线时，要进行往、返观测，其线路长度不大于 3km。

表 6.3-2 图根水准测量的主要技术要求

| 每公里观测高差全中误差（mm） | 水准路线长度（km） | | 视线长度（m） | 观 测 次 数 | | 往返较差、附合或环线闭合差（mm） | |
|---|---|---|---|---|---|---|---|
| | 附合路线或环线 | 支线长度 | | 附合或闭合路线 | 支线或与已知点联测 | 平原微丘 | 重丘山岭 |
| ≤ 20 | ≤ 6 | ≤ 3 | ≤ 100 | 往一次 | 往返各一次 | ≤ ±40 $\sqrt{L}$ | ≤ ±12 $\sqrt{n}$ |

注：L 为水准路线长度，单位 km； n 为测站数。

图根水准测量的技术要求，是根据图根水准测量每 1km 高差中误差为 20mm 进行设计，并根据实际经验制定的。

（2）采用光电测距三角高程测量测量图根高程时，可以参照下列要求：

①高程路线起闭于高级控制点，其路线长度不大于图根水准的长度。

②主要技术指标要符合表 6.3-3 的规定。

表 6.3-3 图根三角高程测量的主要技术要求

| 每公甲观测高差中误差（mm） | 最大边长（m） | 垂直角 | 指标差较差垂直角较差（″） | 对向观测高差较差（mm） | 附合或环线闭合差（mm） |
|---|---|---|---|---|---|
| ≤ 20 | 600 | 中丝法 ≥ 2 测回 | ≤ ±25 | ≤ ±60 $\sqrt{D}$ | ≤ ±40 $\sqrt{\sum D}$ |

注：D 为边长，单位 km。

③光电测距边的加常数、乘常数与气象改正数大于边长的 1/10000 时，需加入改正。

④仪器高、觇标高量取值至 1mm。

3. 图根点相对于邻近等级控制点的点位中误差不大于所测比例尺地形图上 0.1mm。高程中误差不大于测图基本等高距的 1/10。

4. 图根点宜选在地势较高、视野开阔的地方，埋设木质或混凝土标石标志并编号。

5. 图根点计算可采用近似平差方法，角度计算取位至秒，边长、坐标和高程计算取位至 mm，最终坐标和高程取至 10mm。

## （二）图根点布设的密度要求

图根点的密度要根据测图比例尺和地物、地貌复杂程度以及测图方法而定。主要由距离测量的方法决定。采用视距法测距时，由于能测量的距离较短、精度较差，因此规定的最大视距长度较小，图根点密度较大，而采用测距仪则相反。根据视距法测图最大视距长度，采用式（6.3-1）估算正方形分幅（500mx500mm）与矩形分幅（500mm×400mm）每幅图的图根点密度。

$$每幅图图根点点数 = K \times \frac{每幅图的实测面积}{(0.5 \times 最大视距)^2} \qquad (6.3-1)$$

式中：K—布点不均匀系数。

由于作业员的经验不同，K 值可能差别很大，当采用 K=1.5 的进行计算，并化算为点数 /km²，其计算值与取用值列于表 6.3-4。

表 6.3-4 图 根 点 的 密 度

| 比例尺 | 每幅的实测面积（km²） | | K 的取值 | 每幅图图根点点数 | | 点数 /km² | |
| --- | --- | --- | --- | --- | --- | --- | --- |
| | 正方形分幅 | 矩形分幅 | | 正方形分幅 | 矩形分幅 | 计算值 | 取用值 |
| 1:500 | 0.0625 | 0.05 | 1.63 | 9.24 | 7.4 | 148 | 145 |
| 1:1000 | 0.25 | 0.2 | 1.55 | 12 | 9.6 | 48 | 45 |
| 1:2000 | 1 | 0.8 | 1.35 | 15 | 12 | 15 | 14 |
| 1:5000 | 6.25 | 4 | 1.15 | 1.58 | 1.26 | 0.63 | 1 |

采用测距仪或全站仪测图时，设站的图根点至测点的距离可以放长，图根点的密度可相应减少，根据实践经验取表中 0.4 倍的值。采用 GNSS RTK 测图时，其密度可进一步减少，取表中 0.2 倍的值，完全可以满足测图需要并保证测图精度。地形复杂、隐蔽及城镇区，以满足测图需要为原则，适当地加大图根点密度。

### （三）数据采集要求

采用光电测距法时，测距最大长度要符合表 6.3-5 的规定，其中垂直角超过±10°时，测距长度适当缩短。

表 6.3-5 光电测距法测距最大长度表

| 比 例 尺 | 测距最大长度（m） |
| --- | --- |
| 1:500 | ≤ 240 |
| 1:1000 | ≤ 360 |
| 1:2000 | ≤ 600 |
| 1:5000 | ≤ 900 |

1：500、1：1000 比例尺施测主要地物时，测距读数读至 0.1m。采用 GNSS RTK 方法测量地形图时，每一次基站架设后，至少检核 1 个高级控制点，这检测的坐标差和高程差要符合表 6.2-4 和表 6.2-5 的规定。

## 四、全野外数字化模式测图的作业模式

全野外数字化测图的实际作业中，按照数据记录方式的不同可分为 3 种作业模式，即电子平板作业模式、绘制观测草图作业模式及碎部点编码作业模式。

### 1. 电子平板或 PDA 模式

该模式是将电子平板或 PDA 手簿通过专用电缆与全站仪之间进行数据连接，观测数据直接进入电子平板或 PDA 手簿，在成图软件上现场连接成图。

该模式的优点是：内业成图速度快，由于外业采集时线状地物已经连接，地物属性已配赋，内业处理时只需要对线状地物的拐点加以处理，进行等高线绘制以及植被均匀符号化即可。对于高程点，外业采集时可根据情况选择不展点操作，从而减少内业高程点的过滤工作。若外业时间允许，还可以直接利用电子平板或 PDA 手簿进行第

一时间巡视。

该模式的缺点是：因全站仪与电子平板或 PDA 间的数据传输慢，造成外业数据采集效率低。若数据较多时，电子平板或 PDA 本身反应较慢，数据传输线容易损坏；偶尔一个误操作或电子平板电量不足可能造成数据的部分丢失或全部丢失。由于操作界面小，操作起来也较烦琐。在北方地区，因为天气寒冷，造成电子平板耗电快，经常出现因电量不足而被迫停止工作的现象，降低了工作效率。

2. 绘制观测草图模式

该模式是采用全站仪或 GNSS RTK 进行外业采集数据，司镜员或专职绘图员实时记录测点点号及所测地物的形状、类别及相关地物之间的位置关系。内业处理时，将观测数据传至计算机并转换至测图软件支持的文件格式，利用测图软件展绘测点点号及其高程，对照野外绘制的草图进行测点连线和图形编辑。

该模式的优点是：随测随绘，地物间的相互关系明晰，可以省去很多不必要的无效点，主要技术人员进行草图绘制和内业成图编辑，提高内业成图的质量和效率。当草图描述较为清晰明了时，司镜员也常进行图形编辑。

这个模式的缺点是内业处理工作量大。

3. 编码模式

该方法是按照一定的规则给每一个碎部点一个编码，每个观测一个碎部点通过全站仪或 RTK 手簿键入一个编码，即一个编码对应一组地物地貌。内业成图时，在成图软件的支持下，由计算机进行编码识别，并自动完成测点间的连线。

该模式的优点是可以减少很大一部分内业成图的工作量，与草图模式相比，可以解放专门的绘制草图人员而增加司镜员。

该模式的缺点是对仪器操作员要求较高。

以上三种模式各有其优缺点，在实际工作中，通常采用草图模式和编码模式相结合的方法，取长补短，即相对简单的地形地貌，采用编码法；相对复杂的地方采用草图法。当成图面积较小且客观环境条件较好时，电子平板法则是最快的成图方法。

# 第四节　航空摄影测量法

航空摄影测量法即航测法是地形图成图技术的一次重要性飞跃，是一个关键节点，也是一个转折点。该项技术的出现，使得地形图成图的效率得到了大幅度提升，作业人员的外业强度有了显著降低，人身安全也得到了有效保障。

# 一、航空摄影测量的基础知识

## （一）基本概念

### 1. 航空摄影测量

从飞机等航空飞行器上，采用航空摄影机获取地面影像所进行的摄影测量称谓航空摄影测量。

### 2. 航高

飞机等航空飞行器摄影时的飞行高度叫航高，分成绝对航高和相对行高。绝对行高是指航空摄影机物镜中心相对于平均海水面为基准面的垂直距离。相对行高则是航空摄影机物镜中心相对测区某一高程面的垂直距离。

### 3. 航空摄影比例尺

摄影机焦距与相对行高之比值或像幅上两点长度和相应实地之比值。

### 4. 像主点

摄影物镜后节点在影像平面上的投影。

### 5. 摄影基线

摄影时相邻摄影中心间的连线。

### 6. 像片基线

立体像对上两相邻像主点间的连线或距离。

### 7. 基高比

摄影基线长度与相对行高之比。

### 8. 影像分辨率

记录数据的最小度量单位，一般用来描述在显示设备上所能够显示的点的数量（行，列），或者影像中一个像元点所表示的面积。

### 9. 地面分辨率

影像分辨率的线对宽度所对应的地面距离；也或一个像元所对应的地面的大小。

### 10. 航向重叠

航空摄影中，同一航线内相邻像幅上具有同一地面影像的部分，称谓航向重叠，也叫纵向重叠。

### 11. 旁向重叠

航空摄影中，相邻航线间的相邻像幅上具有同一地面影像的部分，称作旁向重叠，也叫横向重叠。

### 12. 像片控制点

为满足影像测量加密或测图需要而在实地测定坐标和高程的控制点，简称像控点。

### 13. 像片调绘

利用影像进行判读调查绘注有关地理要素工作的总称。

### 14. 相对定向

根据同名光线共面的原理，恢复或者确定像对中左、右片在摄影瞬间的相对关系的过程。

### 15. 绝对定向

根据像控点确定立体模型比例尺和地面坐标系中所处位置的过程。

### 16. 解析空中三角测量（空三加密）

航空摄影测量中，根据像点和单元模型的点坐标与相应地面点坐标的解析关系，或每两条同名光线共面的解析关系，构成摄影测量网进行平差计算的空中三角测量。而空三加密即解析空中三角测量。

### 17. 模拟摄影测量

模拟摄影测量是利用光学、机械或光学机械等模拟方法重建或恢复与摄影时相似的几何关系，实现摄影光束的几何反转，这类模拟方法称为经典摄影测量。模拟法测图主要分为综合法和全能法两种，其方法和原理虽然直观、易懂，但存在着明显的缺点和局限性。主要是模拟精度低，资料使用上具有一定的限制性及产品较为单一。

### 18. 解析摄影测量

解析摄影测量是以计算机为主要手段，通过对摄影像片的量测和解析计算方法的交会方式来研究和确定所摄物体的形状、大小、位置、性质和相互关系，并提供各种摄影测量产品的一门科学。解析摄影测量虽然与模拟摄影测量有着相同的原理与作业方法，但模拟解算变成了计算机数值解算，光学或机械交会变成了"数字导杆"的交会。

### 19. 数字摄影测量

数字摄影测量是解析摄影测量进一步发展的结果和产物，从广义上说，它指的是从摄影测量及遥感所获取的数据中，采集数字化图形或数字影像，在计算机中进行各种数值、图形和影像处理，研究目标的几何与物理特性，从而获得各种形式的数字和可视化产品。

### 20. 影像数字化测图

是利用计算机对数字影像或数字化影像进行处理，用计算机视觉（其核心是影像匹配与影像识别）代替人眼的立体量测与识别，完成影像几何与物理信息的自动提取。

还有一种类型称之为混合数字摄影测量，通常是在解析测图仪上安装一对 CCD 数字相机，对要量测的局部影像进行数字化，再进行数字相关（匹配）获得点的坐标。

### 21. 数字影像

数字影像是数字摄影测量的基础原始数据。数字影像是以像元（像素 pixel=picture ele-ment）为单位，以灰度值表示的灰度矩阵。像素的灰度值常以 8 位二进制数表示，即一个字节（byte），当数字影像是彩色影像时，影像的数据量是灰

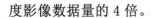

度影像数据量的 4 倍。

### 22. 影像重采样

影像重采样是指在原采样的基础上再一次采样，就欲求不位于采样矩阵点的灰度值时，就需要进行内插，称之为影像重采样。每当对数字影像进行几何处理时，就需要进行影像重采样，影像的旋转、核线影像排队以及数字影像纠正均属于影像重采样的范畴。

### 23. 影像镶嵌

影像镶嵌也可简单地理解为影像拼接，即对若干幅互为邻接的影像通过几何镶嵌、色调调整、去重叠等处理，拼接为统一的数字影像。影像镶嵌的目标是通过空间位置镶嵌取得空间位置的一致；通过色调调整取得辐射信息的一致。影像镶嵌的主要步骤包括：影像预处理、确定重叠区、色调调整及影像镶嵌。

### 24. 影像匹配

数字影像匹配，是利用计算机以数值计算方式，按特定的算法，根据一定的准则，比较左、右影像（或多幅）的相似性，来确定其是否为同名影像块，进而确定相应同名像点。数字影像匹配是数字摄影测量的核心问题。

## （二）航空摄影测量航摄仪

航摄仪是装置在飞机或其他飞行器上对地面进行摄影的仪器，由镜箱、胶片暗盒、座架、传动系统、光阑系统、快门机构、卷轴机构等组成，配备有投影器、航空仪、高差仪、滤色镜及自动光束控制系统等附属设备。摄取的像片具有较高的光学几何精度和摄影质量，且可按一定的时间间隔进行自动连续摄影。

### 1. 胶片航摄仪

胶片航摄仪也叫黑白航摄仪，是一种单镜头分幅摄影机，装有低畸变透镜。透镜中心与胶片面有固定而精确的距离，称为摄影机主距。胶片幅面的大小通常是边长为230mm 的正方形。胶片暗盒能存放长达 152m 的胶片。

摄影机的快门每启动一次可拍摄一幅影像，故又称为框幅式摄影机。单镜头框幅式胶片航摄仪主要由镜筒、机身和暗盒三部分组成。框幅式胶片航空摄影机作为量测型相机，大多数设有两种类型的框标：位于承片框四边中央的为齿状的机械框标；位于承片框四角的为光学框标。

新型的航摄仪均兼有光学框标与机械框标。

### 2. 数字航摄仪

数字航摄仪是搭载在飞行器平台上对地面目标物进行摄影，获得数字化影像的仪器设备。

数字航摄仪利用一种电荷耦合器件 CCD，将镜头所成影像的光信号转化成电信号，再把这种电信号转化成计算机可以识别的"数字信号"记录下来，最后转换成影像。

在数字航摄仪中，CCD 传感器相当于航空胶片，其实质是按某种规律排列的 MOS 电容器构成的移位存贮器。MOS 是 CCD 的基础，CCD 感光的过程就是光子冲击感光元件产生信号电荷，并通过 CCD 上 MOS 进行电荷存储传输的过程。

CCD 传感器是数字航摄仪的核心元件，是由众多的微小光电二极管构成的固态电子感光部件。光电二极管的排列方式有 2 种，一种是平面阵列，众多光电二极管排列成一个平面，同时感受光信号；另一种是线状阵列，多个光电二极管排列成一条直线，逐行进行感光成像。

面阵 CCD 传感器获取图像的方式与框幅式摄影机相似，某一瞬间获得一幅完整的影像，是一个单中心投影，如图 6.4-1 所示；线阵传感器获取的图像与飞行方向垂直，在某一瞬间得到的是一条线影像，一幅影像由若干条线影像拼接而成，又称作推扫式扫描成像，如图 6.4-2 所示。

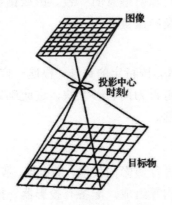
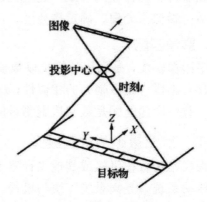

图 6.4-1 面阵传感器成像方式　　　　图 6.4-2 线阵传感器成像方式

传统的胶片航摄仪体积大、价格高、周期长、效率低，而基于数码相机的数字航摄仪体积小、价格低、周期短、效率高，数字航摄仪已经成为主流航摄仪。二者能力对比如表 6.4-1 所示 。

表 6.4-1 数字航摄仪与胶片航摄仪的对比

| 特性比较 | 子特性比较 | 数字航测 | 胶片式航测 | 备注 |
|---|---|---|---|---|
| 感光原理 | 感光原理差异<br>平面分布结构<br>信息存储方式 | 光电转换信号<br>颗粒均一排列<br>信息损失 | 颗粒噪声不确定<br>颗粒大小不均<br>无损记录 | 数字航摄仪量化级数优异；平面精度好；数字影像利于存储 |
| 分辨率 | 像空分辨率<br>光谱分辨率 | 120 光线对 /mm<br>48bit | 80-140 光线对 /mm<br>最多 24bit | CCD 成像分辨率较高<br>数字航摄仪高 |
| 感光特性 | 敏感谱段<br>宽容度 | 1.2-14μm<br>直线 | 0.25-0.78μm<br>含趾部和肩部 | 数字航摄仪光谱有害吸收小；CCD 大，适应能力强 |

现今我国应用比较多、技术比较成熟的数字航摄仪有 DMC、UCD、ADS、SWDC、A3。按厂商来分，SWDC 为我国国产的首台数字航摄仪，该数字航摄仪由中国测绘科学研究院研制成功；DMC 是由德国 ZEISS 公司和美国 Intergragh 公司共同研制的；UCD 由奥地利 VEXCEL Image 公司研制生产；ADS 系列由瑞士 Leica 和德国航天中心

共同研制。

按 CCD 来分，ADS 为线阵 CCD，其余为面阵 CCD。

按成像原理来分，ADS 采用线阵 CCD 推扫成像；DMC、UCD 和 SWDC 成像方式类似于传统的框幅式成像；A3 采用步进式分幅成像。其中 ADS 的推扫成像依赖于 IMU/DGPS 技术；DMC 和 SWDC 为多镜头框幅式成像，不同像主点拼合；UCD 也是多镜头框幅式成像，不同的是实现了同一像主点的多幅影像融合；A3 的步进式分幅成像是将步进式和框幅式成像相结合的一种成像方式，在双镜头摇摆的同时进行框幅式成像，之后进行单镜头同一像主点的多幅影像拼合及拼合之后两镜头影像的不同像主点拼合，进而实现了比较大的幅宽。

## 二、航空摄影测量

### （一）常见航空摄影方法

#### 1. 常规航摄

常规的航空摄影测量指的是在飞机上用航摄仪器对地面连续摄取像片，结合地面控制点测量、调绘和立体测绘等步骤，绘制出地形图的作业。这里的飞机可是运 8、运 12 或直升机等有人驾驶的飞行器。

#### 2. 无人机航测

无人机航摄是传统航空摄影测量手段的有力补充，具有机动灵活、高效快速、精细准确、作业成本低、适用范围广、生产周期短等特点，在小区域、飞行困难地区、高分辨率影像快速获取等方面具有明显优势。随着无人机与数码相机技术的发展，基于无人机平台的数字航摄技术已显示出其独特的优势，无人机与航空摄影测量相结合使得"无人机数字低空遥感"成为航空遥感领域的一个崭新发展方向。无人机航拍可广泛应用于国家重大工程建设、国土监察、资源开发、新农村和小城镇建设等方面，尤其在基础测绘、土地资源调查监测、土地利用动态监测、数字城市建设和应急救灾测绘数据获取等方面具有广阔前景。在公路工程的勘察、设计、施工与运营阶段都有其应用场景。无人机航摄的优势主要体现在：

无人机航测通常低空飞行，空域申请便利，受气候条件影响较小。对起降场地的要求限制较小，可在较为平整的路面上实现起降，获取航拍影像时不用考虑飞行员的飞行安全，对获取数据时的地理空域以及气象条件要求较低，能够实现人工探测无法达到地区的监测功能。升空准备时间短，操作简单、运输便利，可迅速到达作业区附近设站，每天可获取数十乃至上百平方千米的航测数据。

无人机航摄解决了传统高分辨率卫星遥感数据的存档数据时效性差以及拍摄时间较长导致的时效性相对不高的问题。无人机航拍可随时出发，随时拍摄，相比卫星和有人机测绘，可做到短时间内快速完成，及时提供用户所需成果，且价格具有相当的优势。相比人工测绘，无人机每天至少几十平方公里的作业效率必将成为今后小范围测绘的首选技术。

无人机航摄不仅解决了传统大飞机航飞受限制等问题，并且成像质量、分辨率都远远高于大飞机航拍。

无人机航摄系统携带的数码相机、数字彩色航摄相机等设备可快速获取地表信息，获取超高分数字影像和高精度定位数据，可制作成DEM、三维正射影像图、三维景观模型、三维地表模型等二维、三维可视化等成果，便于各种用户的开发和使用。

3. 倾斜摄影

该项技术是国际测绘领域近些年发展起来的一项高新技术，它颠覆了以往正射影像只能从垂直角度拍摄的局限性，通过在同一飞行平台上搭载多台传感器，同时从一个垂直、四个倾斜等五个不同的角度采集影像，把用户引入了符合人眼视觉的真实直观世界。具有以下特点：

特点一：反映地物周边真实情况

相对于正射影像，倾斜影像能让用户从多个角度观察地物，更加真实的反映地物的实际情况，极大的弥补了基于正射影像应用不足。

特点二：倾斜影像可实现单张影像量测

通过配套软件的应用，可直接基于成果影像进行包括高度、长度、面积、角度、坡度等的量测，扩展了倾斜摄影技术在行业中的应用。

特点三：建筑物侧面纹理可采集

针对各种三维数字城市应用，利用航空摄影大规模成图的特点，加上从倾斜影像批量提取及贴纹理的方式，能够有效的降低城市三维建模成本。

特点四：应用场景更广泛

倾斜摄影是获取实景三维的首选技术，其成果可以用三维、二维等多种形式展现，因此拓宽了其应用领域。

## （二）成图比例尺与地面分辨率及基高比的关系

数字摄影的成图比例尺地面分辨率与航摄仪基高比宜符合表6.4-2的规定。

**表 6.4-2 成图比例尺地面分辨率与基高比的关系**

| 区域类别 | 成图比例尺 | 地面分辨率（m） | 航摄仪基高比 |
|---|---|---|---|
| 一般地区 | 1:500 | ≤ 0.05 | ≥ 0.3 |
| | 1:1000 | ≤ 0.10 | |
| | 1:2000 | ≤ 0.20 | |
| | 1:5000 | ≤ 0.50 | |
| 城镇建筑区 | 1:500 | ≤ 0.05 | ≥ 0.5 |
| | 1:1000 | ≤ 0.10 | |
| | 1:2000 | ≤ 0.20 | |

注：航摄仪基高比按 $b/f$ 计算，$b$ 为影像基线，$f$ 为摄影机焦距。

## （三）航带设计要求

公路航空摄影是以路线走向为导向，连续布设若干个首尾相接的航摄分区覆盖全部路线方案的带状摄影。因此，航带设计要以公路规划任务书、公路工程可行性研究报告、公路勘察任务书等技术文件为依据。从技术、经济角度考虑，各航摄分区的设置宜首选单航带摄影；当路线弯曲过大或遇到需要加大摄影宽度的地带，如特大桥、大桥、隧道、大型互通式立交、多方案密集分布处，可以布设多航带摄影。各航带交接处不要有摄影漏洞，重叠部分至少具有两条以上摄影基线。

航带的长度要适宜，太长会使航线的弯曲度和航偏角难以达到规范的要求，航带长度过短又会使航摄飞机调机频繁、空飞时间多、测段接头也较多，航带过长或过短都不利于航测外控测量和内业三维数字化测图。

同一航带中地形起伏的高差不宜过大，以利于航空摄影时航高差的控制。

航带设计可在 1：5 万～ 1：10 万地形图上进行，参照下列要求执行：

1. 1：2000 及以上比例尺地形图，线路中心线两侧航摄范围宜各大于 500m，1：5000 及以下比例尺地形图，线路中心线两侧航摄范围宜各大于 1000m。

2. 大桥、特大桥、大型互通式立交及服务区、管理区等，航摄范围要超出其区域范围构成的多边形每边 500m 以上。

3. 工程起、终点处宜纵向向外延伸至少 1000m。

4. 航摄范围横向每侧要覆盖成图区域以外一个航带 20% 以上的宽度，纵向各向外延伸 2～ 3 条摄影基线。分区纵向方向，航带两端各超出了分区范围 1 条基线以上，横向方向要满足设计要求，航迹线偏移小于像幅的 10%。

5. 根据路线平面线形变化和高差变化进行航摄分区，当航摄比例尺小于 1：8000 或航摄影像的地面分辨率低于 0.2m 时，分区内的地形高差要小于 1/4 摄影航高；航摄比例尺大于或等于 1：8000 或航摄影像地面分辨率优于 0.2m 时，要小于 1/6 摄影航高。

6. 分区的长度不宜小于 6.0km，并宜布设是规则矩形。

7. 航摄分区接头的部分不能产生漏洞，其重叠部分至少要具有 2 条以上摄影基线。在地形困难地区，分区的结合部宜设置在地形较好地段。

（四）航摄飞行质量检查

进行航空摄影时，在保证飞机最低安全高度与避免摄影死角的前提下，尽量选用短焦距镜头，其飞行质量可按下列要求进行检查：

1. 像片或航摄影像的重叠度可参照表 6.4-3 的规定。

表 6.4-3 像片或航摄影像重叠度

| 方　向 | 个别最小值（%） | 一　般　值（%） | 个别最大值（%） |
|---|---|---|---|
| 同一航带航向重叠 | 56 | 60 ～ 65 | 75 |
| 相邻航带旁向重叠 | 15 | 30 ～ 35 | — |

2. 像片倾角要小于 2°，个别最大可为 4°。采用轻型飞行器、无人飞行器摄影时，航向倾角最大不要超过 8°。

3. 数码影像的旋偏角要符合表 6.4-4 的规定，且同一摄影分区内，达到或接近最大旋偏角的像片不得连续超过 3 片。

表 6.4-4 旋偏角

| 航摄比例尺（K） | 一般值（°） | 个别最大值（°） |
|---|---|---|
| K ≤ 1/8000 | ≤ 4 | ≤ 6 |
| 1/8000 < K ≤ 1/4000 | ≤ 6 | ≤ 8 |
| 1/4000 ≤ K | ≤ 8 | ≤ 10 |

4. 同一航带上相邻像片或影像的航高差要小于 20m，同一航带上最大航高与最小航高之差要小于 30m，摄影分区内实际航高和设计航高之差不大于 50m。

5. 航线的弯曲度要小于 3%。

6. 漏洞补摄时，要根据原设计要求及时进行，宜采用与原摄影相同类型的航摄仪，纵向覆盖要超出漏洞外 1 条基线以上。

在飞行质量检查要求中，像片重叠度、倾角、旋偏角、航高差、航线弯曲度等各项的要求限差取值与国家规范相同。

沿路线走廊的纵向覆盖，要求航带两端各超出分区范围 1 条基线以上，保证分区接头部位的搭接宽度，避免产生漏洞。

航迹线偏移要小于像幅的 10%，这是对飞行时航迹线偏移提出的比较严格的要求，以保证路线走廊带范围完全包含在像片有效范围内。

### （五）航摄影像质量检查

数码航空摄影的质量要符合下列要求：

1. 数码影像无歪曲像差。

2. 对原数码影像合并时，对应点的精度小于 0.2 像素。

3. 合并后，对比原数码影像不产生质量退化。

4. 黑白影像的辐射分辨率不小于 8bit，且影像的反差适中、影像清晰、层次丰富。

5. 彩色影像的色彩深度不小于 12bit，饱和度等级不小于 10 级，且幅和幅之间色调宜基本一致。

6. 图像文件的格式为非压缩的通用格式。

## 三、成图工作流程

### （一）传统航测法成图生产工序

传统航测法成图的工序可归纳为"两外两内"，即外业像控点测量→内业测图→外业调绘→内业编绘。具体讲包括：像控点测量、内定向、相对定向、空中三角测量即像控点加密计算（含区域平差和联合平差方法）、绝对定向、地物采集、地貌采集、原图编辑、原图清绘、外业补测和补调以及内业再编辑等。

### （二）数字摄影测量系统生产作业流程

数字摄影测量系统生产作业流程主要包括以下环节：数字影像输入、自动空中三角测量（包括自动内定向、自动选点与刺点、自动相对定向、半自动控制点量测、区

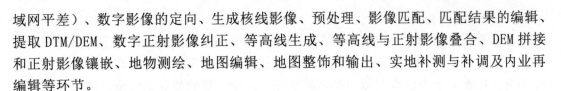

域网平差）、数字影像的定向、生成核线影像、预处理、影像匹配、匹配结果的编辑、提取 DTM/DEM、数字正射影像纠正、等高线生成、等高线与正射影像叠合、DEM 拼接和正射影像镶嵌、地物测绘、地图编辑、地图整饰和输出、实地补测与补调及内业再编辑等环节。

### （三）像控点布设要求

像片控制测量即像控测量是在测区已建立的首级控制测量基础上，测定像片控制点的平面坐标和高程，主要有全野外控制测量和非全野外控制测量两种方法。全野外控制测量是指航测成图所需的全部控制点都由外业施测得到，这种方法主要适用于平坦地区测图或成图比例尺较大、精度要求较高的工程项目；非全野外控制测量是指在野外根据一定的要求只测定少量必须的控制点，然后以此为依据，在室内利用解析空中三角测量的方法加密出测图所需的全部控制点。外业控制测量的成果是航测内业测图的基本依据，其质量将直接影响到成图的精度，所以，外业控制测量要按有关规定执行。而像控点的布设则是外业控制测量的重要环节，以下将对像控点的布设方法以及测量方法等进行详细介绍。

#### 1. 像控点的布设原则

（1）像控点要布设在航向三度重叠范围内，困难时可布设在二度重叠范围内。

（2）相邻航线之间的像控点尽量公用，并且布设在旁向重叠中线附近，位于航向和旁向六度重叠范围内，困难时可位于五度重叠范围内。

（3）分别布点时控制范围在像片上所裂开的垂直距离需小于 10mm，当条件受限制时要小于 20mm。

（4）位于自由边的像控点连线能控制住测图范围。

（5）对于控制线路方案的重点工程地段，要增加像控点。

（6）胶片摄影的像控点距像片边缘要大于 15mm，离方位线的距离要大于 60mm。

（7）数码摄影的像控点距影像边缘要大于 10mm，离方位线的距离要大于影像幅面相应边长的 1/4。

（8）像控点离开通过像主点且垂直于方位线的距离不要大于 10mm，困难时个别点位不大于 15mm。

（9）像控点布设可根据航带数不同采用航线法布点和区域网布点，无论采用何种方式布点，均要保证区域四周至少有 6 个平高点。

#### 2. 像控点布设的方法

像控点布设与航摄比例尺、地形条件、内业成图方法和精度要求有关。布点以满足室内加密和内业成图的精度要求为原则。像控点有三种形式：一种是只需测出其平面坐标的像控点，称为平面控制点；另种只需测出高程的像片控制点，称为高程控制点；第三种是测出平面和高程的像控点，称为平高控制点，这三种控制点一般简称为平面点、高程点和平高点。根据像控点测量方法的不同，其布设有非全野外布点和全野外布点两种方式。

（1）非全野外布点

非全野外布点指按一定的要求布设并测定少量的外业控制点，在室内采用严密的数学方法，利用计算机解算出测图所需的全部控制点的平面坐标和高程，这一过程也称为空三加密。该方法作业效率高、精度好、减少大量的外业工作量，缩短了成图周期，是公路航测中使用较多的一种方法。

①外业控制点布设原则

在满足室内加密和内业测图的前提下，外业控制点的数量要尽可能少，以节省外业工作量，缩短外业时间。采用单航线法加密控制点时，在每一个航线段内，为进行模型的绝对定向，至少需要 5 个平高点，其布设情况如图 6.4-3，该种布点方法称为五点法。在实际作业中，为检查错误，提高平差精度，往往在航线中部还增加 1 个平高点，这种布点方法称作六点法，如图 6.4-4 所示。

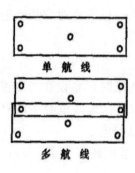

图 6.4-3　五点法

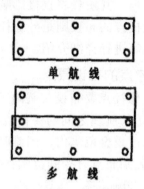

图 6.4-4　六点法

由此可见，航线段越长，外业控制点的相对总点数就越少，此时室内加密的精度相应的就会降低。若航线段过短，虽然室内加密的精度提高了，但增加了野外像片控制点的数量，加大了外业工作量。因此，在保证成图精度的前提之下，要根据影像分辨率、成图比例尺及地形条件等因素，参照表 6.4-5、表 6.4-6、表 6.4-7、表 6.4-8 中之规定（表中分子为平面控制点间隔基线数，分母为高程控制点间隔基线数，＊表示全野外布点），每隔一定的基线跨度布设一定数量的像片控制点，让之既能保证内业成图的质量，又不增加过多的外业工作量。

表 6.4-5　1:500 成图航带网布点首末端点间的间隔基线数

| 影像分辨率 | 焦距 | 地形类别 | | | |
|---|---|---|---|---|---|
| | | 平原 | 微丘 | 重丘 | 山岭 |
| ≤ 0.2m | 305 | 10/* | 10/* | 14/12 | 14/12 |
| ≤ 0.25m | 305 | 8/* | 8/* | 12/8 | 12/8 |
| ≤ 0.3m | 305 | 6/* | 6/* | 10/6 | 10/6 |

表 6.4-6　1:1000 成图航带网布点首末端点间的间隔基线数

| 影像分辨率 | 焦距 | 地形类别 | | | |
| --- | --- | --- | --- | --- | --- |
| | | 平原 | 微丘 | 重丘 | 山岭 |
| ≤ 0.4m | 152 | 8/* | 8/* | 12/14 | --/-- |
| | 210 | 8/* | 8/* | 12/12 | 12/16 |
| ≤ 0.5m | 152 | 6/* | 6/* | 10/10 | 10/16 |
| | 210 | 6/* | 6/* | 10/8 | 10/12 |
| ≤ 0.6m | 152 | */* | */* | 8/8 | 8/14 |
| | 210 | 4/* | 4/* | 6/6 | 6/10 |

表 6.4-7　1:2000 成图航带网布点首末端点间的间隔基线数

| 影像分辨率 | 焦距 | 地形类别 | | | |
| --- | --- | --- | --- | --- | --- |
| | | 平原 | 微丘 | 重丘 | 山岭 |
| ≤ 0.8m | 152 | 8/* | 8/* | 12/10 | 12/12 |
| | 210 | 8/* | 8/* | 12/8 | 12/12 |
| ≤ 1.0m | 152 | 6/* | 6/* | 10/8 | 10/10 |
| | 210 | 6/* | 6/* | 10/6 | 10/8 |
| ≤ 1.2m | 152 | */* | */* | 8/4 | 8/8 |
| | 210 | 4/* | 4/* | 6/* | 6/6 |

表 6.4-8　1:5000 成图航带网布点首末端点间的间隔基线数

| 影像分辨率 | 焦距 | 地形类别 | | | |
| --- | --- | --- | --- | --- | --- |
| | | 平原 | 微丘 | 重丘 | 山岭 |
| ≤ 2.0m | 152 | 8/* | 8/* | 12/10 | 12/12 |
| | 210 | 8/* | 8/* | 12/8 | 12/12 |
| ≤ 2.5m | 152 | 6/* | 6/* | 10/8 | 10/10 |
| | 210 | 6/* | 6/* | 10/6 | 10/8 |
| ≤ 3.0m | 152 | */* | */* | 8/4 | 8/8 |
| | 210 | 4/* | 4/* | 6/* | 6/6 |

②一般外业控制点的位置分布

1) 航线段两端的控制点要布设在航线段的四个角上，和相接的航线段应尽量公用，不能公用时要分别布点，且上、下两平高点应在通过像主点并垂直于方位线的直线上（方位线即同一张像片上相邻两张像片像主点间的连线，见图 6.4-5 所示）。如因选点困难，容许有些偏离，但互相偏离的距离不大于 1/2 像片基线（像片基线为相邻两主点间的方位线长度，用 b 表示），最大偏离不应超过一条基线，如图 6.4-5 所示。

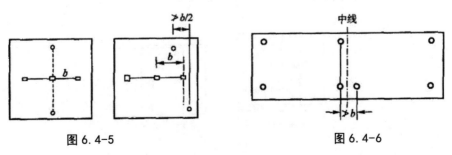

图 6.4-5　　　　　　　　　　　　图 6.4-6

193

2）六点法中间一对平高点，要设置在两端点的中线上。如有困难，容许有一定的偏离，但最大不得大于一条基线并且避免同时偏向航线段中线的一侧。如图6.4-6所示。五点法的中间点可大致布设在中央位置。

3）为了能有利于控制测区，处于测图自由边的外业控制点要布设在测图范围线以外，如图6.4-7所示。

4）当旁向重叠度小于15%，外业控制点在两相邻航线之间不能公用时，可分别布点，但在像片两外业控制点间的垂距不应大于15mm，如图6.4-8所示。

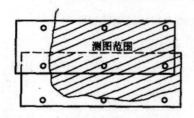

图6.4-7 测图自由边像控点布设

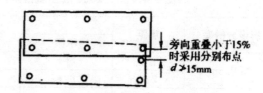

图6.4-8 旁向重叠度小于15% 像控点布设

③特殊情况的布点

1）当采用原航摄仪进行局部补摄时，和原航线衔接错开小于15%、航线弯曲小于3%、航高差小于H/50、航向重叠度合乎要求时，可视为同一航线，否则需要分别布点。

2）航偏角大于10°时，需分段布点。

3）对于控制路线方案的重点工程地段，如越岭隧道、大桥、大型立交互通枢纽等地段，可按各专业的需要增设控制点。

（2）全野外布点

全野外布设像片控制点测量的地形图精度高，但外业工作量较大，一般用于测图范围小、地形平坦且测图精度要求较高的区域。一般情况下，对每一个立体像对要布设4个平高点。当成图比例尺大于航摄比例尺4倍时，在主点附近增加1个平高点，如图6.4-9所示。如果像控点平面位置由内业加密获得，高程采用全野外实测，则将图6.4-9中的平高点改为高程控制点。对于大比例尺测图的布点在像片上的位置除满足一般规定外，还要满足下列要求：点位离开通过像主点且垂直于方位线的直线不大于10mm，困难时个别点可不大于15mm。若一张像片覆盖一幅图，4个基本定向点应选在尽量靠近图廓线的位置上，一般离图廓线在10mm以内。对于中、小比例尺测图的布点在像片上的位置，亦尽量满足上述要求。

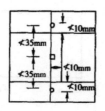

图6.4-9

### 3. 像控点的选位

由于目前的像控点选择多数是在计算机上进行，所以其位置的选择要符合下列要求：

（1）像片平面控制点要选择影像清晰、棱角分明的明显地物点，实地判点误差小于图上 0.1mm。

（2）像控点宜选在近于直角的线状地物的交点或地物拐角上。在地物稀少地区，点位目标也可选在线状地物的端点或点状地物的中心。弧形及不固定的地物，不得作为选点目标。

（3）像片高程控制点的点位选择在高程变化较小的地方。当点位选取在高于地面的地物顶部时，量注顶部与地面的比高。

（4）像片平高控制点的点位目标，要同时满足平面和高程控制点对点位目标的要求。

### 4. 像控点的测量方法

像控点的平面位置测量可采用导线测量、极坐标测量、GNSS 静态测量、GNSS RTK 等方法进行。高程可采用水准测量、光电测距三角高程测量、GNSS 静态测量和 GNSS RTK 等方法进行，各项技术要求可以按图根控制测量要求执行。

### （四）空三加密要求

航测内业空三加密可参照以下规定：

1. 野外控制点必须依据野外实际获取的点位、点位略图及点位说明等进行准确定位。

2. 加密点的选点要求按照像控点的布设要求执行。

3. 区域网平差时，当相邻航带像片重叠错端位，点位不可以达到 6 片公用时，要分别选点，互相转标，如图 6.4-10 所示。

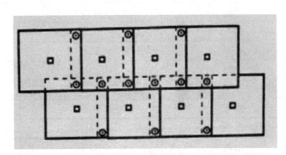

**图 6.4-10 像片旁向重叠错位时连接点的选刺**

4. 加密时，宜加入湖面、水库水面、GNSS 测量等辅助数据进行联合平差。

5. 航带沿河道、山谷布设时，注意标准点间的高差，不要出现相对定向不定性。

6. 加密点在同一测段或同一区域网中要统一编号，并注记于测绘面积外，点号不要重号。

区域网平差时，因为用于公路勘察设计的航片比例尺较大，使得在飞行过程中很难保证像片能在六度重叠内选点，为保证区域内像片连接及构网，很有必要将像片重叠处选取双点，使其旁向连接。双点连接也可增加内业加密的可靠性。

加入湖面、水库水面以及 GNSS 测量等辅助数据，可提高加密的精度及成果的可靠性。

8. 可以按式（6.4-2）进行加密点平面和高程中误差估算，内业加密点相对于最近野外控制点的平面与高程中误差不应大于表 6.4-9、6.4-10 的规定。

$$\left. \begin{array}{l} m_c = \sqrt{\dfrac{[\Delta \Delta]}{n}} \\[3mm] m_p = \sqrt{\dfrac{[dd]}{2n}} \end{array} \right\} \qquad （6.4-2）$$

式中：$m_c$ —控制点中误差，m。

$m_p$ —公共点中误差，m。

$\Delta$ —控制点的不符值，m。

$d$ —公共点较差，m。

$n$ —评定精度的点数。

表 6.4-9 内业加密点的平面位置中误差

| 地形类别 | 平原微丘 | 重丘山岭 |
|---|---|---|
| 图上平面位置中误差（mm） | 0.40 | 0.55 |

表 6.4-10 内业加密点的高程中误差

| 比例尺 | 地形类别 | 基本等高距（m） | 高程中误差（m） |
|---|---|---|---|
| 1:500 | 平原 | 0.5 | — |
| | 微丘 | 0.5 | — |
| | 重丘 | 1.0 | 0.35 |
| | 山岭 | 1.0 | 0.55 |
| 1:1000 | 平原 | 0.5 | — |
| | 微丘 | 1.0 | — |
| | 重丘 | 1.0 | 0.50 |
| | 山岭 | 2.0 | 1.0 |
| 1:2000 | 平原 | 1.0 | — |
| | 微丘 | 1.0 | — |
| | 重丘 | 2.0 | 0.80 |
| | 山岭 | 2.0 | 1.20 |
| 1:5000 | 平原 | 1.0 | — |
| | 微丘 | 2.0 | — |
| | 重丘 | 5.0 | 2.0 |
| | 山岭 | 5.0 | 3.0 |

## （五）全数字摄影测量作业中各项限差规定

航测内业成图已从传统的模拟测图、解析测图发展至全数字摄影测量测图系统。因此，全数字摄影测量系统的出现，使得航测内业在作业方法以及产品类型上也发生了根本性变化。

全数字摄影测量与常规摄影测量有相同之处，也存在较大差异，其采用的影像近年来已多为数字摄影原始影像，其作业中各项限差规定可参见下列要求：

1. 透明正片的扫描分辨率不要大于 $25\ \mu m$。

2. 当框标自动识别定位或人工交互方式进行内定向时，框标坐标量测误差需要小于 0.01mm。

3. 相对定向的精度需要满足表 6.4-11 的要求。

表 6.4-11 全数字摄影测量相对定向精度

| 影像类别 | 坐标分量观测中误差 | 连接点上下视差最大残差 |
|---|---|---|
| 数字影像（像素） | 1/3 | 4/5 |
| 胶片数字化影像（mm） | 0.01 | 0.02 |

4. 若采用胶片数字化影像，影像匹配后，立体模型的连接较差需满足式（6.4-3）的要求。

$$\left.\begin{array}{l}\Delta S \le 0.06m \times 10^{-3}\\[2mm]\Delta Z \le 0.04\dfrac{mf}{b} \times 10^{-3}\end{array}\right\}\qquad(6.4\text{-}3)$$

式中：$\Delta S$—平面位置较差，m；

$\Delta Z$—高程较差，m；

$m$—像片比例尺分母；

$f$—航摄仪主距，mm；

$b$—像片基线长度，mm。

5. 采用数字摄影时，影像匹配后，立体模型的连接较差要满足式（6.4-4）的要求。

$$\left.\begin{array}{l}\Delta S \le 0.03m \times 10^{-3}\\[2mm]\Delta Z \le 0.02\dfrac{mf}{b} \times 10^{-3}\end{array}\right\}\qquad(6.4\text{-}4)$$

式中：$\Delta S$—平面位置较差，m；

$\Delta Z$—高程较差，m；

$m$—像片比例尺分母；

$f$—航摄仪主距，mm；

$b$—像片基线长度，mm。

6. 像控点坐标输入和影像匹配后，绝对定向的各项精度指标不要大于表 6.4-12 的规定。

**表 6.4-12 全数字摄影测量绝对定向后精度指标**

| 项目 | | 精度指标 |
|---|---|---|
| 基本定向残差 | | 0.75M1 |
| 多余控制点的不符值 | | 1.25M1 |
| 公共点的较差 | | 2.0M1 |
| 平面坐标误差 | 平原微丘 | 图上 0.3mm |
| | 重丘山岭 | 图上 0.4mm |
| 高程误差 | 平原微丘 | 0.2m |
| | 重丘山岭 | 0.75M2 |

注：M1 为加密点的平面位置中误差，M2 为加密点的高程中误差。

### （六）航测内业测绘要求

航测内业需要进行地物、地貌的采集工作，除按照 6.2 节细部测绘通用要求外，还可参照下列要求进行：

1. 数据可按表 6.2-10 的规定进行分类、分层采集。

2. 图面上人工修改的地物、地貌，要在相应的图形或数据库文件中同步进行修改。

3. 地物与地貌要素的测绘按照外业定性、内业定位的原则作业，地物、地貌测绘的要求可参照 6.2 节的规定。

4. 地形图接边按规范规定进行。

5. 测绘范围宜在定向点连线以内，最大不应超过像片上定向点连线外10mm。6. 每个立体像对测完并经作业员自查后，才能更换像对。每幅图测完后，要

进行自检和互检。图历簿要填写完整并签名。

7. 测绘成果的图形文件宜采用 DWG、DGN 或可交换的 ASCII 格式。

8. 在测绘依比例尺表示的地物时，以测标中心切准轮廓线或拐角打点连线；在测绘不依比例尺表示的地物时，以其定位点或定位线确定，测绘等高线时，以测标立体切准模型描绘。

9. 路线附近的沟心、谷底、鞍部、山顶、变坡处、坎顶、坎底、公路路面与铁道轨面、道路交叉处及主要河流、湖泊及较大水塘的水边均要测注高程注记点，并符合下列要求：

（1）高程注记点切读 2 次。

（2）读数较差在测制 1：500 地形图时宜小于 0.1m，取中数注至 0.01m。

（3）小于 1：500 比例尺测图时读数较差宜小于 0.3m，取中数注至 0.1m。

10. 图形编辑时，地形图的各种符号、数字以及文字注记位置需恰当，不要与重要地物、地貌重叠。在交互式编辑等高线、水系等线状地物时，采用"捕捉"功能，使曲线接头处光滑圆顺。地类界、行政区划等封闭图形需作闭合检查。

### （七）航测调绘要求

航测调绘是摄影测量成图法的重要环节，是对内业测图过程中无法定位或者无法定性的地上物通过补充测绘与调查方式进行确认的过程。

航测调绘可按下列要求进行：

1. 航测调绘可采用像片调绘法、草图调绘法或 PAD 进行，调绘采用定量定性调绘为主、定位调绘为辅的方式。

2. 根据不同的测图比例尺的要求按照 6.2 节中地形图细部测绘通用要求，对测图覆盖区域内的各类地物的属性、名称、数量、形式等进行调查，绘制于像片上或记录于草图上或直接在 PAD 上标注。

3. 像片影像上不能或是很难确定位置和尺寸的地形图要素，则采用地物交会法、或采用测量仪器进行测量并绘制于像片、草图或者 PAD 上。

4. 已经拆除的地物要划去或删除。

5. 像片调绘可使用纸质像片调绘，或使用 PAD 图像进行调绘。调绘时符合下列要求：

（1）调绘面积线尽量划在航向重叠和旁向重叠的中线附近，并尽量避免分割居民点和其它重要的独立地物。调绘面积线以外，注明邻接像片号，无接边处注明"自由图边"。

（2）采用纸质像片调绘时，宜采用隔号像片。相邻调绘片接边时，右、下调绘面积线宜采用直线，左、上调绘面积线根据邻片立体转绘。像片比例尺较小、不能清晰绘制调绘内容时，可采用放大片。

（3）使用 PAD 图像进行调绘时，根据 PAD 性能和作业习惯将调绘区域划分为较小的、易于操作的作业区域并编号，作业区域内的像片能进行拼接，作业区域之间可按照上述第（1）项的规定进行分割和标注。

（4）像片调绘可采用黑、红、蓝、绿、棕五色分别绘制和标注各类地形、地物、地貌、水系等要素，可采用文字、图式、简化符号说明要素属性，大片同一属性的要素可在调绘面积线外统一说明。

（5）使用 PAD 图像进行调绘时，亦可直接采用图式符号进行绘制和标注。

6. 草图调绘亦可使用纸质草图调绘，或使用 PAD 图形进行调绘。现场调查草图所绘制地形图要素的属性，对其位置、数量等相关信息的正确性进行核对并改正。对草图中遗漏的地形图要素进行补充调查并进行注记。

7. 当地物过于密集、地物间距离过小无法按真实位置表示时，需要分清主次，可将次要地物移位表示，但不得改变地物间的相互关系；当移位后仍然无法表示时，可将次要地物舍去。

8. 航摄后增加的地物可根据其对公路建设的影响程度和重要性择要表示。

### （八）数字影像图的应用与制作要求

随着数字影像技术的普遍应用，特别是国产卫星产业的快速发展，使获取影像数据的难度大为降低，效率大幅度提升，因而公路工程在不同的设计阶段越来越多地使用影像图。

工程可行性研究阶段主要表现总体方案、区域地质、地貌及经济状况，使用比较粗略的像片平面图即可，即将航摄像片简单拼接，概略比例尺归化，不必进行精确纠正。

在初测阶段及定测阶段，主要是进行方案比选和优选，需要比较准确的影像图，此阶段宜使用正射影像图或正射影像地形图，影像图也是制作地形图的重要支撑资料。影像图的应用与制作要符合以下规定：

1. 各设计阶段宜按表 6.4-13 选用相应的影像图。

表 6.4-13 影 像图用途

| 用途 | 种类 |
|---|---|
| 工程可行性研究 | 未经纠正的像片平面图 |
| 设 计 各 阶 段 | 正射影像图、正射影像地形图 |

2. 正射影像图上要加注公里格网、地名等工程设计需要的应用信息。

3. 数字正射影像图的制作要采用数字摄影影像或胶片摄影数字化影像，数字正射影像图的比例尺可根据需要分别选用 1：500、1：1000、1：2000、1：5000。

数字正射影像图地面分辨率选择要符合表 6.4-14 的规定。

表 6.4-14 数字正射影像图地面分辨率

| 比 例 尺 | 1:500 | 1:1000 | 1:2000 | 1:5000 |
|---|---|---|---|---|
| 地面分辨率（m） | ≤ 0.10 | ≤ 0.20 | ≤ 0.40 | ≤ 1.00 |

4. 数字正射影像图地物的点位中误差符合表 6.2-4 的规定。

5. 正射影像扫描作业中，基本扫描片的平面定向误差合理配赋后，相对于像片平面要小于 0.03mm。

6. 平原、微丘区正射影像的数据采集宜采用断面方式，重丘、山岭区宜采用等高线方式。等高线和地形特征点均需测绘在底图上，并符合下列要求：

（1）采集格网点或断面点间的密度相对于正射影像图上的间距不得大于 15mm。此外在路堤、路堑、路肩、沟心、坎上、坎下等变坡处，需要采集特征点。

（2）沿等高线采集数据时，同一等高线在正射影像图上的点间距，对于平原、微丘区不大于 10mm；重丘区不大于 7mm；山岭区不大于 5mm。

7. 数字正射影像图制作时需符合下列要求：

（1）影像重采样可采用最邻近元法、双线性内插法或双者三次卷积内插法。

（2）在数字摄影测量中，要导入相应格网间距的数字高程模型数据对像片进行正射纠正。

8. 数字影像镶嵌要符合下列要求：

（1）数字影像镶嵌需按图幅或工程需要进行，每一镶嵌单元要利用该范围内的所有影像。

（2）相邻影像间的镶嵌线可用人工方法选择，也可采用控制点连线作为镶嵌线。

（3）镶嵌线两侧存在纹理、色彩差异时，需进行影像编辑、纹理修补和色彩调整。

9. 数字正射影像图成果包括正射影像（*.TIFF）、定位数据（*.TFW）和原始影像数据（*.TIFF）等格式数据。

# 第五节　激光雷达扫描测量成图法

现阶段，随着技术的不断进步和公路建设质量要求的提高，公路勘测正在从传统的"低效率、低精度、全野外"向"高效率、高精度、数字化"的方向迈进，公路设计走向数字化，技术应用走向集成化。精准地形图的获取是实现上述目标的一个至关重要的方面。基于精准的地形图，可得到精确的公路数字地面模型 DTM、公路数字高程模型 DEM、正射影像地形图 DOM 和数字线划地形图 DLG 等产品，可以在 4D 产品上内插精确的纵、横断面，可以进行路线平面、纵面的优化设计。公路设计要求中桩测量的精度优于 100mm，横断面测量的精度优于 150mm 左右，采用全野外测图、航测法等方法测绘的地用图的精度很难满足数字公路设计要求，必须采用新的测绘精确地形图的方法。三维激光扫描系统是一种先进、高效的三维数据获取技术，该方法测定的物体表面空间坐标的精度可以达到厘米级，可解决精确地形图的测绘问题。

## 一、激光雷达扫描技术介绍

激光雷达（LiDAR）是集激光扫描、全球定位系统和惯性导航系统三种技术于一体的空间测量技术。它能够快速准确的直接获取地表各类地物三维地理信息，快速制作大比例尺数字高程模型、三维地形模型等成果，与传统测绘手段相比，具有作业成本低、产品制作周期短、产品类型丰富与三维建模快速准确等优点。

公路机载激光雷达扫描测设技术是一套基于高新测绘技术的完整的公路勘察作业流程和方法。通过利用机载激光雷达技术可获取高密度、高精度激光点云与高分辨率数码影像，在植被覆盖较厚的山岭区项目中，采用机载激光扫描技术，充分利用其主动性、穿透性，可生产制作高精度 1:2000 地形图，也可直接、快速获取满足道路初测与施工图设计的三维地表数据，自动生成道路设计所需的平、纵、横断面数据，与公路路线、互通立交 CAD 集成，实现机载激光雷达测量与公路勘察设计的协同。该技术改变了传统的公路勘察设计流程，全面提高了公路勘察设计的质量、效率和技术水平，极大地降低了外业劳动强度与公路建设成本，显著提高公路测设效率，大幅缩短了公路测设周期。

### （一）三维激光扫描的工作原理

三维激光扫描系统由三维激光扫描仪、数码相机、扫描仪旋转平台、软件控制平台，数据处理平台及电源和其他附件设备共同构成，是一种集成了多种高新技术的新型空间信息数据获取手段。三维激光扫描系统是利用激光扫描仪向目标发射激光脉冲，依次扫描被测区域，快速获得地表地理实体的三维坐标和反射光强，利用相应软件进行三维建模，生成地理实体的三维图像和可以量测点阵数据，并可便捷地转化为多种输出格式的图形产品。

三维激光扫描系统的工作原理：首先由激光脉冲二极管发射出激光脉冲信号，经过旋转棱镜，射向目标，然后通过探测器，接收反射回来的激光脉冲信号，由记录器记录，最后转换成能够直接识别处理的数据信息，经过软件处理实现地理实体建模输出。利用三维激光扫描系统对地理实体进行扫描时，扫描仪在水平和垂直两个方向上分别有分散的装置用于测量地理实体的特定部分。

### （二）三维激光扫描仪的分类

三维激光扫描仪的分类方式很多，按其种类、功能和性能指标分类如下。

#### 1. 按照激光扫描的空间位置和扫描系统运行的平台角度分类

从激光扫描的空间位置和扫描系统运行的平台角度考虑，三维激光扫描系统大致包括下列三种类型：

（1）机载型激光扫描系统

系统由激光扫描仪 LS、飞行惯导系统 INS、定位系统 GNSS、成像装置 UI、计算机和数据采集器、记录器、处理软件及电源构成。GNSS 系统获得成像系统和扫描仪精确的空间位置坐标，惯导系统测定空中的姿态参数，由激光扫描仪进行空对地式的扫描，来测定成像中心到地面采样点的精确距离，之后再根据几何原理计算出采样点的三维坐标。

（2）地面型激光扫描系统

地面型激光扫描系统又可划分为两类，一类是移动式激光扫描系统，另一类是固定式的激光扫描系统。移动式激光扫描系统是集成了激光扫描仪、CCD 相机与彩色数码相机以及数据采集和记录装置。基于车载平台（或者其他运行平台），集 GNSS 定位系统于一体，由激光扫描仪和 CCD 相机获取原始数据，作为三维建模的数据源。固定式激光扫描系统类似于测量中使用的全站仪，系统由一个激光扫描仪集成一个内置或外置的数码相机和配套的软件控制系统及电源组成。它与全站仪的不同之处在于固定式扫描系统采集的数据不是离散的单点三维坐标，而是地理实体表面一系列的"点云"数据。这些点云数据可以直接用来进行三维建模，数码相机的功能是提供对应扫描点云数据的纹理信息与地理实体的边缘信息。

（3）手持型激光扫描仪 GEOSLAM

手持型激光扫描仪是一种便携式的激光测距系统，它可以在短时间内精确地给出物体的长度、面积、体积等信息，可用来探测并分析现实世界中物体或环境的形状（几何构造）与外观数据（如颜色、表面反照率等性质）。获取的数据常被用来进行三维重建计算，在虚拟世界中创建地理实体的数字模型。其原理是基于拍照式三维扫描仪原有基础上设计的产品，扫描创建物体表面的点云图，这些点可用来插补成物体的表面形状，点云越密集创建的模型更精准，可以进行三维重建。当扫描仪能够取得表面颜色，则可进一步在重建的表面上粘贴材质贴图。

上述三种激光扫描系统是较为常见的激光扫描系统，现今，星载雷达正逐渐成为高端应用的主要角色。

星载雷达采用卫星平台，运行轨道高、观测视野广，可以触及世界的每一个角落，为境外地区三维控制点和数字地面模型的获取提供了新的途径，无论对于国防或是科学观察研究都具有十分重大的意义，星载激光雷达还具有观察整个天体的能力。

星载激光雷达提供的数据资料可用于制作天体的综合三维地形图。此外，星载雷达在植被垂直分布测量、海面高度测量、云层和气溶胶垂直分布测量以及特殊气候现象监测等方面也可以发挥重要作用。

### 2. 按照扫描仪激光光束的发射方式

按照扫描仪激光光束的发射方式三维激光扫描仪可以划分为：

灯泡式扫描仪：如图 6.5-1a；

三角法扫描仪：如图 6.5-1b；

扇形扫描仪：此种类型的扫描仪扫描点云的密度和准确度都很高，目前多数主动式的扫描系统都采用这种激光束发射方式，如图 6.5-1c。

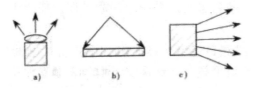

**图 6.5-1 激光光束发射方式分类**

### 3. 按照系统扫描成像方式

按照系统扫描成像方式，三维激光扫描系统可划分为：

（1）摄影式扫描系统：此类型的扫描系统与摄影测量应用的相机类似，扫描的瞬时视场 FOW 有限。该类扫描仪适用于室外物体的扫描，尤其是对于长距离的扫描有一定的优势。

（2）全景式扫描系统：此类型的扫描仪视场局限于仪器的自身条件，适用于室内扫描。

（3）混合型扫描系统：集成上述两种扫描类型的优点。在水平方向的轴系旋转不受任何的限制，垂直方向上的旋转受镜面翻转的影响，视场受到一定的限制。

### 4. 按照扫描系统测距原理划分

按照扫描系统测距原理划分：三维激光扫描系统由一个测距系统与一个成像系统共同组成。与无反射的电子全站仪相类似，扫描时，由测距系统获得扫描仪中心与被扫描物体的表面的两个角度信息和一个距离信息。基于不同的测距原理的三维激光扫描系统可分为：基于时间测量原理；基于相位测量原理和基于激光雷达或光学的三角测量原理扫描仪。

随着激光雷达技术的不断发展，现今也对其产生新的分类方法，见图6.5-2所示。

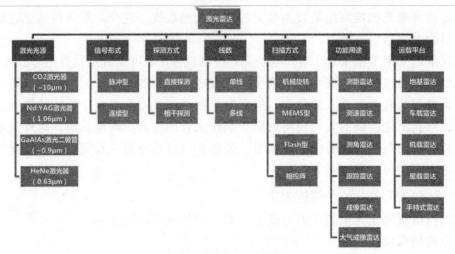

图 6.5-2 激光雷达分类图

## （三）三维激光扫描系统的特点

三维激光扫描系统，顾名思义，系统选择激光作为能源进行扫描测量。系统具有如下特点：

1. 快速性：激光扫描测量能够快速获取大面积目标空间信息。应用激光扫描技术可快速进行目标空间数据采集，及时地测定实体表面立体信息，满足了自动监控行业需求。

2. 非接触性：三维激光扫描系统采用完全非接触的方式对目标进行扫描测量，获取地理实体的矢量化三维坐标数据，从目标实体到三维点云数据一次完成，做到真正的快速原形重构。可以解决危险领域的测量、柔性目标的测量、需要保护对象的测量以及人员不可到达位置的测量等工作。

3. 激光的穿透性：多脉冲的激光束可使得三维激光扫描系统获取的采样点能描述目标表面的不同层面的几何信息。通过对不同层次激光反射点云的处理，可以获得地球表面去除植被影响后的真实三维数据。如图6.5-3和6.5-4所示。

图 6.5-3 包含植被的 LiDAR 数据

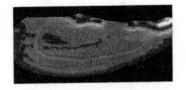

图 6.5-4 去除地面植被影响后的点云图

4. 实时、动态、主动性：三维激光扫描系统是主动式扫描系统，通过探测自身发射的激光脉冲回射信号来描述目标形态，让系统扫描测量不受时间和空间的约束。

系统发射的激光束是准平行光，避免了常规光学照相测量中固有的光学变形误差，拓宽了纵深信息的立体采集。这对实景及地理实体的空间形态及结构属性描述更加完整，采集的三维数据更加具有实效性和准确性。

5. 高密度、高精度特性：激光扫描能够以高密度、高精度的方式获取目标表面特征。在精密的传感工艺支持下，对目标地理实体的立体结构及表面结构的三维集群数据作自动立体采集。采集的点云由点的位置坐标数据构成，减少了传统手段中人工计算或推导所带来的不确定性。利用庞大的点阵和高密度的格网来描述实体信息，采样点的点距间隔可以选择设置，获取的点云具有较均匀的分布。

6. 数字化、自动化：系统扫描直接获取数字距离信号，具有全数字特征，易于自动化显示输出，可靠性好。扫描系统数据采集和管理软件通过相应的驱动程序及TCP/IP 或平行连线接口控制扫描仪进行数据的采集，处理软件对目标初始点／终点进行选择，具有很好的点云处理、建模处理能力，扫描的三维信息可以通过软件开放的接口格式被其他专业软件所调用，达到和其他软件的兼容性。

7. 系统随机外置或内置的数码相机可以协助扫描工作进行同步的监测、遥控、选位、拍照、立体编辑等操作，有利于现场目标选择、优化及对复杂空间或不友好环境下的工作。在后期数据处理阶段，影像信息可以对数据进行叠加、修正、调整、编辑、贴图。同时，软件通过平台接口对数码相机提供参数校准、定向和控制数码照片的采集功能，使得系统可在二维或三维环境下，以真彩色或色彩编码形式显示点云数据，同步现场操作的摄像校准功能，有利于现场发现问题现场解决，减少后处理工作的不确定性及返工。

8. 三维激光扫描系统对目标环境及工作环境的依赖性很小，其防辐射、防震动、防潮湿的特性有利于进行各种场景或野外环境的操作。系统提供的扫描视场以及低、中、高三种分辨率的扫描方式，可在振荡模式下对物体重复扫描，提供不同精度的扫描模式。扫描的次数决定采集全景空间内容的多少及后处理中数据拼接的次数，控制工作量的大小。可根据需要，控制扫描的次数，进而改善多次拼接点云所引起的空间变形以及拼接的接缝误差。

9. 新型扫描系统集成了 GNSS 接收机等高精度定位装置，通过软件平台的内部坐标转换，可以把点云数据直接输出为大地坐标系下的坐标，进而方便生产需要。

### （四）三维激光扫描测量与摄影测量的区别

有人认为"三维激光扫描实际上就是摄影测量"，这种说法是不正确的。虽然三维激光扫描系统和摄影测量在操作上有许多相似之处，但二者无论在工作原理还是在实际应用中都存在一定的差别。

#### 1. 工作基本原理不同

摄影测量是以立体数字影像为基础，由计算机进行影像处理和影像匹配，自动识别相应像点及坐标，运用解析摄影测量的方法确定所摄物体的三维坐标，并输出数字高程模型和数字正射影像，或图解线划等高线图和带等高线的正射影像图等地理信息。而三维激光扫描测量是基于计算机、立体显示器、立体眼镜构建的立体测绘环境，将 LiDAR 数据作投影生成左右立体像对，进行数字测图，可将三维点云数据快速过滤到指定高程，并实现立体与平面一键式切换，此方法可以有效减少对影像数据的依赖程度。

2. 获取的原始数据格式不同

扫描系统获取的数据是由带有三维坐标的点所组成的点云数据，可以直接在点云中进行空间量测；而摄影测量所得到的数据是光学影像，单独的一幅影像照片则无法进行空间量测，必须采用立体像对才能生成立体模型，因此对于摄影的角度和位置有一定的讲究，三维激光扫描则相对比较灵活。

3. 拼接各测站间数据的方式不同

扫描系统拼接时采用的是坐标匹配方式，但摄影测量则采用相对定向和绝对定向方式。

4. 测量精度不同

摄影测量建立的模型上各个点的坐标根据像控点的坐标而来，点位测量精度与像控点的精度和位置相关，精度分布不均匀。而用激光扫描直接测量得到的测点精度高于摄影测量中的解析点，且精度分布均匀。

5. 对外界环境的要求不同

三维激光扫描测量在白天和黑夜都可以进行，光亮度和温度对于扫描没有影响，而摄影测量的要求相对要高一些（如高温会产生影像变形、夜晚无法进行摄影等）。

6. 表面模型建立方式不同

在三维激光扫描系统中模型的建立可以直接对点云操作来实现。而在摄影测量中，首先需要选择特定的软件进行相片间的匹配处理，然后才能进行建模，建模的过程明显要比点云操作复杂。

7. 对实体纹理信息的获取方式不同

三维激光扫描系统是将反射激光脉冲信号的强度与真实色彩相类似的颜色或从数码影像中获取的级纹理信息相匹配，然后在模型上粘贴定制的纹理信息；但摄影测量是直接利用获取的影像照片获得真实的色彩信息。

## 二、激光雷达扫描测量的数据获取方式和技术要求

激光雷达扫描测量的数据因获取方式的不同，其技术要求上也存在差异。本小节内容包含了激光雷达扫描测量主要的数据获取方式和相应的技术要求。

### （一）激光雷达扫描测量的数据获取方式

机载激光扫描系统是三维激光雷达 LiDAR 扫描测量数据获取的主要方式之一，机载一般可以加载在有人机和无人机上。

地面激光扫描系统包括移动式激光扫描系统和固定式的激光扫描系统，移动式激光扫描系统一般基于车载平台或者其他运行平台，是当前应用较多的方式，多数应用

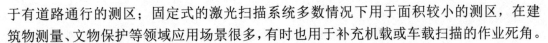

于有道路通行的测区；固定式的激光扫描系统多数情况下用于面积较小的测区，在建筑物测量、文物保护等领域应用场景很多，有时也用于补充机载或车载扫描的作业死角。

手持型激光扫描仪包括背包式和手持两种扫描系统，前者常用于地上物密集区的数据获取，手持式多用于室内与地下空间或户外短距离内难以到达区位的数据获取，也可补充机载或车载扫描的作业死角。

### （二）三维激光雷达 LiDAR 扫描测量的数据获取技术要求

#### 1. 地面 GNSS 基准站布设要求

地面 GNSS 基准站间隔和数量可参照表 6.5-1 的规定。

**表 6.5-1 地面 GNSS 基准站间隔和数量要求**

| 工程类型 | 新建公路 | 改扩建公路 |
| --- | --- | --- |
| 基准站间隔（km） | ≤ 40 | ≤ 30 |
| 基准站数量（个） | ≥ 2 | ≥ 2 |

#### 2. 路面控制点布设与测量要求

（1）地面 GNSS 基准站的选址

地面 GNSS 基准站的位置选择可参见本著第 3 章 3.3 节 GNSS 控制点选点规定。

（2）路面控制点布设与测量

路面控制点布设的位置、间距、个数可参照下列要求：

①宜在道路两侧交叉排列，并避免树木、交通标志、标牌遮挡。

②路面平面控制点间隔宜不小于 200m，且不大于 2000m。

③路面高程控制点间隔，机载激光扫描测量宜不大于 500m。车载激光扫描测量宜不大于 200m。

④地面激光扫描测量每一扫描站的路面控制点个数不少于 4 个。相邻两扫描站的公共路面控制点个数不少于 3 个，且均匀分布。

⑤宜布设在道路两侧靠近护栏的平整路面处，其中心点距离道路硬路肩外侧边缘不小于 0.2m，不大于 0.5m。

⑥采用 GNSS 测量时，路面控制点距离大功率无线电发射源（如电台、微波站等）要大于 200m，距离高压输电线和微波无线电信号传送通道要大于 50m。

（3）路面控制点的标志可按下列规定执行：

①路面平面控制点宜采用易于激光点云识别的材质进行敷设，可以直接采用道路上具有明显位置特征且能在激光点云中准确识别的点。

②路面平面控制点应具有明显中心位置的几何图形，地标标志可采用"∟"、"十"、"┳"形状或扇形等

③路面控制点中心位置要做明显固定标记。

（4）　路面控制点要按路面平面控制点和路面高程控制点分类，并统一编号。

（5）路面控制点需要现场拍摄，并清晰反映路面控制点特征及其与周围地物的

关系。

（6）路面控制点宜采用双基准站快速静态 GNSS 或者 GNSS RTK 测量测量。观测技术要求可参照本著第 5 章 5.1 节的相关内容执行。

路面高程控制点的高程应采用水准测量方法施测，其平面坐标也可采用导线测量的方式测定。路面高程控制点测量宜按下列要求进行：

①水准测量应起闭于四等以上高程控制点并符合表 6.5-2 的规定。节点间长度应不大于表 6.5-2 中规定的水准路线长度的 0.7 倍。

表 6.5-2 路面高程控制点水准测量技术要求

| 每公里高差中数全中误差（mm） | | 水准路线长度（km） | 视线长度（m） | 观测次数 | | 往返较差、附合或环线闭合差（mm） | |
|---|---|---|---|---|---|---|---|
| 偶然中误差 | 全中误差 | | | 附合或闭合路线 | 支线或与已知点联测 | 平原、微丘 | 重丘、山岭 |
| 5 | 10 | ≤ 16 | ≤ 100 | 往一次 | 往返各一次 | ≤±20$\sqrt{L}$ | ≤±6$\sqrt{n}$ |

注：由于对路面高程精度要求较高，故对其路线长度限定是 16km。

②平面坐标采用导线测量时，其技术要求可以参照本著第 5 章 5.1 节的相关内容执行。

### 3. 激光点云密度及数码影像分辨率要求

（1）激光点云密度宜优于表 6.5-3 的规定

表 6.5-3 激光点云密度（点/m2）

| 工程类型 | 新建公路 | 改扩建公路 |
|---|---|---|
| 机载激光扫描测量 | 4 | 40（路面）、4（路外） |
| 车载激光扫描测量 | — | 400（路面） |
| 地面激光扫描测量 | — | 900（路面） |

（2）数码影像的地面分辨率新建工程宜优于 0.2m，改扩建工程宜优于 0.1m。

### 4. 机载激光扫描数据获取技术要求

（1）机载激光扫描系统的搭载平台，新建公路应选择航摄飞机、直升机或无人机，改扩建公路宜选择直升机或无人机。

（2）机载激光扫描仪选择可按下列规定执行：

①激光安全等级应为 1 级。

②激光扫描仪需支持的最高激光发射频率宜根据式（6.5-1）确定。

$$f_p = \frac{1}{800} h\theta p_d \qquad (6.5\text{-}1)$$

式中：$f_p$—激光扫描仪需支持的最高激光发射频率（kHz）；

$h$—飞行航高（m）

$\theta$—视场角（rad）

$v$—飞行速度（m/s）

$pd$—所需要的的点云密度（点 $/m^2$）

③激光测距标称精度，新建、改扩建公路工程应分别优于 25mm、20mm。

④激光束发散角宜不大于 0.3mrad。

⑤最大视场角宜不小于 1.05rad。

⑥公路改扩建工程要选择具有点云强度信息的激光扫描仪。

⑦宜选择全波形数字化扫描仪。

（3）机载 POS 系统宜符合下列要求：

①要采用双频 GNSS 接收机。

②侧滚、俯仰和航偏角的测量精度要求要根据航飞高度确定，可以参照表 6.5-4 的要求进行。

表 6.5-4 侧滚、俯仰和航偏角测量精度要求

| 航飞高度 | 改扩建公路 | | 新建公路 | |
| --- | --- | --- | --- | --- |
| | 侧滚俯仰角（°） | 航偏角（°） | 侧滚俯仰角（°） | 航偏角（°） |
| h ≤ 200 | ≤ 0.005 | ≤ 0.010 | — | — |
| 200 < h ≤ 500 | ≤ 0.003 | ≤ 0.007 | ≤ 0.01 | ≤ 0.015 |
| h > 800 | — | — | ≤ 0.005 | ≤ 0.008 |

③惯性测量单元 IMU 数据记录频率宜不低于 200Hz。

④ GNSS 空间定位精度平面宜不大于 0.05m，高程宜不大于 0.10m。

⑤需要连接数码相机时，需要具有信号示标输入器接口，且脉冲延迟宜不大于 1ms。

⑥系统应具有良好的抗加速能力。

（4）用于数字化产品生产时，数码相机的要求如下：

①像素数量宜大于 3000 万。

②焦距宜为 35 ~ 80mm。

③应为中心快门，最短曝光时间宜达到 1/500s。

（5）机载激光扫描测量数据采集范围要按路线方案及互通立体交叉桥梁隧道等工程方案进行设计，可参照下列要求：

①公路路线采集范围，新建公路工程应超过路线方案中心线两侧各 300m；改扩建公路工程原路拼接加宽扩建方案宜超过现有道路中心线两侧各 100m，分离式线位方案宜超过路线方案中心线两侧各 300m。

②互通式立体交叉或服务区采集范围，新建公路宜自工程范围线向外延伸 300m，改扩建公路宜自工程范围线向外延伸 100m。

③工程起点、终点处采集范围，纵向向外至少延伸 1000m。

（6）机载激光扫描飞行宜符合下列规定：

①航摄飞机或直升机的飞行转弯坡度宜不大于 15°，最大不大于 22°。

②当航路时间大于 30min 时，先进行一次回头弯飞行再开始正式航线飞行。

③航线飞行的注意事项：

航摄飞机或直升机进入测区之前，先飞"8"字形；采用左转弯和右转弯交替方式飞行；航偏角宜不大于6°，最大不大于15°；航线俯仰、侧滚角宜不大于2°，最大不大于4°；航线偏离、航高上下偏离均不大于25m；航线弯曲度不大于3%。飞行过程中重点观察POS系统信号、回波接收、数据记录状况等，并且填写记录表。

（7）在数据采集前后进行系统检校。检校场宜布设在摄区内，并符合下列要求：

①检校场选择在测区或机场等地势平坦、线性关系好的明显地物附近。

②检校场内不存在激光回波高吸收地物。

③检校场选择有较宽、较长且直的公路区域。

④检校场进行重叠飞行，包含平行与垂直交叉飞行不少于3条航线。每条宜为3～5km。

（8）机载激光扫描数据采集可参照以下要求：

①新建公路飞行速度宜不大于180km/h，改扩建公路飞行速度宜不大于120km/h。

②改扩建公路宜沿现有道路中心线进行相对航高不大于200m的低空机载激光数据采集。

③激光点云数据的旁向重叠需不小于13%。

④影像航向重叠应不小于56%，宜大于60%；影像旁向重叠度不小于15%。

5. 车载激光扫描数据获取技术要求

（1）车载激光扫描仪要可按以下要求执行：

①激光安全等级为1级。

②标称测距精度宜优于10mm。

③有效测距距离不小于50m。

④激光束发散度宜不大于0.3mrad。

⑤宜支持全景扫描。

⑥最高激光发射频率宜不低于200kHz。

⑦改扩建公路工程应选择具有点云强度信息的激光扫描仪。

（2）车载激光扫描系统的POS系统的选择可按本表6.5-4有关规定执行。

（3）车载激光扫描系统数码相机宜选用全景相机，并且符合下列规定：

①全景影像像素数量宜大于3000万。

②全景影像覆盖范围宜大于75%。

③具备连续拍摄及高速存储功能。

（4）车载激光扫描要采集既有道路路面点云数据，应采集既有道路路基点云数据。

（5）车载激光扫描数据采集要符合下列要求：

①激光点云数据的旁向重叠不小于20%。

②要匀速行驶，速度不小于20km/h，且不大于60km/h。

③不宜急转弯行驶，转弯速度不小于20km/h，且不大于30km/h。

④单次作业的持续时间宜不大于3h。

⑤宜不停车通过收费站、施工管制等路段。

⑥宜在数据采集车辆前后50m范围内安排前导车与后卫车协同数据采集。

⑦宜采集高分辨率数码影像。

（6）车载激光扫描检校场要符合下列规定：

①选择地形开阔、GNSS观测条件良好、无信号干扰源区域作为检校场。

②校检场地形起伏不宜过大。

③校检场内用于校检的主体建筑物需四角转折明显，建筑表面平整，不能有大面积的玻璃幕墙等弱反射材质。

④建筑四周需平整，且有与建筑物外边线基本平行的硬化道路围绕。

⑤检校场内控制网要全面控制扫描区域，控制点均匀分布在目标物的四周。

⑥检校场内靶标点均匀分布在目标物的四周且高低错落，并进行编号。

### 6.地面激光扫描数据要求

（1）地面激光扫描系统要符合以下要求：

①防护等级不低于IP52。

②激光扫描仪的激光安全等级为1级。

③仪器宜具有双轴补偿功能。

④激光扫描仪的测距范围不小于150m。

⑤激光扫描仪的标称测距精度宜优于5mm。

（2）地面激光扫描系统的数码相机选用宜能满足新建以及改扩建工程影像地面分辨率的要求。

（3）地面激光扫描数据采集可按下列要求进行：

①雨雪天或强光环境下不宜进行现场扫描作业。

②根据实际公路工程类型设置合适的点云采集间距。

③仪器在扫描过程中出现移位、振动、宕机、断电等异常情况时，要重启设备，重新进行扫描。

④数码相机无法拍摄全景时，可分幅正面拍摄。

## 三、激光雷达扫描测量的数据处理

激光雷达扫描测量的点云数据处理主要包括了数据预处理、数据坐标转换、激光点云分类以及数据精化处理等过程。本小节内容所涉及的激光雷达扫描测量的数据处理方法不仅适用于地形图成图的机载数据，对于其他方式获取的激光雷达数据的处理同样适用。

### （一）数据预处理

数据预处理主要包括POS数据处理、影像预处理、点云处理解算以及点云拼接平差。

1.POS数据处理要求如下：

（1）各时刻GNSS天线的中心位置坐标需采用地面GNSS基准站坐标联合激光扫

描载体 GNSS 观测数据进行精密后处理。

（2）选择距离摄区最近的基准站数据进行解算或者采用多基准站数据联合解算，确保采用最优解算结果。

（3）选择最小几何精度因子的可见卫星组合。

（4）POS 数据要顾及系统检校已量测的偏心分量值，基于差分 GNSS 结果与 IMU 数据进行联合解算。

2. 影像预处理要进行影像的匀光、匀色和几何畸变校正等处理，并基于原始影像数据、检校参数、航迹文件或车辆轨迹文件以及测站信息，解算影像外方位元素。

3. 点云数据需联合 POS 数据、激光测距数据和系统检校数据进行解算。

4. 点云拼接平差需将不同平台、不同条带或测站间的点云数据进行拼接和系统误差改正，激光点云拼接误差需小于 $2\sqrt{2}$ 点云中误差。

### （二）数据坐标转换

1. 数据坐标转换宜采用七参数转换模型将点云数据转换至成果坐标系中，平面坐标的转换精度需优于 30mm，高程转换精度要优于 15mm。

2. 当无法获取已知的转换参数时，需选取覆盖该数据区域且均匀分布的 3 个及 3 个以上基础控制点来求解相应的转换参数。

3. 需要利用检查点对数据坐标转换精度进行了检查，坐标和高程转换精度分别不低于 50mm 和 15mm。

### （三）激光点云分类

1. 激光点云分类预处理可按下列要求进行：

（1）去除点云中的噪声点。

（2）机载激光扫描点云数据宜按 1km×1km 进行分块，车载激光扫描点云数据宜沿采集条带长度方向按 0.5km 长度进行分块，地面激光扫描点云数据宜按测站进行分块。

2. 激光点云自动分类宜按下列规定进行：

（1）测区高悬在空中或明显低于地表的噪声激光点，宜按绝对高程进行分类。

（2）提取初始地表面激光点时，可按地形类别设置坡度阈值并进行分类。

（3）裸露地表区域要将唯一回波对应反射点分类为地面点。

（4）植被覆盖区域宜将末次回波对应反射点分类为地面点，并结合周围地形进行综合取舍。

（5）提取植被、人工建筑、水体类别激光点时，要根据激光点高程及点云形状、密度、坡度等特征对激光点云进行分类。

（6）形状及空间特征明显的地物，可以通过参数设置进行自动提取。

3. 采用自动分类难以正确分类的区域，宜对其进行人工分类。

4. 激光点云分类成果数据宜采用 LAS 格式，影像数据宜采用 Tiff、GeoTiff 或 JPEG 格式。

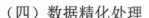

### （四）数据精化处理

1. 当需用利用点云数据生产高精度的产品时，如改扩建公路工程则需要利用路面控制点对激光数据进行精化处理。

2. 激光点云平面位置的精化处理要符合以下规定：

（1）宜采用分段仿射变换修正。

（2）分段长度宜为 5～10km。

（3）每个分段包含的路面平面控制点个数宜不少于 3 个，相邻分段公共点宜不少于 1 个。

3. 激光点云高程的精化处理要符合下列规定：

（1）要采用路面高程控制点构建三角网或线性高程误差补偿模型。

（2）三角网高程误差补偿模型应采用路面高程控制点向公路两侧各平面偏移500m 的虚拟高程控制点进行构建。

（3）采用三角网高程误差补偿模型时，需进行三角面插值修正激光点云高程误差。

（4）线性高程误差补偿模型能贯穿整个数据区域，宜根据激光点所在分段的投影坐标对其进行高程误差线性修正。

（5）采用线性高程误差补偿模型时，要进行线性插值修正激光点云高程误差。

4. 对改扩建公路工程激光点云数据检查时宜重点检查道路路面激光点云的平面和高程精度，抽检长度宜不少于路线总长的 5%，抽检样本分布要均匀。

## 四、激光雷达扫描测量数字化产品的生产方法和要求

采用激光点云和影像数据进行数字化产品生产之时，通常需要进行点高程插值、构建 TIN、建立数字高程模型 DEM 等前期准备工作，生产的数字化产品主要包括数字正射影像图 DOM、数字高程模型 DEM 及数字地形图等。

### （一）数据准备工作

1. 点高程插值

（1）点高程插值应包括激光点选择、不规则三角网模型 TIN 构建、高程内插等工作。

（2）激光点选择应从分类后的激光点云数据中提取地面类激光点作为备选点数据，备选点所处范围可参照下列要求：

①新建公路工程或者改扩建公路工程路基范围外点高程插值要提取被插值点周围半径 10m 范围内的地面类激光点。

②改扩建公路工程路面或边坡点高程插值要提取距该点周围半径 0.5m 范围内的地面类激光点。

2. 构建 TIN 时需要注意下列事项：

（1）利用提取的地面类激光点进行构建。

（2）将地形特征线、空白区域外边缘和作业范围作为三角形的约束边。

（3）所有三角形均不相交或重复。

（4）三角形的三个内角宜为锐角。

（5）空白区域内部和作业范围线外部不构成有效的三角形网络。

3. 高程内插的注意事项：

（1）点高程内插应采用三角面插值法。

（2）构造物复杂区域的点高程内插结合地物特征，采用邻近点插值或赋值。

## （二）数字高程模型的建立

数字高程模型 DEM 要依据分类后的地面类激光点与补测后的地面点建立。 DEM 的高程值宜采用线性内插或三角面内插生成。DEM 拼接，数据要覆盖完整、位置正确、接边处高程一致、形态合理、地形过渡自然；DEM 裁剪要外扩至少一排 DEM 格网。

DEM 格网点间距可按表 6.5-5 的规定执行。

表 6.5-5 格网点间距

| 成图比例尺 | 1：500 | 1：000 | 1：2000 |
|---|---|---|---|
| 格网点间距（m） | ≤0.5 | ≤1.0 | ≤2.0 |

## （三）数字正射影像图制作

1. 用于 DOM 制作的数据宜符合如下要求：

（1）DOM 宜采用清晰、反差适中及色调正常的数码影像进行制作。

（2）需要准备影像索引文件，航迹、轨迹或者测站文件及相机镜头畸变参数。

（3）需要准备相应成图比例尺的 DEM 数据。

2. DOM 制作可按下列要求进行：

（1）DOM 制作技术指标宜符合表 6.5-6 的规定。

表 6.5-6 DOM 技术指标

| 成图比例尺 | 1：500 | 1：1000 | 1：2000 |
|---|---|---|---|
| 影像地面分辨率（m） | ≤0.05 | ≤0.10 | ≤0.20 |
| 灰阶 | ≥256 | ≥256 | ≥256 |
| 波段（个） | ≥1 | ≥1 | ≥1 |

（2）要采用地面类激光点云进行影像的数字微分纠正。

（3）影像连接点选取、匹配时，每张影像至少要有 5 个以上连接点，且宜均匀分布于每张影像的四角和中间位置。条件允许时，可加入已知地面控制点，以提高 DOM 精度

（4）要进行影像去模糊、去雾的增强预处理。

（5）宜对影像色调、亮度、对比度进行调整处理。

（6）要进行影像重采样，使生成的 DOM 视觉效果较好，图像信息损失少。

（7）DOM 镶嵌线宜沿着道路或地类、块边缘色调较暗的地方通过；镶嵌线应避

免靠近影像边缘及地形有突变的区域，要避免直接穿过大面积水域。

（8）DOM 裁剪要依据裁剪线外扩不少于 1 行或 1 列栅格点影像进行作业。

（9）要作匀光、匀色处理，确保区域整体影像色彩平衡。

（10）DOM 制作完成后，要纹理清晰、层次丰富及无明显失真。

### （四）激光雷达扫描测量成图的生产流程

以车载为例，激光雷达扫描测量成图的生产流程可以参照图 6.5-5 进行。

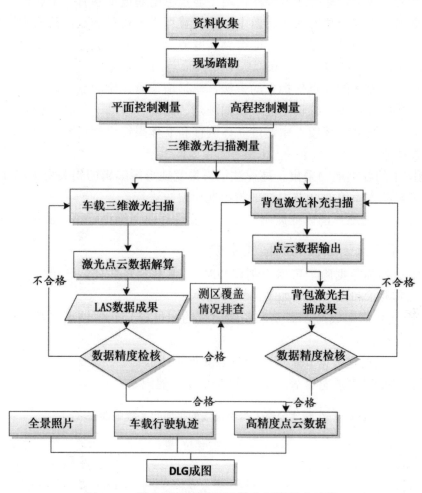

**图 6.5-5 激光雷达扫描测量数字测图基本流程**

### （五）基于点云数据的立体测图方法

通常利用激光点云数据和影像数据测图时，都在二维环境下，点云数据和影像数据配合使用进行地物、地貌的采集。目前较为先进的方法是在立体环境下进行三维可视化的测图。

1. 真立体环境下的点云三维可视化方法

"以立体方式显示"包括使用立体显卡的四缓存技术，或基于普通显卡的红绿立体技术。四缓存技术可以使用 OpenGL 图形库实现，红绿立体技术可使用 Microsoft

的 GDI 绘图库。四缓存技术对应的立体显示模式闪闭式立体或偏光式立体，需要配备闪闭式立体眼镜或者偏光式立体眼镜。红绿立体技术对应的立体显示模式是红绿立体，需要配备红绿立体眼镜。国内先进的点云成图软件一般包含至少四种显示窗口，即立体显示窗口、矢量窗口、2.5 维视图与全景视图窗口。

2. 基于点云数据的立体测图方法

在"真立体环境"中通过立体测标和立体眼镜进行观察、量测，获得矢量要素的顶点坐标。立体测标，即是通过程序在两个显示输出通道中各有一个测标，它们位于上述同一场景、不同视角的两张图像中，其位置可手工随意调整，从而可以表现测标的深度值。深度值通过线性变化，即得到高度值。通过立体测标，可以很方便地测绘 LiDAR 数据场景中的物体，准确获取矢量要素顶点的高度值。

"获得矢量要素的顶点坐标"的方法，包括增加点、删除点、修改点；进一步展开，又可以包括各种图形编辑功能，比如画点、画线、移动、复制、删除、旋转、拉伸，等等。在"真立体环境"中通过立体测标和立体眼镜进行观察、判读，获得矢量要素的属性类别。

3. 测图中的各类地物采集、高程注记采集及地形图编辑的相关要求和注意事项可参照本章第 6.2 节中细部测绘通用要求进行。

4. 基于点云的地形图内业测制以后，需要经外业调绘进行相应的补充完善。

## （六）基于点云数据的断面线生成

激光雷达扫描数据除了可用于制作 DOM、DEM 和地形图外，还可以按需要用于生成断面线，其要求和注意事项如下：

1. 断面线数据生成前，需要准备断面线的中桩桩号、中桩点三维坐标或断面两端端点平面坐标。

2. 断面线数据宜根据 DEM 或者激光点数据生成。

3. 断面线的精度要符合表 6.5-7 和表 6.5-8 的规定。

表 6.5-7 新建公路工程断面线的平面和高程中误差（m）

| 类 别 | 平 面 位 置 | 高程 |
|---|---|---|
| 平原、微丘 | 0.40 | 0.20 |
| 重丘、山岭 | 0.50 | 0.40 |

6.5-8 改扩建公路工程断面线的平面和高程中误差（m）

| 类 别 | 平 面 位 置 | | 高 程 | |
|---|---|---|---|---|
| | 路面 | 边坡 | 路面 | 边坡 |
| 中误差 | 0.07 | 0.15 | 0.02 | 0.15 |

4. 用于断面生成的激光点需要在断面线两侧各 1m 范围内的地面类激光点中提取。

5. 激光点生成断面线的具体要求如下：

（1）断面线空洞阈值，新建公路工程宜为20m，改扩建公路工程路面或边坡区域宜为5m。

（2）选取距断面线平面距离小于0.1m的地面类激光点，根据该类点在断面线平面上的投影坐标生成初始断面线；对初始断面线进行扫描且存在空洞时，要选取距断面线平面距离0.1～0.3m的地面类激光点作为补充点，生成断面线；再次对断面线进行扫描且存在空洞时，选取距断面线平面距离0.3～0.8m的地面类激光点作为补充点，生成断面线。

（3）断面线中处于水域内的区域，需采用野外实测进行补点。

6. 断面线生成应用于新建公路工程或改扩建公路工程路基范围以外时，要对提取的点云数据中地面类点构建TIN，采用三角面插值出断面点高程。改扩建公路工程路基范围内的点可采用邻近点高程赋值生成断面点高程。

7. 断面线编辑注意事项如下：

（1）将断面线、生成的断面点与提取的点云叠加显示。

（2）检查时同时显示两个视图窗口，一个视图显示DOM和激光点云平面信息，另一个视图显示断面线剖切激光点云的剖面信息。

（3）剔除断面线突变异常处对应的断面点。

（4）房屋前后断面线高程要与地形表面高程保持一致。

（5）根据断面线与水涯线平面位置交点，间断水域内的断面线。

（6）根据陡坎形态对陡坎处断面线进行修正。

（7）断面线下的非地面类激光点，要结合DOM进行分析，并且判别是否纳入断面线中。

# 第六节　卫星影像成图法

随着卫星技术的不断发展，特别是卫星影像分辨率的提高以及综合应用的拓宽，在一些边少地区或无法达到的区域，已开始尝试使用卫星立体影像进行中小比例尺的地形图测绘，本节对该项技术做简单介绍。

## 一、卫星影像成图法的原理和数据源

2019年之前，采用卫星影像生产地形图的基本过程是亚米级分辨率的影像进行全要素采集，采用最新的卫星影像进行现势性核查，然后利用卫星数字高程模型获取地貌数据以及DEM数据，从而解决地形图的高程问题。

根据卫星影像资源情况以及1：10000地形图生产的精度需要，通过近些年进行无地面控制测绘1：10000地形图的探索可知，以往可利用国外影像如分辨率为0.3-0.5m WorldView卫星立体影像进行测图，基本可以满足1：10000地形图精度要求。

其现势性可采用国产 0.75m 分辨率的单片影像进行核实更新。也可采用 WorldDEM 加 SPOT 立体像对，结合平面分辨率为 0.5m 的单片 Pleiades 完成 1∶10000 地形图的测制，现势性同样可采用最新的国产 0.75m 分辨率的单片影像进行核实更新。

自 2019 年 6 月以后，随我国高分七号卫星首批亚米级立体影像产品正式发布，标志着国产遥感卫星分辨率可达到 0.65m，能够高精度地测量地物的平面位置和高程，使得我们可以使用自己的亚米级高分辨率光学立体测绘卫星进行 1∶10000 立体测绘图生产及更大比例尺基础地理信息产品的更新。而 2020 年 12 月，随着高分十四号亚米级立体卫星的发射成功，标志着国产卫星用于测制大比例尺数字地形图、生产数字高程模型、数字表面模型和数字正射影像图等产品的时代已到来。

## 二、卫星影像成图适用的范围

根据目前带有立体像对的卫星影像分辨率及相应的 DEM 精度，能够满足精度的成图比例尺为 1∶10000，使用的地区主要是边少地区或敏感地区，虽然比例尺较小，但对于这些地区的公路建设项目的规划与设计也不失为一种折中的方法。

## 三、卫星影像成图的工作流程

通常对非本土区域采用无控制点卫星影像立体测图；而在国内非极端区域最好是采用少量地面控制点，进行空三加密。卫星影像成图的工作流程主要包括获取影像，进行空中三角测量、影像匹配，导入了 DEM/DTM 数据，生成等高线，进行地物测绘，最后编辑出图。

在上述流程中，空中三角测量尤其重要，一般作业流程包括：

1. 建立工程、设置工程参数

根据卫星影像覆盖范围及成图区域，将整个区域分为若干加密测区，对应建立工程，采用卫星影像处理模块，设置工程参数。

2. 设置参考数据库

设置参考数据库，选取相应的 DEM 数据作为参考 DEM 数据，为匹配连接点做准备。

3. 自动匹配模型连接点

由于卫星影像定向精度非常高，加载轨道参数文件 RPC 信息，检查传感器信息是否正确。对影像进行预处理，影像通过子目录索引后加载进来，进行 TIFF 格式的转换和影像金字塔的生成。对选取的影像自动匹配生成模型。

4. 平差计算

平差之前，可以在连接点列表进行进行点位查看，人工剔除匹配错误或者残差过大的点、进行点位精编，以及将部分控制点选作检查点等操作。连接点匹配过少，修改系统配置中的连接点匹配设置中的格网，然后在连接点匹配配置中只让某些模型参与匹配，然后重新运行连接点匹配。

点列表中残差过大的点，不必一次性全部删除，可以用点位精编的模式，把同名

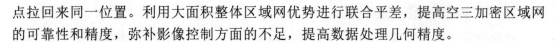

点拉回来同一位置。利用大面积整体区域网优势进行联合平差，提高空三加密区域网的可靠性和精度，弥补影像控制方面的不足，提高数据处理几何精度。

### 5. 成果输出

平差结果满足项目规定的误差要求，既平差结果中误差小于 0.4 个像素以内，最大误差为中误差的 2 倍。若中误差超限或个别点位误差超过最大误差要求，需对连接点检查，直至满足要求为止。

### 6. 成果精度检测

主要包括模型接边差检测、检查点精度检测以及较差计算。

空三测区进行检测精度满足要求后进行后续作业，具体可以参见本章 6.4 节内容。

# 第七节　地形图的质量检查

地形图的质量检查主要是指对地形图的数学精度、地理精度、数据及结构正确性、整饰质量和附件质量进行检查。公路工程地形图重点检查数学精度、地理精度以及整饰质量。地形图的成图方法不同，对其质量检查的方式和侧重点也略有不同。

## 一、地形图的质量检查方法

### （一）巡视法

巡视法可分为图面检查法和现场巡视法。

图面检查法即通过目视图面内容检查其表达内容的合理性或是通过与影像图套核后检查图面表达内容的完整性。该种方法较适用于数字摄影测量成图法、激光雷达扫描成图法或者是全野外综合成图法。

现场巡视法即通过输出的纸质图或平板电子图到成图现场进行巡视，查看成图图面与实地的吻合程度，进而检查是否存在漏错现象。

### （二）影像套合法

影像套合法就是将完成的电子版地形图与相同比例尺的影像图叠加在一起，检查二者的一致性，从而检查地形图是否存在漏错现象的方法。该种方法较适用于全野外成图法、数字摄影测量成图法、激光雷达成图法以及卫星影像成图法。

### （三）设站散点检查法

设站散点检查法是地形图检查最为常用的一种方法。即在控制点或图根点上架设仪器，实地测量现场的地物特征点坐标和地形特征点的高程，然后与地形图相应的位置或高程进行比较，得到差值，通过误差公式计算出平面或高程中误差的一种方法。该种方法适用于各种成图法的地形图检查。

### （四）内业特征点提取法

内业特征点提取法实际上是一种同精度检测法，就通过内业作业的方式二次提取立体影像下的特征地物点和高程点，将其结果与制作的地形图图面对应位置和高程进行比对，得到差值，从而计算出平面位置和高程中误差的方法。该种方法结果的准确度与空三加密成果和作业员的熟练程度有一定的相关性，虽然一般不作为地形图质量检查的主要方法，但却是一种可用的方法。该方法适合于数字摄影测量成图法、激光雷达成图法以及卫星影像成图法。

### （五）设计调查资料比对法

公路项目在进行地形图测绘的同时，还要进行路线中桩和横断面测量并记录测量位置的属性。因此，有时对地形图的检查也常常将中桩和横断面测量结果叠加至地形图上，一方面可以检查二者表达位置与高程的一致性和符合性，同时也可通过图面与记录或调查获取的属性对比进行属性检查。该种方法适用于各种成图方法，其缺点是检查的范围有限，具有一定的局限性，检查结果不可以反映整个地形图的整体质量，可视为局部检查。

## 二、地形图质量检查的内容

### （一）地形图通用检查项目

地形图的通用检查项目也可理解为必然检项目，适用于各种成图方法，通常包括以下内容：

1. 数学基础检查

即检查地形图的平面基准、高程基准和投影系参数是否正确。

2. 数学精度检查

即进行地形图平面位置精度检查以及高程精度检查，主要是地物、地貌的实地检查。

3. 现势性检查

主要是对地形图图面反映的内容与实地符合程度的检查。

4. 接边精度检查

一是进行相邻图幅的位置以及高程接边检查；公路地形图还时常需要进行坐标换带后的接边检查。

5. 图面整饰检查

主要是对地形图运用的符号，分层和要素分类，图上点线相互关系，图面表达合理性，包括线划、符号、注记、图廓整饰及表达正确性等进行检查。

6. 使用的绘图软件的合法性和适用性检查。

### （二）全野外地形图的质量检查重点

全野外地形图的质量检查除了进行通用性检查外，还应重点检查使用的控制点和图根点的正确性、地形图的现势性、等高线走向的合理性以及碎部点的密度满足性等。

### （三）数字摄影测量地形图的质量检查重点

数字摄影测量地形图的质量检查除了进行通用性检查外，首先应检查空三计算结果正确性与准确性检查，主要包括数学基础检查、布点质量检查以及区域网之间接边点精度是否超限等；其次进行地形图的现势性检查，除了查找漏错外，应重点核查图面调绘结果的准确性，特别是那些对公路设计方案影响较大的敏感点或敏感区的范围与标注的准确性进行检查。

卫星影像成图的质量检查可参照数字摄影测量地形图的质量检查进行。

### （四）激光扫描测量成图及衍生品的质量检查重点

激光扫描测量成图的质量检查除了进行通用性检查外，还应重点检查点云解算使用的控制点与特征点分布的合理性；检查影像和点云之间的套核后的符合性和一致性；检查是否存在高程噪声等。

点高程插值的检查内容如下：

1. 要按点插值总数进行不少于5%抽检；检测样本要均匀分布，兼顾不同地形类别。

2. 重点检查房屋前后、陡坎、边坡和沟渠、植被覆盖等区域内插点的高程与周围点云中地面类点高程是否一致。

3. 利用野外实测的检查点或激光点云进行精度检查。

4. 将高程插值的点与分类后的激光点云叠加显示。

5. 检查时要同时显示两个视图窗口，一个显示 DOM 和激光点云平面信息，另一个显示高程插值点剖切激光点云的剖面信息。

衍生品除了进行断面线的质量检查外，还要对提取的特征点和特征线的准确性进行检查。

1. 断面线质量要检查其精度、一致性与数据完备性。

2. 断面线精度检查：

（1）按断面线总数进行不少于5%抽检；检测样本要均匀分布，兼顾不同地形类别、植被覆盖区域。

（2）利用野外实测的检查点或点云中的地面类激光点进行精度检测。

3. 断面线一致性检查：

（1）断面线及其相交房屋、陡坎、水涯线等地物处高程的正确性。

（2）断面线在水域、陡坎、微地貌等区域的形态，与最低激光点的包络线形态是否一致。

4. 断面线数据完备性检查要包括全部中桩断面线以及其宽度的情况，不应遗漏断面线。

### （五）影像图的质量控制

影像图的质量检查与控制可分为过程检查与成果检查两个环节。

1. 过程质量控制重点包括：

（1）配准精度检查

①配准控制点分布均匀；

②配准后的影像与原始影像波段数目、顺序及采样间隔保持一致；

③配准控制残差及中误差满足要求。

（2）融合效果检查

①融合图像无重影、模糊等现象；

②融合图像色调均匀、反差适中；

③融合图像纹理清晰，能清楚表现地物类型特征和边界；

④影像无局部变形、扭曲等现象；

⑤波段组合后图像色彩接近自然真彩色。

（3）纠正检查

检查纠正输出的影像与 DEM、线划图是否套合。

（4）镶嵌线检查

具体检查内容包括：

①检查重叠区同名点匹配是否超限；

②检查相邻景镶嵌处地物是否完整，特别是线性地物是否连续；

③检查影像镶嵌处是否无裂缝、模糊和重影现象，镶嵌线是否合理；

④检查镶嵌线是否按地块边界提取，是否切割房屋等地物；

⑤检查镶嵌处是否有裂缝、模糊及重影等现象；

⑥检查分块影像图接边是否超限；

⑦检查镶嵌影像图色彩是否合理。

（5）精度检查

采用随机读点法进行检验，即在纠正后的图像上均匀选择若干个特征点，读出其坐标值，然后与立体上对应点的坐标进行比较，计算其较差的中误差。每个监测区不少于 25 个点，要求点位分布均匀，兼顾平原、丘陵与山地等不同地形条件。

精度评定公式为：

$$rms = \sqrt{\frac{\sum_{i=1}^{n}(u_i - v_i)^2}{n}} \qquad (6.7-1)$$

式中 rms 为点位中误差，单位为米，n 为检查点个数，$v_i$ 表示影像上检查点的 x、y 坐标，$u_i$ 为外业检查点的 x、y 坐标。

当检查发现误差超限时，要分析空三数据、高程数据、影像侧视角、地物变化等客观原因，以及控制点的数量、点位与分布等人为操作原因。若因基础资料客观原因引起，需采取必要技术措施进行弥补及解决，并在自检报告和监测情况报告中说明。若由人为操作原因引起，要调整控制点的数量、点位、分布，对影像进行重新纠正，并检查其精度，直到其满足精度要求。

（6）图面检查

影像图面有无拉花变形、扭曲、错位、颜色异常、镶嵌线两侧过渡不自然以及无效像素点等情况。

（7）裁切结果检查

按标准分幅对镶嵌后影像进行裁切，并按照影像裁切的技术要求对其进行检查。检查内容包括：

①是否按标准分幅裁切；

②裁切线边缘是否存在黑边白边或者色彩过渡等异常值；

③填充区是否存在异常值

2．成果质量控制检查

（1）空间参考系

检查大地基准、高程基准、投影参数是否符合技术标准及设计要求。

（2）位置精度

检查平面位置中误差是否符合精度要求，特殊情况是否在元数据、技术总结中记录。平面精度进行抽检的面积需不少于影像图产品面积的5%；检测样本宜均匀分布，兼顾不同地形类别、植被覆盖，图上每100mm×100mm内不应少于1个。

（3）逻辑一致性

检查数据文件存储、组织、文件格式、文件名称是否符合要求，是否存在文件缺失、多余、数据无法读取情况。

（4）时间精度

检查影像现势性是否符合要求。

（5）影像质量

检查影像范围、地面分辨率、色彩模式、色彩特征是否符合要求，是否存在不合理的影像噪音、信息丢失等情况。相邻影像图的纹理、亮度、反差、色调及色彩的一致性，整幅图像纹理清晰且视觉效果良好。

（6）元数据

检查元数据的内容、完整性、数据格式、数据结构等是否符合要求，数据项是否完整。

# 第八节 案例分析

**案例 1**
北方 L 省某新建山岭区高速公路施工图设计测量

## 一、项目概况

本项目位于 L 省东部地区，路线自西向东展布，由 BH 主线以及 KD 支线组成。全线长度 254.876km，包括完全利用段 32km，新建里程 222.876km，其中 BH 主线全长 176.148km，KD 支线全长 46.728km。本项目的建设是实施国家高速公路网建设规划、完善 DB 区域骨架公路网 L 省高速公路网建设的需要。

BH 主线全线采用全封闭、全立交，双向四车道高速公路建设，整体式路基 26m，分离式路基 13m；设计速度 100km/h，汽车荷载等级为公路—Ⅰ级。全线设置桥梁 67 座，累计累计长度 21294m；设置隧道 21 座，累计长度为 36471m。

KD 支线建设标准同 BH 相同，全线设置桥梁 20 座，累计长度 2832m，设置涵洞 35 道，设置隧道 6 座，累计长度 9868m 处。

项目地处 L 省东部中低山区，为 Q 山与 CB 山延续部分。区域上处于两大构造体系的交接地带，新构造运动表现为长期缓慢上升隆起，地势总体为北高南低。地貌类型主要以构造剥蚀地形及山麓斜坡剥蚀堆积地形为主，如图 6.8-1 和图 6.8-2 所示。

**图 6.8-1 构造剥蚀地形地貌**

图 6.8-2 山麓斜坡剥蚀堆积地貌

路线走廊地处温带半湿润季风气候区。冬季干冷而夏季湿热年平均气温为 $6 \sim 8℃$，年平均降水量 781.8mm $\sim$ 1200mm，最大日降水量 1800mm（1973 年），$6 \sim 9$ 月份降水量约占全年降水量的 85%，年平均相对湿度为 67%，年平均风速 2.1m/s，季节性冻土标准冻深 $110 \sim 120$cm，通常 10 月中旬结冰，次年 3 月下旬解冻。

## 二、项目的基础测绘情况介绍

BH 主线分别于 2014 年、2017 年和 2021 年三次进行了四等平面控制测量、四等水准测量及 1：2000 地形图测绘工作。地形图测绘采用航测法进行，使用的影像为 ADS80 航空摄影仪拍摄的 0.2m 分辨率的影像数据。

2014 年选埋联测了 52 个四等 GNSS 控制点，并进行了四等水准联测；按最终线位，可利用控制点共计 16 个，相应地形图数据可应用于 BH 后段部分初测用图。

2017 年因 BH 前段改线在改线段选埋联测了 35 个四等 GNSS 控制点，82 个一级 GNSS 控制点及四等水准测绘，并联测 2014 年既有控制点 3 个，同时进行了 1：2000 地形图测绘，控制、地形图全部数据可以应用于 BH 前段初测。

2021 年因 BH 后段部分改线，在改线段选埋联测了 27 个四等 GNSS 控制点，联测 2014 年控制点 2 个，2017 年控制点 1 个，KD 支线控制点 3 个，并进行了四等水准测绘及 1：2000 地形图测绘工作。结合 2014 年 BH 后段部分区域地形图，形成 BH 后段完整的基础资料。

最终线位确定后，通过对 2014 年、2017 年、2021 年全线基础数据整理、分析、检测，部分水准段落的检查、优化，形成 BH 前段、中段控制测量数据成果。

BH 后段为 2021 年新增工程，共计选埋联测了 62 个四等 GNSS 控制点，并进行四等水准联测及 1：2000 地形图调绘，由于测图影像为 2013 年生产，现势性较差，采用全野外数字化测图对变化区域进行补测，同时联测相邻省界 J 省接线处控制点 2 个。

KD 支线则是 2014 年只进行了满足测图需要的控制测量，全线总计布设施测了 20 个四等 GNSS 控制点，其高程按四等水准施测。经实地踏勘调查，原成图 GNSS 控制点仅存 4 个，其中 2 个点还略有破损，控制测量成果不可以满足施工图设计需要。2017 年则进行了测图工作，整个测图工作都基于 0.2m 分辨率的航空影像进行的，其航摄时间为 2012 年~2014 年。KD 支线于 2021 年完成控制点补测工作，共完成 92 个四等平高 GNSS 控制点的测量工作。

## 三、基于机载激光雷达扫描的施工图测量

### （一）起因

由于该项目建设单位原因，直至 2021 年 6 月初才决定由某设计院负责该项目的施工图设计工作，且须在不到 50 天内提交 BH 主线以及 KD 支线高速公路施工占地预审图，因此采用常规方法几乎不可能在如此短的时间完成此项任务，必须要寻求一种快速可靠的测量方法来解决该问题。经会议讨论以及事后调研决定采机载激光雷达扫描测量的方法完成此项任务，同时其测绘成果也可以用于日后开展的施工图设计工作。

### （二）航空激光扫描测量过程

#### 1. 设备及设计方案指标

机载激光雷达扫描测量任务于 2021 年 6 月初下达，至 6 月 20 日前完成飞行数据采集，6 月底开始陆续提供成果数据，其航空摄影设计方案如下：

（1）设计技术指标

机载 LiDAR 航测技术指标具体参见表 6.8-1。

表 6.8-1 机载 LiDAR 航测技术指标

| 测区 | | 参数指标 |
|---|---|---|
| 飞行状态 | 相对航高 | 800m |
| | 航速 | 150km/h |
| 激光点云 | 航带旁向重叠度 | 30% |
| | 点云高程精度 | 0.20m |
| | 平均点间距 | 0.30m |
| 数码航片 | 地面分辨率 | 0.20m |
| | 航向重叠度 | 60% |
| | 旁向重叠度 | 35% |

扫描设备搭载平台及技术参数分别见图 6.8-3 和表 6.8-2。

图 6.8-3 机载激光雷达设备及搭载平台

表 6.8-2 设备参数

| 设备名称 | OPTECH GALAXY T1000 |
|---|---|
| Pos 类型 | PosAV610 |
| 点云密度 | 1-100 个点 / 平方米 |
| 水平精度 | 1/10000* 相对航高 |
| 高程精度 | 0.05-0.2m |
| 最大脉冲频率 | 1000kHz |
| 相机分辨率 | 1 亿象素 |
| 象素大小 | 6.8um |
| 象幅大小 | 11608*8708 |

（2）使用的机场

本次航空摄影选择使用本溪、八里甸子与桓仁三个临时起降点。航摄平台租用某航空公司的 R44 直升飞机。本测区航摄速度设计为 150km/h，飞机姿态保持由飞机导航用 GNSS 设备及机载激光雷达设备配置的高精度 GNSS、IMU 共同保证，在飞机俯仰角 pitch、侧滚角 roll 与航偏角 heading 的控制方面都能达到较高的精度要求。

2. 航区分带

根据测图要求的比例尺及测区具体情况选择航摄比例尺及航高，划分航摄的分区。航摄分区划分时，遵循了下列原则：

（1）按规范的规定和数字航摄仪性能划分航摄分区，同一分区内的景物特征基本一致；

（2）分区内的地形高差通常不大于四分之一相对航高（以分区的平均高度平面为基准面的航高）；

（3）分区界线与图廓线相一致；

（4）分区边界覆盖满足分区间各自满幅的要求；

（5）分区摄影基准面的高度：以分区内具有代表性的高点平均高程和低点平均高程之和的二分之一求得。

（6）航线长度不大于60km，直线飞行时间不大于30min。

### 3. 飞行航线

敷设航线时，遵循了以下原则：

（1）航线一般情况下东西向飞行。特定条件下，按照地形走向、河流、测区形状等任意方向飞行。

（2）测区地形高差较大的情况下，增加该测区航带的旁向重叠度，避免出现数据漏洞等情况。

（3）航向覆盖超出摄区边界线不少于500m。

（4）旁向覆盖超出摄区边界线不少于450m。

### 4.GNSS基站选择与设备检校

项目共选择三个地面GNSS基站。航摄过程中，保证了地面GNSS基站根据需要随时架设，并进行同步观测。地面GNSS基站的有效覆盖半径为30km。

机载LiDAR设备检校场选取按照以下要求进行：

①道路检校场的选取。

选取符合检校要求的道路：路面平直；路宽20-50m；长选取1500-2000m；通行的车辆尽量少。

②检校飞行方案

为了检校设备的俯仰角pitch、侧滚角roll，需要沿垂直在道路的中心线设计航线，检校场航线设计示意图及检校场位置示意图如图6.8-4所示：

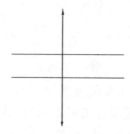

图6.8-4 机载LiDAR设备检校飞行方案

### 4. 航测飞行

在项目的航测飞行过程中，下述要求得到了有效执行。

（1）天气及卫星情况要求

由于机载 LiDAR 航测利用的是 GNSS 和 IMU 差分定位方法对激光点坐标进行解算，因此航飞过程中也会出现一些足以影响数据质量的问题，包括天气状况，例如是否有云、浓雾等。同样，飞行过程中的卫星质量是影响数据成果质量的一个主要因素。为确保飞行的有效性，要求在 PDOP 值 ≤ 3 的情况下才可以进行航摄飞行。

（2）航摄时间要求

选择在晴天、风速小、无低云天气飞行。由于采用了数码相机联合作业，摄影时间确保具有足够的光照度，同时避免过大的阴影。

（3）航飞和质量控制要求

（4）对飞机的要求

①要求飞行速度满足 150km/h，相对航高保持在 800m。

②需安装传感器和主控机的过渡板，要求提前设计安装。

③提供在飞机上方便对话用的耳机和耳麦，最少 2 套。

（5）对飞行的要求

①整个航飞过程中，转弯坡度不能过大，通常要控制在 15° 内，否则会因为 GNSSS 卫星信号失锁严重，影响 POS 数据解算质量，需要重飞。

②飞行过程中，需要尽量保证飞机的平稳运行，要求飞机提前 3km 摆正位置到设计航线方向，在飞出航线至少 500m 后才可以进行掉头。

③机上进行 LiDAR 设备操作的技术人员一定需保证航线的完整，在飞入航线前和飞出航线后才可以让激光扫描设备处于关闭状态。

（6）在测线飞行过程中，必须满足如下要求：

①不同航线必须采用左转弯和右转弯交替方式，绝对不能绕圈飞行。

②航线上飞行时，侧滚角不超过 4°；偏离航线不得大于 20m，航高上下偏离不得大于 30m。偏移尽可能降到最小。

③航偏角一般不大于 6°，最大不大于 15°。

④本项目飞机速度要求保持在地速 150km/h。

⑤如果由大风引起飞机偏离航线，修正时一定要慢慢的偏移改正。严禁急剧摆正，否则很容易造成侧滚角变化过快，严重影响数据质量。

### （三）机载激光雷达数据处理

#### 1. 机载雷达数据预处理方案

机载 LiDAR 航摄获取的点云数据需要进行姿态校正、噪声点剔除、坐标转换、航带拼接、系统差改正等预处理，生成满足要求的点云成果数据。

（1）点云姿态校正、航带拼接、系统差改正

完成机载 LiDAR 航测原始采集及航测原始数据解算、输出之后，由于设备误差、观测误差等多方面误差源影响，机载 LiDAR 航测原始点云数据精度很难达到设计要求，具体表现为航带间、架次间航带点云重叠处存在大量的平面和高程错位现象。而系统总结分析机载 LiDAR 航测误差规律和特点、构建虚拟观测方程、建立点云平差优化

的系统化工艺，是确保数据成果精度和质量的重要环节。本项目采用了某公司自主研发的"单架次、单航带、局部平差分级、分阶段融合"点云整体平差法有效的解决众多点云数据质量难题，保障了点云精度和匹配效果。

（2）影像数据处理

原始影像通过解压飞行采集影像数据，对影像数据进行对比度、色泽、亮度等各项处理调整，使之整理色差统一、色调柔和、自然。

## （四）基于机载数据的数字测绘产品制作

机载 LiDAR 航测原始数据成果主要用于制作 1:2000 比例尺 DEM、DOM、DLG 和 1:500 比例尺桥隧口地形图，主要工作内容包括地面点云分类、航片空三加密、正射纠正、拼接线改正、图幅裁切、DOM 制作、立体测图、外业调绘、修补测、DLG 符号化成图等工作。

### 1. 地面特征点的提取制作

地面特征点提取与制作的生产流程如下：

（1）对激光点三维数据进行地表和地面激光点的分类处理。

（2）生成粗 imagelist，直接利用未空三加密的 imagelist 文件快速生成粗数字正射影像。

（3）参考粗数字正射影像，对于分类后的激光点三维数据进行检查，纠正了前期分类错误的激光点。

### 2. 1:2000 DOM 产品制作

在前期产品制作的基础上，对数码影像、航迹线进行相关数据处理，即可制作 1:2000 比例尺数字正射影像产品。

### 3. 桥隧口 1:500 DLG 产品制作

1:500 地形图测量采用航测数字立体成图方法进行。使用上节提到的空三加密成果，批量恢复立体模型，然后根据传统立体测图技术流程进行 DLG 生产。

## （五）基于激光点云的断面制作

图 6.8-5 反映了相同地形不同测量点密度下的横断面效果，以常规条件下 20m 一组断面为例，虽然断面上人工测点精度较高，但两组断面之间内插点的精度会直接决定整体地形精度，尤其在地形变化复杂区域误差可达到几米甚至十几米，导致填挖方工程量计算与实际情况出入很大。因此地形点采样密度直接关系到断面成果精度。

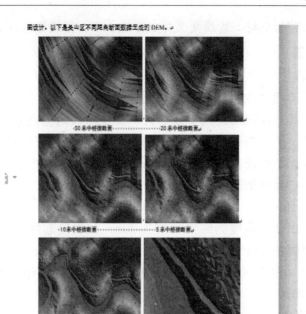

图 6.8-5 相同地形不同测量点密度下的横断面效果示意图

这个项目依据机载地面点云数据，采用某公司自主研发的断面制作软件直接利用地面点云制作断面。具体方法如图 6.8-6 所示，首先要利用分类后的地面点数据构建不规则三角网，之后通过道路设计中线切割三角网获得精准的断面数据。

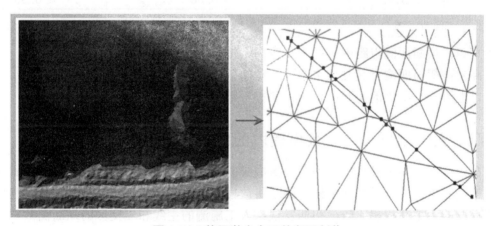

图 6.8-6 基于激光点云的断面制作

1. 纵断面制作

（1）基于分类后的激光地面点数据制作路线纵断面，其结果为路线设计里程桩号和对应的地面高程，能够详实反映地面高程沿路线方向的变化情况，即由桩号和高程绘制出的地面线图，能直观详实的反应路线经过的地形起伏情况。

（2）路线纵断面间距为 20m 一个点，同时在地形突变处、桥梁的起终点、涵洞中心、隧道进出口段、被交路中心以及两侧土路肩缘、被交铁路两轨顶、河流或沟渠

交叉中心及其断面转折点处、管线交叉处、省地（市）县级行政区划分界处适当加密。

### 2. 横断面测量

（1）测量内容

①基于分类后的激光地面点数据制作路线横断面，原则上每个中桩（包括加桩）制作一条横断面，其方向应与路线中线垂直，曲线路段为测点处路线的法线方向。由于中桩加桩较密集，结合路线纵、横向地形变化情况选择有代表性的中桩制作其横断面，而桥台加密段、隧道进出口加密段及挡土墙加密段则制作了所有加桩的横断面。

②横断面能详实反映地面沿路线垂直方向地面变化情况，地形变化转折处测量特征点，间距不大于10m。

③桥台加密段横断面宽度为路线两侧各30m，加密段起终点与中桩间隔20m的横断面宽度为线路两侧各60m。

④隧道进出口加密段横断面宽度为两侧各60m（连拱隧道）或者两侧各60m，中间各20m（分离式隧道）。

（2）测量精度

横断面的测量精度可参照表6.8-3执行。

表6.8-3 新建公路工程断面的平面位置和高程中误差

| 类别 | 平面位置（m） | 高程（m） |
| --- | --- | --- |
| 平原、微丘 | ≤0.40 | ≤0.20 |
| 重丘、山岭 | ≤0.50 | ≤0.40 |

（3）测量方法

平距：横断面测点距中桩的水平距离，按距离由小到大排列。

高差：横断面测点高程减去中桩高程的差值。

以上为一个中桩的横断面数据，各桩号数据按上述数据段格式依次循环。

## 四、人工测量与点云数模提取的成果对比分析

在该案例的实施过程中，为了确保成果的可靠性，同时采用人工测量的方式对主线和支线的中桩进行了实地放样，同时将放样成果与基于点云数据制作的数字高程模型中提取的中桩高程相比较。初期发现：人工施测的主线和立交区的纵断面数据与基于数字高程模型提取的纵断面成果比较发现，虽然大约85%～90%左右的数据二者测量结果在可接受的误差范围内（高程差值0.2～0.5m），但仍有5%的数据；二者的差异较大，有些点不是误差而是粗差，对于这些点进行了剔除过滤；同时发现有些点误差较大，且呈按簇出现的现象；个别立交区匝道纵断面数据有误等现象；一些桥梁隧道设置处的高程成果与原有1:2000地形图图面高程也存在较大差异现象。

为了验证基于点云数据制作的数字高程模型提取的成果精度，数据使用方委托第三方进行了实地检查。开始提出的要求是检测路段应该满足下列条件：一是地形上要有起伏；二是要满足GNSS作业条件，特别是要保证GNSS接收信号要得到充

分保障；三是只进行 20m 整桩号的比较。后来也提出选择路段要包括隧道路段以及数模及人工实测结果差异较大路段。因此所选了三段检测路段。具体范围是路段一 K40+400 ～ K40+700（路段长 300m，最大高差 61m）；路段二 ZK44+660 ～ ZK45+160（路段长 500m，最大高差 65m）；路段三 K184+060 ～ K184+460（路段长 400m，最大高差 9m）。

检测时采用 GNSS RTK 方式进行检测，因为第二路段作业条件特别恶劣，检测时采用双人双流动站对同一点位分别进行独立测量，两次结果在限差内才进行下一个桩位的测量。其它两路段由于观测条件较好可，因此采用单流动站测量方式，基本能保证放样精度。

检测结果统计对比如表 6.8-4，表 6.8-5 和表 6.8-6 所示。

表 6.8-4　路段一检测及比较结果

| 桩号 | 地类 | 三方检核高（m） | 实测中桩高（m） | 数模高程（m） | 三方 - 实测（m） | 三方 - 数模（m） | 实测 - 数模（m） |
|---|---|---|---|---|---|---|---|
| K40+400 | 旱地 | 377.39 | 377.20 | 377.29 | 0.20 | 0.10 | -0.09 |
| K40+420 | 旱地 | 380.40 | 380.16 | 380.19 | 0.24 | 0.21 | -0.03 |
| K40+35 | 林地 | 382.88 | 382.64 | 382.65 | 0.24 | 0.23 | -0.01 |
| K40+440 | 林地 | 383.49 | 383.27 | 383.43 | 0.22 | 0.06 | -0.16 |
| K40+445 | 林地 | 384.79 | 384.55 | 384.66 | 0.24 | 0.13 | -0.11 |
| K40+450 | 林地 | 385.70 | 385.46 | 385.67 | 0.24 | 0.03 | -0.21 |
| K40+455 | 林地 | 386.54 | 386.28 | 386.53 | 0.26 | 0.01 | -0.25 |
| K40+460 | 林地 | 387.60 | 387.34 | 387.88 | 0.26 | -0.28 | -0.55 |
| K40+465 | 林地 | 387.42 | 387.25 | 387.39 | 0.17 | 0.03 | -0.14 |
| K40+470 | 林地 | 386.72 | 386.43 | 386.68 | 0.30 | 0.04 | -0.25 |
| K40+475 | 林地 | 387.62 | 387.32 | 387.82 | 0.30 | -0.20 | -0.50 |
| K40+480 | 坎上 | 389.50 | 389.25 | 389.27 | 0.25 | 0.23 | -0.02 |
| K40+485 | 林地 | 390.70 | 390.46 | 390.51 | 0.24 | 0.19 | -0.05 |
| K40+490 | 林地 | 393.19 | 392.96 | 393.02 | 0.23 | 0.17 | -0.06 |
| K40+495 | 林地 | 394.37 | 394.12 | 394.13 | 0.25 | 0.24 | -0.01 |
| K40+500 | 林地 | 395.70 | 395.43 | 395.55 | 0.27 | 0.15 | -0.12 |
| K40+505 | 林地 | 397.19 | 396.92 | 397.28 | 0.27 | -0.09 | -0.36 |
| K40+510 | 林地 | 398.51 | 398.24 | 398.42 | 0.28 | 0.09 | -0.18 |
| K40+515 | 林地 | 399.39 | 399.17 | 399.38 | 0.23 | 0.01 | -0.21 |
| K40+520 | 林地 | 400.44 | 400.18 | 400.21 | 0.26 | 0.23 | -0.03 |
| K40+525 | 林地 | 401.47 | 401.28 | 401.28 | 0.19 | 0.19 | 0.00 |
| K40+530 | 林地 | 402.33 | 402.12 | 402.31 | 0.21 | 0.02 | -0.19 |
| K40+535 | 林地 | 403.66 | 403.39 | 403.54 | 0.27 | 0.12 | -0.15 |
| K40+540 | 林地 | 405.04 | 404.79 | 404.87 | 0.24 | 0.17 | -0.08 |
| K40+545 | 林地 | 406.42 | 406.18 | 406.32 | 0.24 | 0.10 | -0.14 |

| K40+550 | 林地 | 407.43 | 407.18 | 407.39 | 0.25 | 0.04 | -0.21 |
| K40+555 | 林地 | 408.88 | 408.60 | 408.81 | 0.27 | 0.07 | -0.21 |
| K40+560 | 林地 | 410.34 | 410.10 | 410.29 | 0.24 | 0.04 | -0.19 |
| K40+565 | 林地 | 411.68 | 411.42 | 411.52 | 0.27 | 0.16 | -0.10 |
| K40+570 | 林地 | 413.13 | 412.87 | 413.08 | 0.26 | 0.05 | -0.21 |
| K40+575 | 林地 | 414.41 | 414.13 | 414.25 | 0.28 | 0.16 | -0.12 |
| K40+580 | 林地 | 415.63 | 415.33 | 415.48 | 0.30 | 0.15 | -0.15 |
| K40+585 | 林地 | 417.07 | 416.73 | 416.87 | 0.34 | 0.20 | -0.14 |
| K40+590 | 林地 | 418.47 | 418.17 | 418.46 | 0.30 | 0.01 | -0.29 |
| K40+595 | 林地 | 420.05 | 419.70 | 419.79 | 0.35 | 0.26 | -0.09 |
| K40+600 | 林地 | 421.38 | 421.07 | 421.42 | 0.31 | -0.04 | -0.35 |
| K40+605 | 林地 | 422.54 | 422.32 | 422.21 | 0.23 | 0.33 | 0.11 |
| K40+610 | 林地 | 423.65 | 423.42 | 423.55 | 0.22 | 0.09 | -0.13 |
| K40+615 | 林地 | 424.88 | 424.73 | 424.68 | 0.15 | 0.20 | 0.05 |
| K40+620 | 林地 | 426.20 | 426.22 | 425.89 | -0.02 | 0.31 | 0.33 |
| K40+625 | 林地 | 427.40 | 427.12 | 427.58 | 0.28 | -0.18 | -0.46 |
| K40+630 | 林地 | 428.43 | 428.13 | 428.24 | 0.31 | 0.19 | -0.11 |
| K40+635 | 林地 | 429.65 | 429.34 | 429.32 | 0.31 | 0.33 | 0.02 |
| K40+640 | 林地 | 30.89 | 30.59 | 30.68 | 0.31 | 0.21 | -0.09 |
| K40+645 | 林地 | 31.90 | 31.68 | 31.77 | 0.22 | 0.13 | -0.09 |
| K40+650 | 林地 | 32.74 | 32.40 | 32.59 | 0.34 | 0.15 | -0.19 |
| K40+655 | 林地 | 33.24 | 32.95 | 33.29 | 0.29 | -0.05 | -0.34 |
| K40+660 | 林地 | 33.71 | 33.38 | 33.71 | 0.33 | 0.00 | -0.33 |
| K40+665 | 林地 | 34.10 | 33.77 | 34.15 | 0.33 | -0.05 | -0.38 |
| K40+670 | 林地 | 34.90 | 34.71 | 35.09 | 0.19 | -0.19 | -0.38 |
| K40+675 | 林地 | 35.70 | 35.41 | 35.74 | 0.29 | -0.04 | -0.33 |
| K40+680 | 林地 | 436.65 | 436.32 | 436.61 | 0.33 | 0.04 | -0.29 |
| K40+685 | 林地 | 437.49 | 437.15 | 437.39 | 0.34 | 0.10 | -0.24 |
| K40+690 | 林地 | 437.87 | 437.70 | 437.96 | 0.17 | -0.09 | -0.26 |
| K40+695 | 林地 | 438.40 | 438.16 | 438.50 | 0.23 | -0.10 | -0.34 |
| K40+700 | 林地 | 438.88 | / | 438.99 | / | -0.11 | / |

表 6.8-5　路段二检测及比较结果

| 桩号 | 地类 | 三方检核高(m) | 实测中桩高(m) | 数模高程(m) | 三方 - 实测(m) | 三方 - 数模(m) | 实测 - 数模(m) |
|---|---|---|---|---|---|---|---|
| ZK44+660 | 林地 | 435.51 | 435.25 | 435.39 | 0.26 | 0.12 | -0.14 |
| ZK44+670 | 林地 | 435.15 | 434.80 | 434.42 | 0.34 | 0.72 | 0.38 |
| ZK44+680 | 林地 | 434.55 | 434.12 | 434.67 | 0.43 | -0.12 | -0.55 |
| ZK44+700 | 林地 | 431.40 | 431.13 | 431.10 | 0.27 | 0.30 | 0.03 |
| ZK44+720 | 林地 | 434.59 | 434.51 | 434.43 | 0.07 | 0.16 | 0.08 |
| ZK44+740 | 林地 | 434.73 | 434.41 | 434.49 | 0.33 | 0.24 | -0.09 |
| ZK44+760 | 林地 | 434.76 | 434.82 | 434.92 | -0.06 | -0.16 | -0.10 |

| ZK44+780 | 林地 | 433.94 | 433.92 | 433.59 | 0.02 | 0.35 | 0.33 |
|---|---|---|---|---|---|---|---|
| ZK44+800 | 林地 | 436.17 | 435.83 | 435.80 | 0.34 | 0.37 | 0.03 |
| ZK44+810 | 林地 | 436.99 | 436.75 | 436.70 | 0.25 | 0.29 | 0.05 |
| ZK44+820 | 林地 | 436.73 | 436.35 | 436.56 | 0.38 | 0.17 | −0.21 |
| ZK44+840 | 旱地 | 439.42 | 439.32 | 439.24 | 0.10 | 0.18 | 0.08 |
| ZK44+860 | 旱地 | 440.71 | 440.43 | 440.35 | 0.28 | 0.36 | 0.08 |
| ZK44+880 | 林地 | 442.71 | 442.44 | 442.60 | 0.27 | 0.11 | −0.16 |
| ZK44+900 | 林地 | 442.01 | 442.63 | 441.53 | −0.62 | 0.48 | 1.10 |
| ZK44+920 | 林地 | 442.90 | 442.63 | 442.84 | 0.27 | 0.06 | −0.21 |
| ZK44+940 | 林地 | 445.28 | 444.97 | 444.66 | 0.30 | 0.62 | 0.31 |
| ZK44+960 | 林地 | 445.78 | 445.32 | 445.18 | 0.46 | 0.60 | 0.14 |
| ZK44+980 | 路边 | 446.96 | 446.94 | 446.58 | 0.03 | 0.38 | 0.36 |
| ZK45+000 | 坎下 | 450.39 | 449.58 | 450.01 | 0.81 | 0.38 | −0.43 |
| ZK45+015 | 林地 | 453.36 | 452.53 | 453.26 | 0.83 | 0.10 | −0.73 |
| ZK45+020 | 林地 | 454.96 | 454.96 | 455.09 | 0.01 | −0.13 | −0.13 |
| ZK45+025 | 林地 | 456.99 | 458.03 | 456.84 | −1.05 | 0.15 | 1.19 |
| ZK45+030 | 林地 | 457.97 | 458.92 | 458.05 | −0.95 | −0.08 | 0.87 |
| ZK45+035 | 林地 | 458.65 | 459.17 | 458.33 | −0.52 | 0.32 | 0.84 |
| ZK45+040 | 坎 | 459.84 | 460.71 | 459.54 | −0.87 | 0.30 | 1.17 |
| ZK45+045 | 林地 | 460.47 | 460.77 | 460.15 | −0.30 | 0.32 | 0.62 |
| ZK45+050 | 林地 | 461.46 | 462.31 | 461.46 | −0.85 | 0.00 | 0.85 |
| ZK45+055 | 林地 | 461.87 | 462.68 | 461.71 | −0.81 | 0.16 | 0.97 |
| ZK45+060 | 林地 | 460.92 | 461.79 | 460.41 | −0.87 | 0.51 | 1.38 |
| ZK45+065 | 林地 | 459.14 | 460.07 | 459.00 | −0.93 | 0.14 | 1.07 |
| ZK45+070 | 林地 | 457.65 | 458.42 | 457.27 | −0.76 | 0.38 | 1.15 |
| ZK45+075 | 林地 | 458.64 | 461.35 | 458.29 | −2.70 | 0.35 | 3.06 |
| ZK45+080 | 林地 | 461.22 | 464.20 | 460.14 | −2.98 | 1.08 | 4.06 |
| ZK45+085 | 林地 | 462.43 | 466.24 | 461.83 | −3.81 | 0.60 | 4.41 |
| ZK45+090 | 林地 | 463.53 | 466.74 | 463.19 | −3.21 | 0.34 | 3.55 |
| ZK45+095 | 林地 | 464.82 | 468.14 | 464.38 | −3.32 | 0.44 | 3.76 |
| ZK45+100 | 林地 | 467.39 | 470.63 | 467.19 | −3.24 | 0.20 | 3.44 |
| ZK45+105 | 林地 | 470.12 | 473.75 | 470.04 | −3.63 | 0.08 | 3.71 |
| ZK45+110 | 林地 | 472.16 | 475.66 | 471.90 | −3.50 | 0.26 | 3.76 |
| ZK45+115 | 林地 | 473.44 | 477.37 | 473.43 | −3.93 | 0.01 | 3.94 |
| ZK45+120 | 林地 | 475.46 | 479.19 | 475.38 | −3.74 | 0.07 | 3.81 |
| ZK45+125 | 林地 | 477.45 | 481.07 | 477.18 | −3.62 | 0.27 | 3.89 |
| ZK45+130 | 林地 | 480.03 | 483.74 | 479.63 | −3.71 | 0.40 | 4.11 |
| ZK45+135 | 林地 | 482.58 | 485.91 | 482.47 | −3.32 | 0.11 | 3.43 |
| ZK45+140 | 林地 | 485.38 | 488.69 | 485.09 | −3.31 | 0.29 | 3.60 |
| ZK45+145 | 林地 | 488.13 | 491.57 | 487.80 | −3.44 | 0.33 | 3.77 |
| ZK45+150 | 林地 | 490.71 | 494.00 | 490.44 | −3.29 | 0.27 | 3.56 |
| ZK45+155 | 林地 | 493.76 | 497.02 | 493.23 | −3.26 | 0.53 | 3.79 |
| ZK45+160 | 林地 | 497.02 | 499.96 | 496.59 | −2.93 | 0.43 | 3.37 |

表 6.8-6 路段三检测及比较结果

| 桩号 | 地类 | 三方检核高 (m) | 实测中桩高 (m) | 数模高程 (m) | 三方－实测 (m) | 三方－数模 (m) | 实测－数模 (m) |
|---|---|---|---|---|---|---|---|
| K184+060 | 旱地 | 372.54 | 372.52 | 372.63 | 0.02 | -0.09 | -0.11 |
| K184+080 | 旱地 | 375.44 | 375.45 | 375.43 | -0.01 | 0.01 | 0.02 |
| K184+100 | 草地 | 378.35 | 378.32 | 378.41 | 0.03 | -0.06 | -0.09 |
| K184+120 | 草地 | 381.83 | 381.87 | 381.80 | -0.04 | 0.03 | 0.07 |
| K184+160 | 旱地 | 377.21 | 377.2 | 377.42 | 0.00 | -0.22 | -0.22 |
| K184+200 | 草地 | 376.61 | 376.72 | 376.33 | -0.11 | 0.28 | 0.39 |
| K184+220 | 草地 | 377.75 | 377.72 | 377.51 | 0.03 | 0.24 | 0.21 |
| K184+260 | 旱地 | 377.63 | 377.62 | 377.77 | 0.01 | -0.14 | -0.15 |
| K184+280 | 旱地 | 377.38 | 377.43 | 377.45 | -0.05 | -0.07 | -0.02 |
| K184+300 | 草地 | 377.34 | 377.44 | 377.58 | -0.10 | -0.24 | -0.14 |
| K184+360 | 空地 | 375.83 | 375.87 | 375.95 | -0.04 | -0.12 | -0.08 |
| K184+380 | 旱地 | 376.15 | 376.23 | 376.24 | -0.09 | -0.10 | -0.01 |
| K184+400 | 路边 | 376.71 | 376.66 | 376.80 | 0.04 | -0.10 | -0.14 |
| K184+420 | 房区 | 376.97 | 376.61 | 377.13 | 0.36 | -0.16 | -0.52 |
| K184+460 | 旱地 | 377.22 | 377.24 | 377.30 | -0.02 | -0.08 | -0.06 |

表中分别进行了第三方与数模结果，第三方和实测结果以及实测与数模结果的全方位对比。由对比结果可以看到：

第一路段实地长满高 2m 左右的灌木，为较为宽敞的慢坡沟状地形，是隧道进口段。检测过程中 GNSS 信号较为稳定，结果可靠性较强，精度相对较高。但从第三方与实测结果对比看，两次测量差值超过 0.2m 的占比接近 90%，并且第三方测量结果普遍高于实测结果。

该路段第三方检测结果与数模结果对比，间距 5m 的 60 个桩位中，差值在 0.2m 以内的为 53 个，占比为 88.3%；差值都在 0.2~0.4m 之间的有 7 个，最大相差 0.33m，占比 11.7%，全部小于 2 倍中误差 0.4m 的限差。计算全部 60 个桩位的测量中误差为 0.14m，满足设计要求。

第二路段位于狭长沟内，是隧道与桥梁紧密相连的路段，树高超过 10m。由于山高林密，地势陡峻导致 GNSS 信号极其不稳定。检测过程中由于电台信号传输不稳定，不得不进行了参考站转站，这一定程度上影响了放样精度。另外数据表明，该路段实测结果有近 100m 的中桩放样结果有错误，原因可能是实测过程中 GNSS 信号不稳，造成不能得到真实解，即所谓的信号失锁，结果"飞了"。由于第三方表示对该路段检测结果只能保证不存在粗差即错误，但不能确保放样精度都达到规范要求，测量结果准确性具有一定的不确定性，因此没有对该路段第三方与数模对比做定量评价。鉴于第三方检测结果与数模成果整体符合性较好，建议设计要使用数模成果，或利用优化后的点云数据重新建模，生成间距 1m 或 2m 的纵断面成果。

第三路段为坡度较小的慢坡地，有较短的路段在林地中，其余为旱田，GNSS 信号较为稳定。该路段第三方检测结果与实测结果和数模结果对比，均满足要求。其中

三方与数模比较，全部 15 个桩位中差值在 0.2m 以内的 11 个，占比为 73.3%，差值在 0.2～0.3m 之间的 4 个，最大差值 0.28m，占比为 26.7%，全部小于 2 倍中误差 0.4m 的限差。全部 15 个桩位的测量中误差为 0.16m，亦满足设计要求。

事实证明，就成果的整体可靠性而言，基于点云数据但得到的断面成果要高于人工实测成果。

案例点评：

机载激光雷达扫描测量技术是目前国内公路行业勘察设计应用的主流技术，特别是在植被覆盖较厚的山岭区工程项目中其优势更为突出。

本项目较为系统、全面、细致地介绍了机载激光雷达扫描测量技术在施工图设计中具体应用。从航摄外业数据的获取到内业点云、影像数据的处理再到各类数字化产品及公路专题成果的生产制作，最后给出了具体的例证来说明该项技术的可行性、可靠性、准确性、高效性。

本项目在使用点云数据的伊始，由于对点云数据及其产品特性不够了解，曾一度怀疑该种技术用于山岭区高速公路施工图测量的可行性。后来通过影像、地面实测点云、地形图、实测中桩点位联动展示的方法对出现的问题有了新的认识，寻找到问题产生的根源及解决方法。经第三方检测证实点云数据及其产品的可靠性，对该项技术也产生了认同感。

在不利于 GNSS 作业的地形条件下，数模数据整体可靠，其数据成果的可靠性高于实测数据；GNSS 信号较好时，二者的结果相差不大，在正常误差范围内。对于一些存在微地形或地形突变处，可以通过生成间距 1m 的数模成果来消除对最终使用成果的干扰。

虽然点云数据及数模成果可靠性较强，但应根据设置构造物的特点或精度要求的不同，适时采用人工实测的方式对桥台、铁路、干线公路、重要管线等交叉处进行测量，与点云数据相互校核，验证设计成果的合理性与可靠性。

本项目在不到 50 天的时间内，完成了 220 多千米山岭区新建高速公路的施工预审图，可见该项技术的功效超高，极大地提高公路测设效率，是一种值得推广的技术方法。

## 案例 2

### 超小比例尺航摄影像用于高速公路地形图成图的可行性研究

高速公路地形图大多采用航空摄影综合成图，尤其在山岭重丘区航测法作为主要成图方法，有时在平原微丘区也采用全野外数字成图法。航摄成图要求航摄影像资料新，现势性强，航摄比例尺一般为 1∶8000～1∶12000，用于公路 1∶2000 地形图成图。但航摄工作受天气和季节等因素制约，常常不能在最短的时间内提供成图所需的影像资料，严重影响着成图周期，进而影响了设计周期。为保证设计工作如期开展，有时必须要寻求新的快速可行的成图方法。

针对 L 省"十一五"计划期间急需开展 XT-KY 高速公路设计，而没有最新的地形图的实际情况，根据所用地形图存在关键需求的特点，就超小比例尺航摄影像资料用于高速公路 1：2000 地形图成图的可行性进行了技术研究，指出了成图过程中存在的难点，提出了针对性解决方案，并且例举了该方法在工程实际中取得的实际效果。

## 一、高速公路地形图测量的重点要素

高速公路设计所需的地形图成图比例尺通常为 1：2000。与常规地形图相比，高速公路设计则更关注与设计路线交叉的现状地物的测量精度，因而地形图测绘的重点即为线状地物的测量，如公路、铁路、高压电力线、地下光缆、输油管线、河流、沟渠等，这些现状地物所在位置都是高速公路设计中需要设置上跨或下穿构造物的重点部位，因而对上述地物的平面和高程测量精度要求较高，同时对那些容易对路线走向方案造成影响的一些面状地物，例如生产高危产品的企业单位，象生产加工易燃、易爆、有毒物品等厂矿企业的平面位置的测量准确度要高，单位名称标注要正确。

对于构成路线的路基段，对精度要求可略微放宽，因为多数路基段落的工程量计算，征地边界线的确定都是依据施工图测量阶段的纵横断面测量数据来进行的。对于地形测量而言，其等高线精度一般能达到规范要求的低限就可，不会影响设计质量。

正是由于高速公路设计用图的特定需求，为超小比例尺影像资料用于大比例尺地形图成图提供可能。

## 二、超小比例尺影像用于高速公路地形图成图的技术难点

这里提及的超小比例尺航摄影像资料是指全国第二次国土资源调查时在 L 省全省境内拍摄的数码航片，该航片采用 DMC 相机拍摄，其地面分辨率为 0.48m，显示为真彩色影像，化算为常规航摄比例尺约为 1：40000 左右，文件格式为 Tiff 格式。数码相机的焦距 f=120mm，像幅尺寸为 92.160mm×165.888mm，像幅像元数为 7680×13824，单个像元尺寸 $12\mu m \times 12\mu m$，用于 1：2000 地形图成图存在一定的技术困难，主要体现在以下几方面。

### （一）航片航摄的时间影响

使用中发现该影像资料的航摄时间并不统一。不同的航摄时间，不同的航摄季节的航片，对成图精度的影响程度不同。相对而言，春季和秋后的航片，其影像有利于最终的航摄成图，主要体现在地面目标清晰，受树木和高棵作物遮挡影响较小，地表目标容易捕捉。而夏季的航片，那么存在较为严重的遮挡问题，不利于地面目标的识别及捕捉，对成图精度有较大影响。

### （二）地面目标点的识别影响

由于所用 DMC 航片的地面分辨率较低，对于航片上的一些点状地物无法在内业中加以判别，如电杆、光缆桩、通讯杆等无法根据影像来识别。而一些田间作业小路一旦受高棵作物遮挡，也很难识别道路的准确走向。这些不利因素会造成地形图成图时一些重要地物的丢失，同时也会对地形图高程精度带来不利影响。

### （三）对像控点精度的影响

航片地面分辨率较低的客观情况也会对像控点的布设和内业加密精度造成不利影响，增加了作业难度，特别是在目标点的判别和选刺上较传统航摄方法难了许多，特别在高程方面，要做很多备用点，便于加密计算时有备用数据可以用。

### （四）对外业工作的影响

由于采用的 DMC 航片存在着"先天不足"现象，因此必须采取针对性措施来尽量使成图精度达到或接近规范规定的精度要求，所以作业过程中势必要布设大量的平高检查点，尤其对于地势相对平坦的地带，更要多布设高程检查点进行高程修正，对于那些重要的线状交叉物，要布设平高检查点，结果会导致外业工作量增加。

## 三、超小比例尺影像用于高速公路地形图成图的可行性探讨

针对上述技术难点，经过对 L 省内几条新建高速公路基础测绘成图工作的大量总结，逐步摸索了一些有利于改进与提高成图精度的有效方法及措施。

### （一）对 DMC 影像的预处理

成图使用的 DMC 数码影像资料为 Tiff 数据格式，其原始影像是辐射分辨率为 12Bit 的彩色影像，需要转为 8Bit 影像后再进行处理，这样使影像资料能够在 Photoshop 软件下进行色差、对比度、亮度等方面的调整，处理后的影像目标边缘更加清晰、色彩更加鲜明，提高了影像的测绘精度和识别能力。

### （二）像控点测量的改进措施

像控点布设的是否合理、测量精度的高低直接影响着地形图成图的最终精度。根据多次实验比较，发现影响 DMC 影像像控点精度的主要原因在于所使用的彩色航片的色彩质量。对于一般打印机输出的影像图片，因使用的打印机分辨率低以及相纸质量不高，结果造成输出图片上的原始影像失真或位置发生轻微扭曲，从而造成实地刺点目标与计算机内的原始目标之间不匹配，降低了像控点的精度，进而影响了成图精度。所以，使用高分辨率打印机和高质量相纸输出影像图片，有利于提高像控点的刺点精度，最终有利于提高成图精度。

在像控点的具体布设上，也要有别于传统做法，因为所使用的 DMC 影像是大量航片拼接而成的影像，基本上都保留着原始航片的像主点，因此在外业布设像控点时，应尽量向外扩大像控点所控制的面积区域，同时还需布设一定数量的平控点和高程点留作备用。

### （三）重要地形要素的修正方法

地面分辨率 0.48m 的 DMC 航片用于 1：2000 地形图成图，仅仅靠提高像控点的精度是远远不够的，还要辅以必要的外业修正措施，通过内业手段来达到提高地形图精度的目的。

## 1. 重要地物点的修正方法

对于设计路线穿越的国省公路干线、高速公路、铁路、大型河流及主要灌渠等重要现状地物，在进行像控点测量的同时，要同步对这些现状地物的边线和顶部高程进行实地测量，以测定后的数据为准对原内业测图数据进行修正，重点统计内业高程测定值与实测高程值间的差异，将该差值作为高程修正的部分依据。对于内业无法识别的点状地物，应结合纸图，采用外业实地测量的方式来测定这些地物的空间位置。

## 2. 高程点的修正方法

对于高程点的修正方式，主要分为地物修改和地形修改两种方法进行。

### （1）地物修改法

所谓地物修改法就是利用实地测量的数据和内业测定数据之间的差值作为依据，对其它只经内业测定的其它次要地物的高程进行修正，达到提高精度的目的，这些修正对象包括乡村土石路、田间作业路、规模较小的沟渠及河流等。

### （2）地形修改法

地形修改法主要是对被高棵作物遮挡严重的地表高程进行修正。实施过程中首先根据地形变化，分地块、分作物类型、分坡度等有针对性设置高程检查点，然后将这些检查点展绘于地形图上，与图上重合点高程比较得出差值，随后依据这些不同的差值，分区域求出遮挡物的高度，内业测图时，根据求出的遮挡物高度对地面高程进行修正，这样使高程点的精度得到很大改善，也使等高线走向更趋于合理准确。

## 3. 应用实例效果

在 L 省 2008 年 11 月开始实施的 XF 至 KY 新建高速公路的设计工作，由于成图期间正值冬季，无法进行航摄工作。在进行了大量调研工作后，决定采取上述方法进行地形图成图。成果完成后，经实地设站检查、巡视以及通过与施工图测量阶段的测量成果对比，认为该方法取得了较为理想的效果。表 6.8-4 是地形图实地检查后的精度统计。

表 6.8-4 地形图精度统计

| 平面精度 | | | | 高程精度 | | | |
|---|---|---|---|---|---|---|---|
| 抽检数量 | 最大较差 | 平均较差 | 限差 | 抽检数量 | 最大较差 | 平均较差 | 限差 |
| 45 个 | 0.88m | 0.59m | 1.2m | 72 个 | 1.23m | 0.47m | ±1.4m |

注：精度统计以山岭区地形为准，基本等高距为 2m，以《公路勘测规范》规定为准。

案例点评：

本案例所提出的超小比例尺影像用于高速公路地形图成图技术，是一种非常时期的非常规做法，经生产实际证明在技术上是基本可行的，尤其是应用于山岭重丘区成图时可行性更高，同时在经济上有利于节约生产成本，可以有效地保证设计工期，经实践证明能够满足工程设计要求。

# 第七章 数字高程模型 DEM

数字高程模型 DEM 是公路工程设计常用的一种数字化产品，借助其不但可以进行优化设计，还以借此获取道路断面数据，进而进行工程量计算等。除此之外，DEM 还可以用于滑坡体土石方计算、不良地质体评估等方面。

# 第一节　数字高程模型简介

## 一、数字地面模型与数字高程模型介绍

数字地面模型（Digul Train Model）是利用数据采集设备，采集了大量地形点的三维坐标、按照一定的数学模型分析和联网，使这些空间点按照一定的规律描述地形起伏的状态。曾有国外学者对 DTM 作出了以下的定义 :DTM 是描述地面诸特性空间分布的有序数值阵列，在最通常的情况下，所记的地面特性是高程，它们的空间分布可由 x、y 水平坐标系统来描述，也可由经度 λ、纬度 φ 来描述海拔 h 的分布。若仅是将高程或海拔分布作为地面特性的描述则称为数字高程模型（Digital Elevation Model 缩写为 DEM）。

数字地面模拟是一个数学模拟的过程，用于模拟地形的大量采样点的三维坐标是按照一定的精度要求进行采集的，这时，地形表面用一组数字数据来进行表达。如果需要该数字模型表面上其他位置处的属性信息，可利用一种内插方法来处理该组采集的地面数据。利用内插的方法，可以根据 DTM 得到任何位置处的地面属性值。

数字地面模型 DTM 采集地面原始三维数据时可以附带多种地面的属性信息，因而其包含的地面实际三维信息较为丰富。在大比例尺工程实际应用过程中，设计人员最为关心的是所选定平面位置的地面实际高程值究竟是多少，所以在工程设计的实际应用中，更多的是利用地面的数字高程模型 DEM 技术进行大量的三维内插计算。

DTM 的构建及应用方式初期主要是建立在规则方格网数字地面模型的基础之上的。后来这种规则的方格网 DTM 建模方式逐渐演变成现在的混合建模方式（即规则格网+局部三角网的 DTM 建模方式）。随着技术的进步，DTM 的构建及应用方式逐渐发展成为构网方式相对灵活的不规则三角网 TIN 数字地面模型。

而在构建三维 DEM 网时，则是对一些图形元素做了定义：Random—参与构建三维 DEM 网的地形碎部点及地形特征点。Breakline—地形特征线及地形断裂线等三维的地形骨架线。Contour—地形等高线三维信息（包括位于不同图层及代码的计曲线及首曲线）。Interior—封闭型线形元素，即构建三维 DEM 时的内部裁切边界线。通常位于内部裁切边界线以内的水系、封闭居民区等需要等高线断开处的三角形是要依此边界线进行删除的。Exterior—封闭型线形元素，即构建三维 DEM 时的外部裁切边界线。外部裁切边界线通常对三维 DEM 网的优化起非常重要的作用。

当前在工程实际中广泛应用的 DTM 软件系统或综合了 DTM 技术的软件已经在地形数据的粗差探测、三角网模型的优化及增删地形三维点后三角网图形与模型结果数据文件的自动更新、地形三维特征信息处理等方面取得了长足的进步；特别是有相当部分的软件已经没有了数据容量的限制，可以一次处理海量的地形三维数据，同时对地形三维原始数据的格式和类型的要求也相对灵活很多，地形原始信息可是 ASCII 文件或地形要素分类分层的三维图形文件。

目前在工程领域特别是在公路工程实际中，广泛应用的具有代表性的 DTM 软件有中交第一公路勘察设计院的纬地三维 CAD 系统（HintCAD）中的 DTM 部分、德国 CARD/1 设计软件、易智瑞公司的 EI 软件等，这些软件在地形数据的粗差探测、三角网模型的优化及增删地形三维点后三角网图形与模型结果数据文件的自动更新、地形三维特征信息处理等方面表现不俗，均具有根据公路工程设计的横断面模型和数字地面模型共同组成公路设计方案三维模型的功能，可以用于检查和评价设计方案的合理性。

## 二、数字高程模型的表达形式

### （一）DEM 的内涵

DEM 是地形表面的一个数学模型。根据不同数据集的不同方式，DEM 可以使用一个或多个数学函数来对地表进行表示。这样的数学函数通常被认为是内插函数。对地形表面进行表达的各种处理可称为表面重建或表面建模。地形表面重建实际上就是 DEM 表面重建或 DEM 表面生成。当 DEM 表面建模后，模型上任一点的高程信息就可以从 DEM 表面中获得。

### （二）建立 DEM 表面模型的方法

#### 1. DEM 表面模型的数学表达式

DEM 表面可采用在实践中应用较为广的重建 DEM 表面的数学表达式 $Z=f(x, y)$ 进行描述，实现这个表达式的最常用多项式函数为：

$$Z = a_0 + a_1 X + a_2 Y + a_3 X + a_4 X^2 + a_5 Y^2 + a_6 X^3 + a_7 Y^3 + a_8 X^2 + a_9 X^2 Y + \cdots$$

$$(7.1\text{-}1)$$

其中，0 次项表示的 DEM 表面性质为平面；1 次项表示的 DEM 表面性质为线性；2 次项表示的 DEM 表面性质为二次抛物面；3 次项表示的 DEM 表面性质为三次曲面。

某一特定建模程序在建立实际表面时，一般只使用函数中的其中几项，并不一定需要这个函数中的所有各项，而某一项的选择与否由系统设计者或实现者决定。只有在极少数情况下，才有可能由用户决定使用哪几项来建立某一特定地形的模型。

通用多项式中每一项的图形都有自己的特征，通过对这类特定项的使用，便可建立具有一定特征的表面。

#### 2. 数字表面建模的方法

表面的建模有四种主要的方法：基于点的建模方法、基于三角形的建模方法、基于格网的建模方法和将其中任意两种结合起来的混合建模方法。

（1）基于点的表面建模

整个 DEM 表面可由一系列相邻的不连续表面构成。由于是在单个数据点高程信息的基础上形成了一系列的子面，因此被认为是基于点的表面建模方法。因此其所建立表面的不连续性，因此并不是一种真正实用的方法。

（2）基于三角形的表面建模

整个 DEM 表面可由一系列相互连接的相邻三角形组成，这种建模方法通常被称做基于三角形的表面建模。由于三角形在形状和大小方面有很大的灵活性，能容易地融合断裂线、地形特征线或其他任何数据，因此该方法在地形表面建模中得到了越来越多的关注，已成为表面建模的主要方法之一。

实际上，对于三角形建模的方法有时会使用高于一次的多项式，在这种情况下形成的三角形已不是平面的三角形，而可以是一曲面。

（3）基于格网的建模

至少需要 4 个点以确定一个表面时，这种表面称为双线性表面。在基于格网表面建模的情况下，最终表面将包含一系列邻接的双线性表面。

从实用的角度来看，格网数据在数据处理方面有很多优点，因此根据规则格网采样方法和渐进采样方法获取的数据，特别是正方形格网数据，最适合基于格网的表面建模。使用该种方法时，必须首先对数据进行从随机到格网内插的预处理，以确保输入数据为所要求的形式。基于格网的建模常用于处理覆盖平缓地区的全局数据，但对于有着陡峭斜坡和大量断裂线等地形形态比较破碎的地区，如果不进行特殊处理（增加特征点、线或加大密度），这种方法并不适用。

（4）混合表面的建模

在地形建模领域通常对经某一特定几何结构构建而成且用于表面建模的实际数据结构称做网络，基于这一点考虑，DEM 表面通常是由格网网络或三角形网络建立的。然而在建立 DEM 表面时，也经常用到混合建模方法。例如对格网网络来说，可将其分解为三角形网络，以形成一线性的连续表面；反之，对于不规则三角网进行内插处理，也可形成格网网络。

在某些软件中对混合表面建模方法的应用是首先根据系统格网采样，建立基础的正方形或三角形格网，如果数据中包含结构线，则规则格网再分解成局部不规则三角网。

混合表面建模的另一种形式是将基于点的建模与基于格网或基于三角形网络的建模结合使用，此时如果数据是规则分布的话，则独立点影响区域的边界可由格网网络或三角形网络决定，如果数据点不规则分布，就影响区域由三角形网络决定。

（5）表面建模方法的选择

建立数字地面模型四种主要的方法，分别对应于某一特定的数据结构。在实际应用中，基于点的建模并不实用，而混合表面往往也转换为三角形网络，因此基于三角形和格网的建模方法使用较多，被认为是两种基本的建模方法。

从建立数字地形模型表面时的数据来源的角度而言，上述建模方法可区分为两种类型，即根据高程量测数据直接建立和根据派生数据间接建立。

DEM 表面可根据原始数据直接建立，即当数据为规则结构时使用规则格网网络或规则三角形网络，而当数据呈随机分布的情况下，使用的三角形建模方法建立网络或者使用混合建模方法。而根据派生数据间接建立 DEM 表面的方法是首先根据原始量测数据内插高程点，然后建立 DEM 表面。

# 第二节  数字高程模型的加工制作

DEM 数据包括平面位置和高程数据两种信息，可以直接在野外通过全站仪或者 GNSS、激光测距仪、激光雷达扫描等进行测量，也可以间接地从航空影像、遥感图像以及既有地形图上得到。具体采用何种数据源和相应的生产工艺，一方面取决于这些源数据的可获得性，另一方面也取决于 DEM 的分辨率、精度要求、数据量大小及技术条件等。

## 一、数字高程模型的数据来源

常见的数据来源有以下几种，主要针对的是陆地部分的地面数据采集方法。

### （一）航空航天影像

航空摄影测量一直是地形图测绘和更新最有效也是最主要的手段，其获取的影像

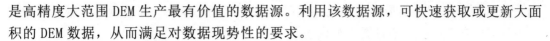

是高精度大范围 DEM 生产最有价值的数据源。利用该数据源，可快速获取或更新大面积的 DEM 数据，从而满足对数据现势性的要求。

现今，随着倾斜摄影技术的成熟使用，其获取的立体影像是 DEM 数据来源的主要方式之一，该种影像的特点是图像清晰，制作的 DEM 精度高。

航天遥感也是获取 DEM 数据的一种方式，从一些卫星扫描系统如 Landat 系列卫星上的 MSS 和 TM 传感器、SPOT 卫星上的立体扫描仪上所获取的遥感影像亦可作为 DEM 的数据来源，特别是我国高分系列卫星的发射成功，也可将国产立体卫星作为获取 DEM 数据来源的重要途径。同样，干涉雷达和激光扫描仪等新型传感器数据也是高精度 DEM 获取数据源的最快捷方式。

### （二）地形图

从既有地形图上采集 DEM 涉及两个问题：一是地图符号的数字化，再就是这些数字化数据往往不满足现势性要求。因此，对经济发达地区，由于土地开发利用使得地形、地貌变化剧烈而且迅速，既有地图往往也不宜作为 DEM 的数据源；但对于其他经济欠发达地区如山区，因地形变化小，既有地图无疑是 DEM 廉价的数据源。

涉及地形图一个最重要的方面是地形图的数据质量，特别是它在精度方面的数量指标。利用地形图采集数据时，宜选择当地最新的、大比例尺的图，以保证数据采集的精度。地形图等高线表达的可信度主要取决于等高线的密度以及其本身的精度。

### （三）野外实地测量

采用 GNSS、全站仪等在野外进行观测获取地面点数据。经适当变换处理后建成数字高程模型，一般用于小范围大比例尺度的数字地形测图和土方计算。以地面测量的方法直接获取的数据能够达到很高的精度，常常用于有限范围内各种大比例尺高精度的地形建模，如土木工程中的道路、桥梁、隧道、房屋建筑的施工图设计应用等。然而，由于这种数据获取方法的工作量大、效率低，并不适用于大规模数据采集工作。

## 二、数据采集方法

摄影测量的方法和地形图数字化的方法是大规模 DEM 采集最有效的两种方式，也是最为普遍采用的方式。

### （一）摄影测量数据采集方法

摄影测量采集空间数据的方法是与摄影测量的发展过程紧密相关的。摄影测量分为模拟摄影测量、解析摄影测量与数字摄影测量三个阶段，目前主要采用的数字摄影测量的采集方法。

### （二）现有的地面数据采样方法

#### 1. 摄影测量采样方法

涉及 DEM 数据采集的摄影测量采样方法包括等高线法、规则格网点法、选择性采样法、渐进采样法、剖面法、混合采样法等，这些方法可以是人机交互式的或自动化的。在这些方法中采用最多的是选择性采样法、混合采样法、高精度三维激光空中扫描方法（LiDAR）以及倾斜摄影测量法。

（1）选择性采样

在自动影像匹配之前，要进行数字影像匹配的预处理工作。预处理时要在立体模型中量测一部分特征线（山脊线、山谷线、陡坎、断裂线等）、特征点（山顶、鞍部点、变坡点等）、特征面（湖面、阴影区、林区边界等）作为自动影像匹配的控制。经过上述的预处理，可以明显改善影像匹配的效果并确保地面三维数据量测的质量。

为了准确反映地形，可根据地形特征进行选择性的采样，例如沿山脊线、山谷线、断裂线以及离散特征点（如山顶点）等进行采集。该方法的突出优点在于只需以少量的点便能使其所代表的地面具有足够的逼真度，并且由采集的地形三维特征线与地形碎部点联合构建的数字地面模型的精度在所有的采样方法中是最高的。缺点是它需要受过专业训练的观测者对立体模型进行分析后确定需要采样的位置，所以并非一种高效的采样方法。但在工程建设领域，由于对数字高程模型精度要求较高，而该种方法建立的 DEM 不仅保真、精度高，且没有太多的数据冗余，所以对工程质量的保证具有明显的积极作用。因此，利用该方法建立的数字地面模型在工程领域得到了较为广泛的应用。

（2）混合采样

混合采样是一种将选择采样与规则格网采样相结合或者是选择采样与渐进采样相结合的采样方法。这种方法在地形突变处（如山脊线、断裂线等）以选择采样的方式进行，然后这些特征线和另外一些特征点如山顶点、谷底点等，被加入规则格网数据中。实践证明了，使用混合采样能解决很多在规则格网采样和渐进采样中遇到的问题。

（3）自动采集（规则格网采样）

这也是数字摄影测量系统最主要的特征。自动采集方法按照遥感影像上的规则格网利用数字影像匹配进行数据采集，若利用高程直接求解的影像匹配方法，也可按模型上的规则格网进行数据采集。但在自动相关生成 DEM 时仍需要采集地貌特征点线，才能保证 DEM 的高保真度。特别是在平坦地区、森林覆盖地区和房屋密集的城区，仍需相当多的人工干预和编辑工作，否则 DEM 的精度难以保证。

（4）沿等高线采样

在地形复杂及陡峭地区，可采用沿等高线跟踪的方式进行数据采集，而在平坦地区，则不宜采用此方法。沿等高线采样可按等距离间隔记录数据或按等时间间隔记录数据。当采用后者时，由于在等高线曲率大的地方跟踪速度较慢，因而采集的点较密集，而在曲线较平直的地方跟踪速度较快，采集的点较稀疏，故只要选择恰当的时间间隔，所记录的数据就能很好地描述地形，又不会有太多的数据冗余。当利用正常等高距的等高线采样时，有时会出现局部小范围的采样点密度不能很好描述地形起伏的细节情况，这时需要采用在这些局部地方加测少量的间曲线来加密采样数据（见图7.2-1），间曲线的高程可以是任意值，以能够合理表达地形起伏的实际情况为原则。

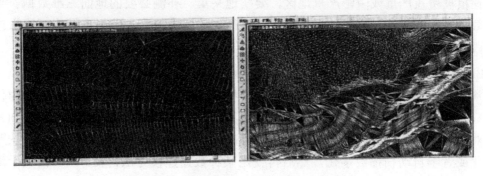

图 7.2-1 等高线采样及间曲线加密采样

（5）剖面法

剖面法与规则格网法类似，它们之间的唯一区别在于格网法中量测点在格网的两个方向上都均匀采样，而在剖面法中，只是在一个方向即剖面方向上均匀采样。剖面法通常点以动态方式量测，而不像在规则采样中以静态方式进行。因此该方法从速度方面来说具有较高的效率，但其精度将比用静态方式量测的规则格网点的精度低。

（6）渐进采样

为了使采样点分布合理，即平坦地区样点较少，地形复杂地区的样点较多，可采用渐进采样方法。该方法中，小区域的格网间距逐渐改变，而采样也由粗到精地逐渐进行。渐进采样能解决规则格网采样方法所固有的数据冗余问题，但这种方法仍然存在一些缺点：在地表突变邻近区域内的采样数据仍有较高的冗余度；有些相关特性在第一轮粗略采样中有可能丢失，且不能在其后的任一轮采样中恢复；跟踪路径太长，导致时间效率降低。

渐进采样方法既适用于采用自动相关技术的全数字摄影测量法利用规则格网采集地形数据，也适用于利用解析测图仪进行用于建立三角网数字地面模型 TIN 的地形碎部点及特征点的三维数据采集。

（7）激光点云数据"采样"

激光点云数据用于生产 DEM 时，其数据"采样"更多是进行数据的筛选。点云数据的处理过程见本著第 6 章 6.5 节相关内容。由于点云数据量巨大，因此在保留与剔除多余数据的过程中，特征点的保留尤为重要，这时需要结合影像进行必要的筛选。点云数据处理完成后，可保存成 LAS 格式，直接地提供给设计人员自行建模。如需要，也可完成 DEM 的制作。

通常，当采集用于建立数字地面模型的地形三维数据时，使用的数据采集方法会是几种分类采集方法的组合。具体使用哪几种采集方法组合，取决于地形的类别等级、起伏的复杂程度、对于构建 DEM 的精度要求以及实际应用的比例尺等决定因素。在公路工程勘察设计领域，宜采用选择性采样、激光扫描采样、利用全数字测图系统按规则格网自动采集与加测地形特征线信息的混合性采样以及倾斜摄影测量的方法，这几种地形三维数据采样的方法均具有精度高的特点，同时也具有较高效率。

在植被覆盖严重或阴影严重地区，要实地采集、补测必要的地面三维数据。野外补测数据时，注意首先采集地形特征线、特征点的三维信息，地形离散点密度根据设计阶段以及地形类别确定。

## 2. 从现有地形图获取数据

从现有地形图上获取地面三维数据的前提条件是地形图电子矢量化。现实中仍存在着只有纸质图而没有矢量图的现象，因此不论从哪种比例尺的地形图上采集 DEM 数据，对于纸质图首先的问题就是对地形图等高线等要素进行数字化处理，如手扶跟踪数字化或者半自动扫描数字化，然后再使用某种数据建模方法内插 DEM。而关于地形图要素的数字化处理特别是半自动扫描数字化技术已经很成熟，已成为地图数字化的主流手段。具有电子矢量化地形图可以直接进行地面三维数据的提取。

矢量化后采集地面三维数据时应根据地形类别，采用与摄影测量选择性采样相类似的方法，判断并采集图幅范围内的全部地形三维特征线、高程注记点、部分等高线上点的三维数据。等高线上点的采集密度要根据设计阶段及地形类别的实际情况，从等高线上抽取三维数据点（同一根等高线上抽取的点不宜间距过小），以计曲线为主，适当选择抽取首曲线或间曲线上的三维数据点。

从等高线数据可以直接构建 TIN，也可直接生成格网 DEM，另一方面，格网 DEM 也可由等高线先生成 TIN 再内插而获得。经过实践的证明，由等高线先生成 TIN 再内插格网 DEM 的精度和效率都是最好的。

## 3. 野外实测采样方法

野外实测采样方法中包括利用全站仪的电子平板、CNSS RTK 以及激光三维扫描等方式。野外实测采集三维数据时要根据地形类别，采用选择性采样方式采集密度合理的三维数据。

### （1）利用激光三维扫描方式采集数据

三维激光扫描系统是一种集成了多种高新技术的空间信息数据获取手段。该方法采集数据的速度快、精度高、密度大、范围广、平台多，是目前高效的主流手段。采集时可根据实际情况采用机载、车载、站载、人载等方式或是这些方式的组合方式进行。

### （2）利用全站仪野外实测方法采集数据

野外采集数据应包括图根控制测量和碎部测量。碎部点坐标测量通常采用极坐标法，对于无法直接采集的地理实体，可采用量距法、交会法、截距法、延长线法等方法进行测定。碎部点高程采集可采用光电测距三角高程测量。采用全站仪极坐标法测定时，重要地物宜进行 2 次测量或一测回观测，采集过程中要采用方向或测距的方式对测站进行检查，保证采集过程的可靠性。仪器每次迁站后，要重新设置测站和后视方向，以保证碎部点测量的正确性。

利用全站仪进行野外采集时宜主要采集地形的三维特征线、特征点以及点位分布合理的地形离散点等三维信息。

### （3）利用 GNSS RTK 方式采集数据

GNSS RTK 采集数据是直接测定空间点位坐标的工作。采集过程当中注意转换参

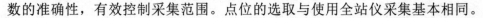

数的准确性，有效控制采集范围。点位的选取与使用全站仪采集基本相同。

利用野外实测地面数据建立 DEM 的精度是根据地形类别来划分，具体的指标是根据地形类别、采样密度、DEM 内插处理的精度等控制因素综合确定的。根据公路工程项目实际应用野外实测数据建立 DEM 的经验，在采样密度没有明显增加、地面植被较为稀疏的条件下，在重丘区及山区采集地面数据建立 DEM 的精度可以控制在 0.3m 之内。但在地形特别复杂、地面植被密集导致采样密度变小的情况下，要想获得较高的 DEM 精度就比较困难，应设法在地面植被覆盖地区增加采样点，以提高成果的质量。

### 4. 关于 DEM 采集的几点结论

（1）自 2014 年全国地理国情普查以来，全国各个省都已测制了 5×5m、2×2m 全覆盖的 DEM 成果。因此可根据实际需要，从相关部门直接获取满足需求的 DEM 产品。

（2）对 DEM 的采集方法可以从性能、成本、时间、精度等方面进行评估。各种采集方法都有各自的优点和缺点，因此选择 DEM 采集的方法要从目的需求、精度要求、设备条件、经费条件等方面考虑选择合适的采集方法。

（3）摄影测量是 DEM 重要的数据源，由于交互式数字摄影测量自动化程度较高，并可顾及地形特征，同时生成的 DEM 精度也比较高，因此是进行数据库更新及中小比例尺 DEM 三维数据采集的最有效方式之一。

（4）现有地形图是 DEM 的另一重要数据源，从等高线地形图生产 DEM 的方法已经相当成熟，虽然目前应用场景在逐步减少，但仍可应用于生产。采用该方法的前提是选择本地区最新的大比例尺适用地形图进行采集。

（5）使用 GNSS、激光扫描、立体卫星、干涉雷达等技术进行 DEM 数据采集是高效率、高质量、高成本的采集方式，应根据实际情况进行了选择。

（6）不论从何种数据源获取 DEM 数据，在采集等高线或规则格网点的同时采集重要的地形特征点线，是保证 DEM 质量和提高作业效率的重要措施。

（7）利用基于不规则三角网 TIN 的方法进行数据建模和随机格网转换，是快速可靠地生产高精度格网 DEM 切实可行的方案。

### （三）数字高程模型的生产流程

在 DEM 生产中，首先数据源要有足够的精度和采样密度；其次，表面重建的方法或算法要完善。随着采样密度的增加，成本自然也会提高，还会影响建模的效率，因此采样点的数量应尽量减少，点位的分布要能反映地形起伏特征并且分布合理。为了能更好地完成 DEM 的生产制作，必须制定高效、规范的生产工艺，这也是 DEM 生产技术设计的主要内容：

### 1.DEM 生产技术设计

DEM 生产技术设计一般包括下列一些基本内容：

（1）项目概况

确定项目的内容、承担单位、负责人及项目所涉及的测区概况，如测区范围、地貌、地质、水系、交通和地形类别等。

（2）资料收集与分析

收集生产DEM所需的所有原始资料，如地形图、影像、图例簿、内外业控制点成果、图幅结合表、不同坐标系统之间的转换参数等，并对这些资料进行分析、分类、整理，确定可用性。

（3）确定作业依据与技术标准

明确所采用的生产技术标准、图幅分幅和编号标准、地形图要素分类与代码标准等，还包括其他各种相关规定。

（4）投入的资源（包括硬件、软件、技术人员等）配置。

（5）制定技术路线与工艺流程

在整个DEM的生产过程中，主要包含三部分内容，即：数据流程、作业流程、质量控制流程。数据流程与质量控制流程的成果构成最终成果的主要内容。

（6）制定操作规程

对DEM生产过程中影响生产效率和产品质量等关键环节，都应做出明确具体的规程。以ADS80数据在航天远景MapMatrix软件下作业为例，其总体和具体要求如下：

使用空三成果创建立体模型，完成坐标系的转换后在立体环境下采集特征点、线、面构TIN生成DEM。将DEM数据叠加在立体影像上，进行精度检查，对DEM进行编辑时，对有高大建筑物及道路的地区要仔细编辑，对陡坎等直立性地物要合理编辑，这些地方若DEM编辑不当，生成的DOM容易变形，会加重后期图像处理工作量。编辑时要考虑到DEM的误差对DOM精度的影响及与它所处像片的位置，像片边缘也要重点编辑，使DEM精度能够满足DOM成图精度的要求，DEM采集生成主要过程如下：

①导入空三加密成果，经过坐标转换和高程改正建立立体模型。

②对特殊地形，山头、洼地、鞍部等地形特征点，特征线（包括山脊线、沟谷线、面状水域水涯线、断裂线等）采用全数字摄影测量系统直接在立体模型上采集三维数据。

③特征点线采集时，注意在坎上、坎下、山头及鞍部等地形变换处的采集、容易产生平三角的地区也要采集特征点线。

④河流、湖泊、水库的特征线采集按摄影时的水位采集，如果测图时间为枯水期，特征线按常水位测定。在立体下采集河流时要注意河流的高程值不能出现"倒流"现象，双线河两侧特征线的高程值要尽量保持一致。流动水域的DEM高程应自上而下平缓过渡，关系合理。湖泊、水库、池塘等静止水域范围内的DEM高程值要一致。

⑤人工地貌要参与构TIN。高于地面的道路（公路和铁路）、堤坝等人工地貌DEM特征线采集要合乎如下要求：一是高于地面的道路（公路和铁路）要采集道路的路肩以及路堤与地面的变换处；二是堤坝要采集堤坝的上边缘线及下边缘线。

⑥水岸线特征线采集可依据CH/T1015.2-2007《基础地理信息数字产品 1:10000 1:50000 生产技术规程 第2 部分：数字高程模型（DEM）》4.4.2.4执行。池塘要采集特征线，低于地面的池塘，采集与地面同高的上口线，池塘周围有人工修筑的堤且高于地面，堤外围测特征线，池塘绘上口线，参与构TIN。

⑦森林区域和影像相关效果不好的区域，精确量测边界点及内部桩点高程，内插得到格网点高程。丘陵、山地、阴影、摄影死角、隐蔽等困难地区高程中误差相可放宽 0.5 倍。

DEM 编辑裁切的具体要求如下：

①利用立体测图矢量文件 DLG 的地貌要素和采集的点线作为特征点、线、面构 TIN 生成 DEM。对文件中高于地面的点、线进行处理，如桥上的高程点、桥及高于地面的地物边线等。对于地形变化处，要有特征线控制其地形走势，如冲沟的沟底等。

②DEM 进行编辑时，对于湖泊、水库等水涯线闭合区域，进行强制置平；对于高架路、桥梁等高出地面的地物，把 DEM 修正到实际地面上；对有植被覆盖的山体，使格网点切准地表，当植被茂密而无法立体切准地表时，采取整体下降平均树高的方法处理，其边界处处理到使得地形平滑过度。

③相邻数字高程模型需作接边处理。接边后数据应连续，接边的 DEM 格网不能出现错位现象，相邻图幅重叠范围内同一格网点的高程值要保持一致。

④DEM 拼接检查：对测区内同名点 DEM 的高程较差要进行误差统计分析，其较差在 2 倍高程中误差以上的点所占比例一般不大于 5%。出现大于 3 倍高程中误差的点应视为错误，必须分析原因，予以重测，只有在限差之内者取中数为最后值。

⑤对生成的 DEM 按规定进行图幅裁切。

⑥转换为要求的 GRID 数据格式。

DEM 制作完成后，认真填写制作过程中出现的问题，以及对该问题的处理，还包括元数据等文档资料内容的填写，并及时做好数据备份。

（7）制定质量控制方案

对 DEM 宜采取两级检查和一级验收制度，并且填写质量跟踪卡。

（8）确定上交成果

包括数据文件、图件文件和文档资料等。

（9）进度计划

为保质保量按期完成任务，一般要将组成整个系统的各项任务分解为各个阶段及先后顺序，使进度、资源、人力、质量等因素都得到充分考虑。

（10）安全与应急保障措施

目前，对生产单位的安全作业要求已经成硬性考核指标，因此在编制生产技术设计中必须含有安全与应急保障要求与措施的内容。

# 第三节 数字高程模型质量检查

数字高程模型的实际精度主要由原始数据的采集误差和高程误差两方面决定。DEM 表面上点的误差是数字地面建模过程中所传播的各种误差的综合，它主要受地形表面的特征、原始数据的精度、密度和分布、表面建模的方法等因素的影响。数字高程模型 DEM 质量检查具有一定的通用指标，实际上由于生产 DEM 的方法不同，因此对于其质量检查的方法和细节上也存在一定的差异。然而数字地面模型 DTM 在质量检查方面，其六类质量元素与 DEM 基本一致。

## 一、数字高程（地面）模型通用指标的质量检查

数字高程（地面）模型产品质量检查主要内容如表 7.3-1 所示。

**表 7.3-1 数字高程模型产品质量检查主要内容**

| 质量元素 | 质量子元素 | 检查项 | 检查内容 |
|---|---|---|---|
| 空间参考系 | 大地基准 | 坐标系统 | 检查坐标系统是否符合要求 |
| | 高程基准 | 高程基准 | 检查高程基准是否符合要求 |
| | 地图投影 | 投影参数 | 检查地图投影各参数是否符合要求 |
| 位置精度 | 高程精度 | 高程中误差 | 检查高程中误差是否符合要求 |
| | | 套合差 | 检查反生等高线与其他检核数据套合误差超限个数 |
| | | 同名高程网格值 | 检查同名网格高程值（接边）不符合要求的个数 |
| 逻辑一致性 | 格式一致性 | 数据归档 | 检查数据文件存储组织是否符合要求 |
| | | 数据格式 | 检查数据文件格式是否符合要求 |
| | | 数据文件 | 检查数据文件是否缺失、多余、数据无法读出 |
| | | 文件命名 | 检查数据文件名称是否符合要求 |
| 时间精度 | 现势性 | 原始资料 | 检查原始资料现势性 |
| | | 成果质量 | 检查成果数据现势性 |
| 影像／栅格质量 | 网格参数 | 网格尺寸 | 检查网格或像素实地尺寸是否符合要求 |
| | | 网格／图像范围 | 检查网格或像素起始坐标、结束坐标以及图幅范围是否符合要求 |
| 附件质量 | 附属文档 | 完整性 | 检查单位成果附属资料完整性 |
| | | 正确性 | 检查单位成果附属资料正确性 |
| | | 权威性 | 检查单位成果附属资料权威性 |
| | 元数据 | 项错漏 | 检查元数据项错漏个数 |
| | | 内容错漏 | 检查元数据各项内容错漏个数 |

## 二、数字高程模型细部质量检查

要对 DEM 数据成果做 100% 检查，重点检查高程范围和坐标范围。检查内容有：

1. 检查数据采集方式是否符合规范要求或者利用的数据是否正确可靠。

2. 检查 DEM 数据的坐标范围是否统一，高程范围是否有超限，图幅数据范围与图幅号是否一致。

3. 检查生成的等高线与检核数据套合差是否满足规范要求；内插点高程精度是否符合要求；同名格网高程值是否一致；高程当中误差是否符合规范规定。

4. 检查相邻行（列）格网点平面坐标是否连续、正确。

5. 检查像素实地尺寸是否符合要求。

6. 检查特征点线和水域线面采集的完整性和合理性。

7. 重点检查接边情况，与相邻数字高程模型接边。接边后不能出现裂隙现象，重叠部分的高程值必须一致。

8. 检查 DEM 数据及文档资料是否齐全，名称是否统一，内容是否完整。

9. 检查备份的数量，检查数据是否可用，文件组织、文件命名是否符合要求。

10. 检查存储数据的介质和规格是否符合要求。

11. 检查 DEM 与相关元数据的一致性，各个数据项逐一检查。

# 第四节　数字高程模型在公路工程中的应用

数字高程模型 DEM 除了可以帮助生产等高线制作地形图以及辅助生产正射影像 DOM 外，还可以用于公路设计的方案优化与设计以及不良地质路段的研判等工作中。

## 一、数字高程模型用于路线方案的优化设计

### （一）方案比选

公路设计方案比选是为了选出最佳的设计方案，以达到既要保证路基的安全、稳定，又要尽量缩短路线的长度，减少工程量的目的，使设计的公路经济合理。在设计方案比选中需要大量的地形、地质和水文等数据，并经常要进行参数的计算，但由于地形图表示方法的抽象性和概括性以及人视野的局限性，有时会造成设计人员对整个区域的认识不充分，直接影响了线路的走向。建立数字高程模型可以使设计人员方便地了解整个区域的概况，以利于路线走向的确定。在 DEM 的基础上，能够快速的比较所有可能的平面线形，进行路线平面优化及空间优化，确定最佳路线位置方案。

公路勘测设计的可行性研究阶段，通常在较小的比例尺上进行（较低分辨率的 DEM），以便把握路线的宏观走向；而在勘测设计阶段，则要求较大比例尺（较高分辨率 DEM）的图件，以进行路线的详细设计和工程量估算等。

### （二）路线设计

DEM 能够方便地用于路线 CAD 系统。公路设计人员能够利用 DEM 选定路线，并能便捷地对方案的局部进行调整优化。通过路线 CAD 系统提供的路线平面逐桩坐标，在数模上插值出路线纵、横断面地面线，并将路线纵、横断面的地面线数据传输计算机，通过相应的软件完成纵断拉坡设计、路基设计、横断面设计，进而得到土石方工程量，使大范围的路线方案深度比选和优化变得方便快捷。例如利用德国 CARD/1 或国产纬地等设计软件，导入带状 DEM 数据后，可内插任意点的高程，进行纵横断面提取、土

方量计算，极大地方便了方案比选和优化路基等设计工作，大大地提高了设计效率。

### （三）面积和体积的计算

利用 DEM 可以很方便地制作任一方向上的地形剖面，可用梯形法、辛普森法等来计算剖面面积。另外由 DEM 可以求出地表面积，地表面积的计算可看作是其所包含各个网格的表面积之和，若网格只有特征高程点或地性线，则可以将小网格分解为若干小三角形，求出它们斜面面积之和，从而得出该网格的地形表面面积，如计算公路途经水域面积。土石方量是公路工程费用估算及方案比选的重要因素，因此必涉及土石方量的计算问题，将自然地形的 DEM 与设计地形 DEM 叠加起来（二者的网格体系要该完全一致），在每个格点处用设计高程减去自然高程，得出格点上的施工高度，当其值为正时，为填方；而其值为负时，则为挖方，通过这种方法，很容易计算出土石方量。

### （四）三维可视化

在公路的勘测设计中，通过设计表面模型与 DEM 的叠加，实现道路的景观模型以及动画演示，从而对设计质量进行评价，并对拟建道路与周围环境的协调状况进行分析。

根据路线平面逐桩坐标，在数模上插值出路线纵、横断面地面线并导入路线 CAD 系统进行纵、横断面设计，生成路线纵、横断面设计线数据。通过路线 CAD 系统建立路基三维模型（设计曲面模型），通过公路数字地面模型子系统生成地形三维模型（地表曲面模型），设计曲面模型和地表曲面模型在 CAD 中经叠加消隐生成静态三维全景透视图，然后借助 3DSMAX 做渲染和动画，生成公路动态全景透视图，进而实现公路设计的三维可视化。

### （五）动态更新道路模型

以航空影像信息和高精度空间信息为基础的地面，如果设计路线指定了超高数据，则铺装设备进行路线施工时，也可进行超高设置。创建道路模型需要指定曲面、路线和纵断面才能创建。如果修改了与道路关联的曲面，或是编辑了路线或纵断面，道路模型自身也会进行动态更新。

## 二、数字高程模型在不良地质路段的应用

数字高程模型在不良地质路段的应用主要体现在：

数字高程模型结合正射影像或全景影像可以进行危岩体及崩塌体的识别、范围界定及辅助地质构造调查和稳定性计算分析；可对大型滑坡体进行识别、范围界定及及辅助地质构造调查和稳定性计算分析；可以对采空区地面形态特征（巷道口、地表矿坑、采掘运输道路、堆积物、沉陷区等）进行分析；可以探测地下洞穴形态（溶洞、巷道），立体展示地下洞穴走向、形态、洞内物质以及与路线的三维空间关系；可以测量既有人工边坡和自然边坡形态及地质结构，对既有边坡稳定情况进行反演分析，获取工程地质相关参数，用于判定拟建设道路边坡（特别是顺层边坡）的稳定性。

### 三、数字高程模型用于道路专题数据的提取

数字高程模型 DEM 除了可以用于提取道路纵横断面以外，还以进行设计路线沿线交叉物的提取，如提取相交公路、铁路、管线及电力线等线状交叉物的位置与高程（或高差），提取路线中线到沿线两侧敏感地物点的距离，也可以进行这些敏感地物点的三维空间坐标提取。

# 第八章 路线测量

路线勘测设计阶段的测量工作称为路线测量，是地图上设计线标定到实地的过程，需要开展中桩放样、横断面测量、地物测量及地下管线探测等一系列测量工作。

除了上述工作内容外，现今的路线测量工作内容发生了很大的外延，一是需要将路线的最终线位独立坐标转换成 2000 国家标准带大地坐标，按照固定的格式提供可直接入库的路线线形的地理信息数据；二是需要将路线测量的纵横断面、地下管线探测等数据进行标准化整理形成交通专题数据，最终完成了数据入库。

## 第一节　不同设计阶段路线测量的意义

### 一、工可阶段路线测量

公路工程建设项目的可行性研究工作一般要根据路线沿线地区的资源开发利用、工业布局、农业发展、国防、运输等情况，结合各种规划，通过深入调查和研究，对公路建设项目在技术、经济上是否合理可行进行全面分析、论证，作出多种方案以供选择，提出方案的评价和各方案的投资估算，为编制工可以研报告提供可靠依据。

工可设计阶段利用的多为 1∶10000 或 1∶50000 地形图，利用地形图快速、全面、宏观地了解沿线地区的地形、地貌、水文、植被、居民点等各种信息。通常借助地形图资料开展室内方案确定与比选。

虽然近些年全国 1∶10000 数字地形图基本能够保证 1～4 年的现势性，但在公路工程设计中仍然存在项目所在地区基础测绘资料匮乏或过于陈旧的现象，因此目前很多设计单位都充分利用了互联网上地理信息资源与相应的辅助手段进行公路设计，特别是公路工程的前期设计如工可阶段，利用互联网的电子地图，如北斗地图、天地图、百度地图、高德地图、腾讯地图、搜狗地图等（谷歌、奥维现已限用）资源，结合影像资料可进行路线方案比选或是将图上线位导入电子地图中，然后利用电子地图进行实地踏勘。有时利用手持 GNSS 对路线经过的敏感点进行局部数据采集，作为对地形图资料的补充。

## 二、初步设计阶段路线测量

初步设计阶段路线测量也叫初测。初测阶段对工可方案中认为有价值的路线进行控制测量和地形测量，将线路位置标定到实地，并进行必要的中桩、横断面、路线交叉、沿线重要地物等位置及高程测量，来满足各专业勘测、调查的需要。

## 三、施工图设计阶段路线测量

施工图设计阶段路线测量也叫定测，是在工程可行性、初步设计阶段测量的基础上作出的进一步具体和深化设计。在批准的初步设计所确定的修建原则、设计审批意见的基础上，对初测阶段选定的设计路线方案进行局部修改完善与进一步优化之后，通过详细的中线放样、高程测量、纵横断面测量、地下管线探测、桥涵、路线交叉、沿线设施、环境保护等控制性构造物细部测量及各专业勘测、调查来提供施工图设计所需要资料的工作过程。

# 第二节　控制点的普查与检测

## 一、控制点的时效性

控制点是公路勘测的重要成果，要注意其时效性。时效期限可根据勘测区域社会经济发展和地形、地质变化情况及使用的技术标准的有效性等因素确定。一般情况下，时效期限不宜超过 3 年。

## 二、控制点的普查

对于初步设计阶段建立的控制点（网）进行现场核查，主要核查控制点标识保持完好程度，点位与点之记描述符合程度，点位是否存在位移现象等，核查后现场拍照。如点之记描述存在问题，需要重新做点之记。核查后可形成如表 8.2-1 所示的记录表。

**表 8.2-1 控制点保存现状核查式样表**

| 序号 | 点名 | 标志保持完好程度 | 与点之记符合程度 | 点位是否有位移 | 备注 |
|------|------|------------------|------------------|----------------|------|
| 1 | D1 | 完好 | 符合 | 无 | 可用 |
| 2 | D16 | 基本完好 | 基本符合 | 有轻微下沉 | 可用 |
| 3 | D30 | 有较大破损 | 不符合 | 有明显位移 | 不可用 |

### 三、控制点的精度检测

初步设计阶段建立的控制点（网）如果在 3 年期限内，可以采用检测的方法对控制点的精度进行检验。具体方法可采用 GNSS 静态或动态 RTK 方法、CORS 方法以及全站仪导线测量或极坐标测量等可行方法，高程应采用水准测量方法。检测后可形成如表 8.2-2 所示的检测记录表。

**表 8.2-2 控制点（网）检测比较式样表**

| 序号 | 点号 | 初测坐标（m） | | | 检测坐标（m） | | | 差值（mm） | | | 备注 |
|------|------|------|------|------|------|------|------|------|------|------|------|
| | | X | Y | H | X | Y | H | △X | △Y | △H | |
| 1 | GP01 | 5049.829 | 5774.731 | 42.806 | 5049.828 | 5774.722 | 42.810 | 1 | 9 | -4 | |
| 2 | GP02 | 5143.789 | 5700.556 | 43.060 | 5143.795 | 5700.545 | 43.057 | -6 | 11 | 3 | |
| 3 | GP109 | 5794.532 | 5243.067 | 17.760 | 5794.537 | 5243.072 | 17.768 | -5 | -5 | -8 | |
| 4 | GP110 | 5741.507 | 5510.748 | 17.638 | 5741.507 | 5510.731 | 17.640 | 0 | 17 | -2 | |

宜在此表下方注明所采用的公路坐标系（投影中央子午线和投影面高）以及高程基准。

### 二、控制点普查与检测后的应对措施

控制点核查后，如果发现控制点受损程度较大，点位密度已不能满足施工乃至施工图测量要求，则需要采用同精度测量方法进行必要的补测。

对原有测量控制点进行检查，其成果与初测成果的较差在限差以内时，采用原成果作为放样的依据；超出限差时，应予重测。当重测成果与原成果相符时，则采用原成果；若重测成果与检测成果相符，则取这两次成果的平均值作为放样起始数据据。若重测成果与原成果及检测成果均不相符，就要进行原因分析，采取了进一步的测量措施确保使用的控制点数据可靠、准确。

对新增或补设的测量控制点，要予联测。

# 第三节　中桩测量

中桩的平面测量可采用 GNSS RTK 或 CORS 方式进行，亦可采用全站仪按坐标法

放样，有时也采用精确数模提取法。中桩的高程亦可以采用这些方式进行测量，或是采用水准测量的方式测定。

# 一、中桩的敷设

## （一）中桩链距的确认

通常情况下，需要根据设计阶段来确认中桩链距。路线中桩的间距，不大于表8.3-1的规定。

表8.3-1　中桩间距要求

| 直线（m） | | 曲线（m） | | | |
|---|---|---|---|---|---|
| 平原微丘区 | 山岭重丘区 | 不设超高的曲线 | R > 60 | 30 < R < 60 | R < 30 |
| ≤ 50 | ≤ 25 | ≤ 25 | ≤ 20 | ≤ 10 | ≤ 5 |

对于上表，一般情况下，施工图阶段主线路线中桩链距为20m，互通式立交匝道和分离式立交（跨线桥）、改河改路段链距为10m，隧道洞口处视地形变化按照设计人员要求采用5m或10m的链距。初步设计阶段和其它设计阶段，中桩链距宜根据路线沿线的地形情况及设计的具体需求来确定。

实际作业时，为加桩方便或者为了利用数模提取中桩位置信息方便，设计人员也时常向测绘技术人员提供1m链距的中桩数据，由这根据实际情况决定放样链距的大小。

## （二）中桩的标识

1. 路中心要采用明显、稳定、环保的测量标识，轨顶、沥青路面及其它硬质地面可采用红油漆等有效标识。使用的中桩材质可为木质或竹质。

2. 一般情况下，桩号正面需要面向路线小桩号侧，特殊情况为便于读桩时，可将桩正面面向路线大桩号侧。

3. 当遇有树木、庄稼、房屋等桩位标识不明显处，需在桩号附近处设置红布条等明显标识。

4. 比较线桩号前需标注比较线名称，例：CK163+000表示C比较线163km。

如有改线，则在改线桩号前加G标识，改线测量起终点要至少与改线前线位重合20m。

5. 当路线起终点位于两省交界处时，要埋设固定桩，以区别于其它桩。

6. 为防止加桩丢失，造成漏测横断面，可对每千米以内加桩统一编排顺序号码，书写于桩的背面。北方冬季作业时需采取有效措施保证桩位稳固。

7. 断链宜设置在直线段，不宜设在桥梁、隧道、立交等构造物范围之内，断链桩上宜标明换算里程及增减长度。

（三）加桩要求

1. 路线与等级路相交时，在路基坡脚、路肩、路中心及边沟处加桩，边沟加桩按下述第4条执行。

图 8.3-1 路基坡脚、路肩、路中心及边沟加桩示意图

2. 路线与铁路相交时，在路基坡脚、坡顶以及轨顶处加桩。

铁轨

图 8.3-2 路基坡脚、坡顶及轨顶加桩示意图

3. 路线与农田作业道相交时在道两侧加桩。

4. 路线与陡坎相交时，当坎高≥30cm时，在坎上、坎下加桩。其它地形变化较大处作同样处理，否则可不加桩。

5. 路线与沟渠相交时，当沟宽≥50cm时，在沟顶边缘、沟底边缘、沟底中心加桩。

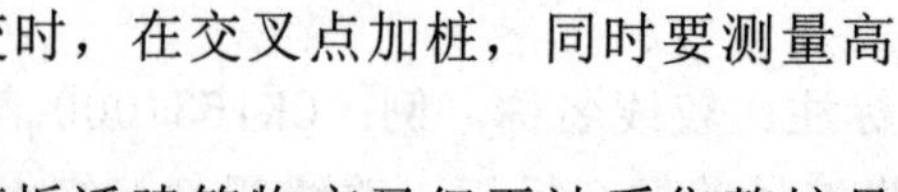

图 8.3-3 沟渠加桩示意图

当沟宽＜50cm时则在沟顶边缘、沟底中心加桩。

6. 路线与高压线相交时，在交叉点加桩，同时要测量高压线高度并记录测量时的温度。

7. 路线与居民房屋等拆迁建筑物交叉但无法采集整桩号时，在墙壁外侧底部加桩，并指示出整桩位的准确位置。

8. 路线与水塘、干渠及河流交叉时，在塘边以及河流常水位边加桩，水塘测量水深。

路线前进方向

正常20米一链放桩

**图 8.3-4 水塘、干渠及河流加桩示意图**

9. 路线与光缆、油管、自来水管道等管线交叉处加桩。

10. 地质变化或不良地质地段起终点处加桩。

## （四）中桩放样

中桩放样可以采用 GNSS RTK 或网络 RTK 法、极坐标法、链距法、偏角法、支距法等方法进行。高速、一级、二级公路宜采用 GNSS RTK 或网络 RTK 法、极坐标法，直线段可采用链距法，但是链距长度不应超过 200m。

1. 采用 GNSS RTK 方式放样时需注意的事项如下：

需要通过控制点验证的方式来保证转换参数的正确性，采用七参数转换法，保证用于求解该参数的控制点数量不得少于 4 个，且沿路线两侧分布。

流动站距参考站的作业距离不超过 5km（采用网络 RTK 方法可不考虑此要求），流动站至最近的高等级控制点要小于 2km。要利用其他控制点对流动站进行检查，检查点的测量坐标与理论值要小于桩位检测之差的 0.7 倍。

观测时需注意仪器天线、地面点位对中的一致性。

注意桩位附近是否存在强电磁场的干扰，如果有使用手机等电子通讯设备情况时，要离开 GNSS 接收机至少 5m 以外。

放样点不宜外推，不得已情况下，超出覆盖区域的距离不得大于 500m。

2. 采用 CORS 作业时要保证作业地区的覆盖有效性和坐标转换结果的正确性与准确性。

3. 利用全站仪放样时需要注意：

（1）宜布设成附和导线，观测 1 测回。

（2）放样点至测站点的距离不超过 600m。

（3）严格检验仪器的 2c 值，保证正倒镜观测点位横向误差小于 20mm。

（4）使用独杆标立棱镜时，必须要保证水平气泡居中。

（5）若按支导线测量放样最多只能连续支 3 站，测量等级与路线控制测量等级相同，至少进行 2 次测量放样，点位重复测量放样的坐标较差要小于 50mm。

（6）向全站仪输入起算和放样数据时，要注意输入坐标的整数位数尽量不要超过 8 位，否则可能会出现溢出类错误提示。

4. 采用链距法、偏角法、支距法等方法测定路线中桩，这个闭合差要小于表 8.3-2

的规定。

表 8.3-2　距离偏角测量闭合差

| 公路等级 | 纵向相对闭合误差 | | 桩位横向误差（mm） | | 角度闭合差（″） |
|---|---|---|---|---|---|
| | 平原微丘区 | 山岭重丘区 | 平原微丘区 | 山岭重丘区 | |
| 高速公路，一、二级公路 | 1/2000 | 1/1000 | 100 | 100 | ±60 |
| 三级及三级以下公路 | 1/1000 | 1/500 | 100 | 150 | ±120 |

5. 中桩平面桩位测量点位精度要求见表 8.3-3。

表 8.3-3　中桩平面位置精度

| 公路等级 | 中桩位置中误差（mm） | | 桩位检测之差（mm） | |
|---|---|---|---|---|
| | 平原、微丘 | 重丘、山岭 | 平原、微丘 | 重丘、山岭 |
| 高速公路，一级公路 | 50 | 100 | ±100 | ±200 |
| 二级及以下公路 | 100 | 150 | ±200 | ±300 |
| 改扩建公路 | 50 | | ±70 | |

## 二、中桩高程测量

中桩高程要测至标志处的地面。其测量方法可以采用水准测量法进行；或是采用与中桩放样相同的方式进行测量。在采用 GNSS RTK 测量高程前，要采取其它测量方式对 GNSS 高程测量精度进行验证，要求保留记录，检查高程外部符合精度是否满足规范要求，以确保其精度满足设计要求。

### （一）GNSS RTK（含 CORS）测高法

采用 GNSS RTK 测量高程时需要注意高程以内插方式测定，尽量避免外推高程。地势变化大处，要增加拟合水准点的数量，缩短拟合路线长度，提高精度。

对采用 CORS 作业方法的，要关注是否加入大地水准面精化成果，以及大地水准面精化的精度是否满足具体的工程需要。

作业中一定要保持棱镜杆垂直，其次得保证接收机处于收敛状态。

### （二）全站仪测高法

采用光电测距三角高程测量时需要控制测点至测站的距离，一般控制在 400m 左右，最远不能超过 600m，三角高程路线要起闭于路线高程控制点上，宜布设成附和高程导线，观测一测回。要保证测站和镜站仪器高量取的准确性和可靠性，使用独杆标立棱镜时，须保证水平气泡居中。支导线转站点高程要求往返观测，取平均值，支站数不超过 3 站。

### （三）水准测量法

中桩的水准测量，一般以相邻两水准点为一测段，从一水准点开始，用视线高法逐点施测中桩的地面高程，附合到下一个水准点上。相邻两转点间观测的中桩，称为中间点。为了削弱高程传递的误差，观测时要先观测转点，后观测中间点。转点需立在尺垫上或稳定的固定点上，水准尺读数至毫米，视线长度不大于100m；测量中间点时水准尺要立在紧靠中桩的地面上，读数至厘米。采用了水准测量法进行中桩高程测量，需保证仪器的 i 角值不超过规定值。

中桩水准测量的精度要求，一般取测段高差与两端水准点已知高差之差的限差为 $\pm30\sqrt{L}$ mm（L 以 km 计），在容许范围内，即可进行中桩地面高程的计算，否则应重测。

对于特殊控制的建筑物、构造物、管线等，其高程测量宜采用水准测量或同精度的有效方法。

对于采用水准测量测定中桩高程，其技术要求可以按表8.3-4的规定执行。

表8.3-4　水准法中桩高程测量技术要求

| 公路等级 | 高程路线长度（km） | 闭合差（mm） |
| --- | --- | --- |
| 改扩建公路 | ≤ 6 | ≤ $\pm20\sqrt{L}$ |
| 高速公路、一、二级公路 | ≤ 6 | ≤ $\pm30\sqrt{L}$ |
| 三级及以下公路 | ≤ 6 | ≤ $\pm50\sqrt{L}$ |

8.3.2.4 中桩高程测量精度要求

中桩高程测量精度可参照表8.3-5的规定执行。

表8.3-5 中桩高程测量精度

| 公路等级 | 地形类别 | 改扩建公路（mm） | 重要地物（mm） | 一般地物（mm） | 其它区域（mm） |
| --- | --- | --- | --- | --- | --- |
| 高速公路，一级公路 | 平原、微丘 | ±20 | ±50 | ±70 | ±100 |
| | 重丘、山岭 | | | | ±150 |
| 二级及以下等级公路 | 平原、微丘 | | ±70 | ±100 | ±150 |
| | 重丘、山岭 | | | | ±200 |

## 三、中桩测量新方法－数字高程模型 DEM 提取法

随着激光雷达扫描测量技术与倾斜摄影技术的进一步广泛深入地应用，使得建立数字高程模型的工作效率和准确性都得到大幅提升。这二者都属于非接触式测量，获得的数据容量大、信息全，生产加工制作的产品种类多，其中利用 DEM 进行中桩数据提取就是 DEM 的应用场景之一。

其工作原理就是将设计中线按照一定的链距生成的逐桩坐标导入至 DEM 中，这些点自然在模型上形成了一条线，线上每个点在 DEM 上对应的表面点就是中桩高程。当然，有些点的高程不能在模型中直接提取出来，而是通过差值计算后提取的。所以，该方法提取的高程精度取决于构建的 DEM 模型的精细度。构建模型的特征点越多，模

型越精细，提取的高程也越发接近地面实际高程。这类方法的具体操作要求可参照本著第 6 章 6.5 节 6.5.4 小节中关于基于点云数据的断面线生成的相关要求进行。

该种方法实际上是在数字高程模型上进行定位与数据提取，因此中桩的位置设置是虚拟的，可以称之为虚拟中桩放样。其缺点是不能得到地面点的属性信息，当加载高清影像后，也可能只可获得部分点位的属性信息或者点位的部分属性信息。

### 四、改扩建工程纵断面测量

改扩建工程纵断面测量精度要求高于新建工程，因此需采用可行的方法进行。对于设计拟合后的中线，如果在原有路线（路面）上的，其平面位置可采用与新建工程同样的测量方法进行，但点位的高程测量要采用不低于四等的几何水准的测量方式进行。若采用其它方法测量，如激光点云和影像提取法，三维模型切割法等，则必须对测量成果进行严格的检验，必要时加以修正，确保成果精度不会对设计质量造成影响。

改扩建公路中线位于原有路面上时可采用下列方法进行测量来求取中桩坐标。

（1）需测量上、下行右侧硬路肩外边缘或偏离固定距离处的特征线坐标。

（2）根据需要测量中央分隔带两侧路缘石或偏离固定距离处的特征线坐标。

（3）测点间距符合表 8.3-1 的规定，左、右幅的测点宜位于同一个断面上。（4）要对计算出的既有公路中线的平面坐标进行检查，其相对于拟合中线

的偏离值超过 2 倍中桩测量中误差时需分析其原因，并根据需要进行实测检查。

（5）改扩建工程的设计中线如果位于现有路线之外的地面上，其纵断测量方法可同于新建工程的中桩测量。

### 五、中桩测量成果的检验

中桩外业测量难度大，内业处理的数据多，必须采用有效、可行的方法来检验测量放样数据的准确性和可靠性，才可以保证设计质量。对测量放样数据成果可采用以下方式进行质量验证。

#### （一）重合路段检查法

该方法较为适用于每天的测量检查。在开始新的测量放样工作前，对前一天已经放样的 2～3 个中桩重新进行放样，同时与前一天放样的中桩平面位置和高程进行对比，可快速验证前一天放样成果的可靠性。

#### （二）已知点检查法

该方法是指在测量放样过程中对经过的已知控制点，以待定点放样的形式先进行位置检查，然后测定其坐标和高程，之后和已知成果比较，这样可较为直观地判别出测量精度的高低。

#### （三）作业组交叉互换法

该方法主要是安排作业组对彼此放样的路段进行随机互检，这样有利于保证两次

测量成果精度独立，检查结果的可靠性更强。

### （四）数据、数模对比法

该方法是将测量放样数据与数模提取的相同点位的高程进行对比，除去微地形与地形突变加桩处之外，可快速直观地检验测量数据中是否存在粗差。对于山岭高密植被严重影响 GNSS 测量精度的路段，这种方法的效果更为明显。

# 第四节　横断面测量

横断面测量成果是公路设计的重要基础资料，涉及到路基、排水、边坡、绿化、征地等边界或范围的准确确定，是公路工程量计算的主要依据，也是公路施工质量检查的重要依据。横断面测量范围包括主线、互通、连接线、挡墙、桥涵、弃土场等位置，其测量的宽度和碎部点取点密度根据测量部位有所差异，但是其测量精度要求一致，要求其成果质量准确、可靠。

## 一、横断面测量的方法及其他规定

横断面测量可采用全站仪、GNSS RTK、经纬仪视距、水准仪配合皮尺量距等测量仪器方法在实地进行，也可采用三维模型切割法（数模提取法），激光点云与影像结合提取等满足设计精度需要的内业方法，但是不允许采用抬杆比高法，严禁目测估计断面数值。

横断面测量要逐桩施测，其方向要和路线中线垂直，曲线路段与测点切线垂直，须用仪器确定其方向，不可目测估计。如果采用其它非逐桩测量方法，则必须采用有效的定向方式，确保测量方向和路线中线垂直。

### （一）横断面测量的宽度

新建工程横断面测量的宽度要满足路基及排水设计、防护工程设置的需要，主线横断面测量宽度一般为中线左右两侧各 50m。要从道路中线向两侧进行测量，其测量具体宽度还要根据路基填挖高度和沿线设施、互通式立交、分离式立交等的设计需要分段确定。平面交叉、高填方、深挖方、左右幅隧道的分离式路基等路段的横断面测量，宜增加测量宽度，最宽测至中线两边各 70m ～ 200m，或按设计人员现场指定的宽度进行测量。若测量断面与已有公路（含已建高速公路）相交，则需测量出原有公路断面形状。

分离式立交断面测量自中心线开始，每侧测量宽度不得少于 30m，互通式立交匝道断面测量自匝道中心线向两侧测量，每侧宽度不得少于 25m。

对于改扩建工程，除了测量断面应反应原有道路的形态外，还要对于采用拼接方式的改扩建工程在测量断面宽度上予以兼顾，来满足设计要求为目的。

### （二）碎部点特征点的选取

横断面实地测量可采用 GNSS RTK 或全站仪等仪器设备直接测量横断面线上地形变坡点的坐标与高程，或测量相对于中桩的碎部点的距离与高差（高程）；内业方法则是提取相对于中桩的高差和距离。

断面测量的碎部点间距要适中，且具有一定的代表性，反映实地的真实状况。对于双向四车道的高速公路，若两侧地形变化较小或者坡度均匀，如实地为水田或旱田，则中线两侧至少测量 3 个碎部点，且这些测点距中线距离大致为 14 ～ 17m，25 ～ 30，47 ～ 50m。若遇到地形变化较大处，特别是遇到重丘或山岭地形，除上述部位必须采点之外，还要加密采集碎部点。加点方法类似于加桩要求，但是每侧最少不得少于 3 个测点。如遇较大的填挖方段，则要根据设计人员的具体要求延长两侧的测量距离。距离中线 100m 以内的铁路、50m 以内的高压（线）电塔及重要建筑物要在横断面数据中反映出其位置及形状。

分离式路基和回头曲线段距离较近时，要测出连通上、下行路线横断面，并标注相互关系。

改扩建工程断面碎部点测量则分为两部分考虑，位于原有路面上的碎部点，要采集主要特征点，如中分带两侧，行车道边缘线，硬路肩等处，这些点可通过实地直接测量的方式获取，也可通过数模提取特征点的方式获得（同纵段方法相似）。这些点不仅能够反映现有路面的高度，而且同一断面上的点能够反映出原有道路的横坡。考虑到上路作业具有较大的安全风险，目前原有路面的特征点多采用非接触式测量方法获取数据，然后通过建模等方式进行地面点提取。

对于位于原有路面之外的碎部点，其测量方法同新建工程。

### （三）测量精度要求

横断面具体精度要求可按下列表 8.4-1 ～表 8.4-3 参照执行。

表 8.4-1　横断面检测限差

| 公路等级 | 距离（m） | 高差（m） |
|---|---|---|
| 高速公路、一级公路 | ≤ L/100+0.1 | ≤ h/100+L/200+0.1 |
| 二级及以下公路 | ≤ L/50+0.1 | ≤ h/50+L/100+0.1 |
| 改扩建公路路面 | ≤ 0.2 | ≤ 0.08 |

注：L 为测点至中桩的距离（m），h 为测点到中桩的高差（m）。

表 8.4-2　横断面测点的平面测量精度

| 公路等级 | 测点平面精度（m） |
|---|---|
| 高速公路、一级公路、改扩建公路 | ±0.07 |
| 二级及以下公路 | ±0.15 |

表 8.4-3　横断面测点的高程测量精度

| 公路等级 | 地形类别 | 改扩建公路（m） | 重要地物（m） | 一般地物（m） | 其它区域（m） |
|---|---|---|---|---|---|
| 高速公路、一级公路 | 平原、微丘 | ±0.03 | ±0.07 | ±0.1 | ±0.15 |
|  | 重丘、山岭 |  |  |  | ±0.2 |
| 二级及以下公路 | 平原、微丘 |  | ±0.1 | ±0.15 | ±0.2 |
|  | 重丘、山岭 |  |  |  | ±0.3 |

### （四）测量注意事项

1. 横断面测量的精度需满足路基及排水设计、防护工程设置的需要，部分防护工程或构造物设置处对横断面测量精度有较高要求，可以采用现场实测的方式进行。

2. 横断面测量的精度需满足设计土石方计算的需要，对于植被密集、山高坡陡谷深等通行、通视困难地段，当 GNSS RTK 信号或网络 RTK 受影响难以施测时，可采用全站仪支站方式测量地形变坡点高程。

3. 横断面要在现场即时核对左右地物。测量记录中宜备注出耕地范围、土石分界、房屋、水渠、通讯线路、铁路、公路等地物属性，当断面穿过水塘、河流时还需注明水边线。

## 二、公路横断面获取快捷方法简介

### （一）数字高程模型 DEM 提取法

公路横断面采用数字高程模型 DEM 进行提取时，其方法和中桩高程的提取方法相似。在 DEM 模型上加载路线中线数据（中桩理论点位）后，以每个中桩位置为起始点，做中线的垂直线 L，然后在 L 线上按照一定的间距提取地形特征点，得到这些特征点的高程，然后经软件处理得到符合数据格式要求的路线横断面数据。

### （二）地面激光点云提取法

地面激光点云提取法的前提条件是落在地上的点云数据足够多（点云间距 ≤ 0.2m）。这种情况一般是在公路改扩建工程中，采用车载激光雷达扫描测量方式获得的点云数据。其次是采用机载扫描的地表遮挡物较少，并进行了加密扫描，达到上述要求的非路上点云数据足够。提取时，首先需要在点云数据中加载中线和标注中桩位置，然后做垂线 L，然后提取 L 线上或距离 L 线 0.1 ~ 1m 范围以内的地面点云离散点（详细可见本著第 6 章 6.5 节 6.5.4 小节中关于基于点云数据的断面线生成的相关要求），经过软件处理之后生成断面数据。

### （三）全站仪对边测量法

全站仪是集测角、测距于一身的一种电子（激光）测距仪，不仅具有高精度的测距、测角、存储和计算功能，而且伴随科技进步，其应用型功能也越来越强大，多数全站仪内置了"对边测量"应用程序，利用该程序辅以改进后的测量棱镜，即可实现公路横断面的快速、准确测量。

### 1. 测量原理

对边测量包括射线式和折线式两种模式，横断面测量采用了射线式测量模式，原理如图 8.4-1 所示。

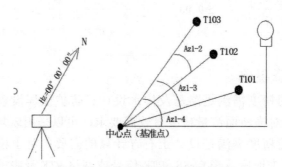

**图 8.4-1 射线式对边测量示意图**

首先对中心点（基准点）即路线中桩进行测量，然后对路线两侧的碎部点测量，得到中心点至各端点的水平距离、高差等，而横断面测量所需要的数据恰恰是这两种数据。

### 2. 数学原理

对于中心点而言，测站对其观测后，即可测定其坐标 $X0$、$Y0$，以及测站到该点的高差 $H0$，其中：　　　　$H0 = S0 * COSZ0 + I - V0 + f0$　　　　（8.4-1）

式中 $S0$ 为测站到中心点的斜距，$Z0$ 为观测天顶距，$I$ 为仪器高，$V0$ 棱镜高，$f0$ 为地球曲率和大气折光改正数。

同理，各碎部点的坐标及高差 $Xi$、$Yi$、$Hi$ 都可测量出来。

公路横断面测量中，需要的只是中桩至各碎部点的平距和高差，而中心点到各测量点的水平距离 $D0i = \sqrt{(X_o - X_i)^2 + (Y_o - Y_i)^2}$　　　（8.4-2）

式中 $X_0$、$Y_0$ 为中心点坐标，$X_i$、$Y_i$ 为各碎部点坐标。

高差计算按式（8.4-3）计算：

$$H_{0i} = S_0 * COSZ_0 - S_i * COSZ_i - V_0 + V_i - f_0 + f_i \qquad (8.4\text{-}3)$$

式中 $S_0$、$Z_0$、$I$、$V_0$、$f_0$ 的意义同（8.4-1）式，$S_i$、$Z_i$、$V_i$、$f_i$ 则为各碎部点对应的观测斜距、天顶距、棱镜高和地球曲率和大气折光改正数。

由（8.4-3）式看出，高差 $H_{0i}$ 与测站仪器高 $I$ 无关，即观测中无需量取测站的仪器高。若测量时各棱镜高度一致且保持不变，即 $V_0 = V_i$，同时由于测站距碎部点的观测距离较小，而中心点距最远的碎部点的距离也不超过 100m，所以 $f_0$、$f_i$ 近似相等，则（8.4-3）式可简化为

$$H_{0i} = S_0 * COSZ_0 - S_i * COSZ_i \qquad (8.4\text{-}4)$$

（8.4-4）式中只包含 $S$ 和 $Z$ 两个观测值，而全站仪直接测量的观测值也只有距

离和角度。基于（8.4-2）式和（8.4-4）式，全站仪自动计算并输出的水平距离 $D_{0i}$ 和高差 $H_{0i}$ 就是横断面测量所需数据。

### 3. 观测棱镜的改进

制约公路横断面测量速度的一个主要原因是，测量过程中观测员需不断地指挥司尺员调整方向。而忽略定向势必对测量精度造成严重损失。因此要求采用仪器沿路线方向定向，拨 90° 角后进行碎部点测量，要求测量点位于同一方向线上。然而，每条观测断面都采用仪器定向，势必造成了需多次搬迁、整平仪器，量取仪器高等步骤，需要耗费大量的时间和精力。

根据相关规范对横断面测量精度的要求，可认为横断面测量时，每个碎部点都要位于垂直于路线方向线上的要求过于苛刻，不够现实，可操作性不大，况且沿中线两侧测量距离较近，一般在 $50 \sim 70$m 内，最远不超过 100m，而测量点偏离理论线两侧 $0.5 \sim 1.0$m 均属正常误差范围内（相当于 1：2000 地形图图上 $0.2 \sim 0.5$mm 的误差），而且这样的误差对横断面测量精度的影响可忽略不计。因此，采用对边测量法进行断面测量时，对观测棱镜做如下改进见图 8.4-2，从而解决定向问题。

图 8.4-2 观测棱镜改装示意图

在观测棱镜底部平行于镜面方向的底座上安装一个微型望远镜，在棱镜顶部安装另一望远镜，与底部望远镜相互垂直。测量员使用改装后的棱镜，可以轻松地解决测量过程中的定向问题。

### 4. 观测方法

实地测量时，观测员需先对路线 100m 范围内的地形、地物进行巡视、观察，挑选最适合观测的位置架设仪器，然后将改装的棱镜置于中桩上，由该司镜人通过棱镜顶部的望远镜，以邻近的中桩作为定向点，原地旋转棱镜方向，使二者共线，之后保持棱镜不动，再通过棱镜底部的望远镜指挥路线两侧的司镜员左右移动，当目标进入望远镜视线后，表明基本与路线方向垂直，就可进行碎部点测量。

测站观测员开机后进入对边测量程序，选择射线式操作模式，无需量取仪器高，不必进行定向。要求置于中桩上的中心点棱镜和测量各碎部点的棱镜保持同一高度，随后先进行基准点测量，然后进行碎部点测量，得到的平距和高差即为中桩到碎部点的水平距离和相应高差，也就是横断面测量的原始数据。为了区别点位位于路线的左右，碎部点编号时采用事先的约定，可采用不同字母、奇偶数字等方式加以区分。

### 5. 本方法的特点

全站仪对边测量横断面法与传统测量方法相比，有以下特点：

（1）测站仪器架设位置灵活，不受限制，可将其架设于最佳的观测地点，不象传统方法必须将仪器置于中桩上；只需更换基准点，即可进行另一条新断面的测量。测站可在同一位置处，同步进行多条断面的测量，从而节省了大量的仪器搬站、整平、对中、量高、镜高输入的时间，大大提高了工作效率。

（2）只需要对中桩的棱镜加以特殊改造，便巧妙解决了横断面测量中的定向问题，而其它测量棱镜无需改动。这样既保证了测量精度，又有一定的灵活性，还提高了测量效率。

（3）观测时只需要保证各个棱镜高相同即可测量，从而实现多棱镜同步测量，加快测量速度，并可根据实际的地形情况，同步升降棱镜高度或调整测站位置，即可解决复杂地形处断面测量的实际困难。

（4）多数全站仪都带有内存，故可将测量原始数据直接记录至内存中，克服了以往测量时的"嘴念、耳听、手记、心算"模式，从根本上消除了因人工记录导致测量粗差存在的可能性，而这些电子记录文件传输至计算机后，可根据工程量计算软件的格式要求，进行数据的编辑拷贝，基本上实现数据间无缝链接，提高了效率，降低了出错的几率。

（5）本方法不仅适用于高等级公路测量，也适用于其他等级公路的横断面测量，特别是对于地形较为复杂，植被相对较少且断面测量精度对工程量计算影响大的地段，更能体现出其先进性与高效性。

## 三、横断面测量成果的检验

对横断面测量成果进行验证常见方法包括：工程量比较法、地面线符合法及数模二次提取与人工检测比对法等，几种方法都是利用采样的方式来进行成果评价的。

方法一，工程量比较法就是选取一段路线进行横断面的抽样检查，即进行二次测量，然后利用检查数据和原测成果分别对这一段落的填方、挖方工程量进行计算，从而得到总的工程量，然后分别对填方、挖方及总工程量进行对比，计算出二者的偏差率。偏差率在 3% 以内认为原测成果数据没有问题，属于正常误差范围内；偏差在 3%～5% 之间，认为总体可接受，但需要设计进行适当调整。如果偏差超过了 5%，则认为原测成果数据质量有问题，需要进行成果整改。如果施测方认为成果不存在问题，可能要引入第三方进行检测，依据第三方检测结果进行质量结论断定。需要指出的是，该种方法往往更加注重工程总量的偏差对比。

方法二，地面线符合法就是将原测断面数据与检测数据同时展绘成图，连接成地面线，然后考察这 2 根地面线在形态上的符合程度。如果形态基本一致且 2 线贴离距离较近，则说明二次测量成果基本一致，原测成果质量没有问题。反之，如果 2 根地面线形态上相差很大，且贴离间隙较大，则认为原测成果可能存在问题，其处理办法大体上与方法一相似。

方法三，数模二次提取与人工检测比对法的目的是采用人工测量的方式对数模提取的断面成果进行评价的方法。因为人工测量断面在地形特征点的选取位置与选取密度上都有差异，所以为了增加可比性，可将人工测量的断面特征点在数模上进行二次提取，这样可以清晰明了地显现两种成果的差异程度，之后采用与上述两种方法相同的策略进行成果质量评定。

# 第五节　沿线附属设施及地物测量

公路工程项目不仅其路线、路基、路面、桥涵、隧道等分部工程及构造物需要测量，同时沿线遇到的很多交叉地物以及设置的服务区、收费站等都需要进行测量。

8.5.1 路线交叉测量

公路施工图设计阶段还需测量沿线的交叉工程，如互通式立体交叉、分离式立交（跨线桥）、通道与人行天桥、公路与铁路立体交叉、平面交叉、公路与管线交叉等。路线交叉的测量方法和精度要求可按主线纵横断面测量方式进行。

1. 对被交公路的路面宽度、路线中线位置、路线纵断面等进行测量，测量长要满足设计需求。

2. 互通式立体交叉的匝道和连接线，需实地放样，中桩间距直线段不大于20m，曲线段不大于10m，按路线测量的要求进行中桩高程测量和横断面测量。

3. 分离式立交当主线上跨被交公路，当不改建被交公路时，可只测量交叉点的位置、交叉角度、交叉点路面高程、路线中线位置、路线纵断面；当需改建被交公路时，被交公路的路线勘测要按相应的等级公路进行勘测，测量长度需满足设计要求。

4. 通道与人行天桥测量时，需要对被交道路中线、高程、横断面和交叉角度等进行测量，长度满足设计需要。

5. 公路与铁路立体交叉时，需要测量铁路每股道的桩号、交叉角度，每股道的内外侧轨顶高程、纵坡，股道间的距离和铁路路基宽度。

6. 公路平面交叉测量时，要实地测量交叉桩号、交叉角度、被交道路中线并进行高程测量和横断面测量，长度需满足被交道路平纵面设计要求。

7. 公路与铁路平面交叉时，要测量交叉桩号、交叉角度、铁路股道的内外侧轨顶高程、路基宽度以及铁路路线纵坡坡度。

8. 公路与管线交叉时，要测量各种交叉管线的交叉角度、桩号、跨越或平行公路的长度、悬高高度或埋置深度等。重要管线还要测量其纵横断面图，并和路线或导线联测（地下管线的测量内容详见本章8.6节）。

9. 公路改扩建路线交叉测量时，需按主线测量的要求对需要拼宽的匝道进行相应的测量；主线下穿的分离式立交，要实测被交道路桥梁的底板高程、桥梁跨径、桥墩位置和尺寸等；主线上跨的分离式立交，按照桥梁的要求对主线桥梁进行测量；互通式立交分别按照路线、桥梁的要求对路基匝道、桥梁匝道进行测量。

## 二、交通工程和沿线设施测量

1. 需要对影响设施设置的地形、水文等条件进行测量，对于沿线设施设置范围内的地物、地形等进行测量。

2. 需要对沿线的管理区、服务区、收费站、养护区的连接线、加减速车道的中线进行实地放样，并进行纵、横断面测量。

3. 公路改扩建需要对沿线设施进行实地测量，对管理区、服务区、收费站、养护区扩建的场地进行实际测量放样。

4. 对交通工程和沿线设施的测量方法和精度要求可参照全野外数字化测图或路线中桩、横断面测量进行。

## 三、细部构造物及其他测量

公路设计中还需要对一些构造物或构造物的局部进行测量。如设置的涵洞、挡墙、排水沟、桥台、隧道洞口等等（桥涵构造物自身细部测量可参考本章8.8节的案例分析）。这些测量部位有的只需要进行纵断面测量，如挡墙；有些需要进行纵横断面测量，如排水沟、隧道洞口；有些需要进行局部平面和高程测量，如桥台、涵洞；有些不仅需要平面和高程测量，而且还要进行纵、横断面测量，如改移工程，水文测绘等。这些测绘内容的方法和精度要求可参照新建公路相应测量内容的方法和精度要求。

因水文测量、改移测量以及建设用地边界测量在方法及内容有所区别，这里做分别介绍。

### （一）水文测量

水文测量的主要工作之一是进行洪水点高程测量。宜采用水准仪施测，水准点闭合差的限值为 $\pm 30\sqrt{L}$ mm（L 以公里计）。当高差过大或情况特殊时，可采用光电测距三角高程往返观测或变动两次仪器高度的方式测定。洪水点的平面位置，可采用全站仪极坐标法、GNSS RTK（含 CORS）、经纬仪视距法等方法测定。其距离限差不大于直线的 $\pm 1/50$。水利坡度（也称比降）的施测，长度要根据洪水点位的分布情况、水文断面的位置和该段水文特征等情况确定。水位的测点间距一般为 20～50m，最长不超过100m。水位测量要根据河道的具体情况采用相应的测量方法，满足精度要求。

水文断面两端点均要设置桩位，断面上各点距离可采用直接丈量法、全站仪测距等方法测定，其限差不大于距离的 $\pm 1/200$。断面上各水面测点高程可视具体情况采用水准仪、光电测距三角高程方法、GNSS RTK 等方式测定，断面起终点测量高程与水准点高程的闭合差的限值为 $\pm 50$mm。测点高程的限差不大于 $\pm 0.1$m。断面测点的水深，可用测深杆、测深锤、测深仪等测定，应进行 2 次测量，2 次测深的差值，水深测量误差限差可参照水下地形测量要求进行，详见本著第 6 章 6.2 节的表 6.2-9。

### （二）改移测量

改移工程测量包括改河（渠）改路测量。进行了改移测量需要按照现场实际情况

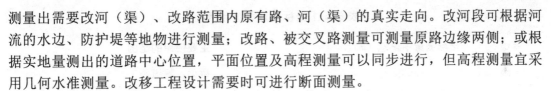

测量出需要改河（渠）、改路范围内原有路、河（渠）的真实走向。改河段可根据河流的水边、防护堤等地物进行测量；改路、被交叉路测量可测量原路边缘两侧；或根据实地量测出的道路中心位置，平面位置及高程测量可以同步进行，但高程测量宜采用几何水准测量。改移工程设计需要时可进行断面测量。

上述测量工作中涉及位置和高程测量，其平面位置检测误差绝对值要小于70mm，高程误差在 50mm 以内。

### （三）公路工程建设用地边界测量

1. 公路工程项目建设用地包括公路的主体工程即路基、桥梁、隧道、交叉等工程以及沿线设施含收费、服务、监控通信、养护等设施的用地面积。

2. 公路工程项目建设用地面积按公路公里长度乘以总体指标计算。公路公里长度是扣除隧道长度（当有隧道工程时）之后的路线长度（单位为公里）。当公路工程项目由不同技术等级或不同路基宽度的路段组成时，要根据不同路段长度分别计算建设用地面积，再累计各段之和得出项目总建设用地面积。

3. 公路工程项目建设用地面积需按 I 类、II 类和III类地形区分别计算。当工程项目处于两个或两个以上地形区时，要根据不同地形区的路段长度分别计算建设用地面积，再累计各段之和得出项目总建设用地面积。

4. 公路工程项目建设用地边界以边界坐标或者占地宽度的数据或图件等文件形式由设计人员提供。

5. 公路工程项目建设用地边界的平面基准一般与设计采用的基准一致，多数情况下为公路独立坐标系。为满足数据入库需要，通常还要将公路独立基准下的边桩坐标转换为 CGCS2000 标准 3° 带平面直角坐标。

6. 公路工程项目建设用地边界测量主要是进行占地边界的测量放样，且只进行平面位置的放样。可采用公路独立坐标系坐标或 CGCS2000 标准坐标系 3° 带坐标进行放样，方法可采用 GNSS RTK、网络 RTK、全站仪极坐标等方法，按 20 ~ 50m 间距进行边桩放样，点位精度偏差不得大于 50mm，新的操作和注意事项可以参照路线中桩测量。

## 四、地物测量

公路设计中，时常需要对沿线附近的敏感地物如加油加气站、军事区、厂矿企业、矿产压覆区、采空区、水源地、风景保护区、重要文物保护区等进行平面和高程测量。在公路改扩建工程中也存在对原有大型构造物的细部如桥梁墩台、桥面、底板以及涵洞的轮廓和高程等进行测量，这些都属于地物测量，其工作内容就是进行地物点的坐标和高程测量，且精度要求较高，因此其测量技术要求需单独提出。

### （一）坐标测量

可根据坐标测量的对象属性，按照表 8.5-1 的要求选用坐标测量的等级和精度。

表 8.5-1 坐标测量等级和精度

| 等级 | 坐标测量中误差（m） | 主要使用的范围 |
|------|------|------|
| 一级 | 0.02 | 桥梁、隧道施工 |
| 二级 | 0.05 | 设计阶段构造物测量、高扩建公路路面测量、路面施工测量 |
| 三级 | 0.12 | 设计阶段重要地物测量 |
| 四级 | 1.2 | 设计阶段一般地物测量 |
| 五级 | 6.0 | 工可研阶段地物测量 |

坐标测量要根据设计的精度需求，采用了不同的方法进行测量。

1. 一级坐标测量可选用 GNSS 静态、导线测量、GNSS RTK 和极坐标测量方法。

（1）采用 GNSS 静态、导线测量时，其观测的技术要求要优于公路一级平面控制测量的要求，导线测量要力求减小导线的长度和求解点至起算点间的距离。

（2）采用 GNSS RTK（含 CORS）方法时，基准站的选择和流动站的要求除要符合 GNSS 的观测条件外，还应采用三脚架进行整平对中，施测前后要使用控制点进行检核。

（3）采用极坐标方法测量时要从不同的已知点上进行观测，符合要求后取平均值作为最终的观测成果。

（4）对于桥墩施工放样，可根据需要进行二次精密放样。

2. 二级坐标测量可选用 GNSS 静态、导线测量、极坐标测量、GNSS RTK（含 CORS）和激光扫描测量等方法。

（1）采用 GNSS 静态、导线测量、极坐标测量、GNSS RTK（含 CORS）方法时，除了不需要进行重复观测外，其它操作要求与一级坐标测量要求相同。

（2）采用激光雷达 LiDAR 扫描测量方法进行改扩建公路路面高程测量时，要注意下列事项：

①采用机载激光雷达 LiDAR 扫描测量方法时，飞机的相对行高、布设的基准站数量和间距、点云点间距和点密度等相关技术要求，可以参见本书第 6 章 6.5 节内容。

②要在路线附近布设一定数量的平面校正点，平面校正点的点间距最好小于 3km，平面拟合残差要满足表 8.5-1 中的有关要求。

③点云数据获取、基准站 GNSS 测量、机（车）载 GNSS 测量、平面校正点布设和测量、LiDAR 点云数据处理等方面的要求可参阅本书第 6 章相关内容。

3. 三级坐标测量可选用极坐标测量、GNSS RTK（含 CORS）方法进行。

（1）采用极坐标方法测量时要检查已知点之间的距离，其检测的距离精度要达到相应等级的限差规定。施测时要正、倒镜观测，符合要求后取得平均值作为最终成果。

（2）采用 GNSS RTK（含 CORS）方法时，可按照一级坐标测量的方法进行。

4. 四级坐标测量可选用极坐标测量方法、GNSS RTK 方法进行。

（1）采用极坐标方法测量时要检查已知点之间的距离，施测时可采用半测回方法进行。

（2）采用 GNSS RTK（含 CORS）方法时，可以按照一级坐标测量的方法进行。

5. 五级坐标测量可选用 GNSS RTK（含 CORS）方法、手持 GNSS 测量方法进行，测量时需要采用已知点进行检核，其检核差值要符合表 8.5-1 的要求。

## （二）高程测量

根据高程测量的对象属性，按照表 8.5-2 的要求选用高程测量的等与精度。

表 8.5-2　高程测量等级和精度

| 等级 | 高程测量中误差（m） | 主要使用的范围 |
|---|---|---|
| 一级 | 0.02 | 路基、路面、桥梁、隧道施工，设计阶段改扩建公路路面和构造物测量、重要地物高程测量 |
| 二级 | 0.1 | 设计阶段一般地物测量 |
| 三级 | 1.0 | 工可研阶段控制路段测量 |

高程测量要根据设计的具体精度需求，采用不同的方法进行测量。

1. 一级高程测量可采用水准测量法、光电测距三角高程测量法、GNSS 高程拟合测量法、GNSS RTK（含 CORS）测量法、激光雷达 LiDAR 扫描测量等方法。

（1）采用水准测量方法时，观测的技术要求要优于公路五等水准测量的要求，并尽量减小水准路线长度和求解点至已知点间的长度。

（2）采用光电测距三角高程测量方法时要关注下列事项：

①需要支站时，要形成附合或闭合高程导线，两点间的高差要按照三角高程测量的要求进行对向观测。

②不需要支站时，可不形成附合或闭合高程导线，但要从不同的已知点上进行重复观测，达到要求后取平均值作为最终成果。

③三角高程观测时要采用三脚架进行整平对中。

（3）采用 GNSS RTK（含 CORS）测量方法时要注意以下事项：

①基准站的选择和流动站的要求要符合 GNSS 的观测条件。

②要采用三脚架进行整平对中。

③施测前后要使用控制点进行检核，并且记录包括检核点高差在内的相关信息，检核的高程差值要符合表 8.5-2 的要求。

④施测时要进行重复观测，达到要求后取平均值作为最终成果。

（4）采用激光雷达 LiDAR 扫描测量方法进行改扩建公路路面高程测量时，要注意遵守下列事项：

①需要对测量范围进行有效的控制，路线测量不要外推。要在路线附近布设一定数量的高程校正点，高程校正点的间距最好小于 1km。

②高程校正点测量要采用四等几何水准测量方法，并且水准路线长度尽量控制在 6km 以内。

2. 二级高程测量可采用水准测量方法、三角高程测量方法、GNSS RTK（含 CORS）

测量方法。

（1）采用水准测量方法其观测的技术要求要按照公路五等水准测量的要求进行。

（2）采用三角高程测量方法时支站数不要超过 3 站，每一站要检查已知点之间的高差，施测时要正、倒镜施测，达到要求后取平均值作为最终成果。

（3）采用 GNSS RTK（含 CORS）测量方法时要注意以下事项：

①基准站的选择和流动站的要求要符合 GNSS 的观测条件。

②施测前后要使用控制点进行检核，并记录包括了检核点高差在内的相关信息，检核的高程差值要符合表 8.5-2 的要求。

3. 三级高程测量可采用水准测量方法、光电测距三角高程测量方法、GNSS RTK（含 CORS）测量方法和手持 GNSS 测量方法进行，测量时需要采用已知点进行检核，其检核差值要符合表 8.5-2 的要求。

# 第六节　地下管线探测

公路建设工程经常会遇到与路线交叉或近距离并行的各类地下管线，对于这些地下管线的空间位置进行准确地探测，是公路勘察设计中的一项重要任务，而地下管线探测成果的质量也会影响公路的设计质量。虽然地下管线探测的技术理论、仪器装备、电算解释属于物探理论技术范畴，但又不同于常规的工程物探，其应用领域属于工程测量，与常规的工程测量不尽相同，它是运用物探的原理对地下隐蔽体进行准确测量的一项技术。就公路工程而言，地下管线探测工作主要包括了地下管线探查与测量两部分内容。

## 一、地下管线探测的方法和内容

目前的管线探测仪器采用新型磁敏元件、新型滤波技术、天线技术、电子计算机技术，这样使其信噪比、精度和分辨率都得到大幅度提高，实现了高精度、高分辨率，且更加轻便和易于操作。探测过程中同时运用了先进的测绘空间定位仪器装备以及计算机软件技术，通过软件的开发与使用，让得探测数据能够得到准确、高效处理，从而形成了一套十分适用的地下管线探测技术方法。

### （一）地下管线探查的方法与适用范围

地下管线探查是指应用地球物理勘探的方法对地下管线进行定位、定走向、定埋深。它的原理是：地下管线的存在会改变天然的或人为产生的地球物理场的分布，即产生异常。研究这些异常的形态、分布、形状可获得地下管线位置的有关资料。地下管线探查方法包括：

#### 1. 充电法

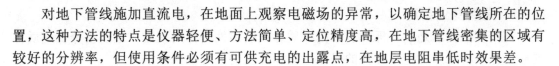

对地下管线施加直流电，在地面上观察电磁场的异常，以确定地下管线所在的位置，这种方法的特点是仪器轻便、方法简单、定位精度高，在地下管线密集的区域有较好的分辨率，但使用条件必须有可供充电的出露点，在地层电阻串低时效果差。

### 2. 电磁感应法

电磁感应法以目标体与周围介质存在的导电性和导磁性的差异为基础，通过观测和研究电（磁）场空间与时间分布规律，从而达到寻找目标体的一种物探方法。其原理是通过发射机向地下发射谐变磁场，地下管线在谐变磁场的激励下形成电流，进而产生二次磁场，接收机接收地下返回的二次磁场信息，进而推断出地下管线的平面、深度等空间位置。

这种方法的特点是不需出露点，在地下管线比较少的情况下效果好。电磁感应法主要用于良导性的金属管线，如铁管、钢管、电缆等。

应用电磁法探测地下管线常用的施加信号的方法有：直接法、感应法、夹钳法、甚低频法和示踪法等。

### 3. 地质雷达法

地质雷达的工作原理是一个天线向地下发射一个高频的电磁波，同时另一个天线接收地下介质反射回来的反射波。通过分析反射波的波形，推断地下管线的平面位置和深度。

地质雷达在探测非金属管线时具有快速、高效、无损及实时展示地下图像等特点，是非金属管线探查的首选工具。尽管当地层电阻率低时，会存在因电磁波的衰减导致探测深度降低，地下管线反应特征不明显，管线较难辨别等问题，但其依然是目前最为有效的探测非金属管线的一种方法，适用在探测非金属如水泥管、塑料等燃气管、供水管和排水管。地质雷达法也称电磁波法。

### 4. 高密度电法

高密度电法的基本原理与传统的电阻率法完全相同，都是以目标体与周围介质存在的电性差异为基础，通过观测和分析不同极距的电位差确定目标体的平面位置和深度。

高密度电法的电极布置一次完成，通过程控方式使供电极和接收极自动切换和组合，一次性可以采集大量不同位置和深度的视电阻率值，经过处理解释，依据视电阻率的分布规律了解地下异常体的分布状况，最终达到探测目标体的目的。

该种方法具有抗干扰能力强，探测精度高，可探测金属管线和非金属管线等优点，但其一次布极往往需要 36 个以上电极，电极需砸入地面 30cm 以下，且要保证良好的接地，同时测线需与管线垂直，测线长度往往达到了几十米甚至上百米，对于空间较为开阔处，其具有一定的实用性。

### 5. 人工地震法

人工地震法探测深度较大，对非金属管线尤其是孔径较大的深埋排水管反应明显，但因其存在操作复杂、施工成本高、施工噪声大、浅层和小管径的管线反映不明显、异常解释难度大等缺陷，实际工作中应用场景较少。

### 6.高精度磁测法

高精度磁测法是以目标体与周围介质存在的磁性差异为基础，通过去分析地质体的磁场分布特征来确定目标体的平面位置和深度的一种物探方法。

由于铁磁性管道在地球磁场的作用下被磁化，其磁场与周围会形成明显的差异，高精度磁测法就是通过仪器探测这类磁异常来确定地下管线的位置。该方法仪器轻便，施工便捷，但因采集的是天然磁场，信号弱容易受到干扰，所以适合用来探测铸铁管道等铁磁性地下管线，如供水、供热管线。

### 7.磁梯度法

磁梯度法是通过测量不同深度的磁梯度值，来确定管线的平面位置和深度的一种方法。该方法测量精度高，效果明显，可用来检验其他物探方法的有效性。但其施工较为烦琐，一般用来做精密测量，可用于探测非开挖管线。

### 8.开挖和钎探

开挖是最直接的一种探测方法，但施工成本高，对环境破坏大，一般用于检验探测精度是否满足规范要求。钎探是开挖手段的缩减版，简单且易操作，对环境破坏小，但施工要求高，只能钎探土盖层的管线，并且容易造成管线损坏。较适合探测非金属大管径非深埋且不易损坏的 PE 管和水泥管，如供水、排水管线等。

实际工作中，针对不同类型的地下管线，探测方法多种多样，有时为了提高探测精度，往往采用多种探测方法集成应用的方式进行探测。

## （二）地下管线测量

地下管线测量是指对管线点的地面标志进行平面位置和高程测量、计算管线点的坐标和高程、测定地下管线有关的地面附属设施与测量地下管线的带状地形图、编制成果表等所进行的工作。

地下管线测量一般包括以下内容：控制测量、已有地下管线测量、地下管线定线与竣工测量以及测量成果的检查验收。控制测量可以利用公路路线等级控制网或在其基础上进行加密布设，其方法可采用光电测距导线、GNSS 静态、快速静态和动态 GNSS RTK 测量。管线点的平面位置和高程测量可采用 GNSS 测量、导线法或极坐标法等，其测量方式可按中桩测量的方法实施。

# 二、地下管线探测的通用技术要求

## （一）技术标准

尽管在本著第 6 章 6.2 节地形图测绘以及本章 8.5 节中有所提及地形图管线测绘和地下管线测量，但都未涉及地下管线探测的具体方法和执行技术标准的具体内容。事实上，目前公路行业还没有出台专门关于地下管线探测的行业技术标准，现行《公路勘测规范》中也没有这方面的详细内容。因而在公路工程项目的地下管线探测工作中，可参照执行的技术标准有：现行《城市地下管线探测技术规程》CJJ61-2017、《管

线测绘技术规程》CH/T 6002-2015 以及《城市测量规范》CJJ/T 8-2011 等。

### （二）精度要求

地下管线点分为明显管线点与隐蔽管线点。各类地下管线的专用窨井、露出地表的点（段）及与管线相连的附属物、建筑物等为明显管线，而且那些无法从资料中获取或目视识别出来的管线点为隐蔽管线点。

（1）明显管线点埋深测量中误差不得超过 ±25mm。

（2）隐蔽管线点的探查精度：

平面位置限差：$\delta ts \leqslant 0.10h$　　　　　（8.6-1）

埋深限差：$\delta th \leqslant 0.15h$　　　　　　（8.6-2）

式中 $h$ 为地下管线的中心埋深，单位为 m，当 $h < 1m$ 时则以 1m 代入计算。

地下管线点的测量精度：平面位置中误差 $M_S \leqslant 50mm$，高程测量中误差 $M_h \leqslant 30mm$，上述限差均是相对于邻近控制点的中误差。

（4）地下管线图测绘精度：地下管线与临近的建筑物、相邻管线以及规划道路中心线的间距中误差 $M_C$ 不得大于图上 ±0.5mm。

## 三、地下管线物探方法试验

不同类型的管线探测仪器在不同的地球物理条件的地区，方法技术的效果不同，因此在方法试验前，要了解测区的总体情况，根据测区的实际情况，在不同的路段上选择不同种类、不同埋设方式的管线，对于投入生产的所有管线探测仪分别进行试验，该项工作是地下管线探测必不可少的工作。

地下管线物探方法试验的目的一是确定方法技术和所选用仪器的有效性、精度和有关参数；二是检测多台管线探测仪的一致性，通过方法试验寻找处最适合于所在测区不同段落、不同类型地下管线的探测方法。

## 四、地下管线基础信息实地调查与采集内容

### （一）地下管线基础信息实地调查内容

地下管线种类很多，总体划分为 7 大类，对于地下管线探测需要对其基础信息进行实地调查，其内容可参照表 8.6-1 执行。

表 8.6-1 地下管线基础信息普查实地调查内容

| 管线类别 | 埋设方式 | 埋深 | | 断面尺寸 | | 载体特征 | | | | 管线材质 | 管道载体 | 电缆条数 | 附属设施 | 权属单位 | 建设日期 |
|---|---|---|---|---|---|---|---|---|---|---|---|---|---|---|---|
| | | 外顶 | 内底 | 管径 | 宽X高 | 压力 | 温度 | 电压 | 流向 | | | | | | |
| 给水 | 管埋 | △ | | △ | | △ | | | △ | △ | △ | | △ | △ | △ |
| 排水 | 管埋 | | △ | △ | | | | | △ | △ | △ | | △ | △ | △ |
| | 暗沟 | | △ | | △ | | | | △ | △ | △ | | △ | △ | △ |
| 燃气 | 管埋 | △ | | △ | | △ | | | △ | △ | △ | | △ | △ | △ |
| 电力 | 直埋包封 | △ | | △ | | | | △ | | △ | | △ | △ | △ | △ |
| | 管块 | △ | | | △ | | | △ | | △ | | △ | △ | △ | △ |
| | 管沟 | | △ | | △ | | | △ | | △ | | △ | △ | △ | △ |
| 电信 | 直埋 | △ | | △ | | | | | | △ | | △ | △ | △ | △ |
| | 管块 | △ | | | △ | | | | | △ | | △ | △ | △ | △ |
| | 管沟 | | △ | | △ | | | | | △ | | △ | △ | △ | △ |
| 热力 | 管埋 | △ | | △ | | △ | △ | | △ | △ | △ | | △ | △ | △ |
| | 管沟 | △ | △ | △ | △ | △ | △ | | △ | △ | △ | | △ | △ | △ |
| 工业 | 管埋 | △ | | △ | | △ | | | △ | △ | △ | | △ | △ | △ |
| 综合管沟 | 管沟 | | | | | | | | | | | | | | |

注：表中"△"为应调查项目。

表中所列 7 大类管线中，对于公路项目而言，常会遇到的有给水／输水、电力、电信、热力、燃气／输油以及工业类管线居多。

## （一）地下管线基础信息实地采集内容

1. 标识码：管线点的唯一编码。各个测区内的管线点标识码必须唯一。外业作业时可不做记录，待一个测区或全部工程完成后由计算机统一编码。

2. 点号：某一条线上管线点的序号。在该条线上的管线点序号应该唯一。

3. X 坐标：某一管线点所在 2000 国家大地坐标系下的纵坐标。

4. Y 坐标：某一管线点所在 2000 国家大地坐标系下的横坐标。

5. 地面高程：某一管线点所在 1985 国家高程基准下的高程。

6. 属性特征：某一管线点所对应的特征信息。

7. 构（建）筑物：某一管线点所对应的构（建）筑物信息。

8. 图幅号：该管线点所在工作地形图的分幅图幅号。

9. 使用状况：管线的使用状况，如：废弃、预留、在役正常及在役隐患等。

10. 数据类型：该管线点的数据来源，如：现状、竣工、非竣工等。

11. 精度级别：该管线点的精度级别，如：探测、实测等。

12. 备注：管线点上其他需记录信息。

## 五、地下管线探查与测注项目内容

地下管线探查需要查明与测注的项目可以按表8.6-2的规定进行。

表8.6-2 地下管线探查必须查明与测注的项目

| 管线种类 | 地面建（构）筑物 | 管线点 | | 量注项目 | 测注高程位置 |
|---|---|---|---|---|---|
| | | 特征点 | 附属物 | | |
| 给水 | 水源井、净化池、泵站、水塔、水池 | 弯头、变径点变材点、多通点、出地、预留口、起止点 | 阀门、消火栓、各种窨井 | 埋设方式、管径、材质、接口形式 | 管顶及地面高 |
| 排水 | 化粪池、净水池、泵站、暗沟地面出口 | 转折点、变径点、变材点、多通点、进出水口、预留口、起止点 | 各种窨井、污水篦、排污装置 | 埋设方式、管径、断面尺寸、材质 | 管底、方沟底及地面高 |
| 电力 | 变电室、配电房、电杆 | 转折点、变径点、变材点、分支点、上杆、起止点 | 各种窨井、接线箱、变压器、路灯 | 埋设方式、断面尺寸、材质、电缆条数 | 管顶及地面高 |
| 通讯 | 变换站、控制室、差转台、发射塔 | 转折点、变径点、变材点、分支点、上杆、上楼、起止点 | 各种窨井、接线箱 | 埋设方式、断面尺寸、材质、电/光缆条数、总孔数、已用孔数 | 管顶及地面高 |
| 燃气 | 煤气站、调压室、储配站、门站 | 弯头、变径点、变材点、多通点、出地、预留口、起止点 | 阀门、各种窨井 | 埋设方式、管径、断面尺寸、材质 | 管顶及地面高 |
| 热力 | 锅炉房、换热站 | 弯头、变径点、变材点、多通点、出地、预留口、起止点 | 阀门、各种窨井 | 埋设方式、管径、断面尺寸、材质 | 管顶及地面高 |
| 工业 | 动力站、冷却塔、支架、加压站 | 弯头、变径点、变材点、多通点、出地、预留口、起止点 | 阀门、各种窨井、装置 | 埋设方式、管径、材质 | 管顶及地面高 |

公路工程项目中，地下管线探测的主要关注点包括：管线的位置、埋深和走向，这些要素是进行公路设计中对跨越管线时进行保护方案设计重要因素。

## 六、地下管线探测的程序与实施方法

### （一）地下管线探测的基本程序

地下管线探测的基本程序包括：接受任务、收集资料、现场踏勘、仪器检验和方法试验、编写技术设计书、实地调查、仪器探查、建立测量控制网、地下管线点测量与数据处理、地下管线图编绘、编写技术总结与成果验收。

对公路项目进行地下管线探测作业时，首先是现场踏勘，了解现场情况，尽可能收集已有的地下管线资料、控制资料和设计线位资料。进行了现场方法试验，选择合适的探测仪器和探测方法。

测绘单位进场后，首先是对路线沿线地下管线明显管线点进行调查和必要的勘测，结合收集的地下管线资料在工作底图上绘制草图，具备条件时询问知情人。

根据工作草图，遵循地下管线探测原则对隐蔽管线进行探测，探测时要注意管线点的设置能真实反映地下管线的走向、起点、转折点、变坡点、变径点、多通点、终点均要设置管线点。根据实地情况，合理设置探测点位。隐蔽管线探测完成后，将探测的管线点绘制到工作草图上，并对测区内的所有管线进行系统编号，一般管线点编号由管线属性代码、管线线号、管线点序号组成。如 T0305 表示天然气管线的第 3 条线第 5 个点。

根据测区的已有控制点情况，决定是否需要重新进行控制点布设或控制点加密测量。地下管线点测量宜采用电子记录计算方式，使用的电子手簿记录时需要经常进行检校，以避免系统误差的出现。

### （二）明显管线点调查

明显管线点量测的内容为：管线的埋深与管线的断面规格（管径）。排水管道、方沟要量测管内底、沟道内底至地面垂直距离；电缆沟量测沟道内底至地面垂直距离；其他管线埋深均量管（块）顶至地面垂直距离。管线埋深量测读数至厘米，至少读数两次，采用经检校合格的钢卷尺和量杆或手持测距仪进行；断面尺寸读数为单位毫米，按宽 × 高计算，遇到不规则断面时，按最大断面计量。公路项目与明显管线点交叉的情形相对较少。

### （三）隐蔽管线探查

隐蔽管线是公路项目建设中遇到较多的场景。其探测遵循的原则为：从已知到未知、从简单到复杂、方法有效、快速、轻便、复杂条件下采用综合方法。由于各类地下管线的材质不同，其所具有的地球物理特征各有差异。对各类地下管线探测时，可根据不同地点、条件选择不同的工作方法与工作参数以满足精度要求。

#### 1. 金属管线的探测

探测时在有条件的情况下尽量采用直接法，对不具备直接法的管段用感应法探测。燃气管线等埋深较浅的金属管线，对其探测时可采用连续追踪探测的方法，从一个已知的明显点出发，逐步追踪探测管线走向，特别是在管线交叉处、弯头、三通、四通等特征点应定位、定深，确保管线连接关系正确。管线定位一般采用极大值法，定深一般采用 70% 法。若 70% 定深时一侧干扰较大，应剔掉干扰大的半值，取无干扰或干扰小的半值乘 2 作为测深值。

#### 2. 电力和电信线缆探测

电力和电信线缆类管线探测时，适用于夹钳法。当采用了夹钳法探测时，在管块

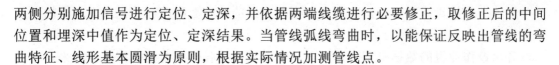

两侧分别施加信号进行定位、定深，并依据两端线缆进行必要修正，取修正后的中间位置和埋深中值作为定位、定深结果。当管线弧线弯曲时，以能保证反映出管线的弯曲特征、线形基本圆滑为原则，根据实际情况加测管线点。

### 3. 复杂管线、非金属管线探测

对于地下管线密集、交叠干扰的复杂情况，可依据现场条件、管线材质、管径及周边介质特性等，采用多种方法相结合的探测方法。充分利用已知的可用信息，尽量采用直接法、夹钳法，因为这两种方法受外界干扰小，探测结果易得且准确可靠。如果存在干扰信息，则查明原因及对精度的影响，进行必要修正。

各种管线探测范围确定后，要从正反方向及分支线上采用压线法改变频率、增加输出功率、提高信噪比，以确定目标管线的平面位置和埋深。对具备钎探和开挖条件的地段要进行钎探和开挖验证，保确探测成果的可靠性。对埋深较大的复杂管线和非金属管线，电磁法无法解决的，可以采用地质雷达（电磁波法）定位、定深。

## 七、地下管线探测的内业数据处理和地下管线图编绘

地下管线数据处理和地下管线图编绘包括管线数据录入、逻辑检查、编辑修改、建立地下管线数据库、生成地下管线图、管线图编辑、成果输出等过程。

地下管线数据、成果文件为 Access 数据库的 mdb 格式文件，以测区为单位提交。图形数据为 AutoCAD 的 DWG 文件，管线点成果表数据为 Excel 的 xls 文件。

### （一）探查数据的录入

可采用相关软件将已经探查并确认无误的探查原始记录数据当日或及时录入计算机中，并将有关数据按规定要求，导入相应的数据库中，生成探查原始数据库文件。原始数据文件的格式可与探查记录手簿的格式基本保持一致，一条管线段对应一条记录。每条记录至少包括管线的起始点号、终止点号、起始埋深、终止埋深、管线点的特征、附属物、管线的材质、埋设方式、电缆条数、孔数、压力、流向、埋设日期、权属单位等数据项。采用电子手簿记录时，管线数据项可根据需求进行调整，各数据项可以根据需要设定录入数据范围或可选项，其扩展功能较强。

### （二）管线数据编辑修改

管线数据编辑与修改包括管线空间数据编辑修改与探查属性数据修改。

### （三）探查原始数据的逻辑检查

探查原始数据录入后，使用相关软件对探查原始数据进行严格的检查。首先对各作业组的探查数据进行检查，内容主要包括：

管线点属性数据的合法性和逻辑性检查。

管线段属性数据的合法性和逻辑性检查。

管线点和管线段之间属性数据的一致性检查。

管线点的缺失和冗余检查。

经过上述检查，基本上消除了各探查作业组的原始数据在原始记录中包含的以及在数据录入中产生的错误。

各探查作业组的数据检查通过后，再利用软件将各作业组的数据组合起来，构成全测区的管线属性数据库，然后用软件对全测区的管线属性数据进行严格检查。主要检查各作业组之间图幅接边管线的衔接关系、对应管线之间属性的一致性、各作业组之间有无管线的缺失和遗漏等等。

通过上述检查，可消除和改正管线属性数据库中可以存在的逻辑错误。

### （四）测量管线空间数据库文件的形成和检查

每天的数据采集工作结束后，可将全站仪、GNSS 中存储的当日测量的管线点平面坐标、地面高程和与其对应的物探点号数据，传输到计算机当中，保存为管线点空间数据库文件。

对管线点空间数据库文件，当日即进行检查。检查的主要内容有：

1. 数据传输是否完全成功，传输中是否出现了通讯错误。如发现数据传输中存在通讯错误，要立即重新传输。

2. 空间数据文件中是否有重复的物探点号，如发现重复的物探点号，立即记录，第 2 天到现场进行复核处理，严禁凭记忆在室内处理。

### （五）地下管线图件的编绘

地下管线图要采用外业测量成果与数字地形图叠加，以机助成图编绘。管线图分为专业地下管线图、综合地下管线图、地下管线断面图。

综合地下管线图是地下管线普查的重要成果之一，综合地下管线图应表示测区内探测的所有地下管线及其附属设施，地面建（构）筑物和地形特征。

综合地下管线图编绘时要核对相同固定地物点和管线附属物位置，其误差要符合相关规范要求；若发现管线之间出现不合理的情况或其他可疑之处，需进行实地检测。综合地下管线图编制完成后要与相邻的图幅进行接边检查。

专业管线图可根据专业管线数据用成图软件自动生成，然后与用同样方法自动生成的基础地形图叠加并编辑成图。各专业管线在综合地下管线图上应按规定的代号和颜色以及规定的图例，用不同符号表示。

专业管线图上注记宜符合下列要求：

1. 图上要注记控制点的点号、高程；

2. 管线注记内容与综合管线图相同。

有多个入孔（即两井盖以上）的电信检修井、电力沟的电缆竖井，实测地下窨井范围的外轮廓线，图上以虚线表示。窨井范围的几何中心加注相应的窨井符号，颜色采用相应管线颜色，并在井边缘管线进出处测定管线点，以一井多盖或一井多阀门点表示。

不同权属单位共用电信管块，按照实际展绘管线。

预埋的电信管块，电力管沟（均未穿铺电缆），实测明显点和特征点，并以虚

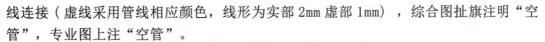

线连接（虚线采用管线相应颜色，线形为实部 2mm 虚部 1mm），综合图扯旗注明"空管"，专业图上注"空管"。

对于公路工程而言，多数情况下，都是以 1:2000 带状地形图作为底图，将探测到路线交叉或近距离并行所有地下管线及其附属设施在 1:2000 图上表示出来，或是在大比例尺地形图测绘时，直接将路线范围内的地下管线探测出来，与其它要素一同在地形图上表示出来供设计人员使用，测绘内容可参见本著第 6 章 6.2 节有关内容。现阶段，专业地下管线图应用场景更多些，尤其在进行管线防护设计时，将这作为最重要的基础资料来使用。

## 八、地下管线探测成果的检查验收与质量评定

### （一）二级检查

#### 1. 作业组互检

物探作业组在管线探测过程中随时进行自检，并且填好检查记录。在作业组自检的同时，还要进行组间的相互检查。物探作业组互检，仪器检查工作量要大于总量的 5%，对于难以开挖地段，隐蔽点、明显点检查均要大于 5%，开挖及钎探检查大于 1%。对内业要做到 100% 的检查。测量作业组自检时，对图外业实地巡视检查 100%，按不少于 30% 的图幅、每幅不少于 50 个地物点进行实测抽检。内业组检查时，所有数据、图形及文字资料均要 100% 检查。

#### 2. 专职检查

由项目技术负责及专业技术负责等人和专职检查组对各作业组进行检查、监督。主要检查监督各作业组技术设计的执行情况以及使用方法的合理性，帮助作业组解决疑难问题。对物探检查时，明显点检查 5%，仪器检查量为 5%，开挖及钎探检查量为 1%，内业数据检查 100%。对测量检查时，对图外业实地巡视检查为 100%，设站检查为总站数的 5%，图面检查为 50%。

### （二）一级验收

由项目实施单位组织人员对工程进行阶段性检查验收工作。对物探检查量为：明显点检查 5%，仪器检查量为 5%，开挖及钎探检查量为 1%，内业数据检查量 100%。对测量检查量为：外业巡视检查为 50%，设立站检查为总站数 5%，图面检查为 50%。

### （三）质量评定

#### 1. 探测质量评定

探测质量评定采用计算中误差的方式进行。

明显点重复测量的埋深中误差 $M_{td}$ 不得超过其测量中误差的限差值 25mm。

$$M_d = \pm\sqrt{\sum_{i=1}^{n}\Delta td_i^2/2n}$$

（8.6-3）

式中：$\Delta td$ 为明显点埋深重复测量值之差，$n$ 是重复测量点数。

隐蔽点探测平面位置中误差和埋深中误差按（8.6-4）式、（8.6-5）计算，其值不应超过（8.6-1）式和（8.6-2）式计算值的 0.5 倍。

$$M_s = \pm\sqrt{\sum_{i=1}^{n}\Delta ts_i^2/2n}$$

（8.6-4）

$$M_h = \pm\sqrt{\sum_{i=1}^{n}\Delta th_i^2/2n}$$

（8.6-5）

式中：$\Delta ts$ 为平面位置偏差，$\Delta th$ 为埋深差值，$n$ 为检查点数。

隐蔽点开挖验证要在隐蔽管线点中均匀分布随机抽取，检查点数不少于总点数的 1%。开挖检查按合格率进行统计：当超差点数不大于 10% 时，探测工作质量合格。

明显管线点重复测量和隐蔽管线点重复探查时，在剔除粗差点或错误点后，计算各项中误差和相应限差。粗差点或错误点的剔除率为：明显管线点埋深的粗差率不大于 5%、错误率不大于 2.5%，并且粗差率与错误率之和不大于 5%；隐蔽管线点平面位置或埋深的粗差率大于 7.5%、错误率不大于 5%，并且粗差率与错误率之和不大于 7.5%；

管线点开挖验证时，直接测量平面位置和埋深，对照原始成果计算位置偏差和埋深差误差，统计超过规定限差的管线点数量，计算管线点的超差率。超差率按下式计算：

$$超差率 = \frac{开挖验证超差点数}{开挖验证总点数}\times 100\%$$

（8.6-6）

## 2. 测绘精度评定

进行管线点测量质量检查时，每个测区的随机抽查样本不得少于管线点总数的 5%，要进行检查管线点的平面位置与地面高程测量。

检查点高程测量中误差 $M_h \leqslant 30$mm。

$$M_h = \pm\sqrt{\sum_{i=1}^{n}\Delta h_i^2/2n}$$

（8.6-7）

式中：$\Delta h_i$ 为高程较差，$n$ 为检查点数。

检查点平面位置测量中误差 $M_s \leqslant 50$mm。

$$M_s = \pm\sqrt{(\sum_{i=1}^{n}\Delta x_i^2 + \sum_{i=1}^{n}\Delta y_i^2)/2n}$$

(8.6-8)

式中：$\Delta x_i$，$\Delta y_i$ 为纵横坐标较差，$n$ 为检查点数。

测量点位中误差和高程中误差超过规定时，可以扩大检查量到10%，重新计算测量误差。若仍达不到规定的要求，整个测区的测量工作需返工重测。

3. 等级划分

检查合格后，编写质量检查报告，对测区质量检查结果，按照相关规程中的规定进行质量评定。

# 第七节　路线测量成果的质量检查

路线测量成果质量关系到沿线构造物设置结构的合理性、占地边界位置的准确性、工程量计算的正确性以及调查成果的全面性等，所以要对成果质量进行严格的检查控制，确保其不出现影响设计质量的严重错误。

本节内容侧重于对路线测量提交的最终成果所进行的质量检查与控制，主要包括中桩测量、横断面测量以及地物测量等。地下管线探测成果质量检查已在8.6节中介绍，在此不再赘述。

## 一、路线测量成果质量检查的工作内容

路线测量成果质量检查工作包括前期检查、过程检查以及具体项目检查等内容。

### （一）前期检查

1. 路线勘测前要根据各阶段确定的勘测方案编制项目事先技术指导书或勘测技术大纲，因此要全面地审查其指导内容是否符合规范的要求，能否正确指导路线勘测工作。

2. 检查用于路线勘测的测量控制点是否在其时效期内，并且是否具有标识保存完好性、点位精度符合性等普查与检查记录成果。

3. 要检查各设计阶段提交路线测绘产品成果资料的齐全性、完整性和连续性。

4. 核查用于路线勘测的测量仪器是否经计量部门检定，其性能是否处于良好状态。

### （二）过程检查及具体检查项目

检查项目包括路线中线敷设、中桩高程测量、横断面测量、沿线设施及地物测量等。

## 二、路线测量成果检查的方法与质量评定

路线测量检查的方法与质量评定工作是对路线测量成果的有效检验过程，有利于成果质量处于受控状态，除了可以发现成果存在的质量缺陷问题外，还可对数据或成果的真实性进行验证，从而使成果质量得到有效保障。

### （一）质量检查的方式方法

路线测量成果的质量检查最好采用现场巡视检查与成果资料检查相结合的方式进行。

### （二）中线敷设的成果检查内容与方法

#### 1. 宏观检查包括的内容

（1）检查路线中桩间距的敷设是否满足现行《公路勘测规范》要求。

（2）检查各类地表特征点加桩的位置和数量是否满足路线构造物沿线设施等专业勘测调查的需要。

（3）检查中桩平面精度是否符合现行《公路勘测规范》要求。

（4）对中桩自检方法的可行性与精度符合性进行核查。

#### 2. 细部检查内容

（1）检查中桩里程标识是否连续出现错误。

（2）检查各类地表特征点是否加桩。

（3）检查中桩平面起算数据使用是否有误。

（4）检查抽检的中桩平面精度中误差是否超限。

（5）检查是否进行了属性记录。

（6）检查改扩建工程桩位是否能够完全反映出原有道路在纵向上的形态变化。

### （三）中桩高程测量成果检查的内容与方法

#### 1. 宏观检查包括的内容

（1）检查中桩高程测量闭合差是否满足现行《公路勘测规范》要求。采用其他方法测定中桩高程的，要核查其方法的可靠性和检验数据的准确性。

（2）对于沿线需要特殊控制的建筑物、管线、铁路轨顶、干线公路路面等，核查其高程测定方法的可行性及检验数据符合性。

#### 2. 细部检查内容

（1）检查中桩高程起算数据使用是否有误。

（2）检查高程路线闭合差是否超限。

（3）检查中桩高程测量成果是否进行了自检。

（4）检查抽检的中桩高程精度中误差是否超限。

（5）检查测量高程与对应的里程桩号是否出现连续性错误。

### （四）横断面测量成果检查的内容与方法

**1. 宏观检查包括的内容**

（1）检查横断面测量与中桩测量成果对应的正确性。

（2）核查横断面测量类型是否满足路基及排水设计、附属构造物设置需要。

（3）检查横断面的测量精度是否满足行业现行测量规范要求。

**2. 细部检查内容**

（1）检查断面测量宽度是否满足设计需求。

（2）检查断面上的高程特征点是否严重缺失，能否真实反映地面线或原有道路断面形态上的变化。

（3）检查断面桩号是否连续出现错误。

（4）检查断面记录左右方向是否出现错误。

（5）检查断面测量是否进行了属性记录。

（5）检查提交的成果是否符合要求格式。

### （五）地物测量成果的检查内容与方法

**1. 坐标测量成果**

需要根据所测量物体的平面几何特性对测量的坐标进行质量检查，将各个项目的测量数据绘制成图，检查离散程度并统计离散精度，其坐标拟合残差要小于表8.5-1的要求，否则要实地进行检查并说明离散的原因。具体体现在下列几个方面：

（1）原有公路中线、边线、标志线应呈现平滑顺畅的线形。

（2）同一个墩台的桥墩中心应呈现一条直线，桥台应呈现规则几何图形。

（3）桥梁的伸缩缝和每一排桥墩连线应与中心线呈规则的几何关系。

（4）盖板涵应呈现规则的梯形或矩形，涵洞两端口径应基本相同。

（5）各种建筑物、构筑物、线状地物等均应按照各自的特点呈现出各自特殊的规律。

**2. 高程测量成果**

需要根据所测量物体的竖向（高程）几何特性对测量的高程进行检查，将各个项目的测量数据绘制成图，检查离散程度并统计离散精度，其高程拟合残差要小于本章表8.5-2的要求，否则要实地进行检查并说明离散的原因。具体体现在以下几个方面：

（1）原有公路中线、边线、标志线应呈现平滑顺畅的纵面线形。

（2）同一个墩台上各点的高程、桥梁的伸缩缝各个点的高程相差较小，且应呈现规变化。

（3）盖板涵应呈现规则的梯形或矩形。

# 第八节　案例分析

本节将通过案例的展示，详细介绍改扩建公路建设项目的路线测量过程，主要介绍测绘工作的各个环节，点评重点注意事项，以期对读者能有所帮助及借鉴。

## 案例 1 某重要国道干线高速公路改扩建工程路线测量

### 一、项目概况

某高速公路是《国家高速公路网规划（2013—2030）》中七条放射线之一，也是原"7918"国家高速公路网和"五纵七横"国道主干线的重要组成部分，是东北地区公路交通运输的大动脉，是东北地区南下西进入关的重要通道。在东北、华北区域高速公路网中具有不可替代的作用，成为 L 省内及东北与华北地区联系的交通运输大动脉。

该高速公路始建于 1997 年 7 月，于 2000 年 9 月建成通车，路线全长 360.4km，全线采用双向六车道高速公路标准建设，设计速度 120km/h，路基宽度 34.5m，用地按八车道预留，其中互通立交、特大桥、挖方段、上跨主线立交桥及服务区按双向八车道实施。

该路 2019 年交通量达到了 90725 辆小客车／日，部分的路段超过 10 万辆小客车／日，已接近设计通行能力，实施通道扩容的改扩建工程已迫在眉睫。

该路改扩建后设计速度 120 公里／小时，采用整体 10 车道方案，路基断面宽度 55.0 米。其 15km 长的连接线设计速度为 100km/h、六车道高速公路标准，路基宽度 33.5m。

本次改扩建项目路线全长 230.520km，主线共设特大桥 6712m/4 座，大桥 735.1m/30 座、中桥 3197.4m/52 座；主线上跨分离式立交 1949m/27 座。设置互通式立交 18 座，其中枢纽互通 5 座、服务型互通 13 座；设置了服务区 6 处。

### 二、项目的测绘历程

项目范围为东经 119°49′-121°56′，北纬 40°02′-41°14′。按高斯克吕格 3°带投影横跨 2 带，属 40、41 带，中央子午线分别为 120°、123°。主线沿线地形为平原微丘区，大致由水田、苇塘、丘陵构成，地势起伏不大。其连接线地形为重丘山岭区。线路两侧主要作物为旱田、水稻、林地、芦苇以及果园。

本项目测绘工作共经历了三个阶段。第一阶段是在 2011 年 1 月开始实施，测绘内容是全线的控制测量与 1:2000 地形图测绘。

当时的控制测量平面采用 1980 西安坐标系，并在此基础上建立三套公路独立坐标系，其投影中央子午线线分别为 120° 20′，121° 30′，122° 40′，均投影至参考椭球面。高程采用 1985 国家高程基准。控制点首级为 GNSS 四等网，采用一级 GNSS 测量进行加密。1:2000 地形图采用地面分辨率为 0.48m 的彩色数码航片进行航测综合数字化成图，路线中线两侧各成图 100m，基本等高距为 2m。

同年 5 月至 7 月期间采用人工测量的方式进行了全线范围的施工图测量。

第二阶段是由 2014 年 9 月开始实施。该阶段平面控制测量采用 2000 国家大地坐标系，并据此建立了二套公路独立坐标系，其投影中央子午线线分别为 120° 20′，121° 30′，均投影至椭球面。高程采用 1985 国家高程基准。本阶段控制测量成果没有进行外业测绘，只是对 2011 年施测的成果进行了相应的坐标转换计算。

1:2000 地形图采用分辨率为 0.2m 的 ADS80 航片进行航测综合数字化成图，路线中线两侧各成图 200m，基本等高距为 2m，根据影像制作 DOM。

该阶段同时进行了其 JMK 连接线的测绘工作。其控制测量采用 2000 国家坐标系，投影中央子午线 120°，投影至椭球面，1985 国家高程基准。1:2000 地形图采用分辨率为 0.2m 的 ADS80 航片进行航测综合数字化成图，路线中线两侧各成图 300m，基本等高距为 2m。

第三阶段由 2021 年 2 月开始，2021 年 7 月结束，主要工作内容包括了控制网重建测量（原有控制点 95% 已被破坏或丢失），通过机载激光雷达测量方式对 1:2000 地形图进行修补测，通过车载激光雷达方式进行路面测量，通过人工方式对沿线的桥涵构造物等进行局部细部测量。

## 三、具体测绘过程

### （一）控制网的重建

项目工作内容为：三等 GNSS 控制点测量、四等 GNSS 控制点测量以及、三、四等水准测量、靶标点平面和高程测量。实际完成了三等 GNSS 点测量 108 点，四等 GNSS 点测量 47 点，靶标点布设和测量 1964 点，三、四等水准测量 860km。

本次控制测量的起算数据为省级自然资源部门提供的国家 B、C 级起算点 11 个，国家 I、II 等水准点 16 个。主要作业依据为现行《公路勘测规范》JTG C10—2007、《公路勘测细则》JTG/T C10-2007 和项目技术设计书。

采用的测量平面基准为 2 套公路独立坐标系统：采用了 2000 国家椭球，一个投影中央子午线 120° 20′，高程投影面为 0m；另一个投影中央子午线 121° 30′，高程投影面为 0m，两个独立坐标系均满足每公里投影变形值小于 25mm 的要求。

高程测量基准为 1985 国家高程基准。

使用的主要仪器设备为 GNSS 接收机和电子水准仪。

本次的控制测量三等 GNSS 点选点埋石是在 2011 年控制测量成果上，利用原

2011 年控制点点位，普查原有控制点 102 个（GP01-GP102），保存完好的 19 个，已利用在控制网中。四等 GNSS 点布设在高速路面应急车道距离路边约 1m 处，布设点位 47 个。

由于本项目测绘任务重、工期紧，并且作业时间在冬季，埋设标石相对较难，强行埋石极易造成点位因外界因素引起沉降，这既增加了成本投入，又拖延了作业工期。故本项目控制点不进行埋石，而是利用线路上已有坚固构造物进行改造或在坚固的铺装路面上钉入统一的控制点标志，并用红油漆喷绘点号。沿线路两侧选设，对点与对点间隔基本在 4-5km。绝大多数点位距离线路中心线在 50-300m 范围内，个别困难的地方距离适当放宽；控制点均布设在便于安置 GNSS 接收机设备和操作，视野开阔，视场内没有高度大于 15°的成片障碍物，相邻点之间通视良好，观测视线超越或者旁离障碍物均大于 1.5m；控制点点位易于长期保存和便于寻找。

三等 GNSS 控制点保存完整的编号利用原点名以字母"GP"开头，后面加阿拉伯数字，新建点 89 个，点名是在原点名后加后缀"-1"为现点名（例：GP03-1）。从 01 至 110，没有重号。四等 CNSS 控制点编号以字母"TN"开头，后面的加 2 位阿拉伯数字，从 01 至 47，中间没有断号，没有重号。

所有布设的控制点在其点位附近设置了明显的指向标志，并现场绘制了点之记。

**图 8.8-1 GNSS 静态观测**

控制网观测采用边连接同步推进的方法进行，天线安置、对中、量取天线高、施测时段数和手薄记录等严格按《公路勘测规范》要求执行。安置仪器时，进行了仔细对中，严格整平，天线对中误差小于 ±3mm；从互为 120°的三个位置精确量取天线高，天线高量取互差小于 ±3mm，取平均值。卫星高度角 ≥ 15°，同时观测有效卫星数 ≥ 4 个，静态时间长度 ≥ 120min，数据采样间隔 10s，平均重复设站数 ≥ 1.6（次／每点），图形强度因子 GDOP ≤ 3。实际操作过程当中三等 GNSS 点利用 14 台仪器观测了 17 个时段。

利用随机携带的商用软件进行 GNSS 数据预处理。重复基线较差、同步环、异步环检核结果符合规定。GNSS 网平差也利用随机商用软件，首先进行基线向量网在 WGS－84 坐标系中的三维无约束平差；然后进行 2000 国家大地坐标系 3° 带高斯平面直角坐标的二维约束平差，中央子午线分别为 120° 与 123°，最后将平差成果转换为公路独立坐标系下的坐标成果。

无约束平差与约束平差同名基线改正数绝对值较差均小于限差，说明起算点相互兼容，没有造成 GNSS 网的精度损失。在 CGCS2000 坐标系下进行二维约束平差，平差后得到的点位中误差均小于限差。以上平差结果精度进一步说明了起算点兼容性较好，同时也说明观测基线的精度较高，完全满足设计书的要求。

平差后三等最弱边相对误差 1:73000，最弱点中误差为 3.93mm，四等点最弱边相对误差 1:37000，最弱点中误差为 11.8mm，满足精度要求。

全线共布设 17 条三等附合水准路线，闭合差全部符合限差的要求。

（二）靶标点测量

靶标点基于点云中记录的地物灰度信息进行识别。在公路应急车道外侧约 200mm 处涂刷白色快干醇酸油漆的方式布设，布设尺寸为边长 300mm 的正方形，测量脚点为前进方向正方形左上角点。本次共测设靶标点、精度评价点共 1964 个，其中靶标点 1734 个，精度评价点 230 个。布设原则为单向 400m，双向交叉 200 米距离布设一个。

为了保证靶标点、精度评价点的高程精度优于 20mm，本次靶标点和精度评价点的高程测量均是按照四等水准测量方法进行，附合点都为本次控制测量三等水准网中的水准点；平面利用省级 CORS 站采用 GNSS 网络 RTK 方法施测。

图 8.8-2 靶标点布设采集照片

（三）地形图更新与 DOM 和 DEM 制作

机载 LiDAR 航测技术指标如下：相对航高 1200m，航速 150km/h；激光点云航带旁向重叠度 30%，点云高程精度 0.20m，平均点间距 0.50m；数码航片地面分辨率 0.20m，航向重叠度 60%，旁向重叠度 35%。

机载激光雷达航测数据采集面积共 580km2；1:2000 比例尺 DEM、DOM 制作面积均为 165km2；地形图更新面积为 35km2。

其中地形图测量采用集成机载激光雷达航测和数码航测的测图技术方法，整体生产技术流程如以下步骤：

1. 使用机载激光雷达航测航片的空三加密成果对激光雷达航测航片进行航片畸变恢复，批量建立立体像对模型；

2. 利用精细分类后的地面激光点云（提取后的地面特征点）生成 DLG 图的等高线和高程注记点；

3. 利用同步获得的正射影像与原 1:2000 图套核后进行地物点的现势性比对，进而完成地物点的更新。

4. 整合以上两方面成果，进行后期编辑、符号化和成图。

利用 GNSS RTK 在测区不同位置如服务区的房屋房角、沿线指示牌、路灯等处共采集 175 个检查点对地物点进行平面精度检查。经统计，DOM 及地形图平面中误差为 0.576m；全线采集了 230 个点用于点云精度评价，其平面采用 GNSS RTK 测量，高程采用四等水准测量。经与同点位点云数据比较，统计得到点云高程精度为 0.092m。因此 DOM 及 DLG 成果精度符合相关规范要求，满足公路设计需求。

### （四）路面测量

由于本项目的路面测量是在不影响公路正常运营的前提下进行的，因此为了保证作业人员的人身安全，也为了提高作业效率和成果的科技含量，本次路上测量采用车载激光雷达扫描测量的方式进行。

1. 车载激光雷达扫描测量精度测试实验

由于本项目要求路面高程测量精度达到 20mm，所以在项目正式实施前进行了该项技术的试验段检测工作。

路面测量检测路段由第三方负责实施。检测路段位于 S 市四环路，单侧长约 1.5km，道路上下行两侧总计长约 3km。检测中每隔 300m 左右布设一处靶标点，共计布设 11 个靶标点，每隔 30m 左右布设一处检查点，均匀分布于路线两侧，共计布设 83 个检查点。靶标点及检查点均采用网络 GNSS RTK 获取点位坐标，采用四等水准测量获取靶标点及检查点高程数据。平面精度检查选取路段内 9 个路灯杆，实测坐标和受检方提取的路灯圆心坐标进行对比。高程检查点采用四等水准测量结果与受检方根据该点平面坐标对应提取的激光点高程进行对比，平面对比情况见表 8.8-1，高程对比情况见表 8.8-2。

表 8.8-1 平面坐标测量结果比较

单位：m

| 序号 | 路灯圆心处坐标（激光扫描） | | 路灯圆心处坐标（RTK 实测） | | 差值 | |
|---|---|---|---|---|---|---|
| | X | Y | X | Y | △X | △Y |
| 1 | 10595.163 | 31328.536 | 10595.172 | 31328.505 | -0.009 | 0.031 |
| 2 | 10539.293 | 31460.947 | 10539.32 | 31460.929 | -0.027 | 0.018 |
| 3 | 10491.74 | 31480.823 | 10491.728 | 31480.84 | 0.012 | -0.017 |
| 4 | 10392.665 | 31715.957 | 10392.656 | 31715.948 | 0.009 | 0.009 |
| 5 | 10385.205 | 31825.969 | 10385.204 | 31825.977 | 0.001 | -0.008 |
| 6 | 10357.142 | 31893.073 | 10357.1 | 31893.077 | 0.042 | -0.004 |
| 7 | 10296.584 | 31943.404 | 10296.578 | 31943.384 | 0.006 | 0.02 |
| 8 | 10257.869 | 32128.239 | 10257.88 | 32128.228 | -0.011 | 0.011 |
| 9 | 10198.863 | 32175.309 | 10198.886 | 32175.274 | -0.023 | 0.035 |

### 表 8.8-2 高程测量结果比较

单位：m

| 序号 | X | Y | 激光扫描高程 | 水准高程 | 差值 |
|---|---|---|---|---|---|
| 1 | 10085.502 | 32561.34 | 49.884 | 49.887 | -0.003 |
| 2 | 10095.244 | 32538.286 | 49.813 | 49.821 | -0.008 |
| 3 | 10105.157 | 32514.749 | 49.721 | 49.724 | -0.003 |
| 4 | 10115.936 | 32489.21 | 49.63 | 49.63 | 0 |
| 5 | 10125.907 | 32465.623 | 49.589 | 49.585 | 0.004 |
| 6 | 10136.337 | 32440.82 | 49.528 | 49.533 | -0.005 |
| 7 | 10148.199 | 32412.746 | 49.448 | 49.463 | -0.015 |
| 8 | 10160.755 | 32383.016 | 49.351 | 49.354 | -0.003 |
| 9 | 10172.585 | 32354.999 | 49.277 | 49.277 | 0 |
| 10 | 10184.522 | 32326.767 | 49.212 | 49.218 | -0.006 |
| 11 | 10196.177 | 32298.664 | 49.117 | 49.137 | -0.02 |
| 12 | 10207.722 | 32271.521 | 49.082 | 49.104 | -0.022 |
| ... | ... | ... | ... | ... | ... |
| ... | ... | ... | ... | ... | ... |
| 70 | 10207.875 | 32146.687 | 49.036 | 49.031 | 0.005 |
| 71 | 10196.142 | 32174.564 | 49.067 | 49.051 | 0.016 |
| 72 | 10184.648 | 32201.698 | 49.118 | 49.113 | 0.005 |
| 73 | 10172.281 | 32231.017 | 49.16 | 49.162 | -0.002 |
| 74 | 10159.79 | 32261.365 | 49.206 | 49.212 | -0.006 |
| 75 | 10145.647 | 32294.041 | 49.317 | 49.309 | 0.008 |
| 76 | 10133.366 | 32323.111 | 49.378 | 49.374 | 0.004 |
| 77 | 10121.547 | 32350.913 | 49.438 | 49.438 | 0 |
| 78 | 10092.183 | 32397.666 | 49.413 | 49.427 | -0.014 |
| 79 | 10081.154 | 32428.899 | 49.552 | 49.56 | -0.008 |
| 80 | 10068.934 | 32457.873 | 49.654 | 49.65 | 0.004 |
| 81 | 10057.509 | 32485.011 | 49.732 | 49.716 | 0.016 |
| 82 | 10045.671 | 32513.049 | 49.825 | 49.834 | -0.009 |
| 83 | 10033.299 | 32542.367 | 49.895 | 49.909 | -0.014 |

平面检查根据实测的 9 处路灯杆，提取受检方提供的对应路灯的圆心处坐标，经过对比得出：最大点位误差为 0.0429m，最小点位误差为 0.008m，经过了计算得出平面平均误差为 0.027m ＜ 0.05m。

高程检查选取 83 个点位，经过对比得出：高程差值大于 0.02m 的点位 2 个，其余 81 个点位高程差值均小于 0.02m；最大点位差值 0.025m，经过计算得出高程中误差为 0.018m ＜ 0.02m。可见其技术方法合乎要求且完全是可行。

### 2. 车载激光雷达扫描测量

（1）设备的检校

车载激光移动扫描测量是地面激光扫描测量技术的跨越和发展，代表着移动 测量系统（Mobile Mapping System）的最新发展阶段。这个技术通过汽车等移动载体同步采集高密集、高精度三维激光点云和全景影像数据，实现"office surveying"的测量效果。

影响点云的误差源主要包括：

①差分 GNSS 轨迹线定位误差 x、y、z；

② POS 定姿误差及扫描角误差对应的航偏角、侧滚角、仰俯角；

③激光测距比例误差。

针对以上三点情况，通过设备检校和 POS 解算数据报告中 x y z、航偏角、侧滚角、仰俯角分析，可以有效的避免错误出现，提高激光点云质量。

设备检校是保证车载激光扫描测量成果精度的核心环节。车载扫描前对激光传感器的航偏角、侧滚角、仰俯角三个姿态角进行精细检校。本项目选取一个特征建筑物作为检校依据，用于确定系统各传感器同 POS 系统的位置关系，在具体实施时，沿建筑物外围分别顺时针和逆时针测量两次。在建筑物四周侧墙面上，大致均匀的布设一些特征控制点，在窗户、门等存在墙面凹凸的位置布设特征控制点，每个墙面大致均匀布设 10-20 个控制点。在本项目车载移动激光扫描测量实施过程中，设备拆卸时未拆除 U 型槽，激光扫描仪与 IMU 间相互位置关系并未改变。所以只需对进行激光器安置角误差进行相对检校。

（2）数据采集和数据预处理

在车载移动激光扫描测量 GNSS 基站的架设方面，选取 11 个三等 GNSS 站点为基站，基站距当天测线最远端约 15km，满足要求，作业时双 GNSS 基站同时工作。在经过了车载移动激光扫描测量的外业工作后，利用专业软件提取得到车载原始扫描数据文件；然后利用专用软件进行 POS 数据解算；最后将原始扫描数据、POS 数据解算成果导入 LMS 预处理软件中生成车载点云数据成果。通过 GNSS 差分解算，对车载移动激光扫描测量数据成果进行了精度分析和过程质量检查。选取所解航迹线平面精度优于 30mm，高程精度优于 50mm 的时间段对应的点云数据。在精度相当的前提下基于基线最短的原则择优选取对应时间的点云数据，最终确定用于成果制作的点云数据。

（3）车载作业的外业优化

鉴于原有路面特征点矢量线平面中误差要优于 50mm，高程中误差优于 20mm 的实际要求，而车载 LiDAR 原始点云高程精度约 0.10m。在全线布设靶标点用于矫正点云，从而提高其平面、高程精度。基于点云中记录的地物灰度信息进行识别。为了保证靶标点的高程精度优于 20mm，靶标点的高程测量均是按照四等水准测量进行，布设成附合水准路线，附合点均是本次控制测量中的三等水准点；平面采用 GNSS 网络 RTK 方法施测。为保证高速公路路面数字高程模型和特征点矢量线提取精度，通过高精度靶标控制点成果对车载点云进行了整体平差与精度优化，相关数据处理工作通过自主研发的某软件中批处理自动化完成。此技术方法是点云平差匹配的核心技术之一。

经实地检查，车载点云高程中误差为 0.006m，最大误差 0.013m；车载点云平面中误差为 0.020 m，最大误差 0.045m。所以经平差后的车载点云平面和高程精度均优于 50mm 和 20mm 的技术要求。由于路面车载点云平均点间距 20-30mm，通过人工

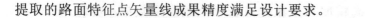

提取的路面特征点矢量线成果精度满足设计要求。

### （五）专题数据的制作

#### 1. 点云数据的处理与特征线提取

获取高精度车载点云后，利用点云专业数据处理软件进行了数据处理工作。由于车载激光数据回波中记录了物体的反射强度信息（Intensity），在反射强度显示模式下，可以清楚的反映路面不同质地物体的轮廓和精确位置。根据点云灰度特性，通过研制的特征线半自动化提取软件，可精确识别出中线两侧各两根实线位置，大幅度提高工作效率。

车载激光移动测量点云路面点间距可达 20-30mm，完整记录地形起伏，斑马线与沥青路面、水泥路面的强度对比信息明显，公路车道线位置信息在车载点云的高程、强度信息上变化突出。对海量车载点云进行图块索引管理，收集已有道路中心线概略位置，基于高速公路车道间距几何结构模型，确定高速公路车道线的概略搜索范围；依据车载激光点云的强度对比信息，采用优化后的无监督学习 k-means 聚类算法，精确提取车道线位，常规高速公路车道线自动提取的准确率可达 90% 以上。该方法极大的提高了内业工作效率，保证了道路标线提取的准确性与高效性。

在前期产品制作的基础上，对激光点云进行相关去噪处理，即可以制作高精度特征矢量线产品，产品的生产流程如下：

（1）道路点云数据组织提取：通过 Kd-tree 方式管理激光器采集的点云数据，通过点云坐标范围索引点云数据；

（2）道路中心线提取：根据固定间隔的点云索引文件，按照索引文件坐标范围逐个提取点云数据，提取关键点，计算中央隔离带角点坐标，通过平均值计算道路中心点坐标并且连接生成道路中心线；

（3）道路矢量标线提取：在获得精准的道路中线后，按照固定规则进行计数命名；根据道路的车道数和道路标线间的距离形成矩形模糊定位框用于标线模糊定位；通过运算提取标线点云数据，判定获得标线中心点，连接中心点形成矢量标线，叠加路面点云对其偏差进行位置纠正，提取到精准的道路矢量标线。

#### 2. 车载激光点云数字高程模型

裸露地表处有且只有一次回波，此次回波对应的反射点即为地面点。植被覆盖区域可能对应多次回波，正常的地面点是最后一次回波对应的反射点。相对地物点，地面点的高程是最低的。从较低的激光点中提取初始地表面；基于初始地表面，设置地面坡度阀值进行迭代运算，直至找到合理的地面。首先在小区域实验分类参数，得到满意效果后，采用 Macro 批处理命令进行整体数据的自动分类处理。

#### 3. 基于点云的断面自动化输出

断面数据精度要求较高，DEM 由点云内插生成，存在精度损失。断面数据采用从点云中直接提取的方法精度更高。先由分类好的点云数据生成三角网，然后通过中线切割三角网获得断面数据，可参见本著第 6 章图 6.8-7。

### （六）桥涵等细部地物测量

桥涵等构造物的细部测量对设计工作十分重要，精度要求高，但是这些部位又都是位于路外或路下，往往是激光扫描作业的死角，因此需采用人工测量的方法进行测量。

#### 1. 配置的仪器设备

开展桥涵测量需要配备经过检定的 GNSS 接收机、全站仪、水准仪等仪器以及笔记本、计算机、车辆等设备。在对所投入的仪器进行了仔细检查，确认各种仪器的性能达到最佳状态后，开始生产项目的作业。

#### 2. 控制点检查

对全线控制点进行分段检查。根据提供的全线控制坐标进行分段求解七参数，每段参数大约控制在 15km 以内，各段参数至少利用两个邻近控制点进行衔接。控制点检查利用省级 CORS 站直接采集各控制点的坐标和高程。

#### 3. 大中型桥梁测量

大中型桥梁测量采用免棱镜全站仪配合 GNSS RTK 方法来实施，利用 GNSS RTK 进行控制点测量，采用免棱镜全站仪对桥梁特征点进行坐标和高程测量。精度要求为平面高程测量中误差均不大于 0.02m。

利用全站仪进行数据采集时，其注意事项遵循中桩放样的相关规定。对于高程测量则要注意测站与测点的距离，一般在 300m 左右，最远不超过 400m，同时三角高程路线起闭于原高程控制点上。支导线转站点高程进行往返观测，较差符合要求之后取平均值。

大中型桥梁的测量特征点如图 8.8-3 所示，逐孔测量左右幅边梁梁顶 1 号点、底 2 号点边缘点坐标和高程；逐墩测量盖梁顶 3 号点和盖梁底柱顶面 4/5 点坐标和高程。

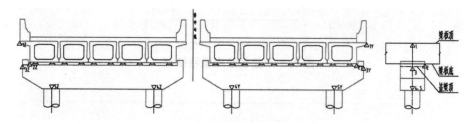

**图 8.8-3 大中桥桥面、桥墩（台）测量特征点示意图**

#### 4. 通道、小桥、涵洞测量

通道、小桥、涵洞测量方法及精度要求参照大中型桥梁测量执行。

（1）明通道、小桥

明通道、小桥测量两侧洞口台帽背墙前缘线与挡块顶交叉点的坐标与高程，测量墙身与台帽底交叉点的坐标及高程。测量特征点如图 8.8-4 所示。

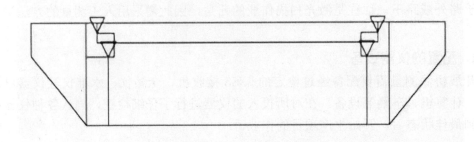

**图 8.8-4 名通道、小桥测量特征点**

（2）盖板涵、箱涵测量

盖板涵测量两侧洞口台帽顶面背墙前缘线；没有台帽直接测量板底墙身前缘的坐标和高程；板顶中心以及铺装顶中心的坐标和高程，测量的特征点如图 8.8-5 所示。

箱涵测量两侧洞口顶板倒脚处及顶板顶、底板顶中心共计 4 点坐标和高程。测量的特征点如图 8.8-6 所示。

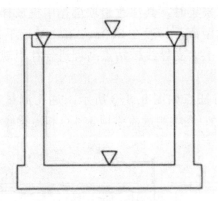

**图 8.8-5 盖板涵测量特征点**

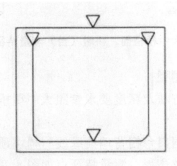

**图 8.8-6 箱涵测量特征点**

（3）拱涵测量

拱函测量两侧洞口拱脚的坐标与高程，拱圈顶下缘的高程。测量特征点如图8.8-7（a）、8.8-7(b) 所示。

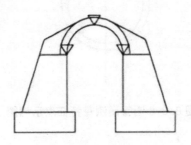

**图 8.8-7（a）单拱涵拱桥测量特征点示意图**

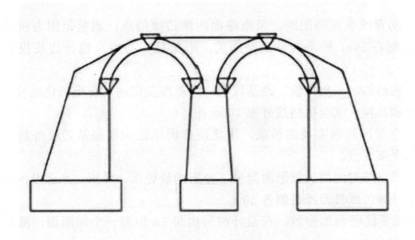

**图 8.8-7（b）双拱涵拱桥测量特征点示意图**

（4）圆管涵测量

圆管涵测量涵洞两侧洞口管节顶面中心处下缘点的坐标与高程。测量特征点像图8.8-8 所示。

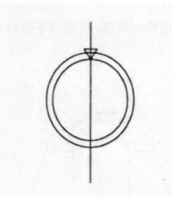

图 8.8-8 圆管涵测量特征点示意图

5. 桥外工程测量

（1）大中桥、分离式

大中桥测量桥下中桩地面线，并沿墩、台轴线方向测量 3 点，到现有桥梁外20m。

桥下为沥青或水泥路面的，采集路面两侧边缘的点，测量范围为桥梁设计两边线投影线每侧各 50m，桥下为砂石路面的，采集路中心点，设计边线投影线每侧各50m。

桥下为铁路的，采集铁轨、路基坡顶、坡脚线及刺网。有电气化线杆的，要采集线杆的坐标和高程，测至桥边线外侧 100m 处。

对于非立交区跨越主线的桥梁，采集现有桥梁在主线路基边坡外最近的墩柱坐标，按圆周采集 3 点。

跨河桥梁需要对河堤进行断面测量，分别测量堤顶、堤脚、水深及河床，测量范围为桥梁设计两边线投影线每侧各 50m。

JMK 支线复线桥台加密段，在设计桩号内每 5m 加测一个横断面，测量范围为中桩两侧各个 30m。

桥梁跨越渡槽的，对渡槽断面进行采点。

（2）小桥、通道、涵洞

桥下一侧过水，另一侧为路的，分别采集路中心及过水沟底处，桥边线投影线外每侧 30m。桥下过水的，采集过水沟底，桥边线投影线每侧 30m。以上采点，在现有桥下部分仅采 2 点，即在两侧桥边的投影线中心采点，投影线外其余点按常规进行采点。

6. 其他测量

对与路线交叉的公路、铁路、沟渠、河流及高压线等重要地物进行采点。

案例点评：

本案例是对运营期的高速公路改扩建工程进行的综合测量工作的集中展示，其内容包括了控制测量、地形图更新、影像图和数字高程模型制作、路面测量、专题数据制作、路下测量等。高速公路的改扩建测量工作，安全是重中之重，在高速公路上作业包括测绘作业出现人身事故并非天方夜谭。因此如何安全、快速、动态、主动、准确、可靠地获得设计需要的测绘数据是需要解决的问题。

本案例实施方案中采用机载加车载激光雷达扫描的测量方式一举解决了上述问题：通过车载获取的点云数据，利用靶标测量使点云数据可以达到改扩建工程的精度要求，能够有效地提取行车道信息便于中线拟合工作，也可提取任意位置的路面横断面信息。通过机载获取的点云和影像数据解决地形图更新及原路外的横断面提取工作，同时弥补了车载数据范围有限的局限性。

案例中采用人工测量的方式使激光雷达测量的作业死角问题得到有效的解决，获取了改扩建工程中构造物的特征点数据。由于是在路外或是安全范围内作业，使作业员的人身安全得到了充分保障。所以机载车载激光雷达扫描相结合的测量方式将是今后高速公路改扩建工程测绘的主流方法。

# 第九章 施工测量

公路工程施工测量贯穿于公路工程施工建设全过程，是公路施工建设的重要工序与环节，其测量精度和准确度将会直接影响公路工程质量。根据公路工程施工程序及进度，公路施工测量的工作内容主要包括：施工前期准备工作、路线施工测量、桥梁施工测量、隧道施工测量及站区施工测量等内容。

## 第一节  施工前期准备工作

施工前期准备工作是做好施工工作的重要基础，关系到施工质量，所以需要施工技术人员引起足够的重视和投入必要的时间与精力。

### 一、资料收集与交接

1. 施工单位施工前要收集、熟悉和掌握路线、桥涵、隧道及立体交叉等几何设计资料，检查几何设计资料的完整性，现场核查几何设计资料的准确性。

2. 施工前现场移交并核查测量控制点现状与成果即控制点交验，施工和监理单位需要对测量资料的完整性、测量成果的精度和可靠性进行检查并签署确认。包含下列内容：

（1）移交的控制资料包括：控制测量技术总结、控制点成果表、控制测量计算书、控制点点之记或标注有控制点位置的平面图等。

（2）对每一个控制点现状，包括保存情况、距离路线的距离、施工过程的可利用情况进行现场交接，并填写控制点交接情况表。

（3）对平面及高程控制测量的计算过程和所达到的精度进行检查。

## 二、控制点的复测与加密

施工单位施工前对需要使用的测量控制点进行加固与检查，对整个控制网进行复测，并与相邻施工标段和相关工程进行联测。检查的内容包括：

1. 控制点的数量和分布是否能够满足施工测量的要求。

2. 控制点标志是否保存完好，是否存在被破坏或移动的现象。

3. 对控制点的精度情况进行检测，并与相邻施工标段和相关工程进行联测。如若存在较大差异，要采取相应的措施保证施工控制基准的一致性，保证相邻标段工程的顺利衔接。

4. 当原有控制网不能满足施工测量需要时，要根据控制点保存情况、控制点的精度情况，结合施工测量的需要，进行控制网的加密，控制网的加密原则为：

（1）当控制点的分布、控制点的精度基本满足施工测量要求，只需要加密少量点位时，可采取同级插网加密的方法。

（2）当丢失、损坏的控制点较多时，可利用就近的控制点采用同级加密的形式，并注意与相邻标段的衔接和联测。

3. 施工期间要根据施工进度、地质稳定性等情况定期对控制网进行复测，特大桥、长大隧道等处的控制点复测频次要高于路线控制点，地表形变变化速率较大的地区根据需要进行重测并采用原控制网中的点进行检核。

4. 控制网测量方法、测量精度、控制点选埋等技术要求可参照相应规范或本著第3、4、5章的有关规定和内容进行。

## 三、施工测量方案的编写

施工单位施工前需要编写施工测量方案，其编写依据为施工内容、施工时间节点划分、技术要求等，具体包括以下内容：

1. 工程概况、本项目所要进行的工作内容等。

2. 工作阶段划分、各阶段所要进行的施工测量内容、每一个测量内容所要达到的精度指标、测量方法和要求等。

3. 相应各阶段需要的人员、仪器设备的数量和配置要求和相关软件等。

4. 施工测量各阶段所要提交的成果资料。

9.1.4 零星测量与阶段成果整理

施工单位进场后，还需开展一些前期的零星测量工作，主要包括：场站如取／弃土场、碎石场、拌合站等处规划选址与施工便道的设计；对施工范围内的重要管线、光缆、高压线、既有便道进行排查、登记及必要的测量；在施工尾声阶段，需要恢复中断的村、乡道路；绘制桥梁与隧道的结构图等。

# 第二节　路线施工测量

路线施工测量主要包括数据与资料的复核、路基路面的中桩测量、横断面测量以及边界测量等内容。路线施工测量的重点是能够保证和相邻标段和相接结构物的顺利衔接；保证下穿或上跨构造物时，空间测量定位具有足够的精准性。

## 一、数据与资料的复核

路线施工前，需要对设计或业主提供的相关测量数据进行复核和检查，主要包括：

1. 按照设计图纸提供的路线中桩设计数据，在实地恢复路线中桩，同时核查设计阶段中桩测量的准确性。

2. 进行中桩的高程测量，根据需要绘制纵断面线，对原地面纵断面线进行检查与复核。

3. 对所有中桩进行横断面测量，并和设计横断面数据进行对比，检查设计提交的横断面的准确性与可靠性。

4. 对设计阶段遗漏的地形变化点补充进行中桩测量、中桩高程测量和横断面测量。

5. 在核查中桩、纵断面线和横断面线基础上，对于路基土石方数量进行复核。6. 实地放出征地线和界桩，并对征地面积的数量进行核查。

7. 路线中线放样时，要检查路线中线与结构物中心、相邻施工段的相互衔接情况。

8. 中桩测量、中桩高程测量、横断面测量、界桩测量的技术要求和方法可参照本著第 8 章的有关内容进行。

## 二、路基路面施工测量

路基与路面工程是两个衔接紧密的整体性工程，其测量工作在时间上和具体工作内容上都有所不同。

1. 路基施工测量的主要工作内容和具体的注意事项如下：

（1）根据路基施工进展情况，恢复路基中桩并测量路基高程。高填深挖路段每填挖 3～5m 或者一个边坡平台（碎落台）时，需及时恢复中线，并进行横断面测量。

（2）根据设计参数及时标定路基边线位置、路基填挖高度。

（3）对路基用地界、路堤坡脚、路堑坡顶、边沟、排水沟、挡墙、抗滑桩、取土场、护坡道、弃土场等的具体位置进行测量放样并作出标识。

（4）根据断面测量数据，采用断面法计算路基土石方工程量，并按月计量结算。

施工中一些场地的平整测量、桥架梁放样、隔离栅放样等工作也可以纳入路基施工工作范畴。

（5）对于路基的基层、垫层、面层各阶段完工时进行必要测量验证。

2. 路面施工测量的主要工作内容和具体的注意事项如下：

（1）路面施工前对路线中线、中桩高程、路基宽度，以及桥梁、涵洞及隧道等构造物位置、轴线及高程进行检查和验收，并按照设计文件进行中桩放样。

（2）路面施工过程中，根据路面施工进展情况，及时测量路面各施工阶段各部位的高程。由于路基路面对于高程测量精度要求较高，因此要时常对使用的仪器设备进行检校，确保其符合施工要求。

在路基、路面的施工过程中，要根据地形位移和沉降情况，及时对平面和高程控制网进行复测，并根据使用需要恢复、增设和补设控制点，高程控制点间距宜控制在200～300m 范围内。

# 第三节　桥梁施工测量

桥梁施工包括控制点复测、下部基础、上部结构的轮廓放样以及细部部件的几何中心放样等工作内容。桥梁的结构型式和规模决定了施工测量的内容、方法以及精度等方面都会存在一定的差异。

## 一、准备工作

施工单位进行桥梁施工前需认真研究桥梁设计图纸，了解桥梁规模、结构型式、地质条件、施工方案及周边环境状况，在其基础上制定桥梁施工测量方案，其主要内容包括以下方面：

1. 确认桥梁的结构型式、规模及主要放样点和测量点的坐标、高程。

2. 查明和落实测量控制点的分布情况、精度情况和可以利用情况，如需要进行加密，则要制定测量控制网加密方案与实施计划。

3. 施工期间需要进行变形监测的，则要进行变形监测点的布设，制定监测实施方案。

4. 对于结构复杂的大跨径或超高墩桥梁，必要时需要根据使用的仪器设备情况进行施工测量精度估算，研究每一个测量点的测量方法、所要达到的精度、注意事项等。

5. 确定每一项测量工作所需要人员和仪器设备的数量，完成工作需要的时间等。

6. 明确每一项测量工作后需要提交的资料等。

## 二、桥梁施工控制点的复测

施工过程中，根据使用需要，在已有测量控制网基础上适当加密控制点，并对桥梁施工测量控制网进行不定期的检测和定期复测，复测周期可参照下列要求进行：

1. 控制点复测结果表明所在区域移动和沉降不明显时，宜每6个月进行一次复测。

2. 控制点复测结果表明所在区域移动和沉降比较明显时，宜每2个月进行一次复测。

3. 控制点复测结果表明所在区域移动和沉降特别显著时，要根据控制点的移动和沉降规律，确定控制网的复测周期。

4. 当发现控制点的稳定性有问题时，需立即进行局部或全面复测并对使用这些控制点进行的测量成果进行复测。

5. 对于跨河的桥梁施工控制点的高程复测方法，可以参考本著第5章5.3节的内容进行。

6. 对于单体桥梁或长大桥梁或结构复杂的桥梁，对其施工控制网进行跨河高

程复测时，对于夜间进行的跨河水准测量，可以采用图9.3-1（a）、（b）的灯体式跨河水准测量照准标志。

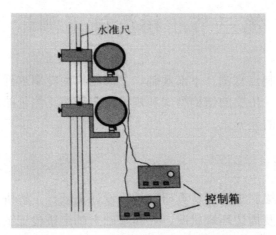

图9.3-1（a）灯体式跨河水准测量照准标志

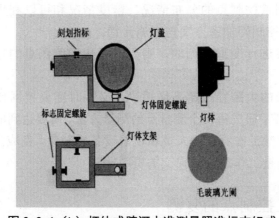

图9.3-1（b）灯体式跨河水准测量照准标志组成

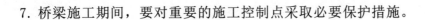

7. 桥梁施工期间，要对重要的施工控制点采取必要保护措施。

## 三、桥梁各部位施工偏差要求

桥梁基础、桥梁下部构造与桥梁上部构造施工测量的偏差可以参照表 9.3-1、表 9.3-2 与表 9.3-3 的要求执行。

表 9.3-1 桥梁基础施工测量的允许偏差

| 类 别 | 测 量 内 容 | | 测量允许偏差（mm） |
|---|---|---|---|
| 灌注桩 | 单排基础桩桩位 | | ±40 |
| | 排架桩桩位 | 纵向 | ±20 |
| | | 横向 | ±40 |
| 沉 桩 | 群桩桩位 | 中间桩 | d/5，且≤100 |
| | | 外缘桩 | d/10 |
| | 排架桩桩位 | 纵向 | ±16 |
| | | 横向 | ±20 |
| 沉 井 | 顶底面中心 | 一 般 | h/125 |
| | | 浮 式 | h/125+100 |
| 垫 层 | 轴线位置 | | ±20 |
| | 顶面高程 | | 0 ～ -8 |

注：d 为直径（mm），h 是沉井高度（mm）。

表 9.3-2 桥梁下部构造施工测量的允许偏差

| 类 别 | 测量内容 | | 测量允许偏差（mm） |
|---|---|---|---|
| 承 台 | 轴线偏位 | | ±6 |
| | 顶面高程 | | ±8 |
| 墩台身 | 轴线偏位 | | ±4 |
| | 顶面高程 | | ±4 |
| 墩、台帽或盖梁 | 轴线偏位 | | ±4 |
| | 支座位置 | | ±2 |
| | 支座处 顶面高程 | 简支梁 | ±4 |
| | | 连续梁 | ±2 |

表 9.3-3 桥梁上部构造施工测量的允许偏差

| 类别 | 测 量 内 容 | | 测量允许偏差（mm） |
|---|---|---|---|
| 梁、板安装 | 支座中心偏位 | 梁 | ±2 |
| | | 板 | ±4 |
| | 梁板顶面纵向高程 | | ±2 |
| 悬臂施工梁 | 轴线偏位 | 跨距≤100m | ±4 |
| | | 跨距＞100m | L/25000 |
| | 顶面高程 | 跨距≤100m | ±8 |
| | | 跨距＞100m | L/12500 |
| | | 相邻节段高差 | ±4 |
| 主拱圈安装 | 轴线横向偏位 | 跨距≤60m | ±4 |
| | | 跨距＞60m | L/15000 |
| | 拱圈高程 | 跨距≤60m | ±8 |
| | | 跨距＞60m | L/7500 |
| 腹拱安装 | 轴线横向位置 | | ±4 |
| | 起拱线高程 | | ±8 |
| | 相邻块件高差 | | ±2 |
| 钢筋混凝土索塔 | 搭柱底水平位置 | | ±4 |
| | 倾 斜 度 | | H/7500，且≤12 |
| | 系梁高程 | | ±4 |
| 钢梁安装 | 钢梁中线位置 | | ±4 |
| | 墩台处梁底高程 | | ±4 |
| | 固定支座顺桥向位置 | | ±8 |

注：L 为跨径（mm），H 为索塔高度（mm）。

## 四、桥墩中心放样主要过程

1. 施工放样前，对桥梁各墩台的设计坐标与高程的数据进行复核计算，确认无误后方可进行测设。

2. 桥墩中心点位置放样时至少独立测量两次，当不同次测量的位置互差小于20mm 时，可取其几何中心作为桥墩的中心位置。

3. 桥墩中心点放样可在控制点上采用极坐标法、交会法及 GNSS RTK 等方法进行。

4. 采用极坐标法时，要至少在 2 个以上的不同控制点进行放样取平均位置。采用极坐标半测回放样，需要注意检验 2C 值的大小合规。

5. 采用交会法时，需从三个控制点上测设，之后再用第四个控制点复核。

6. 可采用在施工平台上布设桥中线的平行线，通过平行线量取获取桥墩中心点的方法，采用该方法时需采用交会法进行比较。

7. 采用 GNSS RTK 方法时，要遵守 GNSS RTK 测量的相关规定，对放样结果宜采

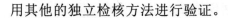

用其他的独立检核方法进行验证。

## 五、桥墩中心点高程测量相关技术要求

1. 桥墩中心点高程测量的精度要按四等以及以上的高程测量精度要求进行。

2. 高程测量需独立测量至少 2 次，高程测量互差小于限差要求时，取平均值作为最终成果。

3. 桥梁施工高程测量可采用 GNSS RTK 方法、全站仪三角高程测量方法、水准测量方法。

4. 测量时需起闭于高程控制网点上。

## 六、桥梁上部的施工测量内容和流程

桥梁上部施工方式一般分为有支架与无支架施工。

### （一）有支架施工测量工作内容和流程

1. 安装完成后，需要检查支架位置的准确性。

2. 定期观测拱肋的高程；观测拱架的纵、横向位移及拱架及支架基础的沉降。

### （二）无支架施工测量工作内容和流程

1. 进行调装前的准备工作。

2. 主要垂直度和塔架位移的观测。

3. 拱肋吊装时的定位观测。

4. 中线观测。

5. 高程观测。

6. 拱圈轴线纵横变化观测。

按照上述 2 种方式进行桥梁上部施工测量时，其测量放样方法可参照桥墩中心的方法进行。

## 七、桥梁施工的工作流程与注意事项

1. 可根据表 9.3-1 ～ 9.3-3 中列出的施工测量精度偏差允许值决定适宜的测量方法。

2. 对于桥梁基础施工测量可采用 GNSS RTK、网络 RTK（CORS）或自建独立 CORS 系统进行施工测量。CORS 系统使用前应进行必要的系统测试，详细规定可参考现行《特大跨径公路桥梁施工测量规范》JTG/T 3650-02-2019 中的有关规定。基础部分的桥位桩的位置可采取概略与精细放样相结合的方式进行，对桩位高程的控制可根据基础部分施工高度的抬高，采用不同的水准等级测量方法进行高程测量。

3. 对于桥梁上、下部构造施工测量的允许偏差较小的部位，宜采用全站仪导线法或极坐标法进行施工测量。采用全站仪进行精密施工测量，特别是放样时，宜遵循长距离定向短距离放样的原则；要注意定期对全站仪的2C互差、指标差进行检校，极坐标放样或测量时尽量不少于2次独立观测。

4. 对于高架桥或高墩台的高程传递方式可以参照采用图9.3-2悬挂钢尺传高法或图9.3-3全站仪传高法的方式进行。

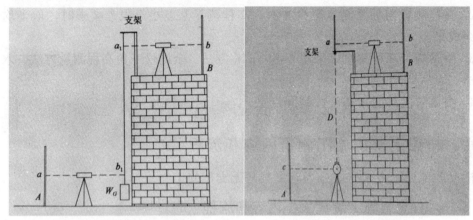

图9.3-2 悬挂钢尺传高法　　　　　　图9.3-3 全站仪传高法

5. 对于桥梁桥面铺装的高程测量及坡度测量宜采用几何水准测量法进行。

6. 施工测量需设置临时控制点时，其精度要符合相应等级的精度要求，并与相邻控制点闭合；无法形成闭合时，只可以引用1个临时控制点并且要与引出点构成闭合环。

# 第四节　隧道施工测量

隧道施工中，测量工作贯穿于整个施工过程，是每道施工工序得以顺利开展的前提和保障。隧道施工测量质量的好坏直接影响到整个隧道工程的质量、工期和造价，因此隧道施工测量在整个隧道施工过程中起着不可或缺的先决作用。

隧道施工测量主要包括洞外控制网复测，洞内平面和高程控制测量以及隧道内路线及细部放样等工作。

## 一、准备工作

隧道施工测量前，施工单位要了解隧道规模、隧道洞口开挖位置、地质构造、施工方案及周边环境状况等，在其基础上编制隧道施工测量方案，施工测量方案主要包括以下几方面：

1. 确认隧道规模、洞口坐标和高程。

2. 查明测量控制点的分布情况、精度、等级情况和可利用情况，如需要进行加密，

则要编写测量控制网的加密方案和实施方法及进度计划。

3. 根据使用的仪器设备及隧道长度进行隧道贯通误差估算。

4. 明确隧道内控制测量方法和精度要求。

5. 提出隧道施工放样方法、施工测量方法与精度要求。

6. 提出洞外主要控制点的保护措施。

7. 列出隧道施工测量需要提交的资料等。

## 二、隧道贯通技术要求

1. 施工过程中，根据使用需要，在已有测量控制网基础上适当加密控制点数量，并对隧道施工测量控制网进行不定期的检测和定期复测，复测周期可以参照桥梁施工控制点复测周期要求进行。

2. 为保障安全施工，隧道内进行施工测量作业时，需要采用防爆型测量仪器。

3. 隧道工程相向施工中线贯通误差，可参照表 9.4-1 的要求。当贯通误差的调整不显著影响隧道中线几何形状和工程性能时，横向贯通限差可以放宽至 1.5 倍。

表 9.4-1　隧道工程的贯通限差两开挖洞口间长度（km）

| 类　别 | 两开挖洞口间长度 L（km） | 贯通误差限差（mm） |
|---|---|---|
| 横　向 | L<3 | ≤150 |
| | 3≤L<6 | ≤200 |
| | L≥6 | ≤300 |
| 高　程 | 不限 | ≤70 |

4. 隧道的贯通误差不仅与洞外控制点的精度有关，更与引入洞内的控制测量的精度有较大关系。洞内控制测量引起的贯通点点位相对中误差、高程相对中误差和竖井联系测量中误差要满足表 9.4-2 的要求。

表 9.4-2　洞内控制测量精度要求

| 两开挖洞口间长度 L（km） | 点位相对中误差（mm） | | | 高程相对中误差（mm） |
|---|---|---|---|---|
| | 洞内控制测量 | | 竖井联系测量 | |
| | 无竖井 | 有竖井 | | |
| L<3 | ≤60 | ≤50 | ≤25 | ≤25 |
| 3≤L<6 | ≤80 | ≤70 | ≤35 | |
| L≥6 | ≤120 | ≤110 | ≤50 | |

## 三、 隧道洞内控制测量的布设方式及相关要求

### （一）洞内平面控制测量

隧道洞内平面控制测量可按下列方式与要求进行布设：

1. 在隧道的顶板或底板的两边设置洞内平面控制点，可采用带有十字丝的钢钉

或膨胀螺丝打进顶板和底板。

2. 当隧道长度较短时，可采用导线形式进行洞内控制；当隧道长度较长时，可采用导线网形式或者主副双导线的形式进行洞内平面控制测量。导线网的控制点宜沿隧道两边交叉布设。主副导线点沿隧道两侧布设，宜横向成对布设且易于测距。主副导线解算时，可将横向点对的测量距离加入按导线网平差计算，也可将横向点对的测量距离作为检查值对单独平差计算的主副导线平差结果反算值进行对比检验。

3. 导线或导线网的等级根据隧道两开挖洞口间长度按表 9.4-3 进行选取。大中型隧道工程需要进行贯通误差的估算，来确保贯通精度。

表 9.4-3 隧道洞内平面控制测量的等级

| 类　别 | 等　级 | 导线测角中误差（"） | 两开挖洞口间长度 L（km） |
|---|---|---|---|
| 导线网 | 三等 | ≤1.8 | L≥6 |
| | 四　等 | ≤2.5 | 3≤L<6 |
| | 一　级 | ≤5.0 | L<3 |

4. 当隧道长度超过 6km 时，可每隔一定的距离加测高精度的陀螺定向边，距离和陀螺定向边的精度可根据贯通误差估算值确定。

### （二）洞内高程控制测量

隧道洞内高程控制测量可按下列方式和要求进行布设：

1. 洞内高程控制点宜选择在隧道两侧的边墙上，可采用钢钉或膨胀螺丝打进隧道边墙内；也可以按照设置墙脚水准点的方式布设洞内高程控制点。

2. 隧道洞内高程控制测量的等级要按照两开挖洞口间长度进行选取，具体要求见表 9.4-4。

表 9.4-4 隧道洞内高程控制测量的等级

| 高程控制网类别 | 等　级 | 每公里高差全中误（mm） | 洞外水准路线长度或两开挖洞口间长度 S（km） |
|---|---|---|---|
| 水准网 | 二等 | ≤2 | S>16 |
| | 三等 | ≤6 | 6<S≤16 |
| | 四等 | ≤10 | S≤6 |

### （三）施工进程中控制点的注意事项

1. 隧道施工过程中随着掘进进尺，及时布设新的洞内控制点，延伸平面和高程控制网。

2. 进尺较短时，可先采用支点的方法测量控制点的坐标和高程，当掘进进尺延伸到 1～2 个导线边时，及时选埋新的控制点。

3. 导线边长在直线段不宜短于 200m、曲线段不应短于 70m。

4. 因隧道内受施工等各类因素的影响，控制点的稳定性难以得到有效保证，所以要按照施工测量实施方案及时开展洞内控制网的复测，重新平差计算获取新的坐标和高程成果。

5. 洞内和洞外宜采用相同的平面坐标系统和高程系统。当采用洞外平面坐标系会造成隧道洞身的长度投影变形值超过 10mm/km 时，则需采用不同的平面坐标系统。

（四）洞内和洞外控制网联测的要求：

1. 当洞口为平硐和斜井时，平面控制网联测可以采用导线网方法，高程控制网联测可采用水准测量方法，其等级与洞内控制网相同。

2. 当洞口为竖井时，控制网可按下列方式联测：

（1）平面控制网联测宜采用两井定向法。

（2）洞口开口较大时，可采用一井定向法。当定向精度受限时，需要加测精度较高的陀螺定向边。

（3）高程联系测量可采用悬挂钢尺或钢丝的测量方法（参见图 9.3-2），测量钢尺或钢丝的等级要与洞内高程控制网相同。

（五）隧道洞内施工测量的作业方法与注意事项：

1. 隧道施工测量方法的选择要根据技术条件、隧道长度和环境因素等确定，施工中及时敷设隧道中线和腰线，中桩宜敷设于隧道顶板，腰线需在隧道两侧边墙上布设。

2. 较短隧道的直线段可采用中线延伸法敷设中线，作业时采用正、倒镜法观测，偏差符合要求后分中延伸中线，中线点间距不宜小于 100m，曲线段可采用偏角法或支距法敷设中线，中线点间距不宜小于 50m。

3. 采用坐标放样方法敷设中线时，需要检查测站点与前后控制点的距离和高差，并检核以前敷设中线位置的正确性；中线必须从控制点上施测，一次性测设的中线点最好不少于 3 个并相互检校。

4. 采用大型掘进机械施工的长距离隧道宜采用激光指向仪、激光经纬仪或陀螺仪导向，也可以采用其它自动导向系统；采用了自动导向系统的同时，也要同步建立人工导向系统，并及时采用人工导向系统对机器自身导向系统进行检查。

5. 施工中及时检查敷设中线和腰线的前后顺直情况，测量敷设中桩及已开挖隧道中线的坐标、敷设的腰线和已开挖隧道的底板高程，并与设计坐标和高程进行比较，发现问题及时进行复测或进行成果修正。

6. 洞内腰线点高程测量宜布设成附合水准路线，起闭于已知高程点上，符合限差要求后进行高程闭合差不符值配赋。

7. 在洞内除了进行测量放样工作外，还需根据设计文件，进行施工期的变形观测点布设与观测。

8. 隧道采用盾构法施工时，洞内施工测量还需注意：

（1）根据贯通误差限差要求，确定盾构掘进过程中的偏差限差。

（2）施工作业前需要测量预备洞支护净空，施工前和施工过程中准确测定施工机械上特征点的空间坐标，并计算得到施工机械的姿态数据。

（3）一旦发现掘进出现偏差时，及时测量偏差地段的实际净空断面。

（4）距离贯通面 500m 时，需要进行贯通联测工作，测量掘进偏差以确保隧道顺利贯通。

9. 隧道贯通后，需要在两个施工方向做闭合导线来测定横向贯通误差，竖向贯通误差宜采用水准测量法测定。对最终的贯通结果和估算的贯通误差进行对比分析，并对隧道中线进行调整。

10. 隧道衬砌前，对中线点进行复测检查，并且根据需要适当加密。加密时，中线点间距不宜大于 10m，点位的横向偏差不应大于 5mm。

11. 可采用激光隧道断面仪或相应的设备进行隧道洞体断面扫描，用检查初支及二衬是否存在超欠挖现象。

12. 辅助坑道测量与隧道要求相同。

# 第五节  站区施工测量

公路工程除了桥涵、隧道等构造物外，其沿线的收费、服务、监控通讯、养护等设施中也有些设施属于建筑物施工，这施工测量的精度要求较高。

## 一、准备工作

站区施工测量主要是公路沿线的服务设施以及收费站等处的施工测量。施工单位进行站区施工测量前需要收集这些区域的控制点、施工测量的数据资料和相应的设计资料，并根据施工测量的内容和要求进行测量方案设计，主要包括的内容有：

1. 收集平面控制测量和高程控制测量点，并检查控制点的可利用情况，当测量控制点不能满足施工测量要求时，需制定控制网的复测、补测或加密测量方案。

2. 根据测量点位对施工需求的重要程度，选择合适的测量精度和方法并明确相关要求，制定具体实施方案。

## 二、控制网重新布设的技术要求

当站区控制点的分布和精度不能满足施工测量要求时，施工单位可以按以下要求布设、施测站区施工测量控制网。

1. 站区平面控制网的布设形式可采用建筑方格网、导线及导线网、GNSS 网等。

2. 站区平面控制网可根据工程规模和工程需要采用分级布设的原则。

3. 建筑场地面积大于 1km² 的工程项目，需要建立一级或一级以上平面控制网；建筑场地面积小于 1km² 的工程项目，可建立二级平面控制网。当利用线路施工控制点进行站区施工时，所用控制点不宜少于 3 个。

4. 采用方格网时，需满足以下要求：

（1）方格网的精度、等级划分和主要技术要求可参照表 9.5-1 的要求执行。

表 9.5-1 方格网测量的主要技术要求

| 等级 | 边长（m） | 测角中误差（"） | 边长相对中误差 |
|---|---|---|---|
| 一级 | 100～300 | 5 | ≤1/30000 |
| 二级 | 100～300 | 8 | ≤1/20000 |

（2）方格网点的布设，需要与建筑物的设计轴线平行，并且构成正方形或矩形格网。

（3）方格网的测设方法，可采用布网法或轴线法。当采用布网法时，宜增加方格网的对角线测量；当采用轴线法时，长轴线的定位点不得少于 3 个，点位偏离直线在 180°±5″以内，短轴线应根据长轴线定向，其直角偏差在 90°±5″以内，水平角观测中误差不大于 2.5″。

（4）长度可采用全站仪进行测量，需往返观测各 1 测回，仪器需要进行加、乘常数改正，测距边需要进行气象改正。

5. 当采用导线及导线网、三角网和三边网以及 GNSS 测量方法时，可按相应的测量规范或参照本著第 5 章的有关内容执行。

6. 站区高程控制网，可布设成闭合环线、附合路线或结点网。高程控制点可以与平面控制点共用，高程控制点应采用水准测量的方式测定其高程。

## 三、收费站施工测量

进行收费站施工测量时，宜根据收费站内车道的布置以及建筑物和构筑物的精度要求，选取适宜的测量方法。

1. 收费站路基渐变加宽、增加车道的施工测量精度与主线相同，收费站施工测量偏差需满足表 9.5-2 的要求。

表 9.5-2 收费站施工测量的允许偏差

| 类别 | 测量内容 | | 测量允许偏差（mm） |
|---|---|---|---|
| 收费岛 | 轴线位置 | | ±10 |
| | 顶面高程 | | ±10 |
| 收费大棚 | 立柱安装 | 柱心偏位 | ±10 |
| | | 立柱垫板高程 | ±2 |
| | 立柱垂直度（m） | 钢柱牛腿 | ±5 |
| | | 柱高≤10 | ±10 |
| | | 柱高>10 | ≤H/1000 且≤20 |
| | 桁梁和钢架的支承接点间相邻高差偏差 | | ±5 |
| | 梁间距 | | ±3 |
| | 梁面垫板高程 | | ±2 |

注：H 为立柱高度（mm）

2. 收费站各建筑物、构造物控制部位的放样可采用极坐标法、视距穿线法等方法，放样完成后要利用建筑物、构造物各部分相互之间的几何特性进行检查。

3. 建筑物基础、构造物各构件部位基础的高程应采用水准测量方法测量。

## 四、服务区施工测量

服务区的施工测量宜根据服务区内各个建筑物的布设位置、结构形式以及精度要求等进行测量放样。

1. 根据测量的内容和精度要求，选择合适测量方法，建筑物的施工放样、轴线投测和高程传递的偏差不超过表 9.5-3 的要求。

表 9.5-3 建筑物施工放样、轴线投测和高程传递的允许偏差项

| 项 目 | 测量内容 | | 测量允许偏差（mm） |
|---|---|---|---|
| 基础桩位 | 单排桩或群桩中的边桩 | | ±4 |
| | 群 桩 | | ±8 |
| 各施工层上 | 外廓主轴线长度 L 或宽度 B（m） | $L(B) \leqslant 30$ | ±2 |
| | | $30 < L(B) \leqslant 60$ | ±4 |
| | | $60 < L(B) \leqslant 90$ | ±6 |
| | | $L(B) > 90$ | ±8 |
| 轴线竖向投测 | 每 层 | | ±3 |
| | 总高 H（m） | $H \leqslant 30$ | ±2 |
| | | $30 < H \leqslant 60$ | ±4 |
| | | $60 < H \leqslant 90$ | ±6 |
| | | $90 < H \leqslant 120$ | ±8 |
| | | $120 < H \leqslant 150$ | ±10 |
| | | $H > 150$ | ±12 |
| 高程竖向传递 | 每 层 | | ±2 |
| | 总高 H（m） | $\leqslant 30$ | ±2 |
| | | $30 < H \leqslant 60$ | ±4 |
| | | $60 < H \leqslant 90$ | ±6 |
| | | $90 < H \leqslant 120$ | ±8 |
| | | $120 < H \leqslant 150$ | ±10 |
| | | $H > 150$ | ±12 |
| 轴线竖向投测 | 每 层 | | ±2 |
| | 总高 H（m） | $\leqslant 30$ | ±2 |
| | | $30 < H \leqslant 60$ | ±4 |
| | | $60 < H \leqslant 90$ | ±6 |
| | | $90 < H \leqslant 120$ | ±8 |
| | | $120 < H \leqslant 150$ | ±10 |
| | | $H > 150$ | ±12 |

2. 服务区各建筑物、构造物控制部位的放样可以采用极坐标法、视距穿线法等方法，放样完成后要利用建筑物、构造物各个部分相互之间的几何特性进行检查。

3. 建筑物基础、构造物各构件部位基础的高程采用水准测量方法测量。

4. 施工层高程的传递，宜采用悬挂钢尺的方法（可参见图 9.3-2）进行，并对钢尺读数进行温度、尺长与拉力改正。在使用钢尺传递高程时，钢尺下端悬挂重物的质量或拉力需与钢尺检定时的拉力一致，钢尺一定要垂直，中间无障碍。

5. 施工层的轴线投测，宜采用精度不低于 2″ 的全站仪或激光铅垂仪进行。

6. 施工的垂直度测量精度，宜根据建筑物高度、施工精度要求、现场观测条件和垂直度测量设备等综合分析确定，但是不应低于轴线竖向投测的精度要求。

# 第六节 案例分析

案例 1

## 某特大型桥梁施工控制网的建立

北方某省于 2008 年开工修建 LH 特大桥。该桥北起 PJ 市某县某镇，与滨海公路辽滨段相接；南至 YK 市新兴大街，与滨海大道相连，大桥全长 4400m，其中桥梁长度为 3326m，两岸引线长度为 1074m，最大地跨径 420m，跨水区域近 700m 长。此桥为 EN 地区最长的桥梁，号称 EN 第一桥。

测区内高等级国家三角点较少且远离测区，有国家一等水准路线经过，水准点保存状况良好。2003 年曾进行过基础测量，保留部分三级 GNSS 控制点。为保证大桥顺利施工，需要建立大桥专门施工控制网。

## 一、大桥控制网的测量等级及基准选择

1. 按现行规范要求，控制网平面和高程采用三等即可满足施工要求，但出于对大桥日后的健康监测考虑，最终平面和高程控制等级均采用公路工程项目的最高等级二等。

2. 大桥控制网平面基准采用独立坐标系。由于 2003 年所做的基础测绘成果，平面采用的是 1954 年北京坐标系高斯 3° 带坐标（投影中央子午线为 123°），为便于与原成果相接，大桥独立坐标系采用 1954 北京投影椭球，投影中央子午线为 122°11′，投影至参考椭球面。

3. 原基础测量高程采用 1956 年黄海高程系，而所采用的起算点为国家三等水准点，成果为 1956 年黄海高程系，该成果为某次大地震的震前成果，可靠性较差。因此建立的大桥控制网的高程基准采用了 1985 国家高程基准。

## 二、控制网观测墩的建造

大桥控制网在两岸共建造 10 座具有强制对中装置的观测墩，其中包括马架型观

测墩 5 座，桩长 10m 直径 0.8m 的摩擦桩式钢筋混泥土观测墩 5 座，设置 4 个墙脚水准点。如下图 9.6-1（a）（b）（c）所示。

图 9.6-1（a）马架型观测墩          图 9.6-1（b）混泥土观测墩

图 9.6-1（c）墙脚水准点

## 三、观测方案的实施

GNSS 网按照 B 级网观测，总共使用 10 台 Trimble 5700 和 2 台 Ashtech UZ12 双频 GNSS 接收机，配套使用 Choke Ring 扼流圈双波段天线，有效地抑制了水面折射、金属建筑物反射等周边不利因素所造成的多路径影响，提高了观测数据质量。观测 GPS B 级精度同步环一个，观测 1 个时段共 23.5 小时；联测 2 个平面已知点，观测了 1 个时段共 10 小时。经检核 90 条重复基线精度均满足限差要求，最大重复基线较差为 1.9mm，限差为 ±5.6mm，64 个闭合环精度都满足限差要求，最大闭合差为 3.94mm，限差为 ±23.73mm。

高程控制网采用二等水准测量，共计观测 4 条水准路线（另有 10 条水准支线、10 处测距三角高程），总长 52km。二等水准观测采用了原国家测绘局在兰德掌上电脑平台下开发的一、二等水准观测记录软件。该软件经有关部门测试鉴定后符合水准规范要求，观测过程中，软件记录每测段的观测原始信息，自动控制每测站的观测限差。测段观测结束后，自动生成原始记录文件，观测原始记录数据为加密文件，作业人员无法接触到原始数据，只能得到测段的观测高差结果，保证外业数据记录的真实、可靠。该软件满足本项目二等水准观测使用。观测中使用 TRIMBLE DINI12 数字水准仪。全部 4 条水准附合路线及 2 条闭合环路线闭合差均符合要求。二等水准观测每公里水准测量的偶然中误差为 ±0.61mm。

本案例长距离跨河精密水准测量的具体实施过程如下：

根据实地踏勘，跨河宽度为 660m。所以在 LH 两岸设立跨河水准点，LH 右岸两个跨河点命名为：N1、N2，两点间距约 13m；左岸两个跨河点命名为：S1、S2，两点间距约 15m。

根据跨河测段实际情况，采用了测距三角高程法观测，观测图形采用大地四边形，如图 9.6-2 所示：

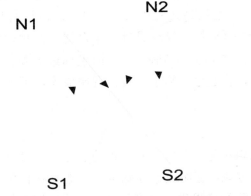

**图 9.6-2 LH 特大桥跨河水准测量示意图**

其中 N1、S2 两点为主跨点，N2、S1 两点为辅助点。

本次三角高程观测中，使用高精度的瑞士徕卡 TCA2003 型全站仪（又称测量机器人），共同观测垂直角 4 个光段，每光段 14 个测回，同岸跨河点间高差传递以二等水准联测，水准联测在三角高程施测前和施测后分别进行，以检验跨河点的稳定性。

跨河测量大地四边形中三个独立环闭合差统计情况见表 9.6-1。

**表 9.6-1 大地四边形闭合差统计**

| 环线名称 | 闭合差（mm） | 闭合差限差（mm） |
|---|---|---|
| N1-N2-S1 | +2.59 | ±9.30 |
| S1-N2-S2 | -0.87 | ±9.30 |
| N1-N2-S2-S1 | +1.72 | ±9.30 |

由此可见跨河水准测量满足精度要求、观测质量可靠、成果吻合非常好。

此外，引入高精度测距边作为测距尺度，提高了成果质量。使用了精度指标高、性能稳定的 TCA2003 测量机器人全站仪，共观测 GNSS 测距边 4 条，测距边检核 2 条，进行水平角检核 2 点。

## 四、数据处理

GNSS 数据处理采用精密星历，使用了国际上先进的 GNSS 基线解算软件—GAMIT 10.30 软件进行解算基线。以 BJFS（北京房山）和 SUWN（韩国釜山）国际跟踪站坐标（ITRF2000 框架，2008.3552 历元）为已知数据，将地心坐标传算到控制点 GNSS3，然后以 GNSS3 的地心坐标为约束，在 WGS84 坐标系下进行平差，获取三维地心坐标。平差后的最弱点为 0063，x 分量中误差 0.7mm，y 分量中误差 1.1mm，z 分量中误差 1.1mm，点位中误差 1.7mm。最弱边为 LH07-LH09，边长中误差为 0.3 mm，边长相对误差为 1/800000。

平差计算采用武汉大学 CosaGps 软件包，选取 20 条独立基线，分别在地心坐标系、1954 北京坐标系和大桥独立坐标系下平差，同时采用 PowerAdj 软件与 CosaGps 软件进行了 1954 北京坐标系平差对算。最后在大桥独立坐标系下进行了地面观测数据与 GNSS 数据的联合平差。约束平差后的最弱点 X 分量中误差 1.1mm，Y 分量中误差 0.7mm，点位中误差 1.3mm，最弱边边长中误差 0.4mm，边长相对误差为 1/490000。与另一商业软件 POWERADJ 的平差计算结果进行了对比，两种软件平差成果 X 方向坐标最大差值为 2.2mm，平均差值为 0.7mm；Y 方向坐标最大差值是 2.1mm，平均差值为 1.0mm，平差结果没有显著变化，趋于一致，说明成果是可靠。

## 五、成果验证

成果提交后，由业主组织施工单位对控制网进行了前后 3 次复测，复测结果与提交成果的误差均符合规范要求，证明成果准确可靠。使用施工单位提供的承台、塔座、墩身以及主塔的施工放样测量成果进行精度统计，结果表明利用本成果指导施工，桥梁施工放样数据点位三维误差都在毫米级以内。

施工方最终统计的贯通精度测量数据为：当大桥最终合拢时，中跨沿轴线方向贯通误差为 2mm，高程贯通误差平均为 7mm，参见图 9.6-3。

**图 9.6-3 大桥合拢的实景照**

案例点评：

本案例是公路工程的单体工程—特大型桥梁工程，这施工控制网的建立方法具有一定的代表性和借鉴性，关键点可归纳为：

（1）确定控制网测量等级时要兼顾日后变形监测；

（2）进行观测墩建造时要充分考虑地质条件，借鉴地质工程师的意见，由设计人员进行桩长计算；

（3）这类控制网布设不同于一般控制网，一个点位要具有至少2个以上定向点；

（4）确定测量基准时要充分考虑与原有成果衔接的便捷性；

（5）施测时要严格执行规范规定，困难地带需进行专项设计，宜引入高尺度测距作约束条件；

（6）平差计算时要尽可能设法消除起算误差，基线解算及平差计算需采用专用软件解算；平差计算宜采用2套软件进行对比计算。

（7）必须考虑对控制网进行必要的检测以及复测。

案例2

# 某现代大型施工企业先进测量技术在施工中的综合应用

## 一、概述

北方某路桥股份有限公司是国有控股上市公司，主要从事国内外公路、桥梁、隧道、市政工程的建设，拥有公路工程施工总承包特级资质，国内工程市场遍布26个省区，在国际工程市场中，承建过13个国家的公路、桥梁及市政工程项目。

该公司拥有无人机、激光雷达扫描仪、倾斜摄影设备及无人测量船等相关设备共计 100 余台套，主要应用于 3D 扫描建模、与 BIM 施工模拟对比分析、测绘测量、安全及质量检查评估等方面。

近年来，无人机低空航摄技术作为一项空间数据获取的重要手段，具有影像实时传输、高危地区探测、成本低、分辨率高、机动灵活等优点。无人机航摄技术正是基于以上优点，因此在施工企业中得到了广泛的应用。

## 二、无人机综合技术在施工准备阶段的应用

### （一）大比例尺地形图的快速测绘

施工单位经常使用业主或设计单位提供的大比例尺地形图，这些地形图在施工前进行的修补测主要依靠人工使用全站仪、GNSS RTK 等设备方法进行全野外采集数据，然后进行内业加工处理。这种作业方式时间长、效率低、成本高、人工劳动强度大，生产进度还受到作业期间天气的影响与制约，已经远不能满足工程前期施工需求。

由于无人机具有机动灵活、安全便利，成本低廉等特点，而且能够方便地获取高分影像，因此采用无人机进行三维激光雷达和倾斜摄影，工期短、精度高、采集数据全，能够大幅度减少外业工作量，进而提高生产效率，提高了地形图修补测的成图效率，从而缩短准备阶段得时间，让实际进场施工时间大幅度提前。

### （二）快速完成现场的踏勘工作

传统的踏勘方式完全依靠人工完成，工程建设前期，场址地形多数情况下处于未开发的原始状态，现场踏勘的必要性和自然环境的危险性并存，加之后期材料运输等大型设备进场，存在较大的运输风险，而无人机的使用为解决类似问题提供了可能。

无人机在指定区域上利用"一键全景"、"规划航线"等飞行方式获取空中 360°全景和三维实景数据，让踏勘视野更宏观，风险点识别更精准，很大程度上降低了风险，且提高工作效率 50% 以上，实现技术人员的体力解放，使他们将更多精力用于优化施工方案。

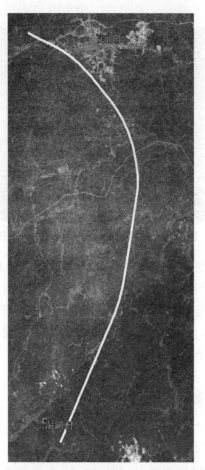

图 9.6-4 无人机用于现场踏勘路线示意图

图 9.6-5 基于无人机影像图的施工道路展示图

在无人机上搭载 LiDAR 设备，可以获取施工区域的点云数据，由此可以获取施工图的三维模型。

图 9.6-6 线路交叉的三维模型展示图

基于该模型，通过软件可实现 3 维模型转换成 2 维模型，拆分成 CAD 平面图的形式，在此基础上进行原地面土方工程量的计算；利用该模型，可为场地的规划、施工便道方案比选、征地拆迁、水源寻找、防洪、防泥石流等方面提供准确的现场资料，为项目前期策划提供真实、准确的信息，也为 BIM 建设提供精准模型，同时大大降低了人员作业强度，加快了施工进场进度，实现一模多用。

## 三、无人机综合技术在施工阶段的应用

在现代大型企业，BIM 的应用场景越来越多，而无人机综合技术则是构建 BIM 的重要技术支撑，主要在 BIM 平台建模、备料工程量计算、施工复测、工程量复核等方面进行了无人机技术的应用与探索，同时这项技术也在施工中的安全与质量管理方面得到了有效的应用。

### （一）应用于 BIM 建模实景拍摄

根据航测对象不同，采用的航摄方法略有区别，飞行方式和精度也有所不同，有直线飞行、旋转飞行、Z 字型飞行等。通过航摄影像获取道路线型、建筑物位置以及其范围内的地形、地貌形态；还可通过无人机影像建立地表模型，该模型可为 BIM 实体模型建立提供原始地形地貌的数据和地模，进而进行工程实体建模，可以保证桥梁施工中桥梁模型和原地面的有效结合。

### （二）应用于土石方计量

根据影像资料还可实现备料的料堆方量的量测。

采用无人机以料堆中心为圆心和能够全部覆盖料堆的半径，以大约俯瞰 45° 的角度绕料堆飞行一周，整个飞行航摄过程约 6-7min 即可完成，经过软件处理即可计算出该料堆方量。

对于取土场、石粉、粗集料和细集料等料堆进行周期性航拍，对备料数量与进场数量复核并结合施工进度进行分析，保证了用料的进场、存放、使用和消耗有据可寻，

使企业不会在用料环节上造成损失，也保障施工进度不因用料环节而受到影响。

### （三）应用于安全质量管理

使用无人机进行检查来代替人工检查，大大减少了检查人员的安全风险。按照过去的传统检查方式，高处临边、悬挑架结构外立面、大型设备尖端等处于危险区域的部位都是检查的盲区，导致存在一定的安全隐患。引入无人机后，可对施工现场进行空中巡查辅助安全监管，通过控制无人机飞行可到达"人到不了、眼看不到"的区位，并通过实时清晰的影像可查看该处状态是否是可靠的，防止工程质量在安检人员难以抵达的位置上出现问题，留下隐患。

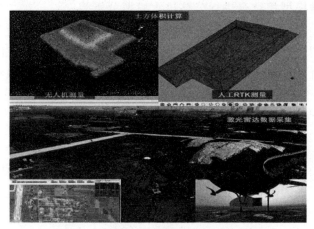

图 9.6-7 土石方测量数据获取展示图

图 9.6-8 施工现场过程监测与施工质量检查展示图

### （四）应用于迎检工作

由于公路施工场地长，桥梁等构造物、建筑物高度很高等现实情况，所以无人机在各项检查工作中的优势尤为凸显。

若果将企业自身进行的安全质量检查视为"自检"，那么迎检工作就可看作"抽检"。在现场安全文明施工情况检查的实际场景中，现场操作人员可将无人机操控至百米高空，绕场地一周，将拍摄后影像回传至数据处理中心，并将现场视频画面实时传送给领导、专家在线同步观看与查证，发现疑问时，可以及时联系现场操作人员进一步放大质疑部位，以排查安全隐患，极大地减少了安全事故的发生，也减少了安全检查工作的强度。

通过对安全设施、文明施工、高空作业等场景进行的无人机航摄巡检，使项目各安全环节的管理水平得以提升，进而有效地实现项目的各项安全管理目标。

## 四、无人机综合技术在竣工验收阶段的应用

当工程进入竣工验收阶段时，可通过无人机机载激光雷达扫描测量对分部工程及阶段性工程进行验收，如土石路基验收、排水沟流水面高程验收以及通过理信息软件与生成的地表三维模型相结合进行公路排水模拟分析等。

竣工通车后，可通过无人机倾斜摄影或机载激光雷达扫描对竣工的公路进行数据采集，利用数据制作多种成果，输出多种效果图。其中平面图、三维模型等数据成果可留存，作为项目后期质量缺陷责任判定分析的重要依据，也可以将竣工测量成果用于宣传片制作等。

## 五、结论

利用无人机小巧轻盈、可低空作业、智能化高等优点，将其引入到公路工程的施工现场管理中，既大大节省了人力，减少了现场人员数量，又提高了监管效率，也拓展了监管范围，使得监管工作更加细致、全面。随着无人机技术的进一步发展，特别是其在续航时间、适应天气状况能力方面若能得到有效提升，会使无人机在施工领域的应用得到更大推广，促进施工管理水平进一步提高。

无人机是推动公路建设信息化和智能化的重要工具，高智能的无人机有望更多的参与到施工操作的具体过程中。如利用无人机升降功能实现建筑物构配件的垂直和水平运输；无人机搭载智能机械手臂，完成障碍物排除等工作，使之用于工程建设的各个场景。随着工程施工安全、质量、进度的要求不断提高，无人机在公路工程建设领域应用有待进一步发掘，带动施工管理方式向智能化、多样化及高效化发展。

案例点评：

通过本案例的介绍，使读者更加清晰地了解施工企业综合应用先进的测绘地理信息技术，不仅提高了工作效率的同时，也提高施工管理水平，凸显测绘地理信息技术在施工中所发挥的重要作用。

# 第十章 变形监测

公路工程变形监测是公路工程测量的重要组成内容，其意义已经从传统的几何变形与结构变形监测向着多对象、多指标、多方法、多阶段的全方位、全生命周期的方向转变，尤其是在提倡"安全第一，以人为本"理念的当下，变形监测不但内容多、范围大、周期长，而且其社会效益愈发重大。

# 第一节　公路工程变形监测的内涵

为保证公路工程在建设期的安全施工及运营期的安全运营，需要进行变形监测，其主要内容包括：监测基准网建立、路基路面、滑坡和高边坡、桥梁、隧道的变形监测、数据处理及数据分析等内容。

## 一、公路工程开展变形监测的必要性

公路工程施工期间改变了沿线的地质结构，特别是岩土的力学结构，造成施工期间易形成山体滑坡或部分边坡出现滑塌等地质灾害。而桥梁施工期间，其下部结构因地质情况会出现沉降现象，上部的塔索、路面出现异常变形情况。隧道施工期间也容易出现洞体漏水、衬砌脱落、路面隆起等病害现象。

上述现象在运营期也时常发生，这些公路病害会造成公路工程施工期及运营期存在较大的安全隐患，对生命财产安全造成巨大的潜在危险。同时变形监测也是公路工程维护保养的要的工作内容，借助变形数据分析，可以对公路的运行状态进行科学的评价，为公路工程的维护保养提供数据支持。因此，为了保证公路工程项目的安全施工及竣工通车后的安全运营，开展变形监测十分必要。

## 二、公路工程变形监测的内容

公路沿线常见的灾害主要表现类型为崩塌、滑坡、泥石流、地面塌陷、沉降、地表裂缝等，这些地质灾害是造成公路工程出现不安全因素的主要原因，具体的现象体现在路基滑塌、路面塌陷、桥梁毁坏、隧道洞口堵塞、击毁行车，严重时甚至会造成公路通行中断。

结合上述常见的灾害与病害现象以及其发生的部位，公路工程的变形监测内容可分为广义监测与狭义监测，广义监测是指对公路自身和其周边环境体的变形监测；狭义监测是指对公路的路基路面、边坡和高边坡、桥梁、隧道等具体部位开展的变形监测，本著主要讨论狭义监测。变形监测工作内容就是通过对上述对象开展监测以获取形变数据，通过数据分析对比来研究发现变形规律，预判变形趋势，预防不安全事件发生。

## 三、公路工程变形监测常用的技术方法

公路工程变形监测往往根据监测对象、施工阶段、精度要求以及监测项目的不同而采取不同的监测方法。

公路工程变形监测主要包括水平位移和垂直位移变形监测两大类。对于水平位移类变形观测，可采用 GNSS、全站仪导线测量或极坐标测量、激光雷达法、遥感解译法等技术方法；对于一些结构或内部力学指标的测定，多数采用传感器或红外类感应器方法；对于微小量值的测定，有时也采用图像量测法。

沉降或隆起属于垂直位移类的监测多数采用几何水准法，也包括静力水准测量方法；当采用水准测量方法难以实施时，如隧道洞顶下沉、桥梁的高空塔索、高边坡之类的高程监测则可采用光电测距三角高程法等，大面积的沉降观测有时也采用卫星INSAR方法。

总体而言，现今的变形监测主要向着非接触式量测获取数据、自动化处理分析数据、数据库存储调取数据以及线上传递颁发数据的自动化及信息化方向发展。

# 第二节　变形监测的通用技术要求

本节主要介绍变形监测的测量基准、监测对象、监测周期、监测等级以及监测点的布设和精度要求等内容。

## 一、监测对象及测量基准

路基、桥梁、隧道、边坡在施工过程中和施工结束一定时间内包括运营期间应根据需要对其重要部位进行变形监测。变形监测可根据需要对于下列内容进行选择性位移和沉降观测：

1. 大型和特大型桥梁的桥台和桥塔、大跨径桥梁梁体和桥面。对于施工期的桥梁，对于底部桩体的监测也很必要，桩体监测一般需要监测桩顶水平位移、桩顶竖向位移、桩体变形以及地表沉降、地下水位、构筑物沉降、建筑物沉降、支撑轴力等。如果桩体周围存在管线，则还要进行管线沉降监测。

2. 隧道进出口洞门和应力较大的隧道洞身、洞身顶部重要建筑物和构造物。

3. 不良地质路基段如软土、风积沙、湿性黄土、回填土路段，深挖边坡以及高填方路段。

4. 滑坡路段的滑坡体。

5. 监测基准网宜采用独立坐标和假定高程，但要与施工测量坐标系进行联测，并保证其本身的精度。当国家测量基准引起的边长综合投影变形值满足变形监测的数据分析要求时，也可以采用国家测量基准。

## 二、监测点布设的原则及等级划分

根据设计文件要求、构造物变形特性、监测位置，借鉴相关工程变形监测资料和经验，合理确定变形监测点、相应的容许变形值和变化值。变形观测点要设置在变形体上且能够显著反映变形特征的位置或监测断面上。施工期的监测点布设需要结合现场实际情况，对设计提出的监测点位进行必要的优化或加密。

1. 变形监测的等级宜根据变形观测点精度和适用范围可参照表10.2-1的规定选用，并结合下列要求：

（1）变形观测点观测中误差的绝对值可以按照变形监测对象容许变形值的$1/10 \sim 1/20$来确定。

（2）垂直位移监测可根据需要按变形观测点的高程中误差或相邻变形观测点的高差中误差来确定监测精度等级。

（3）特别方向位移中误差可取表中相应的等级点位中误差的$1/\sqrt{2}$倍作为限差。

表 10.2-1 变形观测点等级划分及精度要求

| 等级 | 垂直位移监测（mm） | | 水平位移监测（mm） | 裂缝观测中误差（mm） | 适用范围 |
|---|---|---|---|---|---|
| | 变形观测点高程中误差 | 相邻变形观测点间的高差中误差 | 变形观测点点位中误差 | | |
| 一等 | 0.2 | 0.1 | 1.5 | 0.1 | 桥梁的墩、台、梁体、索塔锚碇、索夹、拱圈、主缆等。 |
| 二等 | 0.5 | 0.3 | 3.0 | 0.2 | 桥梁的桥面、隧道衬砌面。 |
| 三等 | 1.0 | 0.5 | 6.0 | 0.5 | 隧道岩质开挖体、岩质滑坡、岩质边坡、结构物周边混凝土体等。 |
| 四等 | 2.0 | 1.0 | 12.0 | 1.0 | 土质滑坡、土质边坡、隧道土质开挖体、路基、结构物周边地表土等。 |

注：变形观测点的高程中误差与点位中误差是指相对于邻近基准点的中误差。

## 三、监测方法及要求

### （一）监测方法

变形监测的观测方法、观测要求与采用的仪器设备等可根据变形观测点到基准点或工作基点的距离、观测条件等综合确定，必要时可通过误差分析和误差预估、或者通过试验观测分析总结确定。变形监测可选用下列方法：

位移监测可选用 GNSS 测量、极坐标法、视准线法等。一、二等位移观测观测点架设仪器时宜采用强制对中装置。

2. 沉降观测可根据具体需求，特别精度要求，选用水准测量方法、光电测距三角高程测量方法及 GNSS 高程拟合法等。

3. 变形监测还可以选用近景摄影测量方法、三维 LiDAR 方法进行观测。

4. 裂缝宽度可采用钢尺或高分图像进行量测。

### （二）监测周期与时段

变形监测的周期和观测时段长短，应根据施工期性质、监测体的特性、变形速率和观测精度等因素按下列原则综合确定。

1. 能系统反映变形的变化过程，不遗漏变形速率的变化时刻。

2. 当监测体的变形受多因子影响时，要以最短的周期为监测周期。

3. 施工阶段的变形监测观测次数与间隔时间，要根据监测体的性质、承载地基的地质情况和施工进度、节点、荷载变化情况而定。

4. 施工过程中如暂时停工，在停工时及重新开工时需各个观测一次。

5. 停工期间和施工结束后的变形监测间隔时间和次数，要根据监测体的性质和

重要程度、承载地基和周围的地质情况、变形速率等因素确定。

6. 停工期间和施工结束后的变形监测，连续 3 个周期的变形变化量小于 2 倍测量容许中误差时，可认为已进入稳定阶段。

7. 监测周期宜根据实际情况适当调整，当位移速率较大时，要及时减小观测间隔时间；位移速率较小时，可以适当增加观测间隔时间。

### （三）首期观测要求

变形监测的首次（即零周期）观测需注意下述事项：

1. 开挖体和加固体变形监测要在施工前对开挖体和加固体本身及周边开始初始变形监测。

2. 建筑物和构造物变形监测需在基础完成后开始初始变形监测。

3. 首期观测要进行不少于两次独立观测，并且取观测结果的中数作为变形监测初始值；当两次观测成果差异较大时，需再进行观测，取相近值的中值作为首期观测值即初始值。

### （四）观测原则

一个观测周期需要在尽可能短的时间内完成。不同的观测周期，宜遵循下列原则：

1. 宜采用相同的观测网形、观测路线和观测方法。

2. 宜固定观测人员、使用同一测量仪器和设备。

3. 选择最佳观测时段、在相同的环境和条件下观测。

4. 各期变形监测应尽可能选择在相近的光照时间和强度、温度、湿度、水位等条件下进行观测。

### （五）异常情况的处置

当变形监测观测过程中发生下列情况之一时，必须立即报告有关方面，同时及时增加观测次数或调整变形测量方案；当突然发生大量变形、不均匀变形或严重裂缝时，则每日进行 1～2 次的连续观测。

1. 变形量或变形速率达到预警值、或出现异常变化。

2. 变形体本身、或周边建筑及地表出现异常变化。

3. 地震、暴雨、长时间连续降雨、冻融等自然灾害发生时以及发生后。

### （六）文档编写要求

变形监测工作开始前，需要编写技术设计书或监测实施方案，变形监测方案包含下列内容：

1. 阐述监测目的、任务要求、变形监测的内容与类型。

2. 变形监测基准网、变形监测点布设方案。

3. 根据构造物、工点的变形特性，结合相关构造物和工点的设计资料、变形监测资料和经验，确定变形监测点和相应的容许变形值。

4. 变形监测精度等级、精度要求。

5. 变形监测的周期和特殊情况下的处置方案。

6. 变形监测的方法和观测要求。

7. 变形监测的工作计划和人员安排。

8. 仪器设备要求和检定规定。

9. 数据处理方法和精度分析要求。

10. 观测与数据处理方法

11. 监测结果的预警值的设定及处理方法

12. 质量及安全保证措施

13. 提交成果内容和要求。

# 第三节　变形监测基准网的建立

变形监测基准网是进行变形监测最重要的依据，所以基准网的建立尤为重要，它要根据监测对象、监测项目、监测范围、精度要求、地质条件、周边环境等综合考虑来建立。基准网一般由监测基准点和工作基点组成，前者是基础，后者为便于工作。基准网的建立可自行建立，也可利用施工期建立的施工控制网中满足变形监测需要的施工控制点。

基准网的布设具体要求及其他要求可参见如下内容：

1. 根据需要布设并施测变形监测基准网，每个独立的变形监测基准网需要至少布置 3 个基准点；基准点远离变形体或不便直接观测变形观测点时，宜布设工作基点。

2. 沉降观测需设置高程基准点。位移变形观测要设置平面基准点，必要时设置高程基准点。单独进行单体的桥梁或隧道监测时，其沉降基准点宜构成闭合环线。

3. 基准点的设置与变形监测精度等级相关，通常基准点的等级要满足监测项目的最高精度等级需求，即基准点的等级要高于或等同于监测项目中的最高精度等级。

4. 当基准点较远不便于变形测量作业时，应设置工作基点。

5. 基准点和工作基点要选择在地基稳定、便于监测和不受施工影响的地点。

6. 采用视线法进行水平位移观测时，两端宜布设基准点或工作基点，视准线偏离变形观测点的距离不大于 20mm。

7. 变形监测基准网可采用边角网、三边网和 GNSS 网形式，受地形或空间条件限制时，可布设成导线网形式，导线网相邻节点间的导线点数最好不超过 2 个。

8. 每次变形监测前需要对监测基准网进行检测，其检测的相对误差要小于监测基准网容许观测中误差 $1/\sqrt{2}$ 倍，否则要进行复测。

9. 变形监测基准点、工作基点的标石、标志埋设之后，达到稳定后方可开始观测。稳定期要根据观测要求与地质条件确定。

10. 公路路基、边坡、桥梁、隧道变形监测基准点可利用沿线符合要求的施工平面和高程控制点，当点间距大于 300m 时需要进行加密。隧道的基准点则需埋设在变

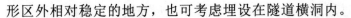

形区外相对稳定的地方，也可考虑埋设在隧道横洞内。

11. 监测基准网宜每半年复测一次，当对变形监测成果发生怀疑时，需要随时检核监测基准网。复测时，可将工作基点一同纳入复测网中。

12. 用于一等和二等位移观测的平面基准点、工作基点，最好地建造具有强制对中装置的观测墩或埋设专门观测标石；垂直位移监测基准点宜采用双金属标或钢管桩。在淤积路段或风积沙路段，可考虑采用摩擦桩或强夯桩的形式建立工作基点，其长度需要根据地质条件和自身受力情况进行计算来确定。

# 第四节　路基路面变形监测

建成后的公路其路基路面的变形往往是一体的，在施工期主要是路基变形。

路基工程沉降变形监测以路基面沉降监测和地基沉降监测为主，可根据工程结构、地形地质条件、地基处理方法、路堤高度、堆载预压等具体情况来设置沉降变形监测断面，同时也要根据施工过程中掌握的地形、地质变化情况调整或者增设观测断面。

## 一、路基路面变形产生的原因及表象

在公路施工建设中土方路基总要发生一定的沉降，尤其在不良地质路段如软土、风积沙、湿性黄土、回填土等地区的公路工程中，由于路基较高、荷载较大将会导致路基沉降，且沉降量大，时间周期长，当变形量不均匀超过允许值或在外因的作用下，会造成桥头跳车、路面龟裂、裂缝甚至局部路面垮塌等问题，影响高速公路行车体验甚至驾驶安全，对公路的建设和运营造成一定的干扰，给人民生命安全和国家的财产安全带来极大的隐患。

路基路面变形监测最普及、最常规的监测方法还是传统的测量方法居多，即采用水准测量的方法进行地面沉降变形监测，采用测量坐标的方式进行平面位置监测。

路基路面监测数据获取后，可根据测点自身的沉降和路基沉降规律特点，绘制变形 - 路堤高度变化曲线，进而分析整体位移、应力的变化趋势。

## 二、路基路面的监测内容及监测点布设

路基填筑期和施工结束后，根据需要对软土路基、采空区路基、填土高度大于20m 的路基等进行水平、垂直位移监测和裂缝观测。施工期之内，还要进行应力及地下水的监测。

变形监测点宜按照一定的间距采取断面布点的方式进行。根据需要将监测断面上的监测点布设于路基中心、路肩、边坡坡脚等处，沿路线方向的纵向间距不宜大于20m，每一个监测单元布设组数不少于 3 组。

路基中心、路肩处还可通过埋置路基沉降板、沉降和变形观测管、沉降观测仪以及边坡坡脚处设置变形观测桩的方式进行路基路面的变形监测。

### 三、监测要求

路基路面监测期间的具体观测要求如下：

1. 填筑期间的路基变形监测至少每天观测 1 次，松土与松软土路基基早晚观测 1 次。

2. 暂停施工期间，前 2 天每天观测 1 次，以后每 3 天观测 1 次。

3. 路基施工完成后第 1 个月隔日观测 1 次，第 2～第 3 个月每 7 天观测 1 次，第 3～第 6 个月每 15 天观测一次，6 个月之后每个月观测 1 次。

4. 摊铺路面期每 7 天观测 1 次，摊铺路面结束至项目竣工验收期间每季度观测 1 次。

5. 填筑期水平位移和垂直沉降的控制值需据路基高度、地基地质情况综合确定，一般情况下水平位移要小于 5mm/ 天，垂直位移小于 10mm/ 天，工后垂直位移高速公路、一级路要不大于 300mm，二级路不大于 500mm。

6. 路基和周边地表每一处裂缝均要设置观测点，观测点要选在裂缝最大处，初期可每半个月观测 1 次，基本稳定后可每月观测 1 次，当发现裂缝加大时要增加观测次数，必要时要连续观测。

7. 路基水平位移观测根据观测条件可以采用 GNSS 方法、极坐标方法等，观测时的注意事项如下：

（1）采用 GNSS 方法观测时，其技术要求要不低于本著第 5 章的规定。

（2）采用极坐标法时，宜采用双测站极坐标法，其边长可采用全站仪、光电测距仪测定。

8. 路基垂直位移观测根据观测条件和精度要求可选用水准测量方法、光电测距三角高程测量方法、GNSS 方法等，观测时建议遵照下列要求：

（1）采用水准测量方法进行观测时，宜采用两台仪器同时同向观测或者采用一台仪器往返观测。

（2）采用光电测距三角高程测量方法时，测距长度最好不大于 600m，测距中误差不超过 3mm，仪器高量取精确到 0.1mm，观测前后各测量一次气温和气压。

（3）采用 GNSS 方法观测时，其技术要求要不低于本著第 5 章的规定。

9. 裂缝观测可采用钢尺、手持测距仪、相机或检测车等进行观测，每次观测固定在同一位置、同一方向。当裂缝位置发生变化，或者增加新的裂缝时，要增加观测点。

### 四、路面沉降及病害监测新技术介绍

#### （一）软土路基沉降动态监测

传统方法采用水准测量手段，存在观测数据离散，不能监测高速公路路面的 全

三维动态变化，且上路测量作业存在很大安全隐患。较为安全先进的方法是采用综合靶标水准测量和车载激光移动测量的监测方法，全三维动态监测软土路基的沉降状态，提供科学、及时的养护维护方案。沿着高速公路两侧大致均匀5km布测一对监测基准点，将其埋设于高速公路两侧地质条件稳定的位置处。埋设时，注意做好标石的加固。通常情况下，靶标平差控制网单侧间隔400m、双向交叉间隔200m布设，布设方式如图10.4-1所示。在进出收费站口前后、隧道口前后等GNSS信号受影响路段，靶标平差点应适当加密。另外，测线首尾处两侧车道都要布设靶标平差点。

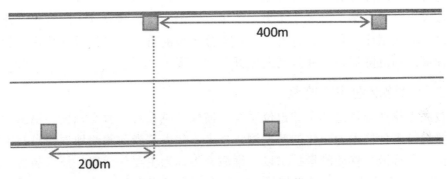

图 10.4-1 靶标平差点布设示意图

图 10.4-2 收费站靶标点布设示意图（红色点位）

靶标点基于点云中记录的地物灰度信息进行识别。为此需以公路应急车道外侧约 200mm 处涂刷白色快干醇酸油漆的方式布设，布设标志可以为 300mm 的正方形。测量脚点为道路行驶方向左前方的角点，靶标点命名方式按 JZ+ 点号（如 JZ001）。具体编号顺序上，沿车道前进方向上，以项目起点向终点编号的，记录代码为 1，如 101，连续编号；以项目终点向起点编号的，记录代码为 2，如 201，连续编号。靶标控制点测量，平面采用 GNSS RTK 方法进行施测，需每隔 5km 就近选取控制点检查平面精度，误差要小于 30mm。如误差过大应重新校核基站点。高程按照监测精度需求采用适宜等级水准测量方法进行施测

可按以上技术方案，每隔半年至一年重复观测一次，建立软土路基段高速公路的动态沉降观测数据库，科学、合理、严谨地分析预测重点路段沉降变化规律和趋势，及时及预警路面沉降病害，并且辅助做好养护方案。

### （二）公路路面病害监测

车载激光移动测量是集全球定位系统、惯性导航系统、激光扫描、摄影测量、计算机等多种技术为一体的新型测绘技术，代表着当前测绘地理信息技术发展的前沿。车载激光移动测量技术以三维激光扫描为主要传感器。技术装备一般集成了两台 360°全空间扫描的激光扫描仪、两台高分辨率数码相机、一套全景相机及精密 POS 定位定姿系统，参见图 10.4-3，在采集高密度、高精度三维点云数据时同步采集可准确匹配的数码照片，数据采集了有效距离能达到道路两侧 100m 以上。

图 10.4-3 车载激光移动测量作业原理及实体装备

车载移动激光扫描测量可同步获取公路路面车载点云和数码影像数据。通过车载影像，可识别公路路面裂缝等；通过车载点云，可识别公路坑槽、沉陷、波浪、鼓包、桥头跳车等，并通过公路横坡断面分析道路平整度、车辙与路面汇水危险区。

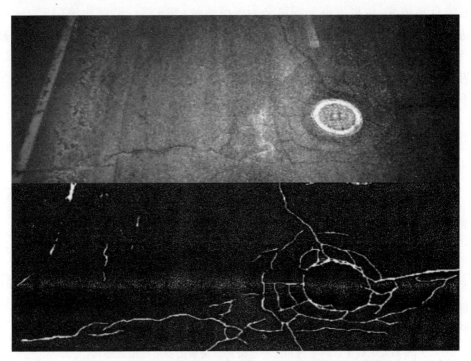

图 10.4-4 基于公路路面车载影像的路面病害提取示意图

# 第五节　滑坡和高边坡变形监测

　　滑坡，是指斜坡上的岩体或者土体因种种原因在重力作用下沿一定的软弱结构面发生整体顺坡下滑的现象或过程。滑坡的主要诱因包括建筑场地开挖、公路施工、自然山体开裂、降雨、雪融、地震等。监测滑坡体地面倾斜方向和倾角变化、加速度异常变化的过程称为地表滑坡监测。而高边坡是指土质边坡高度大于 20m 小于 100m 或岩质边坡高度大于 30m 小于 100m 的公路边坡。滑坡与公路高边坡地质安全与减灾是公路建设及监测养护的重要环节，其长期与短期地质安全、整体与局部地质安全及其防灾减灾已成为我国公路建设及养护中亟待解决的重大关键技术问题。因滑坡与高边坡一旦发生灾害都会造成极大地危害，因此滑坡与高边坡也是公路工程变形监测重点对象。

## 一、边坡及高边坡地质灾害的成因及表象

　　公路高边坡主要属于人工切坡，无论是土质路堑地段还是岩石地段的边坡稳定性均极为重要，例如采用不加控制的爆破施工方法，极易造成边坡失稳，形成边坡坍塌。

当前对高边坡的分类没有一个统一的标准，依照岩性可分为土质高边坡、岩质高边坡及土石混合高边坡；依据坡度不同可分为平缓边坡（<15°）、陡坡边坡（15°～35°）、急坡边坡（35°～55°）及悬坡（55°～90°）；此外还有依据高度、变形破坏形式以及变形发育阶段等进行划分方法；公路高边坡通常分为四类，即均质岩土高边坡、顺层岩质高边坡、反倾岩质高边坡和混合岩土高边坡。

不同类型的公路高边坡特点如表10.5-1所示。

**表10.5-1 各类高边坡特点表**

| 类型 | 特点 |
| --- | --- |
| 均质岩土高边坡 | 组成边坡的岩土体可视为均匀介质，可进一步分为散体型和破碎型两类。散体型高边坡在降雨作用下易形成坡面径流、发生表层冲蚀；在不合理开挖等因素的诱发下，易形成大规模整体滑动破坏。<br>破碎型高边坡主要由强风化及4组以上岩体结构面切割的破碎岩构成，无明显控制性结构面，渗流特性较显著，通常表现为圆弧形滑动破坏。 |
| 顺层岩质高边坡 | 岩层走向与边坡走向之间的交角为0°～90°，倾向临空，倾角大于0°，结构面渗流显著。<br>顺层岩质高边坡的破坏模式因层理面的间距、走向、倾角等不同而异。在层面走向与高边坡走向夹角大于30°时，高边坡稳定性较好，走向与高边坡走向夹角小于30°时易发生破坏，两走向相互平行时对高边坡的稳定性最为不利。 |
| 反倾岩质高边坡 | 岩层走向与边坡走向之间的交角为0°～90°，倾向山体内部，裂隙水渗流较显著。<br>在层面走向与高边坡走向夹角不小于30°时，高边坡稳定性较好，结构面走向与坡面走向夹角小于30°时易发生破坏。 |
| 混合岩土高边坡 | 边坡表层为第四纪松散物质或破碎岩体、下部为基岩。表层松散土体在降雨软化、地下水渗透力作用下易于失稳滑塌，岩土界面地下水含量大、黏土物质淋滤富集，常常是边坡的潜在破坏面。 |

岩体是一类复杂的地质体，具有非均质、不连续、各向异性特点，不同结构、不同岩性及物理力学性质的岩体，在不同因素的影响下，其变形破坏机制也各不相同。高边坡的形成、损伤、蠕变及断裂失稳，属于渐进劣化的过程，边坡失稳产生的滑坡现象已变成与地震和火山相并列的全球性三大地质灾害之一。

因此，滑坡和高边坡，需要根据岩土性质、坡率及稳定性情况，进行水平、垂直位移监测和裂缝观测。

# 一、滑坡和高边坡观测点位的布设

## （一）滑坡和高边坡观测点位的布设要求

滑坡和高边坡观测点位的布设可按以下要求进行：

1. 滑坡面上和高边坡面上布设观测点，预计会发生较大变形的部位适当增加布点。

2. 滑坡和高边坡周边稳定的部位需要布设观测点。

3. 观测点的分布可根据观测方法分别选用放射线法、方格网法、测线法和散点法。

4. 需要测定滑坡体和边坡深部位移时，需要将观测点钻孔位置布设在主滑轴线上。

5. 对已加固的滑坡和边坡，在其支挡锚固结构的主要受力构件上布设应力计和观测点。

6. 深挖路堑要在边坡外 1 ~ 10m 范围内埋设不少于 3 个位移观测桩，观测桩间距宜小于 40m，开挖过程中，根据施工进度，逐步在对应边坡平台位置处埋设观测桩，直至边坡坡脚。

7. 大型滑坡可根据需要在滑坡体范围内设置一定数量测斜管，测斜管数量不宜少于 2 个。

### （二）滑坡和高边坡观测点位的标志设置要求

滑坡和高边坡观测点位标志设置的要求可按下列要求进行：

1. 土体上的观测点可埋设预制混凝土标石。根据精度需要，可采用具有强制对中装置的活动标志或钢筋标志。标石埋深宜大于 1m，冻土地区应埋至冻土线以下 0.5m，标石顶部露出地面 200 ~ 300mm。

2. 岩体上的观测点可采用钢筋标志，并且用混凝土进行浇固。标志埋置深度不宜小于 100mm，其顶部应露出岩体面 20 ~ 50mm。

3. 临时或过渡观测点可埋设硬质大木桩。

4. 边坡深部位移观测钻孔钻入稳定的基岩面以下的长度不应小于 1m。

## 三、监测周期的确定原则

1. 滑坡观测的周期宜根据变形活跃程度及季节变化等情况按照下列规定确定：

（1）滑坡在雨季宜每半月或 1 月观测 1 次，旱季可每季度测一次。

（2）当发现滑速增快，或遇暴雨、地震、解冻等情况时需增加观测次数。

2. 高边坡施工期间，每 1 天 ~ 2 天观测 1 次，雨季每天观测 1 次。

3. 高边坡在施工完成后前 15 天每 3 天观测 1 次，第 15 ~ 30 天每星期观测 1 次，第 30 天 ~ 90 天每 15 天观测 1 次，以后每个月观测 1 次，直至边坡稳定。

4. 滑坡面、滑坡体边缘、高边坡面和周边裂缝均要设置裂缝观测点，初期可每半个月观测 1 次，基本稳定后可每月观测 1 次，当发现裂缝加大时需要增加观测次数，必要时连续观测。

## 四、观测方法实施的技术要求

滑坡和高边坡观测点的水平位移观测，需根据作业条件选用适宜的作业方法，具体可按下列要求执行：

1. 采用 GNSS 方法观测时，其技术要求不能低于本著第 5 章的规定。

2. 采用极坐标方法时，宜采用双测站极坐标法，其边长采用全站仪、光电测距仪测定。

3. 采用放射线观测网法、方格网法、测线支距法时，可采用解析法、图解法、或手持测距仪等方法获取观测点偏离测线的位移量。

4. 采用视准线法时，视准线长度不要超过 300m；视线超过 300m 时可采用分段观测的方式进行，视准线宜远离各种障碍物 1m 以上的距离。

5. 采用数字近景摄影测量方法或三维 LiDAR 方法进行观测时，摄影站和 LiDAR 点云数据采集站宜设置固定观测装置。根据需要在稳定区域为布设像控点和 LiDAR 检校点。

6. 滑坡体和高边坡内深部测点的位移观测，可采用测斜仪进行观测。

7. 滑坡体和高边坡高程垂直位移观测可采用水准测量方法、光电测距三角高程测量方法、GNSS 方法、数字近景摄影测量方法、三维 LiDAR 方法进行观测。

8. 滑坡体、高边坡坡面可采用全站仪、三维 LiDAR 以及高分立体影像等方式测定。周边裂缝观测可采用钢尺、手持全站仪、相机或检测车等进行观测，每次观测固定在同一位置、同一方向。当裂缝位置发生变化，或者增加新的裂缝时，要增加观测点。

## 五、滑坡和高边坡监测前沿技术介绍

由于滑坡和高边坡监测位置难以到达，作业员的人身安全难以保障，同时监测范围又很大，因此常规的监测方法无论是在作业效率上还是在安全性上都难以满足监测需求。以地面监测（含 GNSS）工作为主，局限于单个工点、线，效率低下，难以实现多灾种、大范围、网络化；各监测技术很难融合，监测数据难以统一分析，监测预警多局限于单一数据源、单一预警模型。

目前，国内着手采用天空地一体化的监测方法对滑坡和高边坡进行监测，主要是采用遥感监测的方法来解决这一问题，这里的遥感是广义上的遥感，LiDAR 和 GNSS 都被视为一种遥感技术。主要的研究方向、内容及适用范围包括：基于光学遥感影像（主要是基于光谱波段）开展地质灾害识别方法研究地质灾害隐患点识别；基于 SAR 卫星对潜在的公路地质灾害进行监测，这两种方法适用于大范围、长周期监测；基于三维激光扫描技术对地质灾害进行监测以及地质灾害量化分析，该方法适用于重点路段长期监测；基于卫星导航定位技术与无线传感器技术相结合的地质灾害监测方法，适用于地表-地下全要素、全天候实时监测。

# 第六节　桥梁变形监测

根据桥梁结构类型、规模、修建时间和设计要求，可按实际情况特别是结合现场的地质情况以及周边环境情况，开展了桥梁的变形监测工作。

## 一、桥梁监测的意义

桥梁是公路工程中非常重要的构筑物，起着纽带作用，留有"一桥飞架南北，天堑变通途"的诗句。一方面一些地质灾害会对桥梁的健康运行带来危害；另一方面就桥梁自身而言，无论是在建设期和运营期，由于结构、环境、外部条件等影响，也会对其安全性造成影响或带来隐患。尽管有些桥梁已建立基于结构内部物理量变化的"桥梁健康系统"，在分析桥梁结构内力的变化、变形原因等方面发挥着重要作用；然而，要真正达到桥梁安全监测的目的，了解桥梁的变化情况，还必须及时测定它们几何量的变化及大小。因此，采用大地测量原理和各种专用的测量仪器和方法进行桥梁的变形监测非常必要，有助于及时了解桥梁变形的几何量化指标和变化速率，为桥梁的安全运行提供保障。

桥梁监测的任务除了根据需要进行具体部位的监测外，还须建立相应的水平与垂直位移基准网。

## 二、桥梁监测的项目和内容

可根据实际需要，综合桥梁的规模、结构等因素，参照设计要求对桥梁的索塔、塔顶、塔基、墩台、梁体、主缆、锚碇、拱圈、桥梁两岸边坡等部位或者内容进行变形监测。

桥梁变形监测的项目和内容可参照表 10.6-1 进行选择。

### 表 10.6-1 桥梁变形监测项目

| 桥梁类型 | 主要监测内容 |
| --- | --- |
| 梁式桥 | 桥墩垂直位移 |
| | 悬臂法浇筑的梁体水平、垂直位移 |
| | 悬臂法安装的梁体水平、垂直位移 |
| | 支架法浇筑的梁体水平、垂直位移 |
| 拱桥 | 桥墩垂直位移 |
| | 装配式拱圈水平、垂直位移 |
| 悬索桥斜拉桥 | 索塔倾斜、塔顶水平位移、塔基垂直位移 |
| | 主缆线形形变（拉伸变形） |
| | 索夹滑动位移 |
| | 索夹滑动位移 |
| | 梁体水平、垂直位移 |
| | 散索鞍相对转动 |
| | 锚碇水平、垂直位移 |
| 桥梁两岸边坡 | 桥梁边坡水平、垂直位移 |

桥梁监测的精度要求除了根据表 10.6-1 的监测项目和内容确定外，也可根据实际情况选择适宜的等级进行。

## 三、桥梁变形观测点的布设

变形监测点的点位设置首先要基于设计文件进行。当自行布设时，要根据需要设置于桥梁变形体显著变形位置处，变形监测点要便于观测且牢固可靠。桥梁各个部位变形观测点的布设可参照如下规定进行：

1. 桥墩的垂直位移变形观测点宜沿桥墩的纵、横轴线布设在外缘，也可布设于墩面上，每个墩面的变形观测点数视桥墩大小布设 1 ～ 4 点。

2. 梁体和构件的变形观测点应布设在其顶面或两侧，每块箱体或板块宜在两段和中间各布设 1 点，构件的点位宜布设在其 1/4 处、1/2 处、3/4 处。

3. 悬臂法浇筑或安装梁体的变形观测点，宜沿梁体纵向轴线或两侧边缘分别布设在每段梁体的前端和后端。

4. 支架法浇筑梁体的变形观测点，可沿梁体纵向轴线或两侧边缘分别布设在每个桥墩和墩间梁体的 1/2、1/4 处。

5. 装配式拱桥的变形观测点，可沿拱架纵向轴线布设在每段拱架的两端和拱架的 1/2 处。

6. 索塔垂直位移变形观测点，宜布设在索塔底部的四角；索塔倾斜变形观测点，宜在索塔的顶部、中部和下部并沿索塔横向轴线对称布设。

7. 桥面变形观测点，可以在桥面板上均匀布设，点位间距以 10 ～ 50m 为宜，大型桥梁需沿桥面的两侧布点。

8. 桥梁两岸边坡变形观测点，宜成排布设在边坡的顶部、中部和下部，点位间距以 10 ～ 20m 为宜。

9. 锚碇水平、垂直位移宜在锚碇的四角各布设一个点。

10. 主缆线形拉伸变形观测点应至少在主缆两段、1/4 处、1/2 处、3/4 处各布设一点。

11. 索夹滑动位移要在结合处两侧布设观测点。

12. 散索鞍相对转动观测要在四周对称刻制两组标线。

## 四、桥梁变形观测点的监测周期

1. 施工速度均匀的变形体，至少在荷载变化的 25%、50%、75% 及 100% 时各进行一次变形观测。

2. 桥梁各变形体在施工节点前、后各观测一次，施工节点后根据变形变化情况确定变形监测的周期和频率，但至少观测 3 次以上，直至确认稳定。

3. 桥墩、梁体、索塔、塔顶、塔基、主缆、锚碇基础等重要的桥梁构件施工节点前、后需进行变形监测，在施工过程中随时进行动态变形监测。

4. 特大型桥梁施工结束后重要的桥梁构件应进行长期观测，第一年宜观测 3 ～ 4 次，第二年宜为 2 ～ 3 次，第三年后宜每年观测 1 次。

## 五、桥梁变形观测技术要求

桥梁的垂直位移观测可采用水准测量方法、光电测距三角高程测量方法、GNSS 方法、数字近景摄影测量方法、三维 LiDAR 等可行方法进行观测，观测要求分别符合本章 10.4 节相应条款的要求。

桥梁水平位移观测可采用 GNSS 测量、极坐标等方法进行，观测的精度要求根据测量项目的精度确定，可按下列要求进行实施：

1. 采用 GNSS 方法观测时，其技术要求不低于本著第 5 章的规定。

2. 采用极坐标方法时，宜采用双测站极坐标法，其边长可以采用全站仪、光电电测距仪测定。

3. 桥梁水平位移观测亦可采用数字近景摄影测量方法、三维 LiDAR 方法进行观测，摄影站和 LiDAR 点云数据采集站设置固定观测装置。根据需要在稳定区域布设像控点和 LiDAR 检校点。

4. 索塔倾斜变形观测可采用经纬仪投点、测量水平角、前方交会等方法，观测时的要求如下：

（1）采用投点法观测时，在索塔底部观测点位置安置水平读数尺等量测设备，按正、倒镜法测出每对上下观测点标志间的水平位移分量。

（2）采用测量水平角法时，可直接观测顶部观测点与底部观测点之间的水平夹角、测量观测点至底部中心的距离，计算顶部中心相对底部中心的水平位移分量。

（3）采用前方交会法时，基线与观测点宜组成最佳构形，交会角宜在 60°～120° 之间。水平位移可通过观测点的坐标值来计算水平位移的方式获取。

5. 索夹滑动位移观测、散索鞍相对转动观测可采用卡尺或钢尺进行。

大型桥梁的变形监测，必要时需要同步观测梁体与桥墩的温度、水位和流速、风力和风向。

## 六、桥梁监测的前沿技术介绍

目前，在桥梁的日常监测与检测工作中，一般使用自动化监测系统来完成这些工作。如使用 GNSS、测量机器人获取测量位置的三维坐标进而获得外部几何变形数据；使用无人机获取大型桥梁关键部件如塔索、墩台、基座、螺栓、上下部梁板等的高清影像，进而通过影像获取这些部件是否存在裂缝及宽度、锈蚀状况等。对于结构内部物理量的变化，则是在受力结构关键位置安装大量的传感器，通过这些传感器获取桥梁结构内力的变化数据，进而分析其存在的变化。

自动化监测系统大致由数据自动获取系统、数据自动传输系统、数据自动处理系统、数据自动存储系统（数据库）及监测结果展示与分发系统等构成。

测量机器人监测系统组成可参见图 10.6-1。

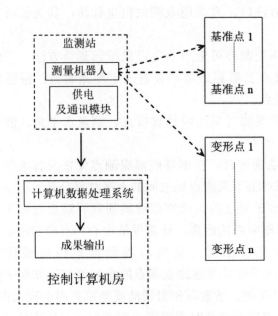

**图 10.6-1 测量机器人变形监测系统组成**

基于无人机机载成像的图像识别常用于桥梁部件裂缝的监测，这个方法主要包括下列内容：

采集裂缝图像、转为灰度图像、图像灰度变换、虑波增强、边缘检测、连通域填充、二值图像的形态学操作及裂缝宽度像元个数确定。

其基本过程流程图如图 10.6-2 所示。

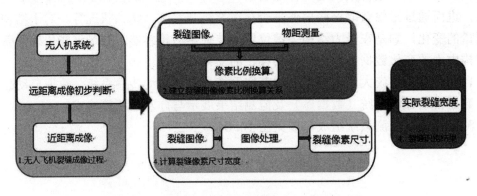

**图 10.6-2 无人机机载成像图像基本识别过程**

# 第七节　隧道变形监测

隧道变形监测的主要内容可分成位移监测和病害监测，前者主要是在施工期发生，后者主要发生在运营期。

## 一、隧道变形监测的意义

随着我国交通基础设施建设的快速发展，我国已经成为世界上公路隧道最多、里程最长、规模最大、发展最快、地质及结构形式最复杂的国家。穿越软岩大变形、高水压、软土、黄土、多年冻土、膨胀性岩土、活动断裂带等特殊性岩土和不良地质地段工程增多，修建技术与运营管理要求也逐渐提高。

随着公路隧道通车里程与运营时间的不断增长，公路隧道病害问题日益凸显，特别是在一些严重不良地质地段、重大结构病害处，易发生结构失稳、突泥涌水等事故，公路隧道结构服役性能衰退，安全与耐久性降低，造成巨大经济损失的同时，社会负面影响也很大。因此，为加强对这些特殊部位的监控和管理，通过对隧道结构进行变形监测，及时掌握隧道结构安全状态及其发展演变，对隧道运营期间结构出现的各类异常状况及时做出诊断和预警，保障结构安全。

自动化监测是今后隧道监测技术发展的方向。采用自动化监测，可提高监测效率、减小人为误差。以光纤技术、GNSS 为代表的现代信息和监测技术，利用高性能智能传感组件、5G、无线传输网络和信号采集系统，采用多参量、多传感组件，数据智能处理与动态管理方法，进行实时监测、安全预警与可靠性预测是隧道自动化监测的发展方向。

## 二、隧道变形监测的内容

根据需要对隧道的洞身顶部建筑物和构造物、洞门开挖边坡、拱顶、钢拱、底面、隧道衬砌、围岩、侧墙等变形体进行变形监测。

隧道变形监测的项目和内容，要根据隧道的埋深、隧道类型、地质条件、地面环境、开挖断面和施工方法与设计要求等因素，参照表 10.7-1 选用。

**表 10.7-1　隧道施工期变形监测项目**

| 项　目 | 主要监测内容 |
|---|---|
| 位移监测 | 洞门开挖边坡、洞身顶部建筑物和构造物 |
| | 隧道拱顶下沉、隧道底面回弹、钢拱 |
| | 衬砌结构裂缝 |
| | 围岩内部位移 |
| 挠度监测 | 侧墙挠曲 |

### 三、隧道变形监测的周期

1. 隧道各变形体需在施工节点前、后各观测一次，施工节点之后根据变形变化情况确定变形监测的周期和频率，但至少观测 3 次以上，直至确认稳定。

2. 重要的洞身顶部建筑物和构造物、洞门开挖边坡、拱顶、钢拱、围岩、侧墙等重要变形体，在施工过程中随时进行动态变形监测工作。

3. 重要的洞身顶部建筑物和构造物、特大型水体下隧道洞身施工完成后宜进行长期观测，第一年宜观测 3～4 次，第二年宜为 2～3 次，第三年后应每年观测 1 次。

### 四、隧道变形观测点的布设与观测要求

1. 隧道开挖洞口上方变形监测点布设和观测可参照滑坡和高边坡监测的技术要求进行。

2. 隧道洞身顶部建筑物和构造物需要在变形体显著变形位置布设变形监测点，变形监测点的布设和测量可按照下列要求进行：

（1）一般高度的建筑物和构造物可在四周均匀布设变形监测点，进行水平位移和垂直位移观测，其观测要求可按照桥梁监测的有关规定执行。

（2）高大建筑物和构造物还要在顶部布设变形监测点，其观测要求可按照本章 10.6 节塔索倾斜变形观测的规定执行。

3. 隧道洞内变形监测点的布设和测量可按照以下规定进行：

（1）隧道内的变形观测点可按断面布设，且宜布设在同一断面，并注意下列事项：

① 变形监测点宜布设在内力及变形关键特征点上。

② 受力监测点宜布设在结构受力较大的位置。

③ 同一断面的变形、受力测点宜对称布设，可以根据实际情况调整。

④ 不同断面同一项目的监测点宜布设在相同部位。

（2）当采用新奥法施工时，其断面间距宜为 10～50m，点位宜布设在隧道的顶部、底部和两腰，必要时可加密布设，新增设的监测断面宜靠近开挖面。

（3）当采用盾构法施工时，监测断面需要选择并布设在不良地质构造、断层和衬砌结构裂缝较多的部位。

（4）围岩表面垂直位移、拱顶下沉、墙脚下沉、底面回弹和地面沉陷等监测宜采用水准测量方法，墙脚下沉还可采用静力水准仪法进行监测；收敛变形宜采用收敛计量测，也可采用全站仪自由设站坐标测量法；围岩在不同半径处的变形宜采用伸长计量测。

（5）衬砌结构收敛变形监测可采用极坐标法测量，也可以采用收敛计进行监测。

（6）变形监测点较多时，亦可采用数字近景摄影测量方法、三维 LiDAR 方法进行观测。

4. 隧道的变形监测工作与日常的检测工作要有机结合起来，可以将日常检测的符合监测精度要求的数据作为监测项目的数据源。

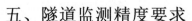

## 五、隧道监测精度要求

隧道监测精度要满足结构安全状态评估及预警的要求，可参照表10.7-2的规定执行。

**表 10.7-2 隧道监测项目的精度要求**

| 监测项目 | | 精度要求 |
|---|---|---|
| 变形监测 | 净空收敛、断面轮廓变形、拱顶下沉、墙脚下沉、路面隆沉、仰拱隆沉、隧道竖向位移及水平位移、洞门竖向位移及水平位移 | 0.2mm |
| | 洞口边仰坡竖向位移及水平位移 | 0.5mm |
| | 洞门倾斜 | 0.01° |

## 六、隧道施工监测预警控制值要求

隧道工程在施工期间进行监测时，其监测项目预警控制值可以按表10.7-3参照执行。

**表 10.7-3 监测项目预警控制值**

| 预警级别 | 预警状态描述 |
|---|---|
| 黄色预警 | 实测位移（或沉降）的绝对值和速率值双控指标均达到极限值的70%时；或双控指标之一达到极限值的85%而另一项指标未达到该值时。 |
| 橙色预警 | 实测位移（或沉降）的绝对值和速率值双控指标均达到极限值的85%时；或双控指标之一达到极限值而另一项指标未达到时；或双控指标均达到极限值而整体工程尚未出现不稳定现象时。 |
| 红色预警 | 实测位移（或沉降）的绝对值和速率值双控指标均达到极限值，与此同时，还出现下列情况之一时：实测位移（或沉降）速率出现急剧增长；隧道或基坑支护混凝土表面已出现裂缝，同时裂缝处已开始渗水。 |

## 七、隧道变形监测新技术介绍

目前，全国各地都陆续出现了自发研制的公路隧道检测车，该车集成了多种检测设备，可快速检测隧道内的病害现象，也可作为日常隧道养护或监测的一种技术方法来使用。中国工程建设标准化协会还发布由同济大学主编的团体标准《公路隧道检测车》T/CECS10024-2019。

该车配备了5种数据采集系统，各种系统名称以下功能如下：

定位系统：可用于确定隧道洞口和病害位置；

影像系统：用于采集隧道衬砌表观影像，可以用于病害分析；

激光系统：用于采集隧道内轮廓断面激光扫描点数据，可用于内轮廓断面变形、衬砌表观病害分析；

红外热成像系统：用于采集隧道衬砌表面温度数据，可用于渗漏水分析；

地质雷达探测系统：用于采集隧道衬砌电磁波数据，可用于隧道衬砌内部病害分析。

除此之外，该车还配备了软件系统，包括数据存储系统和数据处理软件等。

# 第八节　变形监测的数据处理及分析

每期观测结束后，及时对观测数据进行整理、检查和处理，并且对变形监测。

## 一、监测数据的检核

受观测条件的影响，任何变形监测资料都可能存在误差。在变形监测中，由于变形量本身较小，临近测量误差的边缘，为了区分变形与误差，提取变形特征，可通过不同方法的验算、不同人员的重复计算来消除观测资料中可能带有的错误；同时设法找出观测中较大的误差（超限误差）来消除较大误差，提高监测精度，从而尽可能地减小观测误差对变形分析的影响。

首先要加强外业测量的检核工作，如采取对向观测、往返观测、闭合（附合）条件检查、多种方法互检等措施，要尽可能使用先进的仪器设备，提高监测的自动化程度，杜绝粗差，消除或减弱系统误差，提高监测质量与精度。

其次必须加强内业测量资料的检核，主要应该包括：

（1）校核各项原始记录，检查各次变形值的计算是否有误。通过不同方法的验算、不同人员的重复计算来消除监测资料中可能存在的错误。

（2）原始资料的统计分析。把原始数据通过一定的方法，如按大小排序，用频率分布的形式把一组数据的分布情况显示出来，进行数据的数字特征计算，离群数据的取舍等。

（3）原始观测值的逻辑分析。根据监测点的内在物理意义来分析原始监测值的可靠性。一般要进行一致性分析与相关性分析。一致性分析主要从时间上分析变形的趋势是否一致，以及本次变形与变形因素的关系与以前是否一致。具体方法是绘制时间—效应量的过程线图和原因—效应量的相关图；相关性分析是将本点本测次某一效应量的原始监测值与临近部位（条件基本一致）各测点的本测次同类效应量或有关效应量的相应原始监测值进行比较，检查其是否符合它们之间应该有的力学关系。

当天测得的原始数据，要于当日检查整理完毕。

## 二、数据处理

### 1. 沉降监测类：

$$U_n = H - H_n \tag{10.8-1}$$

式中：$U_n$ —第 n 次测量的差值；

$H$ —测点的初始高程；

$H_n$ —第 n 次测量的高程。

采用严密平差软件，对每天沉降观测数据进行平差计算，得出本期监测各监测点的高程数据。与初始值及上次观测成果进行比较，得出累计沉降量和本期沉降量。这里需要注意的是，要特别关注平差改正数的大小，不可因闭合差合格就认为观测数据质量没问题，而是在平差计算前需要进行各期原始观测值的比较，如有个别测段变化较大或连续若干测段数据都呈一致性变化，则要对这些测段的观测数据采取适当的方法进行必要的验证。

### 2. 水平位移监测类：

$$\Delta U_i = U_{i+1} - U_i \tag{10.8-2}$$

$$U_{\text{总}} = \sum \Delta U_i \tag{10.8-3}$$

式中：$\Delta U_i$ —第 i 次监测的位移值；

$U_{\text{总}}$ —监测的总位移值；

$U_{i+1}$ —第 i+1 次监测读数；

$U_i$ —第 i 次监测读数。

### 3. 变形监测数据处理中的数值取位要求

变形监测数据处理中的数值取位要求，可以按表 10.8-1 的规定参照执行。

表 10.8-1　数据处理中的数值取位要求

| 等　级 | 方向值（"） | 边长（mm） | 坐标（mm） | 高程（mm） | 水平位移量（mm） | 垂直位移量（mm） |
|---|---|---|---|---|---|---|
| 一、二等 | 0.01 | 0.1 | 0.1 | 0.01 | 0.1 | 0.01 |
| 三、四等 | 0.10 | 1.0 | 1.0 | 0.10 | 1.0 | 0.10 |

## 三、数据分析与信息反馈

监测数据经过检核和计算处理后绘制时态变化曲线图。

在取得足够的数据后，还应根据散点图的数据分布状况，选择合适的函数，如多元线性回归、灰色模型、时间序列预报模型等对监测结果进行回归分析或预测，以预测该测点可能出现的最大位移值或应力值，预测结构的安全状况，防患于未然。也可通过插值法，在实测数据的基础上，采用函数近似的方法，求出符合测量规律而又未实测到的数据。时态变化曲线如图 10.8-1 所示。

**图 10.8-1 时态变化曲线图**

根据需要，建立多期变形观测成果变形量与变形因子关系的数学模型，对引起变形的原因作出分析和解释，必要时要对变形的发展趋势进行预报。

## 四、监测异常情况处理

监测外业完成后，及时出具监测成果报表并上报。当监测中出现结构或周边环境不安全等异常情况时，首先对监测数据的准确性进行复核，经复核无误后及时上报相应的各个部门或管理机构，同时加强现场监测及检查，跟踪分析、反馈监测信息并预测变形发展趋势，必要时增加监测项目、加密监测点位、启动监测应急抢险措施等。根据监测信息及时采取针对性的安全技术措施，保证施工安全。

监测实施单位必须按照监测方案开展监测工作，如果发现结构、周边环境不安全，相关指标达到警界值，应该及时进行复核并上报，根据相关责任单位制定处理方案。

## 五、监测资料的提交

变形监测项目可根据工程需要提交下列有关资料：

1. 变形监测技术设计书或变形监测实施方案。

2. 变形监测成果统计表。

3. 监测点位置分布图。

4. 裂缝位置及观测点分布图。

5. 位移量曲线关系图。

6. 变形监测基准点平面布置图。

7. 测量原始记录。

8. 平差成果与精度分析。

9. 分析报告。

10. 变形监测报告。

# 第九节　案例分析

案例 1

## 某疏港高速公路路基路面沉降监测数据分析与处置方案

本案例针对某疏港高速公路出现路基路面沉降导致出现桥头跳车、路基路面裂缝等病害现象而开展路基路面沉降监测与病害检测，根据监测与检测数据分析结果而确定了相应的处置方案。

### 一、概况

某港高速公路于 2010 年 10 月正式通车运行。通车 2 年后发现路基 K51+438 ～ K52+526 段发生不均匀沉降。本段路基属于软基段，地质软土厚度一般在 6 ～ 9m，局部达到 13.5m，呈流塑状态，主要由淤泥、淤泥质亚粘土组成，其下为硬塑亚粘土、亚粘土碎石、卵石土及灰岩组成。针对以上不良地质状况，施工时采用了预应力混凝土管桩进行了软基处理。

针对该软土路基路面，某公司组织人员自工程竣工通车就开始进行该路段的沉降观测，共历时 2 年。实施中在路基外稳固处选设了 3 个固定点作为基准点，由于路段较短，没有设置工作基点。采用二等水准测量方式按照闭合水准路线建立了沉降基准网。该基准网虽为假定高程基准，但与原路线控制点进行了高程联测并定期进行了复测。观测点沿 4 条测线布设，分别设置在两侧停车道路内侧以及中央分隔带外侧路缘石下路面上，间距为 50 ～ 100m 并设置固定测量标志。变形观测点采用三等水准测量方式，观测周期按沉降速度由 1 周到 1 个月不等。观测点的平面位置采用 GNSS RTK 方式测定。2012 年 9 月，采用激光雷达道路检测车对路基路面的平整度情况进行了整体检测。在变形趋于稳定后根据总体沉降情况采取相应的处置方案。

### 二、现象表征及数据分析

由 2 年的监测结果中发现路基存在整体均匀沉降和局部不均匀沉降：路基两侧土路肩出现开裂，局部路面出现纵向裂缝等问题，具体体现在：

1. 一号桥至二号桥路基沉降情况

（1）一号桥桥头路基最大沉降为 96mm，二号桥桥头路基最大沉降为 230mm，也是该段的最大沉降值；

（2）除原路基失稳段 K51+760-K51+900 路基整体沉降小于 40mm 外，其他路段整体沉降多在 90 ～ 150mm 范围内；

（3）左右幅（硬路肩处）沉降差异最大值 60mm，总体上右幅较左幅沉降稍大；

（4）该路段仅有 3 处平整度在 2.0 ～ 4.0 之间，其余平整度均小于 2.0。

### 2. 二号桥至三号桥路基沉降情况

（1）二号桥桥头路基最大沉降为 210mm，三号桥桥头路基最大沉降为 130mm；

（2）除 K52+470-K52+510 路基整体沉降小于 40mm，其他路段整体沉降较大，右幅整体沉降多在 90 ～ 150mm 范围内；左幅整体沉降多在 140 ～ 200mm 范围内，

（3）左右幅硬路肩处沉降差异最大值 100mm，总体而言右幅较左幅沉降大；

### 3. 路基路面裂缝

路基裂缝：在三号桥桥头路基两侧土路肩出现 50 ～ 100mm 左右裂缝，长度为 50m。此处路基两侧为施工时施工便道的爬坡道，填筑边坡时未处理到位，没有做好挖台阶和分层碾压，致使压实度不满足要求，造成不均匀沉降和滑移。

路面裂缝：在 K51+481-K51+507 左幅硬路肩处出现一道 26m 长纵向裂缝，裂缝宽度 10mm 左右，深度较深，并且裂缝左右侧出现 10mm 左右沉降。裂缝出现的原因是 2009 年 8 月曾对裂缝进行过注浆处理并在行车道范围内铺设了混凝土板，硬路肩没有铺设，致使裂缝转移到硬路肩。

### 4. 技术指标和病害表征

该路段有 4 处平整度大于 4.0，主要集中于 3 号桥头路基，有 1 处平整度在 2.0 ～ 4.0 之间，其余平整度均小于 2.0。沉降路面平整度的曲线图和相应的沉降状况图如图 10.9-1 ～ 10.9-10 所示。这里的平整度值小于等于 2.0 路况为最佳；2.0-3.0 为良；3.0-4.0 为中；4.0-5 为次；大于 5 为差。

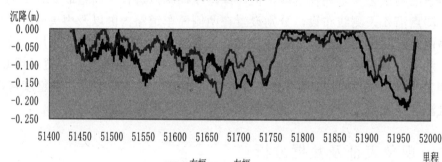

图 10.9-1 一号桥 - 二号桥路基沉降

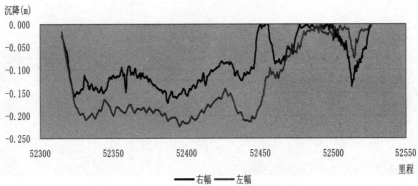

图 10.9-2　二号桥 - 三号桥路基沉降

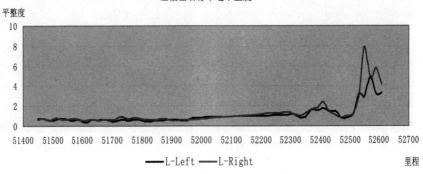

图 10.9-3　左幅行车道平整度

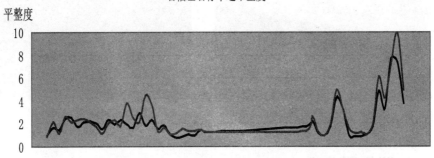

图 10.9-4　右幅行车道平整度

图 10.9-5 一号桥－二号桥左幅路面　　　　图 10.9-6 一号桥－二号桥右幅路面

10.9-7 二号桥－三号桥右幅路面　　　　图 10.9-8 三号桥右幅桥头

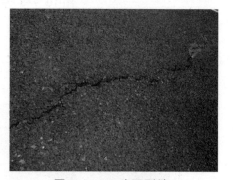

图 10.9-9 路基裂缝　　　　　　　　图 10.9-10 路面裂缝

## 三、沉降原因分析

从平整度数据和左右幅两侧路面边缘沉降测量数据分析,大部分路基平整度值小于2.0为最佳,左右幅沉降差异不大,路基整体稳定,沉降段路基用纵向整体沉降为主,

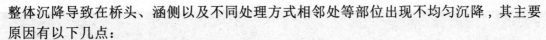

整体沉降导致在桥头、涵侧以及不同处理方式相邻处等部位出现不均匀沉降，其主要原因有以下几点：

1. 仅处理路基顶宽范围 28m 段的预制管桩桩间距采用 2.5～3.0m，间距较大，桩间土产生较大压缩变形，让路基产生了较大的沉降。

2. 仅处理路基顶宽范围 28m 段路基由于两侧边坡底部软基强度较小，产生较大变形，使路基产生较大的沉降

3. 原桥头部位采用了 CFG 桩进行了软基处理，CFG 桩对管桩施工有一定干扰，可能导致其效果有所降低。

### 四、处置方案

经过实地勘测和数据分析确定路基整体稳定，且沉降路段两侧盐田已被填平，填筑厚度超过 1.5m，对路基起到反压作用，经一年多通车运行，可以断定路基稳定不存在滑移的问题。

为减小工程量，路面高程采用顺接方式，不恢复至原设计高程，新纵断坡差控制在 0.5% 以内。整体处置方案为：采用中粒式沥青混凝土找平，上面铺设 40mm 厚 SMA 沥青混凝土，不足 40mm 的段落起刨掉部分面层。路基裂缝的处置方案为清除路肩及边坡土，并挖成台阶状（台阶高度 1m），台阶顶部铺设土工格栅，重新分层碾压填筑。路面裂缝的处理方案为挖除路面结构层与路床厚度 0.5m，采用 C15 混凝土重新填筑路床厚度 0.5m，重新铺筑路面结构层。

案例点评：

由本案例可以看到，在不良地质路段极易发生公路病害现象，造成行车舒适感的降低，同时也存在安全隐患。所以在公路的建设阶段要加强勘察设计深度，采用更加合理可行的设计方案至关重要，同时在公路的运营期也要尽早加强日常的变形监测与病害检测工作，及早发现问题，及时地处理问题，这样才可以避免问题的严重化和损失的扩大化。

# 第十一章 技术文档的编写

项目技术设计书、技术总结和成果质量检查报告是公路测绘项目中最重要的 3 个文档文件。设计书制定了实施项目的具体技术路线、作业方法、主要技术指标、质量保证措施及安全生产措施等；技术总结主要对设计书的落实情况进行阐述，并就未落实处或发生变化的原因，具体的处理方法等做出说明，总结中带有成功经验和存在或遗留问题的描述；成果质量检查报告则是对测绘成果的检查内容、检查方法、检查结果、存在的问题、问题处理结果以及最终的评价结论等内容的综合描述。因此技术人员应高度重视设技术计书、技术总结及质量检查报告的编写工作。

## 第一节　项目技术设计书的正文编写

公路测绘项目实施之前必须编制技术设计书。项目技术设计书一般由封面、扉页、目录、正文以及附录等构成，正文就是技术设计书的核心内容。

### 一、项目技术设计书的总体内容

测量技术设计书宜按"概述"、"技术依据"、"测量基准"、"资源配置"、"工期计划"、"技术设计方案"、"职业健康、安全、环保管理"、"质量保障措施与检查验收"以及"提交成果资料"分章节编写。

## 二、项目技术设计书的正文具体内容

1. 技术设计书概述应按工程概况、地理位置、测量内容、已有资料收集情况等详细叙述，包括已有资料的如何利用和使用打算。

2. 技术依据应为现行规范、标准、图式等国家与行业的相关技术标准。通常本行业标准列在参考的国家标准之前。

3. 设计书中要明确数学基础，要求测量基准选择应满足现行规范要求，并应进行长度投影变形值的估算；

4. 资源配置应满足项目精度及工期要求，主要是指为项目配置的人员、仪器设备、计算软硬件和其它相关的辅助工具；工期安排应合理可行，宜编制计划工期横线图；

5. 设计方案应涵盖项目所有内容并具备可以操作性，精度满足规范、业主和设计要求：

（1）设计方案中应就项目涉及的工作内容，采用的技术路线，技术流程，具体的实施方法，主要技术要求，实施中的注意事项等提出明确要求；

（2）设计方案中应就项目内容涉及的精度应提出具体的精度指标和限差规定；

（3）设计方案中也应明确成果的输出内容等。

6. 职业健康、安全、环保管理要符合国家法律法规及单位制定的规章制度，依此开展安全生产工作：

（1）制定的规章制度和措施要有针对性和可行性，应考虑作业区域、作业季节等可能导致的人身及设备的安全风险；

（2）制度和措施要落实到具体人员，重要是要对作业风险要有预防措施，出问题要有应急措施。

7. 质量保证措施应具体可行，检查验收要符合有关制度规定。

8. 设计书中要对提交资料成果的内容、样式、数据格式等做出必要的规定。

9. 注意设计书中的用词语气，"拟"，"应"，"计划"等用词为使用高频词。

示例：公路控制测量技术设计书编写

要根据测量方案、工作内容和测区地形、地貌、植被情况，制定技术设计书。其主要包括下列内容：

1. 工程概况，主要应包括路线走向、所处位置以及地理坐标、路线规模。主要构造物分布、测量区域的地形、地貌和植被覆盖情况、通视情况，水网分布、交通状况、气候气象情况，路线方案所经过地区的最大高程、最小高程、高程起伏情况等。

2. 收集的资料，主要应包括起算数据的解决方案，收集的平面和高程起算控制点以及相关工程的控制点的数量、等级、类型、分布、保存、可利用情况，这里应包括区域全球卫星导航定位参考站系统（CORS）系统和区域大地水准面精化成果的基本情况、提供服务情况及在本项目中的可应用情况；收集的地形图和影像资料情况；收集的路线方案和主要构造物资料情况；与相关各方就测量方案、测量方法协商沟通的情况。

3. 坐标系选择，主要应包括平面坐标系的投影方法、投影椭球、投影高程面、中央子午线、起终纬度等参数；最大长度投影变形值和路线方案中的概略位置，变形值对路线方案和构造物的影响分析；各个坐标系之间平面坐标的衔接方法等。

4. 布网方案和选点、埋石要求，主要应包括平面控制测量和高程控制测量的布网方案、控制点的分布原则、控制点位置要求、预计的控制点的数量、与起算点和相关工程控制点的联测方案、预计的高程路线节点间的长度、选点要求、埋石要求和埋石方法、点之记记录内容与要求等。

5. 测量方法和技术要求，主要应包含测量方法和等级，相应的技术要求、测量记录内容和要求、野外测量的注意事项等。

6. 数据处理，主要应包括数据处理的方法、应该达到的精度指标要求、应提交的精度指标内容等。

7. 质量保障措施，主要应包括质量监督和检查措施、检查记录内容和要求、检查监督程序、对不合格测量项目的处理措施等。

8. 提交的资料，主要应包含提交资料的内容、数量、方式、相互交接的手续与记录规定。

## 三、项目技术设计书的审查方法

对制定的技术设计书要进行有效的流程控制，对技术设计书需要进行必要的审查。审查的主要内容包括：

1. 内容的完整性。
2. 技术方案的可行性。
3. 所确定的精度要求是否与项目规模、等级相适应。
4. 收集的资料是否能够满足项目的使用需要。
5. 人员、设备、工期安排的合理性。
6. 生产组织措施的可行性。
7. 对重要的工程应考虑最不利条件下，可能存在的各种问题、薄弱环节及对策。
8. 质量控制措施的有效性。

## 四、项目技术设计书的封面及扉页格式及内容

技术设计书的封面左上角一般写一级项目名称，往往含有多个子项的整个项目名称，封面居中写成是二级子项目或是专业子项的名称加上设计书字样，即 *** 项目设计书；当不存在一级项目名称时，左上角内容空白，直接居中写成 *** 项目设计书样式。下部居中书写设计书编制单位名称与年月日格式的编写日期。

项目技术设计书的扉页左上角和居中位置的书写内容一致，在设计书名称下方内容要分 2 列书写，左侧列是编写单位（该章）、审核意见、审核人及审核日期；右侧列是设计负责人、主要设计人以及编写日期。扉页的下部居左分行分别为批准单位（该章）、审批意见以及审批人；最下部居中是年月日格式的日期。扉页的后面是目录内容，一般按照分为 3 级，最多 4 级，即第 1 级—1 ；第 2 级—1.1 ；第 3 级—1.1.1；第 4 级—1.1.1.1 的样式。每一级的标题内容之后是对应的起始页码。

# 第二节 项目技术总结的正文编写

公路测绘项目结束后必须编写技术总结。项目技术总结一般由封面、扉页、目录、正文以及附录（附图、附表）等构成。正文是技术总结的核心部分，也是最重要的内容。

## 一、项目技术总结的总体内容

测量技术总结宜按"概述"、"技术依据"、"测量基准"、"资源配置"、"技术设计执行情况"、"质量保障措施与检查验收"以及"提交成果资料"分章节编写。

## 二、项目技术总结的正文具体内容

1. 概述宜包含项目规模、项目位置、已有资料收集及利用情况和实际完成的工作量统计。项目位置要有线路起终点大地经纬度及线路高程描述。

2. 平面测量基准若采用分区、分带投影时，每分区、分带应用范围需要进行说明，并叙述该分区、分带的中央子午线及最大长度变形值。

3. 资源配置需满足技术设计书中规定的精度指标要求及工期要求。

4. 技术设计执行情况应对项目各项内容进行详述，对于控制测量内容应叙述起算点的兼容分析、精度检查情况、控制点的选埋、观测、数据处理方法及结果精度统计情况；对于地形测绘，要叙述测图比例尺、基本等高距、测图范围、施测方法、图层设置、成果精度等；对于线路测量，需叙述中桩放样测量方法、测量精度；联系测量还要叙述各个测量基准间的换算关系；对构筑物独立控制测量，除控制测量要求外，还要叙述长度投影变形值等指标。

5. 若采用了设计书中未提及的新技术、新方法，应对采用的新技术、新方法进行详细叙述，并对采用新技术、新方法的结果进行分析评价。

6. 技术总结报告要包含对成果进行检查的内容描述，并对检查结果进行精度统计。

7. 平差计算书可按平面、高程分别装订成册，每册应有封面、目录和计算说明。

8. 仪器检定资料要包含所有仪器，并在检定有效期内。

9. 所有测量控制点标志要制作点之记，点之记内容可以参照本书第五章介绍的相关内容绘制。

10. 所有原始资料和成果、成图资料均需归档保存，原始资料、成果、成图有涉及保密要求的，要按保密规则进行保密处理，不涉及保密要求的资料，宜装订成册归档保存。

### 三、项目技术总结的封面及扉页格式及内容

项目技术总结的封面左上角内容与设计书一致，封面居中写成是二级子项目或是专业子项的名称加上技术总结字样，即 ***** 项目技术总结。下方居中是完成单位名称和日期。

项目技术总结的扉页左上角与对设计书对于应位置的内容一致，居中是二级子项目或是专业子项的名称加上技术总结字样，即 ***** 项目技术总结。向下居左是编写单位（该章）、编写人，然后居中的年月日格式的日期；再下方是居左的审核意见、审核人及居中的审核日期

技术总结的目录编写要求同设计书一致。

# 第三节　项目质量检查报告的编写

项目质量检查报告一般由项目完成单位自行编写的针对项目质量所进行的检查过程以及得出的结论性文档。该报告也可以由项目完成单位委托具有资格的第三方进行质

### 一、质量检查报告的总体内容

质量检查宜按"项目概况"、"检查依据"、"检查内容及方法"、"数据主要问题及处理办法"、"数据质量统计及质量综述"以及"结论"分章节编写。

### 二、项目质量检查报告的正文具体内容

1. 项目概况宜包含任务概况：即任务来源和任务的工作内容介绍；成果概况：即项目实际完成或取得的具体成果；检查概况：即采用的检查方式和投入的检查人员及软硬件设备情况等。

2. 检查依据宜包含技术依据：即采用的技术标准、规范以及设计书等；精度要求：即项目中获取的数据精度和取得的成果精度。

3. 检查内容及方法宜包含检查内容：即需要进行的质量检查元素及其对应的子元素及检查内容等；检查方法：即不同的检查元素实施的具体检查方式和评价指标。

4. 数据主要问题及处理办法宜包含检查过程中涉及的检查元素中存在的具体问题描述以及对应的处理方法。

5. 数据质量统计及质量综述宜包含各类不同的数据以及其对应制作的成果所达到的数学精度指标或设计技术指标情况统计以及满足规范或设计的程度统计。

6. 结论内容主要是对检查中涉及的检查元素的质量状况给出结论性意见的描述。

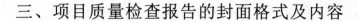

### 三、项目质量检查报告的封面格式及内容

项目质量检查报告的封面左上角内容和设计书一致，封面居中写成是二级子项目或是专业子项的名称加上检查报告字样，即 ***** 项目检查报告。下方居左一次为编写人、审核人以及批准人，最下方居中是项目完成单位名称和日期。

项目质量检查报告的目录编写要求同设计书是一致。

# 第四节　项目技术文档文件的封面及扉页样式表

1. 项目技术设计书（设计书）的封面及扉页样式如表 11.4-1 和表 11.4-2 所示。

**表 11.4-1 项目技术设计书封面样式表**

| |
|---|
| 2020 年度 ** 省 ** 监测项目<br><br><br><br>**2020 年度 ** 特大桥变形监测项目设计书**<br><br><br><br>** 省 ** 事务服务中心<br>年　　月　　日 |

表 11.4-2 项目技术设计书扉页样式表

2020 年度 ** 省 ** 监测项目

## 2020 年度 ** 特大桥变形监测项目设计书

编写单位（盖章）：　　　　　　　　设计负责人：

审核意见：　　　　　　　　　　　　主要设计人：

审核人：

　　年　月　日　　　　　　　　　　　　　年　月　日

批准单位（盖章）：

审批意见：

批准人：

　　　　　　　　　　　年　月　日

2. 项目技术总结的封面及扉页样式如表 11.4-3 和表 11.4-4 所示。

**表 11.4-3 项目技术总结封面样式表**

<br>

2020 年度 ** 省 ** 监测项目

<br><br><br><br>

## 2020 年度 ** 特大桥变形监测项目技术总结

<br><br><br>

** 省 ** 事务服务中心

年　月　日

表 11.4-4 项目技术总结扉页样式表

---

2020 年度 ** 省 ** 监测项目

# 2020 年度 ** 特大桥变形监测项目技术总结

编写单位（盖章）：

编 写 人：

年 月 日

审核意见：

审 核 人：

年 月 日

---

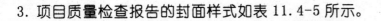

3. 项目质量检查报告的封面样式如表 11.4-5 所示。

**表 11.4-5 项目质量检查封面样式表**

<br>

<br>

<br>

## ** 高速公路 ** 至 ** 段改扩建工程初步设计测量项目检查报告

<br>

<br>

编写：

审核：

批准：

<br>

<br>

** 省 **** 有限公司

年 月 日

# 附 录

**公路测量符号和图式**

| 名称 | 汉语拼音或<br>我国习惯符号 | 英文符号 | 图式 | 备注 |
|------|------|------|------|------|
| 三角点 | SJ | TAP | △ | |
| GNSS 点 | G | GNSS | ▲ | |
| 导线点 | D | TP | ▣ | |
| 水准点 | BM | BM | ⊗ | |
| 图根点 | T | RP | □ | |
| 纵坐标 | $X$ | $X$ | | |
| 横坐标 | $Y$ | $Y$ | | |
| 高程 | $H$ | EL | | |
| 方位角 | $\alpha$ | $\alpha$ | | 在 $\alpha$ 后以下标形式表示其方向 |
| 东 | E | E | | |
| 西 | W | W | | |
| 南 | S | S | | |
| 北 | N | N | | |
| 左 | L | L | | （左） |
| 右 | R | R | | （右） |
| 交点 | JD | IP | | （交点） |
| 转点 | ZD | TMP | | （转点） |
| 第一缓和曲线起点 | ZH | TS | | （直缓点） |
| 第一缓和曲线终点 | HY | SC | | （缓圆点） |

| 名称 | 汉语拼音或我国习惯符号 | 英文符号 | 图式 | 备注 |
|---|---|---|---|---|
| 第二缓和曲线起点 | YH | CS | | （圆缓点） |
| 第二缓和曲线终点 | HZ | ST | | （缓直点） |
| 变坡点 | SJD | PVI | | （竖交点） |
| 竖曲线起点 | SZY | BVC | | （竖直圆点） |
| 竖曲线终点 | SYZ | EVC | | （竖圆直点） |
| 竖曲线公切点 | SGQ | PCVC | | （竖公切点） |
| 反向竖曲线公切点 | FSGQ | PRVC | | （反竖拐曲点） |
| 比较线标记、匝道标记 | A、B、C… | A、B、C… | | 冠于比较线、匝道里程桩号和控制点编号前 |
| 公里标记 | $K$ | $K$ | | |
| 左偏角 | $\alpha_左$ | $\alpha_L$ | | |
| 右偏角 | $\alpha_右$ | $\alpha_R$ | | |
| 曲线长 | $L$ | $L$ | | 包括圆曲线长、缓和曲线长 |
| 圆曲线长 | $L_Y$ | $L_C$ | | $L_圆$ |
| 缓和曲线长 | $L_S$ | $L_h$ | | |
| 平、竖曲线半径 | $R$ | $R$ | | 包括设置缓和曲线所增加的切线长 |
| 平、竖曲线切线长 | $T$ | $T$ | | |
| 平、竖曲线外距 | $E$ | $E$ | | 平曲线外距包含设置缓和曲线所增外距 |
| 缓和曲线角 | $\beta$ | $\beta$ | | |
| 缓和曲线参数 | $A$ | $A$ | | |
| 校正值（两切线长与曲线长度的差值） | $J$ | $D$ | | 含设置缓和曲线所引起的变化 |
| 改线、改移、差错改正 | $G$ | $R$ | | 冠在里程桩号前 |

| 名称 | 汉语拼音或我国习惯符号 | 英文符号 | 图式 | 备注 |
|---|---|---|---|---|
| 超高值 | $h_c$ | $h_s$（或 e） | | |
| 超高缓和长度 | $l_c$ | $l_r$ | | |
| 加宽缓和长度 | $l_j$ | $l_w$ | | |
| 路基宽度 | $B$ | $B$ | | |
| 路基加宽度 | $B_j$ | BW | | |
| 路面加宽度 | $b_j$ | $b_w$ | | |
| 流量 | $Q$ | $Q$ | | |
| 流速、计算行车速度 | $v$ | $v$ | | |
| 设计水位 | SW | DWL | | （设位） |
| 历史最高洪水位 | GW | HWL | | （高位） |
| 多年平均洪水位 | PW | MFL | | （平位） |
| 历史最高流冰水位 | BW | HIWL | | （冰位） |
| 历史最高潮水位 | CW | HTWL | | （潮位） |
| 通航水位 | HW | NWL | | （航位） |
| 普通水位 | TW | OWL | | （通位） |
| 测量时水位 | LW | SWL | | （量位） |
| 地下水位 | DW | UWL | | （地位） |
| 设计高程 | DEL | DEL | | |
| 用地界 | YDJ | R/W(ROW) | | （用地界） |
| 面积 | $A$ | $A$ | | |
| 填高 | $T$ | $F$ | | （填） |
| 挖深 | $W$ | $C$ | | （挖） |

| 名称 | 汉语拼音或<br>我国习惯符号 | 英文符号 | 图式 | 备注 |
|:---:|:---:|:---:|:---:|:---:|
| 填面积 | $AT$ | $AF$ | | |
| 体积 | $V$ | $V$ | | |
| 长 | $L$ | $L$、$l$ | | |
| 宽 | $B$、$b$ | $B$、$b$ | | |
| 高 | $H$、$h$ | $H$、$h$ | | |
| 厚 | $d$、$\delta$ | $d$、$\delta$ | | |
| 直径 | $D$、$\varphi$ | $D$、$d$ | | |
| 半径 | $R$、$r$ | $R$、$r$ | | |

# 参考文献

[1] 黄文元，汪双杰等．公路勘测手册；北京：人民交通出版社，2007.

[2] 周泽兵，王力等．点云的智慧 三维数字城市实践；上海：同济大学出版社，2021.

[3] 孔祥元，梅是义．控制测量学；武汉：武汉大学出版社，2002.

[4] 张正禄．工程测量学；武汉：武汉大学出版社，2013.

[5] 张剑清等．摄影测量学（第二版）；武汉：武汉大学出版社，2009.

[6] 潘正风等．数字测图原理与方法；武汉：武汉大学出版社，2002.

[7] 张一凡等．工程测量技术研究；北京：中国原子能出版社，2021.

[8] 鹿罡，徐锦前等．超小比例尺航摄影像用于高速公路地形图成图的可行性研究．北京：十届东北三省测绘学术与信息交流会论文集，2009.

[9] 鹿罡，郝海红等．高速公路抵偿坐标系的建立方法研究．北京全国测绘科技信息交流会暨信息网成立30周年庆典论文集，2007.

[10] 鹿罡，李亚木等．GPS RTK 技术在山岭区高速公路征地放样中的应用．北京测绘技术装备－全国测绘与地理信息技术研讨交流会专辑，2003.

[11] 鹿罡，彭月霞等．公路横断面测量新方法的探讨．辽宁：辽宁交通科技，2004(12).

[12] 王殿坤，刘希双．高速公路设计测量放样中的重点问题探讨．北京北方交通，2010(4)

[13] 陈俊勇，党亚民等．建设我国现代化测绘基准体系的思考．北京测绘通报，2009(7).

[14] 谭经明．公路测量控制网边长投影变形的坐标计算处理方法．北京地矿测绘，2004(2).

[15] 鹿罡．高速公路不同坐标系间坐标转换的方法研究．北京北方交通，2005(5).

[16] 谢新秀．大地测量坐标系统转换问题的研究．西安西部探矿工程，2007(8).

[17] 熊四明．2000国家大地坐标系下点位坐标转换方法浅析．测绘与空间地理信息，2009(5).

[18] 郑彦春，郑小兵等．机载激光测量技术在大区域工程应用中的坐标转换问题．北京测绘通报，2009(7).

［19］牛琳，陈建平等．三维坐标转换的公共点选择方法．北京：北京测绘，2007(4)．

［20］田东林，鹿罡等．高速公路基础测绘控制测量中的重点问题探讨．北京北方交通，2006(6)

［21］王强，鹿罡．利用 EXCEL 实现空间直角坐标与大地坐标间的转换．北京北方交通，2011(4)．

［22］彭云英，段文荣等．工程坐标系统的建立及不同坐标系间坐标的相互转换．北京地矿测绘，2007(2)．

［23］宗刚军，姚顽强．工程测量中新旧坐标转换的一种实现方法．西安西安科技大学学报，2007(3)．

［24］鹿罡．辽宁省高速公路空间信息的快速获取与应用服务研究．南京东南大学学报（自然科学版），2013 增刊．

［25］刘文敬，王百涛．西丰至开原高速公路高程控制数据处理方案的确定．北京北方交通，2010(4)．

［26］王百涛，鹿罡．提高三角高程单向测量精度的方法探讨．北京大科技，2011(4)．

［27］中华人民共和国交通部．公路勘测规范：JTG C10—2007．北京：人民交通出版社，2007．

［28］中华人民共和国交通部．公路勘测细则：JTG /T C10—2007．北京：人民交通出版社，2007．

［29］中华人民共和国交通运输部．特大跨径公路桥梁施工测量规范：JTG /T 3650-02—2019．北京：人民交通出版社股份有限公司，2019．

［30］中国建设标准化协会．公路隧道检测车：T/CECS 10024—2019．北京：人民交通出版社股份有限公司，2019．

［31］中国建设标准化协会．公路工程激光扫描测量技术规程：T/CECS G:H11—2020．北京：人民交通出版社股份有限公司，2021．

［32］黄文元等．公路勘测细则．2018 总校稿．

［33］刘学增等．公路隧道长期监测技术规范．2021 总校高稿．

［34］王守斌等．公路勘测产品验收与质量评定标准．2021 征求意见稿．